# HEYNE BIOGRAPHIEN

In der Reihe »Heyne Biographien«
sind bereits erschienen:

| | | |
|---|---|---|
| 1 | Friedrich Sieburg | Napoleon |
| 2 | Wilfried Blunt | Ludwig II. König von Bayern |
| 3 | Robert Gutman | Richard Wagner |
| 4 | Antonia Fraser | Maria – Königin der Schotten |
| 5 | Egon Caesar Conte Corti | Die Rothschilds |
| 6 | Robert Lekachman | John Maynard Keynes |
| 7 | Gavin de Beer | Hannibal |
| 8 | H. F. Peters | Lou Andreas-Salomé |
| 9 | Erich Eyck | Bismarck und das Deutsche Reich |
| 10 | Edward Crankshaw | Maria Theresia |
| 11 | Friedrich Sieburg | Robespierre |
| 12 | G. P. Gooch | Friedrich der Große |
| 13 | Zoé Oldenbourg | Katharina die Große |
| 14 | Theodor Heuss | Robert Bosch |
| 15 | Werner Maser | Adolf Hitler |
| 16 | André Castelot | Maria Antoinette |
| 17 | Kurt Pahlen | Johann Strauß |
| 18 | Peter Brown | Der heilige Augustinus |
| 19 | Salvador de Madariaga | Kolumbus |
| 20 | Marcel Brion | Die Medici |
| 21 | Alfred Noyes | Voltaire |
| 22 | H. E. Jacob | Mozart |
| 23 | David Shub | Lenin |
| 24 | Friedrich Sieburg | Chateaubriand |
| 25 | Benoist-Méchin | Kleopatra |
| 26 | Virginia Cowles | Wilhelm II. |
| 27 | Fritz Hug | Schubert |
| 28 | Neville Williams | Elisabeth I. von England |
| 29 | Paul Guth | Mazarin |
| 30 | Ronald W. Clark | Albert Einstein |
| 31 | Bernard Fay | Ludwig XVI. |
| 32 | André Maurois | Balzac |

# Raoul Auernheimer
# METTERNICH
## Staatsmann und Kavalier

**Wilhelm Heyne Verlag
München**

Genehmigte, erweiterte Taschenbuchausgabe
Copyright © by Amalthea Verlag, Wien
Printed in Germany 1977
Stammtafel, Zeittafel, Bibliographie und Register
wurden erarbeitet von Dr. Hubert Fritz
Umschlagfoto: Archiv für Kunst und Geschichte, Berlin
Bildnachweis: Archiv für Kunst und Geschichte, Berlin
Umschlaggestaltung: Atelier Heinrichs, München
Gesamtherstellung: Presse-Druck Augsburg

ISBN 3-453-55033-1

# INHALT

## Aufbau der Persönlichkeit

Ein junger Kavalier wächst auf . . . . . . . . . . 9
Das Erlebnis der Französischen Revolution. . . . . . 19
Auf nach Wien! . . . . . . . . . . . . . . . 26
Die Lehrjahre des Alkibiades . . . . . . . . . . 32
Bel ami kommt nach Paris . . . . . . . . . . . 43

## Wie besiegt man Napoleon?

Es geht um Österreich . . . . . . . . . . . . . 59
Samson und Delila . . . . . . . . . . . . . . 66
„Comte de Balance" . . . . . . . . . . . . . 84
Der Untergriff . . . . . . . . . . . . . . . . 94
Minister der Koalition . . . . . . . . . . . . . 112
Das Siegesfest . . . . . . . . . . . . . . . . 128
„O Welt!" . . . . . . . . . . . . . . . . . 147

# Diktator Europas

| Metternich im Profil | 163 |
| Das große Erlebnis | 178 |
| Tagebuch in Briefen | 193 |
| Der Kutscher Europas | 212 |
| Frau, Gattin und Gemahlin | 227 |
| Politik und kein Ende | 244 |
| Das weltgeschichtliche Kind | 262 |
| Ein feiner alter Herr sitzt im Lehnstuhl | 272 |

# Der Weise mit den tausend Erinnerungen

| Wien illuminiert | 301 |
| „Freut euch des Lebens" | 317 |

ANHANG

| Zeittafel | 331 |
| Stammtafel | 342 |
| Bibliographie | 344 |
| Personenregister | 347 |
| Orts- und Sachregister | 351 |

# AUFBAU DER PERSÖNLICHKEIT

# EIN JUNGER KAVALIER WÄCHST AUF

Ein bedeutender Mensch läßt sich aus seiner Abstammung ebensowenig errechnen, wie sich aus roter und violetter Ölfarbe der Effekt errechnen läßt, den sie in einem Bilde von Tizian oder Tintoretto machen werden. Nicht einmal, wenn diese Farben von der eigenen Palette eines Tizian oder Tintoretto genommen wären, könnte diese Rechnung jemals stimmen. Denn was dazu kommt, ist alles. Trotzdem stellt man im Falle Metternich, der am 15. Mai 1773 zu Koblenz am Rhein im Metternich-Hof geboren wurde, dreierlei mit Befriedigung fest, weil diese Dreiheit in das zu malende Bild vorweg zu passen scheint: daß er am Rhein zur Welt kam, daß sein Vater ein adeliger deutscher Standesherr und seine Mutter sehr katholisch war. Diese drei Elemente: das Aristokratische, das Katholische und der Tropfen Burgunder, der jedem Rheinländer im Blute sitzt, sind in seinem Wesen durch Abstammung jedenfalls beglaubigt. Nur was er daraus gemacht hat, war seine eigene Sache.

Der Rhein bildete vor Zeiten die römische Grenze, die senkrechte nämlich, denn die waagrechte war der Main, der sich nicht ohne tieferen Grund auf den Rhein reimt, in den er sich ergießt. In beiden Fällen wußten die Römer, Realpolitiker wie sie waren, was sie taten, als sie diese Grenze zogen und einhielten. Sie wußten so ungefähr und ohne daraus geradezu eine Lehre zu machen, daß man, nur so weit der Wein wächst, Deutschland politisch im europäischen Sinne trauen dürfe, und daß es nur so weit umgänglich blieb. Das wissen die Rheinländer auch als weintrinkende römische Katholiken. Der Wein im Meßkelch und der Wein im Becher beeinflußt sichtlich ihren Charakter, was sich an dem Elternpaare Metternichs mit der Unterscheidung feststellen läßt, daß wir das Bild des Vaters mehr dem Becher, das der frommen Mutter mehr dem Kelch geneigt sehen.

Dieser Vater, Franz Georg mit Vornamen, schrieb, ein Deutscher Standesherr, deutsch noch mit einem harten T, also „Teutsch". Auch hielt er, dessen Familie eine Reihe geistlicher und weltlicher Würdenträger im Laufe der Jahrhunderte im deutschen Sprachbereich hervorgebracht hatte, gewissenhaft darauf, daß der Sohn, was wir seinem Erzeuger nicht übelnehmen wollen, mit der deutschen Sprache auf einem guten Fuße steht. Was Metternich auch zeitlebens getan hat: er hat das schöne Deutsch der klassischen Epoche in zierlicher Kursivschrift geschrieben.

Die Mutter hingegen, Marie Beatrice, korrespondierte mit ihm bis an ihr weit hinausgerücktes Lebensende immer nur französisch. Eine Äußerlichkeit, wird man sagen. Aber ihre Folge war immerhin, daß der junge Metternich, früh dazu erzogen, sich französisch auszudrücken, dies auch später im Verlauf eines langen Lebens mit gleichbleibender Gewandtheit tat, so daß die Hälfte aller seiner unzähligen Briefe französisch aus seiner Feder floß. Ein guter „Teutscher" im nationalen Sinne aber war er nie. Allerdings entsteht die Frage, ob die nationalen Deutschen die guten sind. Man kann vielleicht sagen, daß er kein guter Deutscher war, aber ein besserer.

Jedenfalls geht aus dieser seiner ursprünglichen Stellungnahme schon hervor, daß Metternich, als Charakter und Persönlichkeit, mehr das Kind seiner Mutter als das seines Vaters war: ein Muttersohn, wenngleich kein Muttersöhnchen. Er war es ebenso wie sein ihm vom Schicksale zugewiesener großer Gegenspieler Napoleon. Was war der Vater Napoleons? Ein Winkeladvokat in Ajaccio. Die Mutter, Lätitia, war alles.

Marie Beatrice Metternich, geborene Kageneck, war eine Dame mit scharfem Nasenrücken, einer scharfen Zunge und scharfem Verstand. All das hatte ihr Sohn Clemens von ihr. Auch körperlich waren sie einander sehr ähnlich und wurden es mit den Jahren immer mehr. Als alte Dame sieht Mama Metternich genau so aus, wie ihr Sohn fünfundzwanzig Jahre später auf einem seiner letzten Bilder, etwas gekränkt und verzichtend, aussehen wird. Woraus man umgekehrt den Schluß ziehen kann, daß die Mutter in ihrer Jugend sehr hübsch gewesen sein muß.

Diese schöne Mutter war auch eine gute Erzieherin ihres Lieblingssohnes, die als solche gewiß weniger mit Überlegung als intuitiv vorging, wenn sie die vorhandenen Antriebe seiner eigenen Natur durch Ermutigung zur Reife brachte. So schreibt sie etwa einmal an den halbwüchsigen Sprößling, der sich irgendwo auf deutschem Boden abfällig über die deutsche Musik im Vergleiche mit der französischen ausgesprochen hatte, weil er, gewiß ganz in ihrem Sinne, die französische anmutiger fand: man müsse, weist sie ihn mütterlich zurecht, immer die Musik des Landes loben, in dem man sich gerade aufhalte, in Deutschland die deutsche, in Frankreich die französische und so fort. Eine goldene Lehre, die das Geheimnis der späteren Liebenswürdigkeit des alten Rattenfängers im Keim enthält. Ein andermal benützt sie den siebzehnjährigen Studenten dazu, sich von ihm in Straßburg, wohin die Pariser Moden rascher dringen, einen zierlichen Aufputz, nehmen wir an, ein bebändertes Häubchen, besorgen zu lassen. Clemens unterzieht sich dieser Mühe mit soviel Geschmack, daß sie nach Übernahme der Sendung lobend zurückschreibt, er wäre *„le meilleur commissionaire que je connaisse"*, der beste Kommissionär, den sie kenne.

Bestimmt die Mutter solcher Art mit ein paar damenhaften Handgriffen die Charaktergrundlage des künftigen Damenmannes, dessen Anpassungsfähigkeit – siehe Musik – und dessen Geschmack – siehe Häubchen – noch viele nach ihr loben werden, so wird der künftige Weltmann, zu dem der Straßburger Student jetzt geworden ist, doch auch von der unverblümteren Vaternatur kräftig mitbestimmt. Graf Franz Georg besteht nicht nur darauf, daß sein Söhnchen ein anständiges Deutsch rede, er rät ihm auch, weltklug, sich in jeder Gesellschaft an die alten Damen zu halten. Dieses nicht etwa aus Menschenliebe, und das andere keineswegs aus deutschem Patriotismus, welcher Begriff für den deutschen Standesherrn Franz Georg Metternich noch nicht vorhanden ist, so wenig wie er im Grunde für den Sohn jemals vorhanden sein wird. Papa Metternich, mit der derben Weinnase im vollblütigen Schlemmergesicht ist alles, nur kein Gemütsmensch, so wenig, wie er ein Patriot ist. Doch als ein genauer Kenner der Familiengeschichte, die dem Aristokraten vielfach die Geschichte schlechthin ist, weiß er, daß die Grafen Metternich als deutsche Standesherren durch die Jahrhunderte hauptsächlich davon lebten, daß sie deutsche Standesherren waren, und zu diesem Zwecke muß man eben deutsch sein. Und er weiß auch, gleichfalls aus Familienerfahrung, daß die guten Pfründen meistens zwar um der jungen Frauen willen angestrebt, aber von den alten Damen verliehen oder doch vermittelt werden. Darum ist Papa Metternich dafür, daß man diesen Aufmerksamkeit erweise und sich vor ihnen neige. Seine Lebenskunst ist auf praktische Ziele gerichtet und von einem robusten Egoismus getragen. Und auch diesen wird der Sohn von ihm übernehmen: mit dem einzigen Unterschied allenfalls, daß bei ihm die griffige Hand des Alten sich schlanker im Handschuh des Diplomaten anfühlt und geschmeidiger bewegt. Alles in allem kann man von Clemens Metternich sagen, daß der unedlere Charakterkomplex des Vaters die zu überwindende Hälfte in der Erbmasse des Sohnes darstellt. Kaiser Franz, der seine Leute kannte, nannte den Vater Metternich vertraulich den „Phlegmatikus", und unter seinen Standesgenossen lief einer seiner Aussprüche, boshaft weitergegeben, flink von Mund zu Mund. Angesichts eines ihn verwirrenden Tatbestandes soll er sich einmal, den Akt beiseite legend, seelenruhig geäußert haben: „Diese Affäre wird wie jede Affäre einmal irgendwie ein Ende finden." So dumm der Ausspruch ist, so mag doch auch das Quentchen stoischer Philosophie, das er enthält, etwas zur Charaktermischung des jungen Clemens beigetragen haben. Er blieb, so hören wir, immer gelassen, blieb immer ein Meister „des nächsten Schrittes".

Die sonstige Erziehung des heranblühenden jungen Metternich war die in seinen Lebenskreisen zu Ende des achtzehnten Jahrhunderts allgemein gebräuchliche. Da er von katholischen Eltern abstammt, tut man den Knaben zunächst auf die Jesuitenschule, was völlig dazu stimmt, daß man seine Mutter im späteren Alter als „große Jesuitenfreundin" gekennzeichnet findet. Bei den Schülern Loyolas mag der junge Clemens frühzeitig gelernt haben, mit jedermann, jedem Stand, jedem Beruf und Geschlecht, stets in seiner Sprache zu reden, worin die Jesuiten Meister waren. Vielleicht hat er von ihnen auch gelernt, sich im Punkte Wahrheitsliebe an die von ihm höchst selbstherrlich aufgestellte Formel zu halten: Wenn mich jemand nach etwas fragt, wonach zu fragen er nicht berechtigt ist, darf ich lügen; eine bequeme Vereinfachung der Moral, die sich für blauäugige Diplomaten, wie Metternich einer war, besonders empfiehlt. Auch sehen wir ihn alsbald auf dem Wege zu diesem seinem künftigen Beruf, nämlich in der Diplomatenschule in Straßburg, wo auch Talleyrand einige Jahre vor ihm studiert hatte. Hier lernt er, bei Koch, mit einer zierlichen Hand lange Noten schreiben, die den anderen Teil geschickt ins Unrecht setzen und sich rabulistisch auf ein Völkerrecht berufen, das der Machthaber ja doch je nach seinem Willen dreht und modelt. Er lernt aber auch von seinem Hofmeister, der den unaristokratischen Namen Simon führt, ohne Perücke auszugehen, was für einen Jüngling seines Standes damals fast eine revolutionäre Handlung bedeutete. Es war die einzige revolutionäre Handlung, deren sich Metternich jemals schuldig machte. Außerdem lernte er in Straßburg Schwimmen und Violinspielen; beides wichtig für den auch sportlich bewanderten Gesellschaftsmenschen und vielerprobten Schloßgast. Sein schönes „attisches" Äußere wird schon damals, wenn auch nicht mit diesen Worten, vom Hofmeister gerühmt. Schließlich ging man im weltlichen Straßburg auch hin und wieder ins Theater oder, wie man damals sagte, „in die Komödie", für die der spätere Staatskanzler Zeit seines Lebens etwas übrig hatte.

Koch und Simon: Koch war ein Systematiker, bei dem der junge Metternich sich gewöhnte, seine Ideen für den Gebrauch pedantisch zu ordnen und kein Schriftstück ohne vorangegangene Disposition aufzubauen. Simon aber, der kühne Perückenfeind, entpuppte sich später, als die hochgehenden Wellen der Französischen Revolution bis nach Straßburg hinüberschlugen und das Stadthaus gestürmt wurde, unversehens als Revolutionär. Jedenfalls ging er von da an links und Metternich entschlossen rechts; denn seinem Erzeuger, dem auf ererbte Privilegien pochenden, weinseligen rheinischen Standesherrn, wollte der Sturm auf das Straßburger Stadthaus gar nicht gefallen. Er ordnete die sofortige Übersiedlung des Sohnes nach Mainz an, der fürstbischöflichen Residenz, wo man im französischen Geschmack höfisch und galant weiterlebte, als ob nichts geschehen wäre. Den ehemaligen Hofmeister jedoch, der später Lehrbücher für den Schulgebrauch in Paris verfaßte, wies Metternich von seiner Türe, als er in alten Tagen verbettelt nach Wien kam. Mainz erwies sich auf die Dauer stärker als Straßburg.

Mainz war auch darum stärker im Leben Metternichs, weil es mit einer reizenden jungen Frau im Bunde stand. Hier lernte der kaum zwanzigjährige junge Graf die Liebe kennen und zwar, was seinem Liebesleben dauernd die Richtung wies, in Gestalt einer bereits verheirateten, wenngleich erst achtzehnjährigen Schönen, die auch anderen gefiel und ihm selbst noch dreißig Jahre später. Es war eine Madame Constance Caumont-La Force, deren Mann im französischen diplomatischen Dienste stand. Monsieur Caumont scheint in dieser seiner Verwendung den ganzen Tag zu tun gehabt zu haben, und Metternich hatte Zeit, sich der müßigen jungen Frau ausgiebig zu widmen. Er war als Student auf der Universität Mainz eingeschrieben und belegte hauptsächlich bei Constance. „Wir steckten den ganzen Tag beisammen", schreibt er fünfundzwanzig Jahre später in einer Art Generalbeichte an die Fürstin Lieven, „und hatten doch nicht den Mut, dasjenige voneinander zu verlangen, was wir uns beide wünschten". Wenn die selbstgefällige Bemerkung darin ihren tieferen Grund hat, daß Metternich *wußte*, was Constance sich wünschte, so läßt diese Wissenschaft immerhin auf eine sehr weitgehende Vertrautheit zurückschließen. Diese kommt auch darin zum Ausdruck, daß, wie der reife Staatskanzler es für die Freundin formuliert, die junge Frau auch in den Nächten, die auf solche Tage folgten, mehr an ihn als an ihren Mann gedacht haben möge... So beschaffen war Metternichs erste Liebe, die ein entzückter Zeitgenosse als das vollendete Modell einer Hebe oder Psyche beschreibt. Wichtig ist, daß sie auch Psyche war, daß also dieser sinnlich-gesellschaftlichen Verbindung von Haus aus ein seelisches Element beigemischt war, das sie adelte. Die liebliche Constance spielte im Leben Metternichs ungefähr die Rolle wie im Leben Goethes die weltliche Lilly in dem Mainz so nah benachbarten Frankfurt. Nur die innigen Käthchen und Klärchen, die bei Goethe vorangegangen waren und folgten, vermißt man bei Metternich.

Er fing sozusagen gleich mit der Frau von Stein an. Die Verbindung mit dem Volke mangelte ihm gänzlich, nicht nur im Konferenzsaal, auch im Alkoven. Das Gesellschaftliche war seine Stärke, wie es seine Schwäche war, sein Glück und seine Gefahr, sein Segen und sein Fluch. Er hat fast immer nur verheiratete Frauen geliebt – mit Ausnahme seiner eigenen; kein Mädchen, soweit sich dies nachweisen läßt, spielt in seinem Liebesleben eine Rolle. Und alle diese Frauen gehörten den, wie man damals sagte, höheren Ständen an. Alle zogen ihn damenhaft an, bevor sie ihn frauenhaft fesselten.

Auch die reizende Constance fesselte ihn frauenhaft, trotz der vorgespiegelten Unschuld des Verhältnisses, drei Jahre lang, und eine sehr gute Freundschaft, die von der Erinnerung an angenehme Erfahrungen lebt, setzte sich noch lange zwischen ihnen heiter fort. Einstweilen aber hatte der Student Metternich in Mainz noch ein anderes, ernsteres Erlebnis, das in seinem geistigen Werdegang ebenso Epoche machte, und das war seine Bekanntschaft mit Herrn Professor Vogt, „dem gediegenen Historiker im konservativen Sinne", wie er ihn später benannte. Vogt ist der Erfinder des „Metternichschen Systems" und jenes Begriffes „Europa", der allen nachmaligen Metternichschen Erfindungen zugrunde lag. In seinem Hauptwerk entwickelt Vogt die Grundzüge einer „europäischen Republik", ohne Republikaner zu sein. Diese entsteht, wie der Gelehrte, ganz im Geiste seines Jahrhunderts, mechanistisch erläutert, aus Anziehung und Rückstoß, Liebe und Haß zweier historisch-politischer Prinzipien: „Immer stoßen in Europa zwei Massen aufeinander. Die demokratische Partei strebt nach Freiheit und Gleichheit, und wenn sie ausartet ... nach Unglauben und Anarchie; die monarchische geht nach Ordnung, und wenn sie ausartet, nach Despotismus und Aberglauben. Die aristokratische muß sich immer in der Mitte halten und auf Mäßigung und Erhaltung des Status quo bedacht sein." In dieser komplizierten Zauberformel von den zwei Parteien, die eigentlich drei sind, denn die aristokratische tritt unversehens dazwischen, sehen wir bereits die ganze Metternichsche schwarze Kunst des späteren Hexenmeisters enthalten: aus zwei mach drei, aus drei mach eins – nämlich den Absolutismus, an den der gute Vogt zunächst nicht dachte, vielleicht weil er ihn als wohlerzogener deutscher Professor voraussetzte. Vogt war ein Schwärmer von jener akademischen Spielart, die mit ihren weltfremden Spekulationen den Gewalthabern ahnungslos unwirklich den Weg bereitet. Was ihm vorschwebte in seinen akademischen Träumen, war eine „christliche Republik" auf deutschem Boden, den er zwischendurch gewissenschaft mit Fußnoten pflügte und mit seinem Gelehrtenschweiß düngte. In seinem letzten Willen, der vermutlich sein erster war, traf Professor Vogt die Anordnung, sein Herz und Hirn, in ein Gefäß eingeschlossen, auf dem Grunde des Rheins romantisch zu versenken, wo sie noch heute ruhen mögen. Seinen Sarg aber ließ Metternich, der sich Vogts „dankbaren Schüler" nennt, an der Mauer seines Schlosses Johannisberg bestatten, das noch heute den Rheingrund herrisch überragt.

Der Schüler und werdende Mann Metternich lebte in Straßburg und Mainz als junger Kavalier, begleitet und umgeben von seinem Beichtvater und Hofmeister. Sein jüngerer Bruder Joseph, familiär Pepe genannt, teilte den kleinen Haushalt, der ein kleiner Hofstaat war. Aber im Gegensatz zu Pepe, der ein, wie man in aristokratischen Kreisen sagt: „schlichter Denker" war und blieb, verabscheute der begabte Clemens nicht, gediegene Kenntnisse zu sammeln. Er packte seinen Schulsack gehörig auf und legte gleichzeitig den Grund zu seiner Weltanschauung. Dabei trat auch sein Charakter bereits in Erscheinung, wie aus einem Urteil seiner Mitschüler hervorgeht, die ihm den Steckbrief eines dreifachen FFF anhafteten: fin, faut, fanfaron fanden sie den eleganten Kollegen. Ein liebloser Jungenscherz, nichts weiter. Dennoch kam Metternich über diese ihm hinterrücks angehängten, zusammengenadelten drei F zeit seines Lebens nie ganz hinaus. Wie jeder heranwachsende Schüler erfuhr er die Welt in der Schule; aber die Welt, wer möchte es leugnen, erfuhr auch schon etwas über ihn.

# DAS ERLEBNIS DER FRANZÖSISCHEN REVOLUTION

Die Mainzer Rokoko-Idylle war doch nicht ganz Idylle. Zunächst mußte sie der neunzehnjährige Metternich für eine Weile unterbrechen, um nach Brüssel zu reisen, wo sein Vater unversehens Gouverneur der Österreichischen Niederlande geworden ist. Aber auch schon früher war das galant gepuderte, kurfürstliche Hofleben in Mainz zeitweise unterfüttert gewesen mit einem nicht minder bedenklichen Hinterhaus-Verkehr, in den der Student Clemens sich neugierig hineingezogen, wenn auch nicht geradezu verstrickt fand. Da war der Buchhändler Georg Forster, ein interessanter Mann, der vor Jahren den Weltreisenden James Cook begleitet hatte und der jetzt in Mainz verbotene Bücher und revolutionäre Schriften feilhielt; da war Kotzebue, der ein liederlicher Lustspieldichter war und für einen Jakobiner galt; da waren die „Illuminati" und die politischen Schwarmgeister, Glühwürmchen der Französischen Revolution auch sie, vielleicht sogar Feuerflocken, die von ihrem Brandherd Paris herüberwehten. Und wann immer der Jüngling seine entzündliche Einbildungskraft vor ihnen in Sicherheit brachte, sah er sich im Schwalle der Emigrés wieder, deren haltloses Wesen und gespenstige Frivolität ihm die Französische Revolution in verzerrtem Spiegelbilde wiesen. Das Leben selbst sorgte dafür, daß der Student Metternich nicht einseitig wurde. Auch war er seiner ganzen Veranlagung nach ein Student, der nicht nur im Hörsaal studierte.

Dazwischen fand auch schon wieder eine Kaiserkrönung statt. Der bedeutende Leopold, ein Habsburger von großem Format, Kaiser Josephs und Marie Antoinettens würdiger Bruder, war gestorben, und sein Neffe Franz, mit dem Metternich bereits in Straßburg zusammengetroffen war, wurde, sechsundzwanzigjährig, Leopolds erst halb vorbereiteter Nachfolger. Metternich, der den mittelalterlichen Pomp einer Kaiserkrönung in Frankfurt kaum zwei Jahre vorher zum ersten Male sich aus den Augen gerieben hatte, sah sich in kurzem Abstand ein zweites Mal solchem Schauspiel gegenübergestellt. Diesmal durfte er sogar schon, seinen Jahren entsprechend, mitwirken, das schöne Bild zu verschönern. In seiner Eigenschaft als Präsident der Jungmannschaft der katholischen Edelleute eröffnete er, ein schlanker Cherubin, in blaßgrüner Seide mit Silbertressen, den Ball an der Seite eines Fräuleins in rosa Satin, das durch seine ungewöhnliche Lieblichkeit allgemein auffiel. Es war die nachmalige Königin Luise von Preußen, damals noch Prinzessin von Mecklenburg. Und zur selben Zeit, während das bildhübsche Paar in Schnallenschuhen und Seidenstrümpfen an dem schwunglos blickenden jungen Kaiser vorüberschwebte, wurde, an eben demselben Tage, zu Paris Ludwig XVI. gefänglich eingezogen. Eine bedeutungsvolle Gleichzeitigkeit, die erst im geschichtlichen Rückblick in Erscheinung trat und dem tanzenden Paar im Krönungssaal des Frankfurter Römers noch lang ein vom Kerzenflimmer verschleiertes Geheimnis blieb.

Einstweilen wurde die ganze Krönungsgesellschaft vom Kurfürsten nach Mainz eingeladen, wo ahnungslos weiter jubiliert wurde. Aber alsbald sehen wir den jungen Metternich auf der Reise nach seiner Geburtsstadt Koblenz begriffen, allwo es ernster zugeht. Dort sammelt sich unter dem Kommando Brunswicks ein österreichisch-preußisches Heer, das einen großen Schlag gegen das aufständische Frankreich ruhmredig ankündigt. In dem Heer befindet sich auch ein gewisser Goethe, ein Schriftsteller von Talent, der seinen Herzog ins Feld begleitet hat und einige Wochen später, nach der Schlacht von Valmy, in der die Revolution siegreich blieb, den bedeutungsvollen Satz zu Papier bringen wird: „Von hier und heute hebt ein neues Zeitalter an, und wir können sagen, wir sind dabei gewesen." Auch Metternich war dabei, wenn auch schon mehr in der kugelsicheren Diplomatenloge. Er wußte nichts von Goethe, noch Goethe etwas von ihm. Ahnungslose Begegnung in der Weltgeschichte.

Die schrecklichen Drohungen im deutschen Armeebefehl, den der Herzog von Brunswick vor der Schlacht herausbellte, hatten sich in diesem Falle, wie in späteren Fällen, als ein prahlerisches Indianergeheul erwiesen. Auf Valmy folgten Schlag auf Schlag Jemappes und die Einnahme von Mainz – lauter verlorene Schlachten für Brunswick. Dort war es Dumouriez, der siegte, hier Custine, der einzog; schließlich kamen noch Carnot und Moreau. Die Französische Revolution hatte Generale, die sich sehen lassen konnten. Napoleon, der später kam, war nur einer von ihnen, nicht anders als Shakespeare nur einer war unter den großen Dramatikern seines Zeitalters. Er war wie Napoleon größer unter Großen. Es gibt eben Zeiten, die an sich gehoben sind und gleichsam schon einen Sockel bilden für künftige Denkmäler. Auf einem solchen zu fußen, war auch der junge Metternich begnadet, wo immer er stand. Aus einem Gewitterhintergrund der Weltgeschichte tritt uns seine junge Gestalt erwartungsvoll entgegen.

Nach Jemappes war auch seines Vaters Bleiben nicht länger in Brüssel. Der Herr Gouverneur trat einen eiligen Rückmarsch nach Koblenz an, und sein Sohn und Sekretär begleitete ihn. In dem alten Kasten, als welcher der Koblenzer „Metternich-Hof" auf einem Bildchen aus der Zeit sich darstellt, versammelte sich die Familie, vermutlich in trüber Stimmung, da ihre linksrheinischen Besitzungen bereits bedroht waren. Dann wechselte das Kriegsglück noch einmal, und der Gouverneur kehrte mit seinem Stabe nach Brüssel zurück. Aber Brüssel war auf die Dauer nicht zu halten; weder durch Zugeständnisse, wie es Papa Metternich versuchte, noch durch Unnachgiebigkeit, wie es die rückständige Wiener Regierung vorschrieb. Schließlich machte der in die Enge getriebene Gouverneur der Zentralregierung einen verzweifelten Vorschlag. Er wollte die Bauernschaft im südlichen Belgien gegen die herüberflutende Revolution bewaffnen, eine Art Heimwehr bilden, wie dies die österreichischen Faschisten in den zwanziger Jahren dieses Jahrhunderts taten. Aber da kam er schön an bei seinem Vorgesetzten, dem Minister Thugut, der genau so leimsiederisch dachte, wie er hieß. Dem Volk Waffen in die Hand geben! Das wäre noch schöner.

Der Feuereifer, mit dem Jung-Clemens diesen Heimwehrgedanken seines Vaters aufgriff und später zu einer Flugschrift verdichtete, läßt vielleicht darauf schließen, daß er geistig daran beteiligt war. Bald darauf entfloß seiner Feder die erste politische Kundgebung. Marie Antoinette hatte in Paris „in den Korb geniest", wie die Sansculotten es nannten, wenn sie jemand den Kopf abschlugen. Eine entrüstete Koalition formte sich zwischen Österreich, Preußen, England, Holland und Spanien, um diese Schandtat zu rächen, und der Gouverneur hatte ein Manifest an das belgische Heer abzufassen, was zu tun der gemächliche Mann lieber seinem Sohn überließ. Clemens tat es mit allem gebotenen Schwung, in dem sich die natürliche Entrüstung eines jungen Menschen wangenrot kundgibt. „Das Blut Maria Theresias, das Blut Österreichs, ist über das Schafott geflossen! Rache! schreit seine Stimme. Himmel und Erde verlangen danach! Auf, Soldaten...!" Bezeichnend, daß es eine Frau war, die dem Staatsmann Metternich diesen ersten geschichtlichen Aufschrei entlockte.

Aber Brüssel war ein verlorener Posten. Vater Metternich sah es schließlich langsam ein und traf Vorkehrungen. Er ließ das Söhnchen noch schnell zum Gesandtschaftsattaché im Haag ernennen und schickte es gleichzeitig in Begleitung eines Grafen Desaudrouin, der eine belgische Anleihe negotiieren sollte, nach England. Dort blieb Clemens fast ein halbes Jahr stecken. Er lernte den großen Pitt kennen, den König und den Thronfolger; er machte die Bekanntschaft des Modekönigs Brummel; er wohnte dem Prozeß gegen Warren Hastings bei und zwei Flottenparaden, die ihm nachhaltigsten Eindruck machten. Er war von England sehr entzückt und ließ sogar den englischen Parlamentarismus gelten, was die österreichischen Reaktionäre seither mit der Einschränkung taten, daß er sich für Österreich nicht eigne. Schließlich, da es auf dem Festlande schon wieder drunter und drüber ging, mußte er doch wieder abreisen. Aber wohin? Die Gesandtschaft im Haag, der er attachiert war, bestand nicht mehr, Brüssel war besetzt und von dem alten Metternich längst geräumt, die Besitzungen der Familie am linken Rheinufer, die einen Ertrag von jährlich fünfzigtausend Gulden abwarfen, waren endgültig verloren; aber auch Koblenz befand sich in der Hand der siegreichen französischen Armee, und der Metternich-Hof, die bisherige Zuflucht der Familie, war unzugänglich. Es blieb nichts übrig, als sich in Düsseldorf, vermutlich in einem Gasthof, zu treffen. Was für ein Wiedersehen mit Vater und Mutter und dem geistig minderbemittelten Bruder Pepe! Der trübste Augenblick im Leben des Einundzwanzigjährigen. Erst mehr als ein halbes Jahrhundert später, als ein fast Achtzigjähriger, wird er sich wieder in einer ähnlich verzweifelten Lage befinden.

Damals freilich war er jung und schön, und damit vor allem scheint die Mutter gerechnet zu haben, als sie im Familienrate zustimmte, das Hauptquartier nach Wien zu verlegen. Er ist jetzt ein Mann! mag sie bei sich erwogen haben, als sie ihm am ungedeckten Tische gegenübersaß und seine neuesten halbenglischen Manieren auf sich wirken ließ: er gefällt den Frauen... er wird seinen Weg machen in Wien! Und: „Auf nach Wien!" redete sie den anderen zu, während der Gatte, ratlos und gefaßt, wie es seine Art war, daumendrehend wieder einmal sich darauf verließ, daß „diese Affäre wie jede Affäre schließlich irgendwie enden würde".

Als sie dann alle zusammen, in die wappengeschmückte gräfliche Kutsche geklemmt, von Düsseldorf nach Wien rollten, war es das große Erlebnis der Französischen Revolution, das, den anderen unsichtbar, Clemens im Wagen deutlich gegenüber saß und ihm die Richtung ins Künftige wies.

Der schiffbrüchige Gouverneur hatte durch diese Umwälzung ebenso wie er selbst seine Stelle verloren, seine Besitzungen und fast seinen Namen, jedenfalls aber, für den Augenblick, allen seinen Einfluß. Er, Clemens, hatte von Mainz nach Koblenz flüchten müssen, von Koblenz nach Brüssel, von Brüssel nach London, von London nach Düsseldorf, immer und überall vom Wolfsrachen der Französischen Revolution hinterrücks bedroht. Diese neue politische Tatsache der Revolution war die Feindin aller seiner Freunde, denn nur unter den Emigrés hatte er bisher welche gefunden, sie hatte ihn um sein Liebesglück betrogen, sie hatte der Tante seines Kaisers den schönen Kopf gekostet. Schließlich hatte sie ihn selbst landflüchtig gemacht und hetzte jetzt hinter ihm her, als Erinnerung an unauslöschliche Bilder des Grauens und der Verwüstung. Ist es nicht begreiflich, ja sogar selbstverständlich, daß er diese verabscheuungswürdige Entwicklung zur Grundtatsache seines Lebens machte und ihre Abwehr zu seiner Sendung?

Es ist unendlich aufschlußreich für seinen Charakter und das Schicksal, das sich aus ihm entwickeln sollte, daß Metternichs erste Bewegung eine Gegenbewegung war. Nicht daß er etwas wollte, sondern daß er etwas *nicht* wollte, machte ihn produktiv. Nicht mit einem Ja, sondern mit einem Nein trat er, zunächst noch innerlich, die ihm vorgeschriebene große Laufbahn an. Was er verneinte, war der Umsturz. Das war sein politisches Programm, das er sich zunächst, ohne nachzudenken, rein gefühlsmäßig zu eigen machte. Die dazugehörige Ideologie schaffte er sich, wie dies Diktatoren auch nach ihm getan haben, erst später an.

## AUF NACH WIEN!

Ein Strandgut der Französischen Revolution, wurden die Metternichschen in Wien ans rettende Ufer gespült. Zweck der Reise, zu der man sich im Düsseldorfer Familienrat entschloß, war, den grollenden Kaiser zu versöhnen; er grollte, weil Papa Metternich, den er zum Gouverneur der Niederlande gemacht hatte, ohne die Niederlande zurückkam. Aber leider war nicht einmal eine Einladung zur Rechtfertigung in diesem Punkte vom Hofe ausgegangen. Weder der Kaiser noch die beiden Staatsminister Thugut und Kobenzl, noch Graf Trauttmansdorff, der dem Grafen Metternich besonders aufsässig war, schienen neugierig zu sein, was er ihnen zu sagen hatte. Also mußte man nach einem schicklichen Vorwand suchen, um nach Wien zu kommen, wo sich dann erst alles Weitere ergeben mußte. Man fand ihn in dem vernachlässigten böhmischen Gut Königswart, dem nun auch, nach dem Verlust der linksrheinischen Besitzungen, eine höhere wirtschaftliche Bedeutung zukam. Das Gut lag so ungefähr in der Mitte zwischen Düsseldorf und Wien, so daß es sich von selber machte, wenn man den jungen Clemens dorthin abzweigen ließ, während der schiffbrüchige Gouverneur und seine Frau die Fahrt in angemaßter Eile fortsetzten. So hatte alles eine Form und man konnte sich in Wien notdürftig einrichten, bevor der schon von seinen Londoner Erfahrungen umwitterte Herr Sohn, an dem das Herz der Gräfin Mutter viel mehr als an ihrem Manne hing, etwa vierzehn Tage später nachkam.

Es war Ende November 1794, als die Familie Metternich, ihr Schicksal bebrütend, zu Wien in trübseliger Stimmung wieder vollzählig versammelt war. Der November ist kein kleidsamer Monat für Wien, das übrigens damals noch keine schöne Stadt wie Paris oder London war; es hatte Schönheiten, aber es war nicht schön. Sein größter Reiz, die Umgebung und die großen Gärten der Randbezirke, kamen im Winter nicht zur Geltung. Die „Innere Stadt", in der „man" wohnte und wo sicher auch die Metternichs zunächst abstiegen, war gartenlos, eng und unsauber. Die Straßen und Sträßlein labyrinthisch verstrickt; das Pflaster holprig, von Unrat bedeckt. Die feinen Leute, die man in Wien die „besseren" nannte, setzten keinen Fuß auf den schmutzigen Boden, der nicht einmal durchaus gepflastert war. Sie schwebten in ihren Karossen und Sänften über den Unrat hin. Und bei Nacht liefen ihren Wagen fackelschwingende Bediente voran, die ganze Straßenbeleuchtung zu jener Zeit. Wenn gerade niemand vorüberfuhr oder mit einer Laterne in der Hand daherstolperte, war es stockdunkel.

Es ist die Frage, ob die Metternichs um jene Zeit fackelschwingende Bediente hielten. Aber dafür hatten sie einen Sohn, der sie ihnen vielleicht wieder würde verschaffen können. Gräfin Marie Beatrice mag in diesen Tagen öfter und verliebter noch als sonst in seine blauen, klugen Augen geblickt haben und auf das hintergründige Lächeln, das seinen jungen Genießermund neuestens sichtbar umspielte. Dieses weltmännische Lächeln hatte er aus England mitgebracht, wer weiß, welche schöne Lady es ihm aufgeküßt hatte? Jedenfalls, Constance, von der die Mutter natürlich wußte, wie von allen seinen Liebschaften, war jetzt nicht mehr die einzige, das sah man ihm deutlich an. Um so besser, wenn sie nicht die einzige war, dachte die zärtliche Mutter. Welch ein Glück, dachte sie, daß die

Frauen, was sie in der Mehrzahl anstellen, in der Einzahl immer wieder gutmachen können. Und sie schaute kummervoll und etwas bitter zu ihrem Mann hinüber, der den Wiener Hübschlerinnen und Graben-Nymphen, wenn er zum Weine ging, nicht ungern nachstieg.

In dieser Hinsicht waren für Vater und Sohn in Wien Bekanntschaften leicht gemacht, aber ansonsten ließ es sich ziemlich schwierig an, den notwendigen Anschluß zu finden. Die Gesellschaft, die in den Augen der Gräfin Metternich wie ihresgleichen mit dem Adel identisch war, schloß sich ab, wie die Innere Stadt sich hinter ihren Basteien verschanzte, Wälle schnürten sie ein, durch die nur wenige Tore wie Wespenlöcher hindurchführten, und ganz ähnlich verhielt es sich auch wieder mit der Gesellschaft. Man mußte in Wien die Wege und Durchhäuser kennen, und der Fremde kannte sie naturgemäß nicht. Auch war man in diesen Kreisen nicht allzu liebenswürdig gegen die Fremden, zumal solche, die aus Deutschland kamen. Man machte es genau, wie Metternich selbst es fünfzig Jahre später machen wird: katzenfreundlich gegen Franzosen und Engländer, blieb man gegen Leute, die ein gutes Deutsch sprachen und sich darauf etwas zugute taten, eher etwas kratzbürstig; „hoppetatschig" hieß es im Gretzel. Der Verlust von Schlesien war noch nicht verschmerzt, und auf die Preußen hatte man eine Wut in der Gesellschaft, die sich „G'sellschaft" nannte und fühlte. Es ist wahr, die Metternichs waren Rheinländer und katholische Grafen. Aber das war, aufs Gesellschaftliche hin angesehen, auch so ziemlich alles, was man von ihnen wußte. Sie waren eben „Zugewanderte" und, wie die Gesellschaft gleich herausfühlte, nicht eben freiwillig, sondern weil es ihnen schlecht ging, Zugewanderte. Das hat man nirgends gern, und schon gar nicht in Kreisen, die sich auf ihre Exklusivität etwas einbilden und untereinander eine einzige große Familie bilden, zu der man gehört oder nicht gehört. Und die Metternichs gehörten eben nicht dazu. Sie waren nicht „liiert", sie hatten keine „Attachen", ja nicht einmal Verwandte hatten sie, mit denen man, wenn auch nur von fern, aber doch „irgendwie" verwandt gewesen wäre. Wenn man das in den Anfangsstadien einer Bekanntschaft so beliebte Spiel des „Stammbaumkraxelns" spielte, das heißt, die Familien- und Geschlechterleiter im Gespräch gewandt auf- und abturnte, um schließlich erfreut festzustellen, daß der Vetter von der einen Seite mit der „Tant'" von der anderen „ums Eck" verschwägert war -- so schaute auf diesem Weg und Umweg bei den kürzlich „Zugereisten" leider soviel wie gar nichts heraus. Allenfalls erfuhr man oder wußte auch schon, daß sie ein paar Fürstbischöfe in der Familie und sechzehn Quartiere hatten. Aber sogar das machte keinen entscheidenden Eindruck. Die Wiener Aristokratie, die hochmütigste der Welt, kocht am liebsten im eigenen Saft und findet sich dabei äußerst schmackhaft. Also ließ man den abgetakelten Gouverneur „in Ungnade" links liegen und sparte fürs erste mit Dusagen und Einladungen, Auszeichnungen, wie sie sonst einem, der „dazu'hört", leicht zuteil werden. Man „schaute sich", wie man in Wien sagt, „nach ihnen nicht viel um".

Aber indem man sich zu dieser wegschauenden Haltung bequemte, hatte man außer Betracht gelassen, daß der abgetakelte Gouverneur in Ungnade auch eine Frau besaß. Die nahm den Kampf auf und setzte sich zur Wehr. Ohne viel überflüssige Besuche zu machen und auf Einladungen zu warten, die nicht kamen, erinnerte sich Gräfin Marie Beatrice in diesen ersten Wiener Wochen, woran sie sich vermutlich schon in Düsseldorf erinnert hatte; daß sie mit einer Schwiegertochter des Staatskanzlers Kaunitz, jetzt Fürstin Ernest Kaunitz, zusammen die Schule besucht hatte, die sicher eine Klosterschule gewesen war. So was bindet, so was hält, auf so was läßt sich in späteren Jahren bauen. Und Gräfin Marie Beatrice baute. Die Schulfreundin hatte eine Tochter, die neunzehn Jahre alt, nicht besonders hübsch, aber gut gewachsen, ausgezeichnet erzogen, gar nicht dumm und – Hauptsache! – die einzige Enkelin des jüngst verstorbenen großen Kaunitz war. Clemens war gerade zweiundzwanzig, gut geboren, bildhübsch und über den Durchschnitt begabt. Die Mutter nahm ihn an der Hand und führte ihn in das Haus der Jugendfreundin. Die schaute sich den jungen Menschen an, dann rief sie ihre Tochter Eleonore herein, die vor der Gräfin Mutter einen tiefen Knicks machte, bevor sie dem Sohn errötend die Hand reichte. Es gab Gottseidank auch ein paar Schwierigkeiten. Leonores Vater, der Fürst, fand, daß der junge Herr ein bißchen zuviel Erfahrungen mit Frauen habe; auch war er arm und Eleonore reich. Was lag daran? Sie konnte sich doch „alle zehn Finger abschlecken", wie man in Wien sagte, als er um ihre Hand anhielt. Fürst Ernst Kaunitz sagte zögernd Ja. Als er es sich abrang, stellte sich heraus, daß seine Tochter schon vor ihm Ja gesagt hatte. Sie wäre mit Clemens durchgegangen; und später wohnte sie mit ihm im Palais Kaunitz, der späteren Staatskanzlei am Wiener Ballhausplatz.

Als dieser Handel sich abspielte, denn von seiten Metternichs war es ein Handel, eine „Vernunftehe", wie er Jahre nachher selbst zugestand, besserte sich die gesellschaftliche Stellung der vom Rheinland Zugereisten im Handumdrehen. Die aufsässigen Minister Trauttmansdorff und Kobenzl versöhnten sich mit dem Grafen Franz Georg, Thugut wurde wieder gut mit dem ehemaligen Gouverneur und der Kaiser gewährte ihm eine Audienz zuerst, dann eine Gnadengabe von vierzigtausend Gulden als Entschädigung für seine linksrheinischen Besitzungen und am Ende sogar ein Ruhegehalt von achttausend Gulden jährlich bis zur etwaigen Wiederverwendung. Der Kaiser war bekannt sparsam; und wenn er es in diesem einen Falle nicht war, so konnte man daran das hohe Ansehen der Familie Kaunitz ermessen. Gräfin Marie Beatrice hatte richtig kalkuliert und mit einem einzigen Schachzug die Partie gewonnen. Sicher suchte sie sich die Leute, die sie nicht gleich eingeladen hatten, bereits im Gotha zusammen, um sie nun auch ihrerseits, nach einem bestimmten Turnus, nicht einzuladen.

# DIE LEHRJAHRE DES ALKIBIADES

Die Hochzeit fand im September 1795 in Austerlitz statt, das ein Dorf war, aber auch ein Schloß und als solches ein Kaunitzscher Familienbesitz. Bei Austerlitz besiegte Napoleon bekanntlich zwölf Jahre später die Österreicher und schlief dann zwischen den erbeuteten Fahnen und Trophäen in ebendemselben Gemach, in dem Metternich sich mit der jungen Fürstin Kaunitz verband. Darüber hat ein neuerer französischer Metternich-Biograph, Monsieur Grunwald, ein Madrigal geflochten, indem er die „Sonne von Austerlitz" und jene Hochzeitsnacht in eine witzig-melodramatische Verbindung bringt. Von der Witzigkeit abgesehen, ist es reizvoll genug, einen Augenblick lang darüber nachzudenken, wie sich zwei Lebensbahnen an diesem geschichtlich bedeutenden Punkt ahnungslos-prophetisch kreuzen. Ahnungslos; denn Metternich wußte damals gewiß noch nicht das mindeste von dem Artillerie-Hauptmann Bonaparte. Er war ein junger Kavalier, der heiratete, um seinen gräflichen Stammbaum fortzusetzen und der Familie durch eine glückliche „mariage" gründlich aufzuhelfen. Sicher war Clemens sich auch dieser seiner Verpflichtung voll bewußt, als er den sakramentalen Akt vollzog, und daß seine Eltern sich darüber klar waren, liegt auf der Hand. Der Vater konnte diese Wahl nur billigen und die Mutter hatte selbst für ihren Sohn gewählt. „Ich habe weder mit meinem Willen noch gegen meinen Willen geheiratet", verbriefte der Staatskanzler später an seine große Liebe, die Fürstin Lieven. Der Adel dachte und denkt nicht eben sentimental über diese Dinge, so wenig wie der Bauer, dem der Aristokrat auf dem Lande nahesteht. Es ist bezeichnend in diesem Zusammenhang, daß bei der gräflichen Hochzeit in Austerlitz nach der Sitte der Zeit sechs Burschen und Bauernmädchen des Kaunitzschen Gutes gleichzeitig kopuliert wurden. Man tat die jungen Leute zusammen wie das Jungvieh; sie vermehrten sich brav und, wenn es gut ging, auch den Familienbesitz. Das Ganze war keine Herzensangelegenheit, höchstens eine Frage bedachter, aber auch natürlicher Zuchtwahl. So angesehen war die Ehe, die Metternich in seinem dreiundzwanzigsten Jahre einging, eine Naturehe und Kavaliersehe zugleich.

Dem entsprach auch der Stil dieser aristokratischen Ehe schon in den ersten Jahren, die der junge Familienvater ohne richtige Beschäftigung und berufliche Bindung mehr angenehm als nützlich hinbrachte. Er hatte als Kavalier geheiratet, nun lebte er auch als Kavalier, und es scheint, daß ihn das lustige, wenn auch leere Dasein, das er zwischen seinem dreiundzwanzigsten und achtundzwanzigsten Jahre führte und offenbar ganz vom Gelde seiner Frau bestritt, keineswegs so unbefriedigt ließ, wie sein Biograph es wünschen würde. Zumindest sehen wir ihn keinerlei Anstalt treffen, seinen Zustand zu verändern, wenn man davon absieht, daß er sich vorübergehend von der Lust angewandelt fühlte, nach Amerika durchzugehen – wie fast jeder junge Ehemann. Er unterdrückte diese Anwandlung, wie er gesteht, aus Rücksicht auf seine Familie. Hervorgerufen war diese abenteuerliche Absicht offenbar von dem Verlangen, irgendeine Verwendung für die in ihm schlummernde Begabung zu finden, was aus dem Grunde nicht möglich war, weil Schwiegerpapa Kaunitz sich aus Gründen, die wir nur mutmaßen können, gegen jede diplomatische Tätigkeit aussprach. Wahrscheinlich war er der Ansicht, daß ein großer Diplomat in der Familie genüge. Der unbeschäftigte Clemens ging also mit seiner jungen Frau, die übrigens bald Mutter wurde, viel in Gesellschaft, lud ein und ließ sich einladen. Dazwischen studierte er aus Langeweile, aber auch aus Wißbegier, ein bißchen Botanik und Medizin, von welcher Wissenschaft ein Niederschlag noch in einem seiner feuilletonistischen Vergleiche weiterlebt. Den Staatsmann lohnt Undank wie den Arzt, äußerte er einmal verbittert: Wenn die Kur gelingt, so hat sich die Natur geholfen. Stirbt der Patient, so ist der Arzt schuld.

Vorläufig also war von derartigen staatsmännischen Bemühungen nicht die Rede und der junge Graf lebte ungefähr wie der Prinz Heinz bei Shakespeare, der mit Falstaff beim Weine sitzt, oder wie der junge Alkibiades bei Plutarch, der im Rausch die Hermen stürzte oder den Hunden von Athen die Schwänze abschnitt. Der Typus des leichtsinnigen, wenngleich begabten jungen Adeligen ist keineswegs auf Griechenland beschränkt, und zumal auf dem Wiener Ballhausplatz gediehen diese Alkibiadesse, vielleicht von Metternichs Beispiel hervorgerufen, und grünten durch ein volles Jahrhundert. Sie waren von Ehrgeiz besessen und behaupteten lebemännisch, ganz ohne Ehrgeiz zu sein. Auch Metternich liebte es, dies von sich zu behaupten, doch tritt zumindest ein ehrgeiziges Streben nach weitläufiger Bildung in seinem Wesen deutlich hervor, das ihn von den leichtfüßigen und leichtherzigen kleinen Ballhaus-Viveuren vorteilhaft unterscheidet. Er hält sich gesellschaftlich gleich an die gescheite Prinzessin Liechtenstein und philosophiert mitunter auch mit älteren Männern. Den schönen Luxus, einem Sokrates zu Füßen zu sitzen, wie Alkibiades in Athen, kann er sich in Wien freilich nicht leisten, doch findet er zumindest einen Weg zum alten Prince de Ligne, von dem er das geistreich zugespitzte Wort und die großen Manieren empfänglich übernimmt. Auch scheint der junge Metternich in diesen seinen Brausejahren eine Menge gelesen zu haben; anders wäre seine spätere große Belesenheit schwer zu erklären. Das beste am Lesen ist, daß man dabei allein bleiben muß; und so lernte er auch, allein sein zu können, die beste Schule für einen künftigen Premier. Die scheinbar nutzlos hingebrachte Zeit war für seinen inneren Menschen doch nicht ganz verloren.

An äußeren Vorrückungsmöglichkeiten ergab sich zunächst für den Gatten der Kaunitzischen keine andere, als daß man ihn seinem Vater zuteilte, der ausersehen ward, das Deutsche Reich auf dem Kongreß zu Rastatt zeitraubendwürdig zu vertreten. Der Tod des Fürsten Ernst Kaunitz, der gegen die diplomatische Laufbahn gewesen war, erleichterte diese Zuteilung, wie anderseits die Verbindung mit dem Hause Kaunitz die Wiederverwendung des alten Metternich begünstigt haben mag. Im übrigen scheint dieser ganz der richtige Mann gewesen zu sein, um den ergebnislosen Rastatter Kongreß zu diesem Ende zu leiten. Die feierliche Versammlung tagte anderthalb Jahre lang und es kam soviel wie nichts heraus dabei, wenn man davon absieht, daß sie mit der Ermordung zweier französischer Delegierter – dem sogenannten Rastatter Gesandtenmord – endete; der dritte Delegierte kam mit dem Leben davon. Clemens hatte sich dem Umgang dieser drei Bevollmächtigten der jungen französischen Republik nicht völlig entziehen können und sein Abscheu wuchs angesichts ihrer saloppen Kleidung und der wilden Haartracht dieser Jakobiner. Er schreibt mit Verachtung über sie an seine Frau, die ihn nicht nach Rastatt begleiten konnte, weil sie bereits Mutterpflichten zu erfüllen hatte und nicht recht gesund war. Also richtete der junge Ehemann sich, so gut es eben ging, und es ging ganz gut, auf ein vorübergehendes Junggesellenleben ein, ohne ein gebrochenes Herz zu heucheln. Er klagt in seinen Briefen aus Höflichkeit ein wenig über Langweile und Mangel an Anregung, die er schließlich am Spieltisch und bei kleinen Soupers in Gesellschaft kleiner Damen zu suchen und zu finden nicht verschmäht. Mißgünstige Beobachter kreiden ihm um diese Zeit an, daß er sich ein zu großes Ansehen gab, in zweideutiger Gesellschaft verkehrte und bessere Leute snobbte. Also noch einmal Alkibiades. Was seinen Vater betrifft, so machen die französischen Delegierten als rechte Sansculotten, die sie waren, sich darüber lustig, daß er die Stufen zählte, die er den Bevollmächtigten, ihrem Rang entsprechend, entgegenging, und unter einem Baldachin thronend die Sitzung leitete. Davon abgesehen scheint er sich ebenso wie der Herr Sohn in Rastatt ganz gut amüsiert zu haben, was unter anderm daraus hervorgeht, daß er bereits in den ersten drei Monaten für seine anstrengende Tätigkeit einen kaiserlichen Zuschuß von vierzigtausend Gulden in Anspruch nahm und auch erhielt. Vater und Sohn gingen außerhalb der Amtsstunden ihre besonderen Wege, die sie aber doch zuweilen, wenn sie einer Schönen etwas zu weit nachgingen, in überraschender Weise zusammenführten. Daraus hat der lästerliche Kotzebue, der vielleicht auch hier, wie seinerzeit in Mainz, am Rande der Begebenheiten stand, später eines seiner gelungensten Stücke gemacht, die „Beiden Klingsberg", die das Wiener Burgtheaterpublikum durch Jahrzehnte lachen machten, weil es dabei an Metternich Vater und Sohn anzüglich denken konnte. Daß sie beide es in Rastatt mit der ehelichen Treue nicht sehr ernst nahmen, unterliegt keinem Zweifel, wie auch nicht, daß die Frauen in ihrem Leben beiderseits immer viel Platz einnahmen. Dennoch ist da ein Unterschied. Der Vater war ein Frauenfresser, der Sohn ein Damen-Gourmet. Der eine war höchstens Casanova, der andere zuweilen Don Juan. Ein sinnlich-übersinnlicher Freier, unterschied er kategorisch zwischen Verliebtsein und Lieben. Verliebtheit gab er sich frei und nahm, was sich ihm bot; in der Liebe stellte er Ansprüche und zwar die höchsten. Aber um so fein zu distinguieren, mußte er zunächst auch undistinguierte Erfahrungen machen, die in Rastatt zu sammeln er reichlich Gelegenheit hatte. Die Lehrjahre des Alkibiades klärten ihn über die Grenzen seiner Persönlichkeit nach jeder Richtung auf.

Der Rastatter Kongreß wurde von Napoleon eröffnet. Aber Metternich scheint bei dieser Eröffnung noch nicht zugegen gewesen zu sein, und da Napoleon sein Wiedererscheinen zur Schlußsitzung im letzten Augenblick absagte, um nach Ägypten zu gehen, hat Metternich zu seinem Verdruß damals noch nicht seinen großen Gegenspieler persönlich kennengelernt. Die weltgeschichtliche Begegnung fand erst viel später statt.

\*

Die Lehrjahre des Alkibiades waren mit den kleinen und größeren Rastatter Erlebnissen noch nicht zu Ende; das größte war das Abschiedsfrühstück bei den erzreaktionären Garnsbacher Husaren, dem die Ermordung der französischen Gesandten peinlich rasch auf dem Fuße folgte. Dann empfing den aus Rastatt Heimgekehrten wieder die weiche, zärtliche und klatschsüchtige Luft der Wiener Salons, wobei sich die gesellschaftlichen Beziehungen zu demjenigen der Fürstin Eleonore Liechtenstein verdichteten. Hier wurde auch Politik gemacht, und zwar seit zehn, fünfzehn Jahren bereits, um welche Zeit die schöne Fürstin die vertrauteste Freundin des verstorbenen Kaisers Joseph gewesen war. Zur Zeit befand sie sich in Opposition zur äußeren Politik des Ministers Thugut, die in einer Weise in der Richtung zur Vergangenheit orientiert war, daß es sogar Metternich zuviel war. Thugut hielt an der überlieferten Kaunitzischen Grundformel: Freundschaft mit Frankreich, unversöhnliche Feindschaft gegen Preußen, mit dem Eigensinn des Subalternen noch in einem Zeitpunkt fest, in dem Österreich, von Frankreich geschlagen und zum Frieden von Campoformio erniedrigt, naturgemäß näher an das gleichfalls bedrohte Preußen hätte heranrücken müssen. Clemens mag diesen Standpunkt, von Rastatt zurückgekommen, im Salon der Fürstin Liechtenstein mit der ihm eigenen rednerischen Gewandtheit um so nachdrücklicher verfochten haben, als Thugut sich keineswegs als ein Freund des Hauses Metternich erwiesen hatte. Clemens intrigierte nicht geradezu gegen ihn, aber er untergrub. Die noch immer schöne Fürstin hörte ihm milde lächelnd zu. Sie war um ein paar Jahre älter als er, was sie wahrscheinlich nicht hinderte, den jungen Mann verteufelt hübsch zu finden. Bald darauf stürzte Thugut, und sein Nachfolger Trauttmansdorff ernannte Metternich, mir nichts dir nichts, zum Gesandten in Dresden. Wahrscheinlich hatte die Fürstin Eleonore Liechtenstein ein bißchen „gezaubert".

Aber auch mit dieser zauberhaften Ernennung des Neunundzwanzigjährigen zum Plenipotentiär in dem nicht allzu wichtigen Herzogtum Sachsen sind die Lehrjahre des Alkibiades noch nicht ganz zu Ende, im Gegenteil, man darf sagen, daß sie hier einen neuen Aufschwung nahmen. In Dresden lebte man noch in dem gleichen galanten Rokokostil wie zehn Jahre vorher in Mainz. Dieser Stil lag Metternich, und der Lebenskünstler, der er war, fand sich auf dem ihm vorgeschriebenen neuen Weg rasch zurecht.

Bevor er ihn antrat, schrieb er an seinen Kaiser, der ihn ernannt hatte, einen bemerkenswert klugen und reifen Brief, den Brief eines Staatsmannes, der weiß, was er wert ist, was er zu geben hat und verlangen darf. Vor allem zweifelt er an seiner Berufenheit – an solchem Zweifel erkennt man den Berufenen – und tut in einer höchst unbescheidenen Weise bescheiden. Er nehme die Ernennung nur an, um gegen seinen kaiserlichen Herrn nicht ungehorsam sein zu müssen, bäte sich aber aus, in dem Augenblick seine Demission geben zu dürfen, in dem er sich seiner Unzulänglichkeit bewußt werden sollte. Mit einem Wort: der junge Mann droht, noch bevor er sein Portefeuille übernimmt, mit seinem Rücktritt, was sonst nur ältere Premierminister auf der Höhe ihrer Macht zu tun pflegen. Tatsächlich hat er dann erst volle siebenundvierzig Jahre später, zum ersten und zum letzten Male, seine angedrohte Demission gegeben, woraus man umgekehrt schließen darf, daß er so lange mit seinen Leistungen unzufrieden zu sein keine Veranlassung zu haben glaubte.

Ferner ist bemerkenswert, daß er vor Antritt seines Postens viel in den Wiener Archiven herumwühlte und eine umfängliche Denkschrift über die jüngst vergangene, wenig glorreiche österreichische Politik und das Verhältnis zu Sachsen im letzten Jahrzehnt zusammenstellte. Das Memorandum lief darauf hinaus, daß er seine eigene Aufgabe in Dresden gewissenhaft umschrieb, was natürlich vorher mit dem Minister, der ihn zur Ernennung vorgeschlagen hatte, vereinbart war. Immerhin erteilte der junge Mann sich solcherart selbst seine Instruktion.

Aus diesem Memorandum spricht ein bemerkenswerter Fleiß, der Metternich ein ganzes Leben lang auszeichnete, sich hier aber zum ersten Male kundgibt. Ein fleißiger Alkibiades ist kein Alkibiades mehr, und so wäre hier eigentlich ein Punkt zu setzen, hätte auch in Dresden das Bedürfnis nach einem fleißigen österreichischen Gesandten bestanden. Es scheint aber um so weniger vorhanden gewesen zu sein, als Metternich eine preußenfeindliche Politik vorgeschrieben war und er in seinem Herzen eine augenblicklich preußenfreundliche aus Zweckmäßigkeitsgründen vertrat. Er hatte also wenig zu tun, ging viel in Gesellschaft und lernte die schöne Bagration kennen, eine achtzehnjährige Russin, die ihn, auf russische Art, an die reizende Constance erinnert haben mag. Sie war die Frau eines russischen Generals und hieß in der medisanten Gesellschaft „le bel ange nu", weil sie mit nichts so sehr als mit Kleiderstoff sparte. Ein Jahr später wurde dem General ein Töchterchen geboren, für das ihm seine Frau den Namen Clementine vorschlug, den es, da der General nichts dawider hatte, auch tatsächlich in der heiligen Taufe erhielt. Clemens, der immer schon ein näheres Verhältnis zu Rußland befürwortet hatte, strahlte.

Ungefähr zur gleichen Zeit brachte auch Madame Metternich, geborene Kaunitz, ein Kind, ihr viertes – zwei waren bereits gestorben – zur Welt, von dem die bösen Zungen behaupteten, daß Metternich ebensowenig sein Vater gewesen wäre wie Bagration Clementinens Vater. Sicher ist, daß die Gräfin Metternich, der Pagenstreiche ihres Gatten nach sechsjähriger Ehe einigermaßen müde, sich auch ihrerseits auf eine Politik der Repressalien und Retorsionen eingerichtet hatte. Die Ehe blieb, eben weil es keine Liebesehe war, davon nahezu unberührt und bis zum Schluß die allerbeste.

Von Dresden kommt Metternich bald nach Berlin, wie die meisten Reisenden. Er wurde hier der Nachfolger des Grafen Stadion, der nach Petersburg vorrückte. Schon diese Nachfolge beweist, daß man in Wien seine Talente bereits richtig einzuschätzen wußte und sie zu verwenden gedachte.

In Berlin hatte der junge Gesandte einen Stein im Brett, weil er die wunderschöne Königin Louise von Frankfurt her gut kannte, wo er mit ihr den Krönungsball eröffnet hatte. Sie war eine Frau von unantastbarem Ruf, was ihr ermöglichte, Metternich in ihren engsten Freundeskreis aufzunehmen, ohne sich dabei das geringste zu vergeben. Um so ungezwungener entwickelte sich seine gleichzeitige Beziehung zur Herzogin von Sagan, einem anderen mangelhaft bekleideten Unschuldsengel von der Art der Bagration, die denn auch in Berlin alsbald deren Nachfolgerin wurde, wie Metternich der Nachfolger Stadions war. Revirement nennt man es in der Diplomatensprache. Metternich sagte später bitter scherzend von ihr, daß sie eine Frau wäre „qui aime comme l'on dine" und es unterliegt keinem Zweifel, daß er des öfteren bei ihr dinierte. Die wiederholt unterbrochene Beziehung setzte sich lange fort und fand erst 1816 ein Ende. Hingegen hatte Madame de Staël von Anfang an kein Glück bei ihm. Er wollte kein Buch umarmen, noch sich von einem Buch umarmen lassen. Doch geht daraus keineswegs hervor, daß er der Sagan auch nur einen Augenblick lang treu war. Die spitzzüngigen Berliner Beobachter sagten von dem außerhalb seiner Amtsstube viel beschäftigten Gesandten, daß er immer verliebt und immer zerstreut sei, und daß ihm dies in der Politik und ganz besonders in der Liebe schade.

Zu den Errungenschaften seiner Berliner Jahre gehörte schließlich auch noch die Freundschaft mit Gentz, seinem späteren langjährigen Mitarbeiter in der Staatskanzlei, dem käuflichsten unter allen begabten und begabtesten unter allen käuflichen Journalisten des Zeitalters. Gentz war ein Romantiker, ein Lebemann und ein Snob, und wenn man ihn in einem dieser Gebiete aufjagte, entfloh er in das nächstgelegene und versöhnte am Ende, wenn gar nichts mehr helfen wollte, alle, sogar die Nachwelt, durch seinen wunderbaren, an Goethe hochgeschulten Stil. Ein romantischer Lebemann war in seiner Art auch der schöne Prinz Louis Ferdinand, den sie an den ästhetisierenden Berliner Teetischen gern den „Preußischen Alkibiades" nannten. Kleist hat dem bezaubernden jungen Mann mit der schwarzen Windstoßfrisur in seinem „Prinzen von Homburg" ein unsterbliches Denkmal gesetzt. Ganz Berlin war in ihn verliebt, der ungefähr so aussah, wie Canova den Tod darstellte – ein schöner Tod in preußischer Uniform – und sicher hat er auch auf Metternich Eindruck gemacht, der sich zu ihm wie zu einer heroischen Variante seines eigenen Wesens hingezogen gefühlt haben mag. Denn wenn auch beide jung, beide Alkibiades, so waren sie doch so verschieden voneinander wie eine Ballade von einer diplomatischen Note auf Velinpapier. Grundverschieden war auch ihr Schicksal. Louis Ferdinand war eine romantische Feuerseele, Metternich bei aller scheinbaren Ungebundenheit ein im Grunde nüchterner Patron. Der eine starb jung, der andere wurde uralt; und wenn jener, in Verzweiflung über das Schicksal seines Vaterlandes, am Beginn eines verlorenen Krieges bei Saalfeld dem Heldentod stürmisch entgegenritt, so ließ Metternich sich in „bedingter Verzweiflung" im Amtsweg nach Paris versetzen und lebte weiter.

## BEL AMI KOMMT NACH PARIS

Seine bisherigen Erfolge hatte Metternich, wie Maupassants Bel Ami in dem bekannten Pariser Roman, alle den Frauen zu danken gehabt. Er hatte auch sonst viel Ähnlichkeit mit Bel Ami, dem Frauenfresser und Karrierenmann, mit dem einzigen Unterschied allenfalls, daß er dort anfängt, wo Bel Ami aufhört: bei der Geldheirat. Bei Metternich kam zum Geld noch der Adel und der Name Kaunitz, dessen Glanz nach dem Tode des größten österreichischen Staatsmannes noch lange weiterstrahlte, und in dessen Lichtkegel er nun trat. Hier hatte ihn die Fürstin Liechtenstein bemerkt, über ihn ein bißchen nachgedacht und „gezaubert". Metternich war unter ihrer Mitwirkung für Dresden ernannt, nach Berlin versetzt worden, wo ihm wieder die Freundschaft der Königin Louise gleich eine Stellung machte. Jetzt aber, nach Berlin, wo seine Politik, Preußen in ein Bündnis gegen Napoleon zu zwingen, im Grunde Schiffbruch erlitten hatte, war es zum erstenmal ein Mann, der sich für sein Weiterkommen lebhaft einsetzte. Es war der französische Gesandte Monsieur La Forest, der ihn Napoleon empfahl, dem wieder die Verbindung mit dem Namen Kaunitz den jungen Mann interessant machte. Kaiser Franz stimmte zu, und Metternich wurde Pariser Botschafter seines bei Austerlitz schon wieder aufs Haupt geschlagenen und noch ganz betäubten Landes.

„Die Herren mit den weißen Manschetten", wie Rahel Varnhagen die Diplomaten einmal nennt, leben größtenteils von der

Kunst, im richtigen Augenblick das richtige Wort zu finden und – auch dies eine Kunst – es auf eine wirksame Weise abzuschnellen. Als Metternich im September 1806 als neuernannter österreichischer Ambassadeur in St. Cloud zum erstenmal in seinem Leben vor Napoleon stand, sagte der Kaiser, nach einer einleitenden Frage, die Metternichs jugendliches Alter betraf: „Sie sind noch sehr jung, um Europas älteste Dynastie zu vertreten." – „So alt, wie Eure Majestät am Tage von Austerlitz war!" war Metternichs rasche und doch überlegte Antwort, die beim ersten Schuß ins Schwarze traf. Es war zugleich ein Kompliment und eine Frechheit, eine Falschheit und eine Ehrlichkeit, eine Parade und ein Hieb – das Muster einer Diplomatenantwort. Metternich gab sie im Augenblick, als er sein Beglaubigungsschreiben Napoleon einhändigte. Aber diese Antwort war selbst eine Beglaubigung. Auch faßte sie Napoleon ohne Zweifel so auf. Er war selbst ein Meister des Plutarchischen Wortes und wußte es auch bei anderen zu schätzen.

Zwei Jahre später haben sich die Beziehungen zwischen Frankreich und Österreich und dementsprechend zwischen Kaiser und Botschafter derart verschlechtert, daß Napoleon, wenn er bei einem Empfang an Metternich vorübergeht, ihn, nur einen Augenblick haltmachend, nichts anderes mehr zu fragen weiß als: „Wie befindet sich Madame Metternich?" Worauf dann Metternich jedesmal auch seinerseits immer dieselbe Antwort gibt: „Immer im gleichen, Majestät!" Zwischen diesen Gesprächsfiguren, jener kecken Antwort und dieser mürrischen, rollt Metternichs Pariser Botschafterlaufbahn ab. Er richtete nicht viel aus beim Kaiser, und das einzige, was er ihm bei den nachträglichen Friedensverhandlungen nach dem unglücklichen Feldzug noch abzumarkten imstande ist, war Triest, das er im Jahre 1808 für Österreich erwarb und das dann mit einer kurzen Unterbrechung hundertzehn Jahre lang bei Österreich verblieb. Aber die Beziehungen zu Napoleon waren doch, zumal im Anfang, recht freundliche. Erst später wurden sie gespannt, was in einem spitzen Wort Napoleons zum Ausdrucke kam. „Metternich", sagte er, „ist auf dem besten Wege, ein Staatsmann zu werden. Er lügt schon ganz hübsch."

Metternich kam im Spätsommer 1806 in Paris angereist. Er richtete sich zunächst vorübergehend als Junggeselle ein, erst später kam Madame Metternich mit den Kindern nach und übersiedelte ihren Gatten ins Botschafterhotel. In der Zwischenzeit schrieb er einen immer noch galanten Brief an seine Jugendliebe, Madame Constance Caumont. Sie war kurz vorher in Paris gewesen und hatte in seiner nächsten Nähe gewohnt. Dann hatte sie sich auf ihr Schloß Chandai in der Bretagne zurückgezogen, vielmehr dort begraben. Vergeblich redet er ihr in seinem Briefe zu, noch einmal nach Paris zu kommen, da er sie doch „unmöglich" in Chandai besuchen könne. „Je ne devrais bien ne pas aller vous y voir." Metternichs Briefe, die er als Liebhaber schreibt, haben den für die Nachwelt unschätzbaren Vorzug, indiskret zu sein. Man liest immer alles heraus. Kein Zweifel, die junge Frau mit den „schwarzen Haaren und blauen Augen", die für eine Hebe hätte Modell stehen können, war immer noch sehr hübsch. Aber sie bleibt in Chandai, was vermutlich auch dem Wunsche des Herrn Caumont entsprach, und Metternich bezieht mit seiner Frau das Botschafterpalais.

Ein Bild von Gérard aus jener Zeit verewigt seine äußere Erscheinung. Der resedagrüne Cherubin von 1792, der auf dem Krönungsball in Frankfurt Menuett tanzte, hat sich in einen schon etwas statiösen dunkelgewandeten Herrn verwandelt, nur der blaue Blick in dem etwas impertinent lächelnden Genießergesicht ist ihm geblieben und hat sogar etwas Kindliches bewahrt. Die Kleidung, soweit sie uns das Brustbild verrät, ist überladen im Empiregeschmack. Wir sehen einen jungen Freibeuter der Liebe, mit einem ganzen Kramladen von Tüchern und Orden um den Hals. So sah Metternich damals aus, wenn er nicht gerade die Malteseruniform – rot mit schwarzen Aufschlägen – trug, die ihn höllisch-interessant erscheinen ließ.

\*

Österreich war 1805 zum zweiten Male im Felde geschlagen und am Konferenztisch gedemütigt worden. Ein rückschrittliches Söldnerheer, nach dem verrosteten Werbesystem zusammengetrommelt, unter Führung verkalkter Generale, von denen Mack der verkalkteste war, hatte sich als unfähig erwiesen, dem vom Genius des Krieges befeuerten Volksheer der Franzosen Widerstand zu leisten. Der einzige Erzherzog Karl hatte sich als eine militärische Hoffnung erwiesen, auch er freilich zunächst nur ein noch uneingelöstes Versprechen für die Zukunft. Mittlerweile hatte Napoleon in den kaiserlichen Gemächern in Schönbrunn geschlafen, und die französischen Offiziere, denen die hübschen Wienerinnen nicht ungern nachblickten, hatten dem „Fidelio" eines gewissen Beethoven einen Erfolg bereitet, den die Wiener, die noch bei Gluck hielten, dem jungen Komponisten kühl verweigerten. Kaiser Franz aber hatte sich rechtzeitig von Wien hinwegbegeben, wie er dies auch im Jahre 1809 wieder tun wird. Er hatte eine natürliche Abneigung gegen Napoleon und traf nicht gern mit ihm zusammen. Erst nach der Schlacht von Austerlitz sah er sich genötigt, zwecks Waffenstillstandsverhandlungen Napoleons persönliche Bekanntschaft zu machen. Worauf er nach dieser Begegnung seinen Eindruck in den berühmten Satz zusammenfaßte: „Jetzt kann ich ihn erst recht nicht leiden."

Was Napoleon in den ersten zehn Jahren seiner unerhörten Ruhmeslaufbahn mit Österreich gemacht hatte, war nicht weniger, als daß er es beim Genick gefaßt und in den Winkel von Europa gestellt hatte, mit dem Gesicht nach Osten. Vor zehn Jahren noch hatte Habsburgs langer Arm über Deutschland hinweg in die Niederlande gereicht, wie Metternich aus eigenster familiärer Erfahrung wußte; dieser Arm hatte die Deutsche Kaiserkrone gehalten, die linksrheinischen burgundischen Besitzungen, und hatte sich zur Faust geballt, wenn einer nach deutschem Besitz zu greifen wagte. All das gehörte jetzt der Vergangenheit an. Österreich hatte Belgien und Holland aufgegeben, die Kaiserkrone fallen lassen, Burgund verloren. Es hatte Venedig als Entschädigung erhalten, eine Stadt, erlauchter noch als das Haus Habsburg, mit der dieses aber nicht viel anzufangen wußte. Auch Galizien, das etwas später noch hinzukam, vermochte Österreich nicht zu entschädigen für den Westen Europas, von dem es sich abgeschnitten sah.

Ein geschlagener, überalterter, auf vier Fünftel seines Umfanges abgemagerter Staat; eine Armee, die den Glauben an sich selbst verloren hatte; eine unfähige, schläfrige Verwaltung und zu drei Vierteln bankrotte Finanzen; dazu ein gedrückter Kaiser, der bei aller Geneigtheit, seine tägliche Pflicht am Schreibtisch zu erfüllen, sein Reich aufzugeben schien und bloß hin und wieder noch einen traurigen Witz mit der Weltgeschichte machte, nach Art zynischer Schwächlinge, die ihre Ohnmacht in Gelächter verwandeln: das war der Hintergrund, von dem sich die scharlachrote Malteseruniform Metternichs, seine von Ordenssternen beglänzte Geheimratsbrust abhob, mit dem künstlich in die Höhe geschraubten, von Halstüchern und Steilkragen wallartig umringten und umringelten, allzu jugendlichen Haupte, das fast knabenhaft aus dieser Empiretracht herauslugt – kann man sich eine undankbarere Aufgabe bei Antritt eines neuen Botschafterpostens vorstellen? Noch dazu für einen so jugendlich wirkenden Mann. Es wird behauptet, daß Metternich sein allzu blondes Haar in diesen Jahren künstlich puderte, um etwas älter und grauer auszusehen, als er war.

Die undankbare Aufgabe stößt den mittelmäßigen Schauspieler ab; den großen reizt sie zuweilen. Metternich war ein großer Schauspieler. Er hatte nicht nur die Ernennung nach Paris angenommen, was ja selbstverständlich war, denn „ein solcher Eckladen findet sich nicht alle Tage", wie ein Berliner Publizist anläßlich der Abdankung des Kaisers Wilhelm sagte – er trachtete auch dieser Stellung das Höchste abzugewinnen, was sich ihr abgewinnen ließ, die diplomatische Rückgängigmachung eines verlorenen Feldzugs. Ist ihm dies in den Jahren 1806 bis 1809 in Paris gelungen? Wenn man die Frage auf diesen Zeitraum beschränkt, muß man sie verneinen. Dehnt man ihn über Metternichs Pariser Botschafterzeit bis 1814 aus, so darf man sie kühn bejahen. Was diese frühen Jahre in Paris an Erfolg vorerst zeitigten und was sie zu Metternichs Charakterbild beisteuern, trug noch nicht das Merkmal der Größe, aber es war die Vorbereitung künftiger Größe.

Um sich mit Napoleon messen zu können, mußte Metternich seinen inkommensurablen Gegner vorerst kennenlernen; mehr noch, er mußte ihn studieren. Hiezu hatte er in Paris Gelegenheit und er wußte sie zu nützen. Was aber heißt, einen Menschen erkennen? Es heißt, ihn mit dem eigenen Ich in Vergleich setzen. Menschenkenntnis setzt Selbsterkenntnis voraus; Würdigung einer Persönlichkeit ist an die Bedingung geknüpft, daß man selbst eine ist. Das war Metternich bereits, als er jenen ersten großen Brief an den Kaiser Franz, seine Ernennung bedankend, schrieb; er war es in Dresden und Berlin, als er bübisch wie Alkibiades mit dem Ruhme halb noch spielte; bewußte Persönlichkeit wurde er jedoch erst in Paris. Nicht so sehr der Bewältigung seiner Aufgabe kommt die Pariser Zeit zustatten, als daß er sich der zu bewältigenden innerlich näherte. Nicht so sehr der Überwindung Napoleons, sondern daß er die Fähigkeiten entwickelte, dank welcher er Napoleon später überwindet. Der größte Erfolg von Metternichs Pariser Zeit war, daß er Paris als Metternich verließ. Bis zu diesem Zeitpunkt sehen wir ihn immer noch wachsen und auf der Suche nach sich selbst seine Persönlichkeit ausbauen. Von da ab war sie eine gegebene Größe.

Die Persönlichkeit ist das eine. Das andere ist der Wille, der die Persönlichkeit beseelt. Erst wo diese beiden Elemente zusammenkommen und sich fruchtbar verbinden, entsteht die geschichtliche Tat.

Welches nun war Metternichs Wille? Ein Durchschnittsdiplomat würde antworten: seinem Kaiser zu dienen, mit einer Auszeichnung seinen Platz zu verlassen und nachher womöglich Außenminister zu werden, um andere Botschafter zu lenken, wie man selbst gelenkt worden war.

Das war nicht Metternichs Wille in Paris. Er war, obwohl Monarchist, kein Fürstendiener in diesem Sinne; kein ehrgeiziger Beamter, der von Rangklasse nach Rangklasse schmachtet; kein Ordensammler. Er war auch kein Patriot im Lesebuchsinne; weder ein deutscher, noch ein österreichischer. Eher schon ein europäischer. Er wollte Europa gegen den Umsturz realisieren. Er wollte eine Idee verwirklichen, und zu diesem Ende, als den Träger eben dieser Idee, das gesunkene Österreich wieder hoch aufrichten. Das war sein Wille in Paris und von Paris angefangen, wie es auch schon vorher, schattenhaft vorschwebend, sein Wille gewesen war. Jetzt aber, hier in Paris, im Schattenwurf Napoleons, bemächtigt sich der Staatskünstler, der er werden sollte, des zu gestaltenden Stoffes. Um ihn zu meistern, ist er auf die Welt gekommen; das weiß er jetzt. Und er wird ihn meistern.

\*

Davon abgesehen, war Paris Paris und Metternich war Metternich, das heißt eine Persönlichkeit, in deren innerem Gefüge der Staatskünstler und der Lebenskünstler immer einander die Waagschale hielten. Er fing gleich mit Caroline Murat etwas an und etwas später mit der Gattin Junots, den Napoleon nach seinen spanischen Siegen zum Herzog von Abrantès machte. War die eine – die später kam – eine Herzogin, so die andere, die den Liebhaber pariserisch lancierte, Napoleons leibliche Schwester. Das war nicht immer ein Vergnügen für Napoleon, dem es seine Damen nicht eben leicht machten. Was hatte er von Pauline auszustehen, der viel zu schönen, der gegenüber er noch dazu wehrlos, weil selbst in sie verliebt war! Was von Hortense! Es ist wahr, Caroline Murat war etwas klüger als die beiden, auch war sie lange nicht so hübsch. „Une tête de Cromwell sur les épaules d'une jolie femme" hat Talleyrand ihre äußere Erscheinung mit zwei Strichen witzig gekennzeichnet. Für Cromwell hatte Metternich sicherlich weit weniger übrig als für das übrige; er war ein Gegenrevolutionär und Cromwell ein Empörer. Doch ist es auch nicht ausgeschlossen, daß gerade hierin ein gewisser Reiz für den Erzreaktionär Metternich lag, wie auch umgekehrt den Cromwellkopf der Reaktionär angezogen haben mag, obwohl sie ihn anfänglich mit einer „tête de crème" verächtlich abtat. In der Liebe verwandelt sich die gegensätzliche politische Einstellung oft genug in erotische Anziehung, und umgekehrt ist Parteigenossenschaft, selbst für den charaktervollsten Politiker, noch kein Grund, sich in jemand zu verlieben.

Caroline war eine maßlos ehrgeizige Frau. Wie Madame Bovary nach dem berühmten Worte Flauberts zugleich tot sein und in Paris leben möchte, so wollte Caroline zugleich Königin von Polen und von Spanien werden. Schließlich wurde sie Königin von Neapel, und dazwischen Metternichs Geliebte; vielleicht auch aus Ehrgeiz. Er verkörperte am Hofe des Emporkömmlings Napoleon, über den sich die geschulten Höflinge immer noch heimlich lustig machten, die Welt von früher, das souveräne achtzehnte Jahrhundert. Er war ein junger Kavalier der alten Schule; und er vertrat die konservative Macht beim „Sohne der Revolution". Eine gefährliche Voraussetzung für eine Frau, die, unzufrieden, wie es die Ehrgeizigen sind, auf einen erotischen Abweg gerät, weil sie einen politischen Ausweg sucht.

Napoleon selbst hat ihn ihr anempfohlen und die beiden gewissermaßen aufeinander gehetzt, wenn auch nicht zusammengeführt. „Amusez ce niais", sagte er zu seinem Schwesterlein, um Metternich in die Hand zu bekommen. Caroline nahm es wörtlich; und bald darauf hatte Napoleon tatsächlich, wie er es sich gewünscht hatte, einen Spion. Nur war es ein Spion nicht für ihn selbst, sondern für Metternich. Durch Caroline erfuhr dieser und konnte es nach Wien berichten, daß Napoleon sich wieder einmal eine Krone aufs Haupt zu stülpen gedachte – die lombardische vermutlich –, weil nämlich Josephine, wie er von Caroline wußte, eine neue Krönungstoilette in Auftrag gegeben hatte. Er erfuhr aber auch, daß Napoleon an Scheidung dachte – jahrelang, bevor er diesen Gedanken ausführte; oder daß es in Spanien entschieden schief ging, und derlei mehr, lauter wichtige Nachrichten aus erster Hand. Er war – große Seltenheit bei einem österreichischen Gesandten – immer ausgezeichnet informiert.

Der Fall der schönen, üppigen Laure Junot, Herzogin von Abrantès, mit der er Caroline alsbald, doch mehr zu seinem Vergnügen, hinterging, lag ganz anders. Das war eine romantische Frau, die ihren Roman haben wollte und hatte. Ihresgleichen lieben, wenn sie lieben, vor allem, um davon zu reden: mit dem Freund zuerst, später mit der Freundin, zuletzt, wenn es glückt, mit der Nachwelt. All das tat Laure Junot in der gewissenhaften Weise und ohne übertriebene Rücksicht auf den büffelhaften Herrn Gemahl, vor dem sie zitterte, indem sie ihn betrog. Schließlich schrieb sie sogar Memoiren, in denen sie uns den Braten ihres großen Erlebnisses, mit holden Übertreibungen gespickt und im Geschmack der Romantik reichlich mit Tränensaft beträufelt, noch einmal auftischt. Danach hätte sie der schöne Botschafter mit den Kinderaugen und dem mephistophelischen Lächeln auf dem Lande aufgesucht, in Folie St. James, ihrem Sommersitze in Neuilly bei Paris. Man war allein, er warf sich ihr zu Füßen, sie beugte sich zu ihm hinab, ihre Lippen fanden einander. Dann sprang er auf und trug sie auf seinen Armen in eine nahegelegene Grotte, wo Laure nachher „blutige Tränen", wie sie behauptet, über ihren Fehltritt geweint haben will, nicht anders, als ob es ein Moderoman von Eugène Sue wäre, von dem sie die blutigen Tränen vermutlich zu herabgesetzten Preisen bezogen hat. Übrigens blieb es nicht bei diesem ersten stürmischen Besuch und jener feurigen Liebeserklärung unter Donner und Blitz. Sanftere, freundlichere Stunden eines oft endlosen Beisammenseins erschlossen sich ihr und würzten das lange Alleinsein der Marschallin, deren Gatte in Spanien Fahnen eroberte. „Jeden Abend", weiß sie, sicher übertreibend, sich nachher zu erinnern, jeden Abend kam „Er", nämlich Metternich, um zehn Uhr im Wagen angefahren, den er sofort wegschickte. Um drei Uhr früh, wenn er seine schöne Kalypso in ihrer „Grotte" verließ, nahm er dann regelmäßig einen anderen, der ihn in einer Seitengasse verborgen erwartete. Nur wenn er „Staatsgeschäfte" hatte, was schließlich auch bei einem Botschafter vorkommen kann, blieb er aus, und zu den Staatsgeschäften gehörten freilich auch gewisse Einladungen Caroline Murats. In diesem Falle entschuldigte er sich bei Laure und fuhr zu Caroline. Nicht, weil ihn das Cromwell-Köpfchen mehr lockte, sondern weil die Schwester Napoleons ihn mit Talleyrand und Fouché zusammenbrachte, die beide gegen den Kaiser Napoleon bereits konspirierten. Auch zwischen Laure und Caroline verlor der Pariser Metternich sein Ziel nie aus den Augen, das ihm unter allen Umständen wichtiger blieb als Laure und Caroline.

Das Ziel war, Napoleon zu stürzen, und dazu brauchte Österreich ein Heer, das ihm gewachsen war, und eine Führung, die gelernt hat, daß „eine siegreiche Schlacht erst am Tage nach der Schlacht gewonnen ist und eine verlorene Schlacht erst vier Tage nach der verlorenen Schlacht verloren". Kein großer Soldat hätte diese Erkenntnis bündiger formulieren können, als dies der Staatsmann Metternich in einem seiner fleißigen Berichte von Paris aus tat. Und kein Prophet hätte im Jahre 1807 deutlicher voraussagen können, was 1813 tatsächlich geschah. Metternich weissagte schon sechs Jahre vorher in einer Depesche nach Wien das unvermeidliche Ende des Empire und den schließlichen Sturz Napoleons.

Zunächst freilich hatte es damit noch seine guten Wege. An der Tatsache immer noch fortschreitender und sich übergipfelnder Erfolge Napoleons änderte die bloß sittliche Überzeugung Metternichs von der Unhaltbarkeit jeder Gewaltherrschaft fürs erste nicht das geringste. Die Franzosen waren ein im Grunde friedliebendes Volk, das sich zu fortwährenden Kriegen wider Willen nur gezwungen sah, das hatte der junge österreichische Botschafter in den Pariser Salons, wo er seine friedlichen Eroberungen machte, richtig erkannt. Aber diese Erkenntnis schloß nicht aus, daß diese selben Franzosen in Spanien im Blute wateten und daß der von Metternich gehörnte Murat, Carolinens Gatte, Madrid eroberte, während Napoleon die königliche Familie, um sie abzusetzen, nach Bayonne befahl. Bayonne war im Jahre 1808 nur, was 1938 München war, eine Scheinlösung, die schließlich nicht einmal den Schein mehr wahrte. Napoleon machte seinen Bruder Joseph zum König von Spanien, so ungefähr wie Hitler Herrn Bürckel zum Statthalter von Österreich oder den Baron Neurath zum Protektor der Tschechoslowakei erhob. Aber der Krieg ging weiter. Spanien wehrte sich wie Polen und wurde, wie Polen, noch mehr militärisch niedergetreten als besiegt. Indessen blieb die große Abrechnung mit England, die hinter dem Kriege mit Spanien stand, wie sie ein paar Jahre später hinter dem verschneiten russischen Feldzug steht, immer noch unberichtigt und erst bei Waterloo wird sie beglichen. Um was es Napoleon eigentlich zu tun war: die Kontinentalsperre gegen England lückenlos zu gestalten, dies war ihm weder in Portugal, wo er es zuerst versuchte, noch in Spanien gelungen, und so mußte schließlich, da England unbesiegt und unbesiegbar blieb, auch alles andere mißlingen. Das hatte Metternich ganz richtig durchschaut. Nur daß, wie ein deutscher Philosoph gesagt haben würde, Idee und Erfahrung zunächst nicht übereinstimmten. Es war etwas von einem deutschen Philosophen in dem Staatsmann Metternich, und es war nicht das Schlechteste an ihm. „Ich war zum Denker geboren", sagte er in späteren Jahren einmal rückschauend von sich.

Durchdrungen von der Unhaltbarkeit des napoleonischen Regiments – eine Auffassung, in der ihn der von Caroline begünstigte nahe Umgang mit Talleyrand und Fouché wesentlich bestärkte – hetzte Metternich in Wien zum Krieg. Dann kam er nach Paris zurück und Napoleon stellte ihn bei einem Empfang: „Wünscht Ihr Kaiser, daß ich ihn in Wien besuche?" Er wirft dem Botschafter zornig vor, daß Österreich aufrüste. Metternich erwiderte ebenso sanft wie impertinent: „Sire, seien Sie überzeugt, daß, wenn Sie die Köpfe unserer Soldaten zählen, wir auch die Ihrigen zu zählen wissen." Bei solchem Frage- und Antwortspiel hält sich ein Botschafter erfahrungsgemäß nicht lang, ob er nun Henderson oder Metternich heißt. Alsbald sieht dieser sich höchst peinlich überwacht. Er bangt um sein Leben und schreibt an seinen illustren Kollegen, den Fürsten Schwarzenberg, nach Petersburg, er Schwarzenberg, möge nicht zweifeln, daß er Metternich, wenn es dazu kommen sollte, zu sterben wissen und alle belastenden Dokumente vorher rechtzeitig verbrennen werde. Bald darauf bricht der Krieg von 1809, der dritte, den Österreich in zehn Jahren gegen Frankreich führt, tatsächlich los. Napoleon, der sich lang genug über Metternich hat ärgern müssen, kündigt ihm bei einem allerletzten Empfange mit diktatorischer Unverblümtheit an, daß er über Rastatt und München nach Wien marschieren werde. Dann steigt er zu Pferde und läßt sich nach einer kurzen Ansprache von seiner Garde kriegerisch bejubeln; der versammelte Hof und der österreichische Botschafter müssen es schweigend anhören. Gleich darauf tritt der französische Außenminister, Monsieur Champagny, auf ihn zu und versichert Metternich im Namen des Kaisers, daß Napoleon persönlich keinerlei Feindschaft gegen ihn hege, wenn es auch manchmal so ausgesehen habe. Metternich verneigt sich wohlerzogen: „Sagen Sie Seiner Majestät, daß ich Seine Äußerungen nie ganz ernst genommen habe." Aristokratie gegen Parvenütum: Anfang und Ende von Metternichs Pariser Aufenthalt. Freilich, wehrlose Aristokratie zunächst. Spitze Worte sind ihre einzige Waffe.

Schließlich ging es dann doch nicht so glatt. Metternich wird bei Ausbruch des Krieges verhaftet, in Paris zurückgehalten, auch der übliche Austausch an der Grenze gegen den französischen Geschäftsträger macht unverhältnismäßige Schwierigkeiten, weil die Österreicher den Franzosen ungebührlich lang in Wien zurückhalten.

Am Ende ist man so weit, Graf Metternich darf sich, entsprechend gedeckt und gesichert, quer durchs süddeutsche Land im Postwagen wieder nach Hause begeben. Vor Wien wird eben eine große Schlacht geschlagen, die Schlacht bei Wagram. Metternich steigt aus der Chaise und wohnt ihr bei. Mit Hilfe eines Fernrohrs, das er sich eigens für diesen Zweck angeschafft haben soll, verfolgt der zurückgeschickte Botschafter, hinter seinem Kaiser stehend, höchst interessiert die prachtvollen, wenn auch leider vergeblichen Sturmanläufe der österreichischen Regimenter gegen die mörderischen französischen Artilleriesalven. Dann schraubt er, zurücktretend, sein Perspektiv gefaßt wieder zusammen.

Die Frivolität der „Herren mit den weißen Manschetten", wenn sie auf dem Rücken der Völker Schach spielen, versetzt zuweilen noch die Nachwelt in kopfschüttelnde Verwunderung. Deren einziger Trost mag dann sein, daß die Leichtfertigkeit dieser Schachkünstler im vorigen Jahrhundert um nichts geringer war als in den letzten dreißig Jahren europäischer Geschichte.

# WIE BESIEGT MAN NAPOLEON?

## ES GEHT UM ÖSTERREICH

Für die auswärtige Politik eines Landes ist der Minister des Äußeren verantwortlich, der Botschafter ist nur sein Werkzeug. Folglich entläßt Kaiser Franz nach dem verlorenen Feldzug von 1809 seinen Außenminister, den Grafen Stadion. Das ist logisch und korrekt. Merkwürdig ist nur, daß der Kaiser Metternich sofort, an dem auf Wagram folgenden Tag, mit der Weiterführung der Geschäfte des gestürzten Ministers betraut und zwei Monate später, nach Friedensschluß, das Portefeuille der auswärtigen Angelegenheiten in aller Form in seine Hände legt. Am Ende hatte dieser Alkibiades im Gesandtenfrack, der Metternich war, bisher doch eine nichts weniger als glückliche Hand bewiesen und zweimal das Staatsschiff gegen eine Klippe gesteuert. Er hatte 1805 zum Krieg geblasen und den Krieg verloren. Er hatte 1809 zum Krieg gehetzt und wieder war Österreich bis auf die Knochen geschlagen worden. Daß er zum Krieg gehetzt hat, bestreitet Metternich selbst nicht. Die Denkschriften, die er während eines kurzen Sommerurlaubs im Jahre 1808 in Wien ausarbeitete, hatten den schwankenden Kaiser wesentlich mitbestimmt, seine kriegerische Haltung zu befestigen. Dennoch ließ der Kaiser seinen Ratgeber den falschen Rat nicht entgelten. Im Gegenteil: er schenkt ihm sein volles Vertrauen und macht – figürlich geredet – den schiffbrüchigen Steuermann zum Kapitän des schwerbeschädigten Fahrzeugs. Es ist wahr, daß Seine Majestät damit eine Entscheidung von welthistorischer Richtigkeit trifft. Doch hieße es den

Kaiser Franz gewaltig überschätzen, wollte man annehmen, daß er, bei aller Menschenkenntnis, durch die Ernennung Metternichs einen derartigen Weitblick bewiesen hat. Nicht sein Erkenntnisvermögen und das staatsmännische Urteil des Monarchen sind für diese Wahl verantwortlich zu machen, sondern der Charakter des Kaisers, der habsburgische Charakter, der Österreich durch ein halbes Jahrtausend zusammenhielt, und über den in diesem Belang einiges zu sagen ist.

In einer Nebenszene seines „Don Carlos" hat Schiller diesen habsburgischen Charakter, den die mittleren Habsburger wie die großen haben, nach vorne gerückt. Es ist die Audienzszene, in der Admiral Medina nach Verlust der Spanischen Armada zum ersten Male vor Philipp II. wieder erscheint und kniend seine Niederlage bekennt. Der König hebt ihn auf und heißt ihn in Madrid willkommen: „Ich hab' Euch gegen Menschen ausgesandt, nicht gegen Sturm und Riffe"; er nimmt ihn in Gnaden wieder auf und behält sich seine Wiederverwendung vor. Doch wäre nichts verkehrter, als aus dieser seiner wahrhaft kaiserlichen Haltung dem besiegten Admiral gegenüber auf die Herzensgüte Philipps II. schließen zu wollen; er war und ist durch seine Grausamkeit und düstere Strenge in der Geschichte berühmt. Nein! Wenn er sich so hochherzig benimmt, so geschieht es aus zwei Gründen, die eben die habsburgischen sind. Erstens: aus einer gewissen Ritterlichkeit dem bis zur Wehrlosigkeit Erniedrigten gegenüber. Das ist ein christlicher Zug, und die Habsburger waren immer gute Christen. Der andere Beweggrund ist ein autokratischer Antrieb. Was der Untergebene macht, und wäre er selbst ein Admiral oder ein Staatsminister, ist alles nicht so wichtig. Gelingt es, so hat Habsburg einen Erfolg zu verzeichnen, mißlingt die Ausführung, so hat Habsburg eine Bataille verloren; in jedem Falle hat der treue Diener seine Pflicht getan. Und wenn er sogar selbst zu der Schlacht geraten hätte, die nachher verlorengeht, so zählt das nicht viel; denn zugeben, daß sein Rat entscheidend war, hieße zugeben, daß Habsburg nicht selbst entscheidet. Das aber darf der Autokrat unter keinen Umständen zugestehen. Darum verzeiht der Kaiser, was geschehen ist, und behält sich, im Falle Metternich wie im Falle Medina, im neunzehnten Jahrhundert wie im siebzehnten, die Wiederverwendung seines Dieners vor. Nicht aus Nachsicht – aus Hochmut. Der Minister ist ein Werkzeug, nichts anderes; und für den Fehlschlag, ist nicht der Hammer, sondern der ihn gebraucht, verantwortlich. Das ist große Fürstenart; Habsburgs Art.

Aus diesem Gesichtswinkel angesehen, ist es eigentlich minder verwunderlich, daß Franz seinem Botschafter damals den Mißerfolg nicht nachtrug, als daß er später dem Minister seine großen Erfolge verzieh; denn Erfolg macht fast ebenbürtig... Doch ist dies tatsächlich der Fall und daß es so war, spricht für Franz, dessen Beschränktheit doch auch etwas vom Meister hatte.

\*

Im Oktober 1809 fuhren die Wiener Bürger an schönen Sonntagen gern in die Wiener Vorstadt Brigittenau spazieren, um sich das friedlich vor den Toren kampierende französische Lager neugierig anzusehen. Hin und wieder soll sogar eine schöne Dame ausgestiegen sein, um einem schmucken feindlichen Offizier einen Besuch zu machen. Der Frieden war auf dem Wege und kam denn auch im November zustande. Gleich darauf wird Metternich zum österreichischen Außenminister ernannt. Sein Freund und politischer Spießgeselle Gentz staunt über die Leichtherzigkeit, mit der der Gescheiterte diese neue Ernennung annimmt. Metternich selbst schreibt darüber an seine Mutter, wie schwer ihm die Annahme fiele, daß er sich aber dazu verpflichtet fühle. Das erste war vielleicht übertrieben; das zweite, daß er es als seine Pflicht empfand, ist sicher wahr.

In der Zwischenzeit werden die für Österreich nachteiligen Friedensverhandlungen durchgeführt; erst von Metternich selbst, dann von dem ihn ablösenden unfähigen Fürsten Liechtenstein, worüber er wütend ist. Und im Zuge dieser Verhandlungen, die das geschwächte und neuerlich eingeschrumpfte Habsburgerreich mit einer untragbaren Kriegsentschädigung belasten, erkennt er deutlich, um was es geht. Es geht um Österreich.

Metternich war kein Österreicher. Abstammungsgemäß ist er Rheinländer und vermöge seiner Erziehung Europäer. Aber damals, in jenen Schicksalstagen, nach der heißen, verlorenen Schlacht, fand er einen Weg, *seinen Weg* nach Österreich. Es war kein Weg der Liebe. Metternich hat vielleicht Europa geliebt, aber sicher nicht Österreich. In seinen schriftlichen Äußerungen einer nimmermüden Feder findet sich kaum eine Stelle, in der er die österreichische Landschaft oder die Schönheit Wiens priese; wenn man davon absieht, daß er sich im Exil nach seiner Villa am Wiener Rennweg flüchtig zurücksehne. Von seinem Schloß Johannisberg am Rhein schreibt der Uralte einmal an seine Tochter, daß der Rhein auch durch sein Blut fließe. Daß die Donau durch sein Blut flösse, hat er nie behauptet.

Und dennoch lernte er nach diesem verlorenen Krieg an Österreich glauben. Glauben ohne Liebe – ein merkwürdiger Glaube. Aber es war auch ein merkwürdiges Land, das ihm diesen Glauben einflößte.

Um diese Merkwürdigkeit zu begreifen, muß man und mußte auch Metternich etwas weiter ausholen. Das Merkwürdige besteht vor allem darin, daß Österreich weniger ein Land ist als ein Problem, so zwar, daß dieses Problem das Land und Reich gezeitigt und schließlich sogar überlebt hat. Was auf einem Umweg geradezu an Unsterblichkeit grenzt.

Das Problem bestand vor allem darin, daß es zwar ein in Europa gelegenes Land namens Österreich ungefähr ein halbes Jahrtausend lang gab, aber keine in diesem Lande gelegenen Österreicher. Österreich war niemals ein nationales Gebilde, aber auch kein übernationales, wie etwa das römische Weltreich, in dem immerhin die Römer herrschten. Wer aber und wo waren die Römer, die in Österreich herrschten? Die Deutschen wollten es da und dort, diesseits und jenseits der ehemaligen schwarzgelben Grenzpfähle selbst nicht zugeben, daß sie es taten. Und die anderen? Waren die Ungarn Österreicher? Die Tschechen? Die Polen? Die Italiener? Die Kroaten? Sie alle waren in Gottes Namen damit einverstanden, ein paar Jahrhunderte lang in Österreich zu leben, aber sie hätten sich, auch damals schon, dafür bedankt, Österreicher zu heißen. Das Eigentümliche an diesem Österreich durch die Jahrhunderte hin war, daß es ein Reich ohne das dazugehörige Volk war.

Dies war auch die europäische Auffassung. Auf einer Völkertafel aus dem siebzehnten Jahrhundert, wie man ihr noch hier und dort auf süddeutschen Schlössern und in Wirtsstuben begegnet, finden wir die europäischen Völker mit ihren hauptsächlichsten „Eygenschafften" in alter Orthographie und gotischen Buchstaben gewissenhaft verzeichnet: die Spanier – damals an der Spitze stehend –, die Engländer, die Franzosen, die Italiener und sogar die Sarmaten sind sowohl bildlich, in ihren Nationalkostümen, dargestellt, als auch entsprechend charakterisiert. Jede dieser Nationen hat ihr besonderes Wappentier, jede eine hervorstechende Haupteigenschaft; jede lebt und stirbt auf ihre Art. Vom „Engelländer" beispielsweise heißt es, daß er „im Meer" stirbt, vom Franzosen „im Krieg", vom Deutschen „im Wein"; der eine gleicht dem Löwen, der andere dem Fuchs, der dritte dem Bären. Aber den „Österreicher" wird man in dieser europäischen Völkerfamilie vergeblich suchen. Er hat kein Wappentier, keinen Charakterzug, weder den Stolz noch die Schläue; er lebt und stirbt nicht. Erst 1919, nach der Zerstörung der österreichisch-ungarischen Monarchie, tritt der Österreicher, als Charakterfigur, selbständig in die Erscheinung; ohne sich allzu gut zu bewähren übrigens. Man kann vom Österreicher paradoxerweise sagen, daß es ihn erst gibt, seitdem es ihn nicht mehr gibt. Quand on est mort, c'est pour longtemps; und so läßt sich vielleicht deduzieren, daß es ihn noch lange geben wird.

Dennoch wäre es irrig, anzunehmen, daß es nur der habsburgische Kronreif war, der die im Donauraum zusammenlebenden Völker so lang verklammerte. Das war vielleicht im Anfang so. Später war es noch etwas anderes, Gemeinsames, was von Österreich übrig blieb und bleibt: die menschliche Spielart, die österreichische Lebensform; auch die politische, um die es dem europäischen Politiker Metternich vorzugsweise zu tun war. Österreich war für ihn das Europa Zentraleuropas: die europäische Idee, auf ein räumlich bestimmbares und bestimmtes Kulturgebiet bezogen. Und seitdem er das erkannt hatte, war Metternich sich auch über seine Sendung klargeworden. Er hatte, in seinem sechsunddreißigsten Jahre, herausgefunden, daß er eine Lebensaufgabe zu erfüllen habe. Denn bis dahin war es doch mehr eine dienstliche Verwendung gewesen.

„Ce niais", dieser Wicht, hatte Napoleon von ihm gesagt; „tête de crème" hatte Caroline am Beginn ihrer Bekanntschaft wegwerfend über ihn geurteilt. Nun, er hatte ihr später bewiesen, daß er nicht nur von „crème" war, und sie hatte es sich nicht ungern beweisen lassen; trug er doch das aus ihrem Haar geflochtene Armband, das sie ihm schenkte, immer noch ums Handgelenk geschlungen. So wird er, mochte Metternich, darüber hinstreichend, nach dem unglücklichen Friedensschluß manchmal

*Clemens Fürst von Metternich (1779–1859).*

*Erste Frau des Fürsten Clemens von Metternich, geborene Gräfin Kaunitz.*

denken, auch Napoleon noch beweisen, daß er kein Wicht und nicht aus Holz und Pappe war. Und gerade aus der bewiesenen Unbesiegbarkeit Napoleons folgerte er dann die Notwendigkeit, ihn zu besiegen. Denn – es ging um Österreich! Das wußte er, und dafür lebte er von nun an.

## SAMSON UND DELILA

Napoleon ist unbesieglich; allein er ist es doch nur im Felde! Dies der geniale Einfall, der in Metternichs klugem Kopf in diesen heißen Sommerwochen nach Wagram plötzlich aufgezuckt sein mochte. Der Rest ist Logik, wie immer bei ihm. Wenn nicht im Felde, dann mußte Napoleon eben auf einem anderen Gebiet übermannt werden; und wenn nicht von Männerhand, dann von einer Frau. Dieses Auskunftsmittel lag dem Frauenmanne Metternich nahe; daß er ein Frauenmann war, wurde jetzt sein geschichtliches Verdienst. Denn nur einer, der die ungeheure Macht der Frauen kannte und dem sie so wichtig waren, konnte auf den Gedanken kommen, Cäsar durch ein Weib zu fällen.

Auch Napoleon hatte Weibergeschichten gehabt, wie jeder Cäsar; allein er war so ziemlich das Gegenteil eines Frauenmannes. Nicht daß ihm die Frauen gleichgültig gewesen wären, er hatte nur leider keine Zeit, sich ihnen richtig zu widmen. Kein Genius atmete Weltgeschichte, und höchstens im Aufatmen genoß er eine Frau. Es war eine Angelegenheit der Zwischenakte seines fünfaktigen Heldendaseins. Zwischen dem ersten und zweiten Akt: italienischer Feldzug und 18. Brumaire, war es Josephine gewesen, die entzückende Kreolin, seine trotz alledem größte Liebe; zwischen dem zweiten und dritten Akt, damals im tiefverschneiten Polen, die Walewska, seine süßeste Geliebte; zwischen dem dritten und vierten Aufzug die kindlich-kaiserliche Marie-Louise, und dann im fünften auf St. Helena, vor der letzten Verwandlung, vielleicht auch noch, Miß Betsy Balcombe, der fünfzehnjährige Fratz, Tochter seines Hauswirts, die ihm in sträflichem Übermut allerhand antat, was nur ein alternder Mann einem ganz jungen Mädchen verzeiht. Sie schrieb sich alle ihre einstigen Schandtaten auf, und fünfundzwanzig Jahre später veröffentlichte sie sie in Buchform. Wahrscheinlich war sie seine letzte Liebe, so wie die sechzehnjährige Cleopatra die letzte Liebe Cäsars war.

Das andere zählte nicht viel, und auch was zählte, blieb schließlich nur Episode seines Heldenlebens. Er liebte zwischen den Schlachten, küßte zwischen Friedensschlüssen, riß Königreiche an sich und dazwischen eine schöne Frau. Gab es gerade nichts Besseres zu tun, so heiratete er geschwind ein bißchen oder ließ sich ein bißchen scheiden. Erst die Arbeit und dann das Vergnügen, war sein gleichbleibender Grundsatz in bezug auf solche Geschichten. Sein Leben war eine herrliche Tragödie, hoch angefüllt mit Handlung und Spannung, ein purpurnes Gewitter, von nichts überglänzt als von den Gestirnen des ewigen Schicksals zwischen den jagenden Wolken. War nicht auch die Venus einer dieser Sterne, die ihm zu Häupten standen? Nun ja, vielleicht, warum nicht – ein Stern unter anderen.

Metternichs Leben war keine Tragödie, vielmehr ein mehrbändiger Roman, er selbst ein politischer Romanheld, aber von den Sternen trennte ihn fast immer die Decke eines Salons. Episch, wie sein Charakter ist, verläuft sein Leben, auf und ab, zwischen den Gezeiten, wie das der Frauen, die er kannte wie sie ihn. Und darum wußte er, was Napoleon nicht wußte: daß es doch allemal Delila ist, die dem allzu stürmischen und selbstsicheren Samson die Locken stutzt und ihn damit seiner besten Kraft beraubt. Und jetzt, nach Friedensschluß, Anno neun, machte er von dieser seiner Wissenschaft Gebrauch.

Dabei kam ihm zustatten, daß er die Vorgeschichte der Scheidung Napoleons, wie sie jetzt ruchbar wurde, schon etwas länger und genauer kannte. Er hatte im kleinen Finger, was die anderen erst erfahren mußten. Bereits 1806 hatte der Kaiser von eigenen Gnaden daran gedacht, sich von Josephine zu trennen, was Metternich damals Napoleons eigenes Schwesterlein, Caroline mit dem Cromwellkopf, gesteckt hatte, und sie hatten gewiß schon damals die zwingenden Gründe, die ihn zur Scheidung trieben, ausgiebig erwogen. Jetzt kannte sie ganz Europa, diese Gründe, oder – glaubte sie zu kennen. Der Kaiser wünschte sich, so hieß es, Leibeserben, Kindersegen, einen Kronprinzen. Sicherlich; Napoleon war ein Mann aus dem Volke, ein Italiener; die Italiener sind fast so kinderliebend wie die Amerikaner, wenn sie sich auch nicht so bedingungslos wie diese den Kindern unterwerfen. Aber es war doch noch etwas anderes, was Napoleon zur Scheidung innerlich bewog, und dieses andere, ihm selbst vielleicht nur halb bewußt, war die Frau. Er, der Frankreich, der Europa umgestaltet hatte, bisher hatte er auch Frauen immer nur umgestaltet, das heißt, zu seinen Geliebten gemacht. Josephine war Witwe, als er sie heiratete, und wie sich später herausstellte, sogar eine Witwe, deren zweiter Mann noch lebte; er hieß Barras, wie jedes Kind in Paris zu erzählen wußte. Und dasselbe galt von den anderen, die nach ihr kamen, der Schauspielerin Mars, der Walewska oder wie sonst sie heißen mochten; lauter mehr oder weniger Witwen, lauter angefangene Frauen, die der größte Mann des Jahrhunderts bloß fortsetzte. Aber nun, da er sich den Vierzig näherte, reizte es ihn allgemach, nicht nur eine Frau zu übernehmen, wie man ein hochbelastetes Gut mit Hypotheken und Steuerschulden übernimmt, sondern eine Frau eigenmächtig zu sich emporschaffen. Sich im unberührten Herzen eines ganz jungen Mädchens ein legitimes Königreich aufzubauen, und darin, ganze ohne Vorgeschichte, glücklich zu bleiben, lockte jetzt die gestaltende Kraft eines Mannes, der aus Europa machte, was er wollte. Und vielleicht wußte Metternich auch das, obwohl er keine Urnatur war und den schöpferischen Geschmack

Napoleons in diesem Punkt nicht teilte. Dennoch trug er ihm Rechnung, indem er dem Kaiser, was dieser zutiefst wünschte, jetzt zudachte: ein junges Mädchen.

*

Er fädelte die Sache sofort ein, kaum daß noch die Unterschriften auf dem schmählichen Friedensvertrag von Schönbrunn trocken geworden waren. Auch ist anzunehmen, daß er den Namen der reizenden Delila von allem Anfang an wußte, die er dem Sieger zuzuführen gedachte, wenngleich er ihn vorsichtig für sich behielt. Denn auch das hatte er in der Schule der Liebe gelernt: handeln, aber nicht darüber reden.

Vielmehr arbeitete er zunächst, wie gewöhnlich, ein Memorandum aus, das er als neugebackener Außenminister seinem Kaiser gewissenhaft unterbreitete. Österreich, so führte er darin mit gewohnter Weitwendigkeit aus, habe in nächster Zeit nichts anderes zu tun als zu schmeicheln und zu warten. Kommt Zeit, kommt Rat.

Aber zunächst ließ er den Monsieur Laborde zu sich kommen, einen auch kaufmännisch bemühten französischen Grafen, der, wie es scheint, bei der Belieferung der napoleonischen Armee in Österreich viel Geld verdient hatte und infolgedessen auch etwas länger in Wien verblieben war. Metternich wünschte ihn unmittelbar vor Antritt seiner Rückreise nach Paris zu sehen. Er empfing ihn in der Staatskanzlei und hielt sich im Gespräch, das er scheinbar in einem rein gesellschaftlichen Tone führte, ganz an das eigene Memorandum. Vor allem bekundete er ihm, als ob das Herrn Laborde im geringsten etwas anginge, Österreichs ehrliche Absicht, in Hinkunft brav zu sein, nicht zu bocken und dem Sieger gefügig aus der Hand zu fressen. So, hoffe er, werde sich, den alten Traditionen entsprechend, das Verhältnis zwischen Frankreich und Österreich immer freundschaftlicher und wärmer gestalten. Dazwischen spricht er sogar – oder hat Herr Laborde, der ganz Ohr geworden ist, sich am Ende bloß verhört? – er spricht, wahrhaftig, von einer „alliance de famille"; ohne Namen zu nennen natürlich. Und „cette idée est de moi", fügt er, scheinbar sich wieder zurücknehmend, mit einem entschuldigenden Lächeln hinzu. Dann steht er auf und entläßt seinen erstaunten Besucher. Er hat ihm, wie ein geschickter Nervenarzt, unversehens eine kleine Injektion gemacht, und nun schickt er seinen dankbaren Patienten, der sich über den Beweis eines gewiß unverdienten Vertrauens seitens des Herrn Staatsministers gar nicht genug verwundern kann, mit einem herzlichen „au revoir" auf die Reise. Alliance de famille? denkt der von Poststation zu Poststation: Wie hat er das gemeint und wie soll er, Monsieur Laborde, dies Napoleon wissen lassen? Gleichgültig wie: Napoleon wird es erfahren. Denn Herr Laborde fühlt sich hochgeehrt, als Depeschenträger Seiner Exzellenz zu fungieren, des Herrn Staatsministers, der ihm die Ehre erwiesen hat, so vertraulich, ja geradezu aufgeknöpft mit ihm zu plaudern. Ein liebenswürdiger Mann, denkt Herr Laborde, in der Postkutsche schaukelnd; und dann wieder und noch einmal, zum hundertstenmal: alliance de famille ... und reibt sich die Hände.

Aber noch bevor Monsieur Laborde in Paris anlangt, weiß es, merkwürdigerweise, bereits die Gesandtschaft; was, da es damals noch keine Telegraphen gab, an Zauberei grenzen würde, wenn es sich nicht, wie jedes Taschenspielerkunststück, schließlich auf einfachste Weise erklärte. Madame Metternich, die geborene Kaunitz, ist nämlich mit den Kindern in Paris geblieben. Wie das? Warum? Auf welche Art? Sehr einfach: sie ist, als der Krieg ausbrach, gar nicht erst abgereist und hat die Entscheidungen des Schlachtfeldes lieber dort abgewartet. Nun weiß sie natürlich, durch ihren Gatten, immer noch etwas mehr als die Gesandtschaft und teilt, was sie mehr weiß, sofort dem Herrn Gesandten mit.

Sie korrespondiert aber auch selbstverständlich mit ihrem Manne weiter über diese „europäische Angelegenheit", wie es alsbald in einem ihrer Briefe, die uns erhalten blieben, heißt. Zugleich berichtet auch der erste Sekretär der Gesandtschaft, Floret, an Metternich in der von ihr angedeuteten Richtung. Der Botschafter selbst, Fürst Schwarzenberg, hält sich noch zurück; aus Gründen. Jedoch aus Florets erstem Bericht in dieser Sache geht hervor, daß Schwarzenberg davon weiß. Floret seinerseits berichtet, daß er mit dem Senator Semonville in Verbindung getreten sei und von der Frau Erzherzogin – in Österreich wurden die weiblichen Mitglieder des Hauses Habsburg schon in der Wiege mit Frau angesprochen – geredet habe. „Und Ihr Chef?" – gemeint ist Schwarzenberg – habe ihn Semonville sofort gefragt: „wie denkt er darüber?" –„Ich stehe gut für ihn", antwortet Floret lächelnd, worauf Semonvilles gewissenhafte Erkundung weitergeht: „Und Monsieur Metternich? Und Kaiser Franz?" Floret kann auch diese beiden Fragen ganz oder halb bejahen, und nun hat der Herr Senator Boden unter den Füßen und geht schnurstracks weiter. Der Mittelsmann scheint, vermutlich von Metternich selbst, gut gewählt zu sein. Denn kurz nachher erhält Madame Metternich eine Einladung zu der abgesetzten Kaiserin Josephine, die mit ihr zu reden wünscht. Sichtlich von Semonville ins Bild gesetzt, beginnt Josephine in ebenso unverhohlener wie überraschender Weise sich für die Wiederverheiratung Napoleons zu interessieren. Sie wünscht eine österreichische Erzherzogin für ihn, sagt sie ganz unverblümt zu ihrer Besucherin, die es am selben Tage an ihren Mann weitergibt. Die Verbindung ist also hergestellt und reicht bereits in Napoleons unmittelbarste Umgebung; denn zu dieser gehört nach wie vor die wenn auch geschiedene Exkaiserin.

Josephine wünscht begreiflicherweise, diesen Platz bei Napoleon zu behaupten, und vielleicht legt sie darum, nach bewährter Art abgedankter Favoritinnen, Wert darauf, ihm die Nachfolgerin selbst zuzuführen. Aber vermutlich hatte sie noch einen anderen, frauenhafteren Grund. Napoleon hatte sich von ihr getrennt, weil er dringend eines Thronerben zur Fortsetzung seiner Dynastie bedurfte, den ihm die um sechs Jahre ältere Frau nicht mehr hatte geben können. Indem nun Josephine die Heiratssache selbst in die Hand nimmt, betont sie diesen Grund. Das heißt, sie gibt aller Welt zu verstehen: „Ich bin und bleibe die Kaiserin. Aber zum Kinderkriegen braucht er jetzt eine andere. Die such' ich ihm selber aus!" Übrigens genießen die Habsburgerinnen in dieser Hinsicht, nämlich im Punkte Fruchtbarkeit, den besten Ruf: Maria Theresia hatte siebzehn Kinder gehabt und Kaiser Leopolds II. Gattin sogar deren neunzehn.

So oder so, die Kaiserin Josephine begünstigte offenkundig das Projekt, und heimlich tut es wohl auch der Kaiser. Nur daß Napoleon es noch nicht zugibt. Vielmehr macht der Schlachtenlenker ein taktisches Manöver, über das Floret zu Weihnachten nach Wien berichtet. Napoleon hat einen Kurier nach Petersburg geschickt, um den dortigen französischen Botschafter zu veranlassen, beim Zaren Alexander anzuklopfen. Der Zar hat eine erst sechzehnjährige Schwester, die Großfürstin Anna, die zur Kaiserin von Frankreich zu erheben Napoleon gleichfalls nicht abgeneigt wäre. Abgesehen davon, daß die Romanoffs schließlich auch noch Leute sind, mit denen man sich Arm in Arm öffentlich zeigen kann, ist ihm auch der Bruder Alexander sympathisch, von dem Napoleon einmal mit zweideutiger Anerkennung gesagt hat: „Wenn er eine Frau wäre, würd' ich ihn zu meiner Geliebten machen." Auch die Politik spräche für diese Verbindung. Denn Rußland ist der Kontinentalsperre gegen England immer noch nicht beigetreten, und anders ist England, Napoleons zähestem Feind, der ihn auch am Ende überwinden wird, nicht beizukommen.

Aber gerade was Napoleon reizte, möchte Metternich verhindern: ein Bündnis zwischen Frankreich und Rußland, das das dazwischenliegende Österreich in die Zange nähme. Und so sehen wir ihn, vom Januar 1810 angefangen, sich in seinen Plan geradezu verbeißen. Ursprünglich war es nur eine Idee wie eine andere, jetzt aber wird eine ganz große Staatsangelegenheit daraus, wie es seinerzeit, vor vierzig Jahren, die Verheiratung Marie Antoinettes mit dem französischen Dauphin gewesen war, das große Werk Kaunitz'. Ist Metternich nicht der Enkel-Schwiegersohn des großen Kaunitz? Nicht sein Nachfolger am Wiener Ballhausplatz? Ist seine Frau nicht eine geborene Kaunitz? Jetzt läuft sie, als ein kleiner Kaunitz, in Paris von Pontius zu Pilatus, das heißt zwischen der Kaiserin Josephine und der österreichischen Botschaft geschäftig hin und her, um das große Werk zustande zu bringen, und berichtet schließlich, anfangs Februar, nach Unterzeichnung der Akten aus der Botschaft, aufatmend an ihren Herrn und Gebieter: „Es ist soweit, Gott sei getrommelt und gepfiffen!" Und fügt, um ein bißchen Lob für ihre viele Mühe bettelnd, anmutig hinzu: „Je n'y ai pas peu contribué."

Vorangegangen war eine kleine Komödie, von der Metternich nichts wußte, und in der sich uns Napoleons Charakter zum Schluß noch unversehens enthüllt. Der Kaiser war natürlich von allem Anfang an, zumindest aber seit den ersten Dezembertagen des Jahres 1809, über die Absichten des Wiener Hofes genau unterrichtet. Wozu fütterte er sonst seinen Polizeimeister Fouché, dieses Reptil, und wozu sonst wäre die Pariser Polizei mit Leuten wie Monsieur Laborde näher bekannt gewesen? Auch geht aus seinem Verhalten in den nachfolgenden Wochen deutlich hervor, daß ihm diese Absichten Metternichs weder unerwünscht noch gleichgültig waren. Als die Gräfin Metternich

kurz vor Neujahr demonstrativ von ihren Pariser Bekannten
Abschied nahm und sich zur Audienz auch bei Napoleon meldete,
um die langverschobene Rückreise nach Wien nun endlich doch
anzutreten, fand Napoleon, plötzlich besorgt, daß es jetzt viel
zu kalt wäre, um zu reisen, und bat sie, doch noch etwas länger
in Paris zu bleiben. Die Bitte war natürlich ein Befehl, den
die geborene Kaunitz auch gleich mit einem gesprochenen Hofknicks artig erwiderte, sich dem gütigen Wunsche Seiner Majestät widerspruchslos fügend, wenn ihr Mann es ihr erlaube.
Sie benachrichtigte diesen sofort, der nun auch seinerseits zu
spüren beginnt, daß er Boden unter den Füßen hat und umso
fester in Paris auftritt, als er fürchten muß, daß ihm am Ende
doch noch im letzten Augenblick Rußland den Bräutigam wegschnappt. Gerade das aber möchte im Grunde Napoleon; die
sechzehnjährige Russin wäre ihm lieber als die siebzehnjährige
Österreicherin, dieses natürlich nur aus politischen Rücksichten,
er kennt sie ja beide nicht. Also verhält er sich zunächst noch
zuwartend und läßt dabei das Metternichsche Projekt, ohne
einen Finger zu rühren, immer näher an sich herankommen,
wobei er sich wahrscheinlich an der Eile weidet, die man in Wien
zu haben scheint. Inzwischen aber läßt auch die russische Entscheidung, die beim Zaren Alexander liegt, doch auch von der
Kaiserinmutter entscheidend beeinflußt wird, auf sich warten.
Ja sie bleibt nachgerade auffallend aus, diese Entscheidung, so
daß die Höflinge den Kopf zu schütteln beginnen. Am 27. November 1809 hat Kaiser Napoleon in dieser Sache nach Petersburg schreiben lassen, aber als dieser Brief ankam, war der Zar
ungeschickterweise nicht zur Stelle. Er hatte die Hauptstadt
kurz vorher verlassen und traf erst vierzehn Tage später, zum
russischen Neujahrsfest, in seiner Residenzstadt wieder ein, von
wo man ihm offenbar die liegengebliebene Post nicht hatte nachschicken können. Aber sogar jetzt noch läßt das freudige Ja der
Romanoffs länger, als man in Paris glauben möchte, sich nicht

vernehmen, und da die längst fällige Antwort schließlich am 21. Januar, fast zwei Monate nach erfolgter Anfrage, eintrifft, enthält sie, unter allerhand Ausflüchten, nicht mehr und nicht weniger als ein höfisch verzuckertes, diplomatisch verklausuliertes Nein. Nun merkt sogar Napoleon, daß er den Romanoffs nicht gut genug ist, und von diesem Augenblick angefangen genügen ihm die Habsburger. Eiligst schickt er seinen Stiefsohn Eugène Beauharnais zum Fürsten Schwarzenberg hinüber auf die österreichische Botschaft und tritt durch ihn dort werbend auf. Aber wie wirbt Napoleon? Nun, eben napoleonisch. Er verlangt die sofortige Unterfertigung einer mitgebrachten Urkunde, die ihm die Kaisertochter nicht nur zuspricht, sondern sozusagen mit Haut und Haar, zahlbar und klagbar in Paris, ausliefert, und erzwingt die Unterschrift dieses einzigartigen Dokuments mit der Drohung, daß er im Falle einer Weigerung die Lieferung sofort an Rußland oder Sachsen, wo es bekanntlich auch schöne Mädchen gibt, übertragen würde. So wenigstens berichtet Schwarzenberg nach Unterfertigung des befohlenen Schriftstückes etwas kleinlaut an seinen Chef Metternich nach Wien. Die ultimative Werbung Napoleons – von einer solchen muß man wohl sprechen – hatte einen vollen Erfolg gezeitigt. Aber es war jetzt eigentlich schon mehr ein Erfolg Napoleons als Metternichs.

Auch geht, von diesem Augenblick angefangen, alles in einem napoleonischen Tempo weiter. Der Duc de Neufchâtel wird nach Wien entsandt und die Kaisertochter per procurationem dem Stellvertreter des Kaisers angetraut. Gleichzeitig wird der Ehevertrag feierlich unterzeichnet, und kaum ist der Streusand von den nassen Unterschriften weggeblasen, sitzt auch schon Marie Louise in einem der hochgefederten habsburgischen Reisewagen – man sah ihn bis zuletzt in der Wiener kaiserlichen Wagensammlung – und läßt sich von bereitgestellten Pferden durch das noch winterlich verschlafene österreichische Land in ihr fabelhaftes neues Kaisertum hineinkutschieren. So geht es quer durch Süddeutschland und Ostfrankreich bis nach Compiègne, nahe bei Paris, wo zum letzten Male ausgespannt und genächtigt werden soll, und da geschieht es. Eben als bei sinkender Nacht in einem wolkenbruchartigen Frühlingsregen das kaiserliche Gefährt an dem letzten Posthause vor Compiègne flüchtig halt macht, steht plötzlich ein kurzer feister Mann da, mit gekreuzten Armen gegen das Kirchentor gelehnt und in seinen Mantel gewickelt, und ein zweiter steht neben ihm, der scharf aufgepaßt hat. Nun flüstert er dem Dicken etwas zu, worauf der gleich auf die Kutsche losspringt, so geschwind, daß der andere Mühe hat, ihm um einen halben Schritt zuvorzukommen und den Wagenschlag vor ihm aufzureißen, mit dem ankündigenden, aber auch warnenden Ruf: „L'Empereur!" Und schon schwingt sich Napoleon in den Wagen wie auf ein Pferd, verdrängt die erschrockene Hofdame und setzt sich neben seiner hübschen Wienerin vergnügt einrichtend, in Maria Louisens Gesellschaft die Reise bis nach Compiègne hinein fort. Dort wartet Caroline, die mit dem Cromwellköpfchen, man speist zu dritt und bleibt über Nacht. Am nächsten Morgen läßt sich der Kaiser das Frühstück am Bett der jungen Frau servieren und schlürft mit Genuß seine Schokolade. Dann folgen noch ein paar Förmlichkeiten, die Trauung in Notre Dame unter großem Glockengeläut, die Gratulationscour für eintausendfünfhundert Geladene, und die wie aus einem Traum Erwachte ist über Nacht Kaiserin der Franzosen geworden. Armes Kind! Nicht einmal gefragt hatte man sie, ob sie es werden wolle – eine Ungeheuerlichkeit, die über das im achtzehnten Jahrhundert an Fürstenhöfen Gebräuchliche noch weit hinausgeht.

Übrigens hatte diese Willkür auch ihre materielle Bedeutung, was die Herren Gewalthaber in Paris natürlich auch ganz genau wußten, denn so kam Österreich gar nicht einmal dazu, irgendwelche Bedingungen zu stellen, worum es ihm doch hauptsächlich zu tun sein mußte. Vielleicht war dies der Grund, daß

Metternich, obwohl er doch augenscheinlich sein Ziel erreicht hatte, in einem Brief an den Fürsten Schwarzenberg aus der Allerhöchsten Unzufriedenheit kein Hehl macht und geradezu von einem „manque de forme" spricht, ein starkes Wort im Verkehr mit einem Botschafter. Zum Glück für Napoleon, zu seinem anfänglichen Glück, denn es war nicht von Dauer, scheint die zunächst beteiligte Braut diesen sie kränkenden Formfehler gar nicht bemerkt, geschweige denn sich darüber gewundert zu haben. In einem Tischgespräch mit dem französischen Botschafter in Wien, das einige Wochen nach dem Pariser Diktat stattfindet, läßt sie nicht die geringste Empfindlichkeit merken. Sie stellt ein paar Fragen, reizend neugierige, mädchenhafte Fragen, die der Herr Ambassadeur schmunzelnd nach Paris weitergibt, und die der Nachwelt so erhalten blieben. Erste Frage: Ob es in Paris ein „musée Napoléon" gäbe, mit dem sie sich vor allem bekannt machen möchte? Nun, diese Frage hat ihr wahrscheinlich ihre Hofdame eingegeben, sie enthielt nichts anderes, als was man am habsburgischen Hof eine „attention" nannte, eine Liebenswürdigkeit, die nichts kostet und dem andern eine Freude macht. Aber schon die zweite Frage, die der Musik in Paris gilt, entspringt aus einem wienerischen Mädchenherzen, das, wenn es einem Manne zufliegt, es am liebsten im Walzertakt tun möchte. Auch denkt sie, als eine Österreicherin, gleich an die Landschaft, fragt nach der französischen und gesteht, daß sie am liebsten auf dem Lande lebe. Eine ihrer nächsten Fragen entwaffnet uns durch die reizendste Naivität: ob der Kaiser böse sein werde, daß sie nicht Quadrille tanzen könne? Sie wäre aber gern bereit, es sofort zu lernen und überhaupt bei einem Tanzmeister Stunden zu nehmen, wenn Napoleon es wünsche. Und schließlich wünscht sie sich auch selbst etwas, nämlich eine Harfe und einen Lehrer, um mit ihm darauf zu klimpern. Denn Harfe spiele sie fürs Leben gern... Aus alledem ergibt sich ein reizendes Mädchenbildnis im Empiregeschmack, das seine Wiener

Herkunft keineswegs verleugnen kann. Nur eine Wienerin kann so reizend schnattern und so bescheiden wünschen. Nur Wiener Mädchen, auch wenn sie Kaiserstöchter waren, wußten, zur Unterwerfung erzogen, so anmutig Demut und Munterkeit zu vereinen.

Dann aber, kaum daß die Glocken von Notre Dame ausgeläutet hatten und das Habsburgerkind, zur französischen Kaiserin erwacht, seine wasserblauen Augen aufschlug, geschah etwas, worauf niemand gefaßt sein konnte. Metternich tauchte zwei Tage nach der Hochzeit, einen Tag nach der Gratulationscour, plötzlich in dem sich verlaufenden Pariser Hochzeitsgedränge persönlich auf, obwohl ihn niemand eingeladen hatte zu erscheinen. Dennoch hielt er für notwendig, diese Reise zu unternehmen. Es zog ihn nach Paris wie den Künstler zu seinem Werk oder wie jemand, der in ein neues Unternehmen viel Geld hineingesteckt hat, zur Betriebseröffnung. Und dann hatte er noch andere Gründe, seinen Aufenthalt für einige Zeit in die Seine-Stadt zu verlegen, politische und private Gründe. Die privaten waren mit seinen galanten Botschaftererinnerungen eng verknüpft. Auch hatte er ja für alle Fälle seine Frau noch in Paris, die gute Eleonore, die er nach einjähriger Trennung doch auch wieder einmal besuchen mußte. So reimte sich alles und jedes gut und sinnreich zusammen.

\*

Metternich war ein Staatsmann und ein Lebenskünstler, der in seinen Pariser Jahren zugleich ein Lebemann war und den Lebemann spielte. Beides wäre ihm um ein Haar gefährlich geworden, so zwar, daß sein erster Pariser Aufenthalt den zweiten, nach Napoleons Hochzeit, fast in Frage stellte. Die Sache war die, daß seine Affären mit Laure und Caroline Folgen gehabt hatten, nicht die in älteren Romanen gebräuchlichen, aber andere, die eben auch nicht angenehm waren und den Beweis erbringen, daß wie in der Politik so auch in der Liebe nichts unvergolten bleibt.

Während Napoleon um die Großfürstin Anna warb und Maria Louise schließlich heimführte, hatte sich, mitten im Pariser Karneval, etwas ereignet, was sich, seitdem es Maskenbälle gibt und solang es welche geben wird, immer wieder ereignen wird: eine Maske hatte einem eifersüchtigen Ehemann einen Zettel in die Hand gedrückt. Der ihn erstaunt übernahm und gleich darauf fassungslos anstarrte, war Junot, den Napoleon nach dem blutigen Spanischen Krieg zum Herzog von Abrantès gemacht hatte. Die das Papierchen übergeben hatte und gleich darauf wieder im Ballgedränge verschwand, soll Caroline Murat gewesen sein, Metternichs andere Pariser Geliebte.

Junot wurde von der besorgten Hüterin seiner Ehre angewiesen, doch einmal zu Hause im Schreibtisch seiner Frau ein bißchen nachzusehen. Er werde ein mit einem rosa Seidenband umwundenes Päckchen finden – ihre Liebeskorrespondenz mit dem Grafen Metternich.

Junot eilte nach Hause, suchte und fand. Er stellte seine Frau zur Rede, die gestand, was sie längst nicht mehr leugnen konnte. Der betrogene Gatte tobt, schäumt und schreibt Metternich einen Brief, in dem er Mainz als Rendezvousplatz für das zwischen ihnen unvermeidliche Duell vorschlägt. Ob Metternich diesen Brief erhalten hat, ist mehr als fraglich. Vielleicht mußte seine Absendung auf Befehl Napoleons unterbleiben. Sein Wort über Junot, den er in diesen Tagen einen „butor", einen Büffel nannte, läßt darauf schließen, daß er über die Angelegenheit seines Marschalls genauestens sich hatte unterrichten lassen.

Jedenfalls sehen wir Junot tags darauf einen anderen Weg einschlagen und einen, wie man zugeben muß, ungleich bequemeren. Anstatt nach Mainz zu fahren, geht er zu Madame Metternich und beklagt sich bei ihr bitter über ihren Mann. Die Gräfin, die einen solchen Besuch wahrscheinlich nicht zum ersten Male empfängt und die ihrerseits längst, wenn sie jemals eifersüchtig war, aller Eifersucht entsagt hatte, hört ihn ruhig an. Dann sagt sie ihm ebenso damenhaft wie bestimmt ihre Meinung: einem Manne wie ihm stünde es am wenigsten an, den Othello zu spielen – eine Anspielung wahrscheinlich auch auf Caroline, mit der den Herrn Herzog nicht minder zarte Bande verknüpft haben mochten – und, fährt sie fort, was geschehen ist, sei nun einmal geschehen. Es handle sich darum, die Geschichte ohne viel Lärm wieder in Ordnung zu bringen. Worauf sie sofort zur Laure fährt und auch ihr ins Gewissen redet. Mit welchem Erfolg, erfahren wir aus den später veröffentlichten Memoiren der Frau Herzogin, die ja, eine Wiederkäuerin der Liebe, nachher immer gewissenhaft alles aufschreibt. Danach hätte die an den Marterpfahl der Liebe gebundene schöne Laure eine zweite, noch schrecklichere Szene mit dem wutschnaubenden „butor" gehabt, der nun, ohne vorher nach Mainz zu fahren, nicht mehr und nicht weniger verlangt hätte, als daß eine, wie sie sich ausdrückt, „blutende, zerrissene Frau" seine ehelichen Rechte neuerlich anerkenne und besiegle. Die Frau Herzogin, eine sinnliche Schöne, die die tragischen Erschütterungen liebt, scheint, wie damals in der „Grotte", als sie nachher „blutige Tränen" über ihren Fehltritt weinte, dieses Opfer tatsächlich gebracht zu haben. Wofür sie die Gräfin Metternich mit einem feinen Lächeln „eine Frau von Geist" nennt, was die gute schlimme Laure, obwohl sie Memoiren schrieb, gewiß nicht war.

Die interessante Figur in diesem etwas kolportagenhaft anmutenden Liebeshandel ist nicht die romantisch hin und her gerissene und schließlich zerrissene Frau Herzogin, noch ihr Gatte, dieser Büffel im Marschallsrock, sondern die Gräfin Metternich, die mit überlegener Klugheit diesen Handel führt. Er rollt gleichzeitig und vollkommen parallel mit der napoleonischen Brautwerbung ab, so daß neben der Hauptaktion auch das Satyrspiel in diesem theatralisch bewegten Pariser Winter nicht fehlt, und die diplomatische Gräfin Metternich, geborene Kaunitz, alle Hände voll zu tun hat, um diese beiden für ihren Gatten so wichtigen Angelegenheiten auseinander und zusammen zu halten. Dabei aber bringt sie, eine gewissenhafte Botschafterin im Ruhestand, deutlich genug zum Ausdruck, daß beiden Aktionen eine ganz verschiedene Bedeutung zukommt; die private bagatellisiert sie sichtlich, dem Tone wie auch dem Datum nach. Der Ton ist derjenige eines geschulten Kabinettssekretärs, der über Vorfälle, die ihn persönlich nichts angehen, mit gebotener Genauigkeit an seine Exzellenz berichtet; das Datum ist der 7. Februar, eben der Tag, an dem das napoleonische Heiratsabkommen beim Fürsten Schwarzenberg zustande kam. Sie hat es in einem tags zuvor abgesandten Schreiben an ihren Gatten eine Sache von europäischer Bedeutung genannt, und nun, da sie diese Sache zu einem glücklichen Ende geführt hat, berichtet sie über die andere, die nebenher lief und der sie bisher in Wochen auch nicht ein einziges Wort in ihren Briefen gewidmet hat, obwohl sie sicher schon längere Zeit darum wußte. Nun erzählt sie mit kühler Sachlichkeit den ganzen Hergang, wie wir ihn kennen, die Geschichte mit dem anonymen Brief auf dem Maskenball im Palais Marescalchi. Aber sie erwähnt dabei auch noch zwei andere Versionen, ohne zu entscheiden, welche die richtige sein mag. Nach der einen wäre Junot seiner Gattin auf dem Ball nachgeschlichen und hätte sie dabei belauscht, wie Laure eben ein Rendezvous ausmachte, mit Monsieur de L. „pour lequel s'intéressent beaucoup de personnes", was zur Folge gehabt hätte, daß „man" Junot, um den Eifersüchtigen von Monsieur de L. abzulenken, auf die Spur Metternichs gesetzt habe; und so wäre die Geschichte mit den alten Briefen plötzlich aufgekommen. „On vous savait absent et dans l'impossibilité de vous aboucher avec la barbe bleue." La barbe bleue ist natürlich Monsieur de L. Metternichs posthumer Nebenbuhler, und „on" ist die gute Laure, der solcherart ein Verrat in die Schuhe geschoben wird: sie hat den früheren Liebhaber für den gegenwärtigen geopfert. Übrigens wäre Monsieur de L. bereits abgereist: „il est parti avec son amazone et ne plus reviendra de sa vie." Sein Nachfolger wäre bereits Savary... Wozu erzählt sie alle diese ablenkenden Nebendinge ihrem peinlich überraschten Eheherrn? Aus zwei Gründen: erstens, um ihm den Beweis zu erbringen, daß er keineswegs der einzige war und sich auf sein Grottenabenteuer nach keiner Richtung hin auch nur das geringste einzubilden brauche; und das ist die einzige Genugtuung, die die nicht zum erstenmal geprellte Gattin für sich in Anspruch nimmt, gewissermaßen ihre Provision, die Vermittlergebühr für die klaglos geschlichtete Angelegenheit. Der andere Grund ist ein sehr praktischer: um Metternich abzuhalten, jetzt sofort nach Paris zu kommen, was mit Gefahr für ihn verbunden wäre, weshalb sie dringend davon abrät. Im übrigen kein Wort des Vorwurfs, im Gegenteil, sie schließt mit dem Satze: „cher ami, revenez-nous bientôt ... je vous embrasse, mon cher ami." Eine aristokratische Ehe; eine Botschafterehe. Denn erst tags zuvor, am 6. Februar, hat sie ihm wörtlich geschrieben: „mais, que j'en ai passé des mauvaises nuits! Et que d'inquietudes et d'angoisses j'en avais!" Aber das bezog sich auf die Werbung Napoleons um Marie Louise. Welch eine Frau! Welch eine Dame! Und wie gut paßte dieses kühl beherrschte Herz zu dem Manne, der trotz alledem der Mann ihrer Wahl war und blieb.

Er kam dann doch nach Paris, aber nicht um einen Liebeshandel zu schlichten, sondern um eine österreichische Anleihe durchzusetzen, was ihm nur leider nicht gelang. Auch sonst konnte er sich trotz der erfolgreichen Verheiratung des korsischen Samson mit der österreichischen Delila keiner weiteren politischen Erfolge für Österreich berühmen, zumindest nicht auf den ersten Anhieb. Trotzdem blieb er bis zum Herbst in Paris, wo er, wie behauptet wird, mit dem aus dem Haar der Prinzessin Caroline geflochtenen Armband am Handgelenk herumging. Warum trug er es? Aus Eitelkeit? Oder um den schon längst nicht mehr eifersüchtigen Marschall Junot neuerdings ein bißchen irrezuführen? Oder um sich Napoleon gegenüber wenigstens innerlich aufzuspielen, der, als Carolines leiblicher Bruder, immerhin, wenn auch nur „à la mode de Bretagne" sein Schwager war?

Als den großen Nordländer Ibsen einmal ein Bewunderer seiner „Gespenster" neugierig fragte, ob es denn auch wirklich der Tischler Engstrand gewesen wäre, der das „Asyl" in Brand gesteckt hätte, antwortete Ibsen, nach einigem Besinnen, in seiner immer geheimnisvollen Weise: Zuzutrauen wäre es ihm! Auch Metternich wäre es zuzutrauen, daß er, wenn er jetzt in Paris als österreichischer Unterhändler zu Hofe ging, das Armband Carolinens anlegte, um seinem großen Gegenspieler Napoleon wenigstens innerlich Schach zu bieten. Dem Samson, mag er dann bei sich gedacht haben, kürzt die Delila die Locken; er aber, Metternich, der kein Samson ist, schneidet sie Delila ab.

## „COMTE DE BALANCE"

Wenn es Metternichs Absicht war, durch die glückliche Verheiratung Marie Louisens das tiefgesunkene Ansehen Österreichs wieder aufzurichten, so gelang ihm das während der Flitterwochen Napoleons vorläufig nur für seine eigene Person. Er wurde gehätschelt und geliebt. Er war unter den auswärtigen Diplomaten der erste Mann bei Hofe und hatte sogar bei Napoleon einen Stein im Brett, begreiflicherweise. Hatte er doch Frankreich eine junge Kaiserin aus uraltem Blute zugeführt, die noch dazu bald in der Hoffnung war und eine Verewigung der neuen Dynastie mit Zuversicht erwarten ließ. Napoleon, der ihn ein Jahr vorher, bei Ausbruch des Krieges, verhaften und fast schon erschießen lassen wollte; der vor einem Jahr noch sich seine Mitwirkung an dem zu errichtenden Friedensvertrag so nachdrücklich verbeten hatte, daß Metternich von heute auf morgen aus dem Konferenzsaal zu verschwinden hatte: derselbe Napoleon spann ihn jetzt in Zucker ein und ließ sich keine Gelegenheit entgehen, ihm öffentlich Honig in den Mund zu löffeln. Der Schlachtengott war in diesen Monaten nur noch ein arg verliebter junger Ehemann, er war glücklich und hatte ausnahmsweise sogar ein bißchen Zeit, es zu sein. Also ließ er auch denjenigen, dem er es verdankte, an seinem Glück teilnehmen, in dem angenehmen Gefühle, daß jede Aufmerksamkeit, die er dem verführerischen Österreicher erwies, zugleich eine Huldigung für die verführerische junge Österreicherin war, die ihm Metternich ins Haus gebracht hatte. Überdies hatte

Napoleon auch eine gewisse natürliche Sympathie für seinen gefährlich-glatten Widersacher, die gewöhnliche irrationale und kaum begründbare Vorliebe des Genius für denjenigen, an dem er zugrunde gehen wird. Wie das zusammenhängt, weiß nur Gott. Sicher ist bloß, daß Napoleon diese Schwäche aus dem gleichen Grunde auch für Talleyrand besaß.

Freilich, Freundlichkeiten sind etwas, und Erfolg ist wieder etwas anderes, was auch der so ausgezeichnete österreichische Kanzler in diesen Pariser Frühlingswochen, die sich zu schönen Sommermonaten angenehm dehnten, allgemach erfahren mußte. Wenn er sich der Erwartung hingegeben hatte, die unglücklichen Friedensbedingungen dank der glücklichen neuen Familienverbindung zwischen den Häusern Habsburg und Bonaparte nachträglich verbessern zu können, so mußte er nach sechs Monaten knifflichen Hinhaltens, worin Napoleon wie jeder Diktator Meister war, widerstrebend einsehen, daß sie sich in keiner Weise gerechtfertigt hatte. Höchstens eine mögliche Erhöhung des herabgesetzten Friedensstandes der österreichischen Armee, womit freilich jede Aufrüstung beginnt, brachte er nach Hause – vermutlich, weil sie nicht Frankreich, sondern Österreich Geld kostete. Hingegen kam er, was das geplante Anlehen betraf, das Österreich so bitter nötig hatte, mit völlig leeren Händen heim. Abgewiesen. Frankreich, das heißt also Napoleon, dachte, obwohl er die Sache scheinbar begünstigte, offenbar nicht einen Augenblick daran, Österreich, das ihm eine Frau geschenkt hatte, Geld zu leihen; er überließ dies großmütig den französischen und holländischen Bankiers, die auch nicht wollten. Infolgedessen machte Österreich ein halbes Jahr später, im Februar 1811, den wohlvorbereiteten, traurigen Staatsbankrott, wie man das Ding in jenen unschuldigeren Zeiten mutig nannte; denn heute würde man es als „Abwertung" kaltblütig bekanntgeben. So oder so, Österreich hatte an den Folgen dieses Zusammenbruches, den Metternich mit zu verantworten hat, ein halbes Jahrhundert zu leiden. Und worin war er letztlich begründet, abgesehen von der Weigerung des Katholiken Metternich, die katholischen Kirchengüter in Ungarn zur Deckung der brüchigen Staatsfinanzen heranzuziehen? In jener übereilten Fertigung des Heiratsprotokolls am 7. Februar 1810, die eine bedingungslose Übergabe der österreichischen Position bedeutete, lag die letzte Ursache. Vorher hätte Österreich finanzielle Bedingungen stellen müssen, nicht hinterher. Aber der österreichische Unterhändler, Botschafter Fürst Schwarzenberg, verlor den Kopf, weil er der von Metternich ihm gestellten Aufgabe nicht voll gewachsen war und die Angelegenheit kavaliersmäßig erledigte. Ein leider wiederkehrendes österreichisches Erlebnis. Nicht anders hat Österreich ein halbes Jahrhundert später die Lagunenbrücke von Venedig und die Südbahnstrecke im Werte von achtzig Millionen Lire ohne jede Entschädigung abgetreten; man hatte vergessen, dieses Wunderwerk damaliger Technik im Protokoll zu erwähnen. Nicht anders hat man im Jahre 1918 bei den Waffenstillstandsverhandlungen mit Italien übersehen, ausdrücklich festzulegen, ob der Waffenstillstand bei Absendung des österreichischen Annahmetelegramms seinen Anfang zu nehmen hätte oder erst bei Einlangen der Depesche im italienischen Hauptquartier. Die Italiener behaupteten bei Eintreffen der österreichischen Antwort, die sie um einen Tag verzögerten. In der Zwischenzeit aber stießen sie mit ihren Autokolonnen noch um ein paar hundert Kilometer weiter vor, was Österreich eine viertel Million Soldaten kostete, die in den mittlerweile besetzten Räumen der Waffenstreckung und Gefangennahme dank dem Leichtsinnsfehler im österreichischen Hauptquartier verfielen. Nicht anders auch hat schließlich am 11. März 1938 Schuschnigg vor Hitler kapituliert, ohne sich, wenn er schon auf alles einging, wenigstens die Amnestie für seine eigene Regierung und ein paar tausend seiner Beamten zu bedingen. Immer derselbe Fehler, dieselbe kopflose Übereilung, derselbe Leichtsinn; und immer die gleiche Folge: verlorener Kredit, verlorene Armee, verlorenes Land. Nichts, wahrhaftig, ist lehrreicher als die Geschichte; aber niemand lernt daraus.

In allen sachlichen Belangen zurückgewiesen, konnte Metternich, als er im Herbst 1810 nach sechs Monaten Paris wieder heimkehrte, schließlich doch einen Erfolg buchen. Er erhielt als Abschiedsgeschenk ein Brustbild Napoleons und ein paar Sèvresvasen im Wert von achttausendvierhundert Francs. Nicht viel für eine Kaisertochter und gewiß nicht mehr, als ein Ehrenmann bei solcher Gelegenheit annehmen darf. Immerhin blieb ihm etwas Porzellan zur Erinnerung an den größten und gelungensten Coup seiner bisherigen staatsmännischen Laufbahn. Allerdings, Porzellan ist zerbrechlich.

*

Österreich, das plötzlich der Schwiegervater Frankreichs geworden war, stand groß da, als Metternich nach Wien zurückkehrte. Aber Metternich stand vor seinem Sturze, wie man in Wien allgemein glaubte. Dieser Glaube war nicht ganz unbegründet, was er alsbald merken konnte.

Er war etwas zu lang in Paris geblieben und hatte zu wenig von dort mitgebracht. Die von ihm beantragte Staatsanleihe in Frankreich zurückgewiesen; der von ihm in Frankreich mühsam durchgesetzte neue Handelsvertrag in Wien abgelehnt; die unerschwinglich hohe Kriegsentschädigung nicht erlassen, nicht herabgesetzt, nur in den Zahlungsfristen etwas weiter hinausgeschoben: dazu eine wachsende persönliche Unbeliebtheit, unter der dieser Liebling der Götter merkwürdigerweise sein Leben lang in Wien zu leiden hatte. In diesem Falle ließ sie sich wenigstens begründen. Er hatte in Paris, unter der Nase des dortigen österreichischen Botschafters, ein wenig zuviel selbst den Botschafter gespielt und damit nicht nur Schwarzenberg, sondern die Koterie Schwarzenberg, den namhaftesten Teil des österreichischen Hochadels, bitter verstimmt. Die österreichischen Patrioten hinwieder hatten von allem Anfang an Schmach und Schande über das von Metternich angestrebte und zustande gebrachte Familienbündnis mit dem „Erzfeind" geschrien. Die Kaiserin Maria Ludovika, die noch im Frühjahr 1809 die Fahnen der österreichischen Regimenter in der Wiener Stephanskirche allerhöchst selbst zur Einsegnung präsentiert hatte, konnte sich, immer noch kriegslustig, mit der neuen Ordnung der Dinge nicht abfinden; sie erklärte laut, daß sie Metternich nicht sehen könne noch wolle. Die Erzherzoge, der begabt-edle Erzherzog Karl, vergeblicher Sieger bei Aspern, und der einfältig-edle Johann, verträumter Gemsenjäger und aussichtsloser Beschützer Tirols, waren der gleichen Meinung wie Ihre Majestät. Graf Stadion, ein reiner Patriot, wähnte sich von Metternich gestürzt, weil im Außenamt beerbt. Graf Wallis, der bankrotte Finanzminister, sah sich von ihm in seinen Sanierungsplänen im Stich gelassen. Fürst Liechtenstein, der die unglücklichen Friedensverhandlungen im Oktober vorigen Jahres zu Ende geführt hatte, konnte ihm nicht verzeihen, daß ihn Metternich für einen Esel hielt. Dazu die Neidischen, die Beleidigten, die Übergangenen, mit deren Feindschaft jeder Minister zu rechnen hat; dazu die Wiener Gesellschaft, die immer auf Seite der Mittelmäßigkeit, des Hergebrachten zu finden ist und immer gegen die selbständige und selbstherrliche Begabung sich wehrt: es waren, als Metternich von Paris zurückkam, mit Ausnahme des Kaisers eigentlich alle gegen ihn. Er sah sich um und nahm es lächelnd zur Kenntnis.

Nichts wäre leichter gewesen für Metternich in diesem Augenblick, als, gedeckt von seinem Kaiser, den Handschuh abzustreifen und die starke Hand zu zeigen. Nebenbei bemerkt, warum hielt ihn der Kaiser? Die Erklärung, daß es aus Dankbarkeit geschah, wäre auch in diesem Falle zu simpel. Vielleicht ist der Grund, auch diesfalls, im habsburgischen Grundcharakter zu suchen. Der österreichische Kaiser läßt sich von der öffentlichen Meinung so wenig wie von derjenigen der Salons vorschreiben, wann er einen Minister zu entlassen habe. Im Gegenteil ist das eine erwünschte Gelegenheit, den Leuten zu zeigen, daß man tut, was man will. So hielt es Franz Joseph durch mehr als sechzig Jahre. Wenn ein Minister beim Volk oder Parlament in Ungnade fiel, verlängerte das automatisch seine Amtsdauer; einer dieser höchst unbeliebten franziskojosephinischen Minister, Graf Taaffe, brachte es auf diese Art zu einer dreizehn Jahre währenden Ministerpräsidentenschaft. Und genau so verfuhr auch schon Kaiser Franz, der Franz Josephs Großvater gewesen war und in manchen Stücken sein Vorbild blieb. Mit Recht hat Joseph Redlich von Kaiser Franz gesagt, daß er, der 1835 starb, in Wahrheit bis 1916, das heißt bis zum Tode Franz Josephs, in Österreich regiert habe.

Wie immer sich dies verhalten mag, Metternich tat das Klügste, was in seiner Lage zu tun war. Er nahm nicht zur Kenntnis, daß man in Wien etwas gegen ihn hatte. Er ging wieder fleißig in Gesellschaft, wie als ganz junger Mann; und er suchte mit besonderer Vorliebe diejenigen Häuser und Zirkel auf, wo man ihm feindlich gesinnt war. Auf der russischen Botschaft, von der er genau wußte, daß sie die Brutstätte aller gegen ihn gerichteten Kabalen war, verkehrte er, als ob nichts geschehen wäre. Die Gesellschaft des Hochadels und der Patrioten, die ihn stürzen wollten, zeichnete er stets mit seiner Anwesenheit aus. Er verneigte sich vor den gegnerischen Erzherzogen und der höchst ungnädigen Frau Kaiserin, mit der er, mochte er denken, schon noch fertig werden würde. Und er blieb im Amte.

Schließlich aber, als die Stänkereien kein Ende nahmen und die Flut der Verleumdung, die ihn als von Frankreich gekauft und als Erzverräter hinstellte, bis an die Stufen des Thrones ihren Unflat spülte, ging er überraschend zum Angriff über. Er hatte nicht umsonst von Fouché in Paris einiges gelernt, vor allem, daß man die meisten Menschen in die Hand bekommt und dann wie Wachs kneten kann, wenn man sich ihre Briefe aneignet. Übrigens hatte die österreichische Polizei der absolutistischen Zeit in diesem Punkte nicht viel von Paris zu lernen oder es schon früher in Italien gelernt, wie sie sich ja auch, als im Jahre 1938 die Gestapo von Wien Besitz ergriff, äußerst gelehrig zeigte. Nur daß man hundert Jahre früher, zur Zeit Metternichs, weniger lärmend vorging, wenn man sich widerrechtlich in den Besitz der Geheimnisse seiner Nebenmenschen setzte. Eine ausgebildete Lehre unterschied hiebei, soweit das Briefgeheimnis für die Polizei in Frage kam, gewissenhaft zwischen „Chiffons" und „Interzepten". Chiffons waren die weggeworfenen, in kleine Stückchen zerrissene Briefe und Billette, die man aus den Papierkörben und Kehrrichtkästchen durch Vermittlung verräterischer Bedienter, die oft Organe der Geheimpolizei waren, übernahm, um sie nachher mit großer Kunst wieder zusammenzustückeln. Interzepte aber nannte man die aufgefangenen Briefe, die sorgfältig abgeschrieben wurden, bevor man sie mit einer kleinen Verspätung zustellte. Das war weiter keine Kunst, das besorgte die Post in den eigens dafür systemisierten „schwarzen Kabinetten", die dem Machthaber zu Gebote standen.

Auf diese Weise nun hatte Metternich sich in den Besitz eines höchst merkwürdigen, verfänglichen, um nicht zu sagen bedenklichen Briefwechsels gesetzt, einer Korrespondenz zwischen der jungen Kaiserin Maria Ludovika und ihrem Schwager, dem interessanten Erzherzog Joseph, Palatin von Ungarn, einem jüngeren Bruder des Kaisers Franz. Joseph, der die un-

garische Politik seines kaiserlichen Bruders mißbilligte, war in
der Opposition, und das war, politisch wie auch sonst, die Kaiserin gleichfalls, die mit ihrem nüchternen Gatten in keiner
allzu glücklichen, kinderlosen Ehe lebte. Sie war eine temperamentvolle, schöne Frau und schien nicht abgeneigt, Liebe in
anderen zumindest zu erwecken und sich an dem von ihr entfachten Feuer dann auch selbst ein bißchen zu wärmen. Zu ihren
großen Bewunderern gehörte auch der sechzigjährige Goethe, mit
dem sie sich auf der Karlsbader Promenade gerne zeigte, der
hochbeglückt neben ihr stand und schritt und mitunter auch noch
ein Gedicht auf sie machte.

Wie weit ihre Beziehung zu ihrem Schwager Joseph reichte,
läßt sich nicht ermessen; in Wien behauptete man, daß sie bis
nach Preßburg gereicht hätte, wo sie brieflich ein Stelldichein
vereinbart hatten. Politisch zogen sie beide am selben Strang,
und so wäre es wohl möglich, daß, wenn sie als Verschwörer
die Köpfe zusammensteckten, sich auch einmal Hand zu Hand
und Mund zu Mund gefunden hätten. Von alledem war in den
Briefen ein Niederschlag zu merken, die Metternich mit einer
kaum zu beschönigenden Skrupellosigkeit seinem Kaiser unterbreitete. Seine einzige Entschuldigung mag dabei sein, daß er
dadurch seine Stellung dauernd befestigte bei seinem allerhöchsten kaiserlichen Herrn, von dessen „absonderlichen Launen" in
den Mitteilungen Maria Ludovikas wiederholt die Rede war.
Nun, da sie nicht mehr nach Preßburg fahren durfte, war es
seine rachsüchtige Laune, Metternich zu halten, und die Hofpartei mußte sich knirschend fügen.

\*

Wie immer man über diesen Akt einer sehr weitgehenden
Selbstverteidigung denken mag, die zum ersten Male eine

gewisse sittliche Unbekümmertheit Metternichs auch auf das dienstliche Gebiet überträgt, das eine ist sicher, daß er dem Minister des Äußern zustatten kam und damit mittelbar auch Österreich. Wer weiß, welchen Gang die Geschichte genommen hätte, wenn unter dem Eindrucke eines Sturzes Metternichs damals die Linie der ihm vorgeworfenen „frankophilen" Politik verlassen worden wäre. Wie wenig frankophil sie in Wirklichkeit war, ahnte ja damals noch niemand, nicht einmal Metternich selbst.

Tatsache bleibt, daß Metternich in einem Augenblicke, als Napoleons Stern im Scheitelpunkt seiner Macht stand und sein Sohn, der König von Rom, das Habsburgerkind, rosig blinzelnd mit geballten Fäustchen in der Wiege lag, wünschte und wünschen mußte, sich mit Frankreich um jeden Preis zu verhalten. Doch bezog er schon damals auch die anderen europäischen Großmächte: Rußland, England und Preußen, in eine ideologische Gruppierung ein, die als sogenannte „Pentarchie" die Ruhe in Europa sicherstellen sollte. Dies sein Traum vom Gleichgewicht, von dem er, in einem offenbar schönen Gleichgewicht auch mit sich selbst, soviel und so gerne redete, daß es nachgerade auffiel und die Wiener Gesellschaft, um einen Spitznamen nie verlegen, ihn hinterrücks den „Comte de Balance" benamste.

Der Spottname stimmte. Aber wenn man ihn anwandte, übersah man oder vergaß sogar ungerechterweise, daß bei diesem Gleichgewichtsstreben, das allgemach zu Metternichs fixer Idee wurde, doch auch eine sittliche Idee im Spiele war, wie man, durch die Ereignisse belehrt, heute deutlicher erkennt als vor hundert Jahren. Metternich hatte als der erste österreichische und überdeutsche Staatsmann, der er war, erkannt, was sein Land und was der Erdteil brauchte, um zur Ruhe zu kommen. Es ging um Österreich, aber auch schon um Europa. Den „Ritter Europas" nennt ihn darum mit tieferem

Einblick und weiterem Vorausblick Gentz, der, ein Strauchritter vom Geiste, doch immer noch, wenn er einer Idee unversehens begegnete, aus alter Gewohnheit seinen liederlichen Hut grüßend schwenkte.

# DER UNTERGRIFF

Vorderhand freilich war von Gleichgewicht in Europa nicht die Rede; das Übergewicht Napoleons entschied alles. Er thronte zu Paris in einer Flut von Licht, im Vergleich zu welcher der Glanz des „Sonnenkönigs" Ludwig XIV. fast verblaßte, und bestimmte von dort her die Geschicke des Erdteils. Wie er die Lose warf, so lagen sie. Die Landkarte Europas war bis zur Unkenntlichkeit verändert. Deutschland überhaupt nicht mehr vorhanden; ein entzwei gebrochener Ring neutralisierter Randstaaten, dem der Mittelpunkt fehlte, und der österreichische Nachlaßverwalter des verstorbenen Reiches ersetzten es bis auf weiteres. Es waren unterworfene Teilfürsten, Statthalter und Platzhalter, die in diesen Staaten regierten, wenn es nicht geradezu Ableger der napoleonischen Dynastie waren, die das Thrönchen schmückten. Die Niederlande waren gleichfalls weggewischt, ein napoleonischer Puppenstaat, das Königreich Holland, war gewalttätig an ihre Stelle gerückt. Belgien gehörte überhaupt zu Frankreich. Spanien war ein französisches Protektorat, und so auch Oberitalien, genannt die Cisalpinische Republik. Preußen trotzte verkümmert im Winkel, Österreich war so weit zurückgetrieben, daß es mit einem Fuß schon fast in Asien stand und Metternich das böse Wort, das ihm später nachgesagt wurde, schon damals hätte münzen können: daß bei der Simmeringer Linie (der östlichen Wiener Stadtgrenze) Asien beginnt. Einzig Rußland und England, beide durch ihre geographische Lage geschützt, erwiesen sich zwar nicht als unbesieglich, aber als noch nicht besiegt. Und daraus entstand der nächste Krieg. Es war ein Krieg mit Rußland, aber eigentlich ein Krieg gegen England.

Mit England hatte Napoleon auf gleiche Art fertig zu werden versucht wie England ein Jahrhundert später mit Deutschland: durch die Blockade. Nur war es eine umgekehrte Blockade, vom Festland her, die sogenannte Kontinentalsperre. Durch die Abschneidung aller Handelsverbindungen vom Kontinent und zum Kontinent sollte das britische Inselreich ausgehungert und wie eine hungrige Festung übergabereif gemacht werden. Dazu brauchte Napoleon die spanischen und portugiesischen Seehäfen. Das war eine einfache Sache, er nahm sie sich, indem er das spanische Protektorat errichtete. Er brauchte ferner die italienischen Hafenplätze und sicherte sie, indem er den Norden Italiens selbst kontrollierte und den Süden, Neapel, aber auch Palermo, durch sein Schwesterlein Caroline, ehemalige Geliebte Metternichs und jetzt gar schon Königin von Neapel, in seinem Sinne strenge überwachen ließ. Carolinens Gatte Murat, der „König", war natürlich widerstandslos einverstanden, und so war Joseph in Spanien, so Jérôme in Holland, so waren die deutschen Teilfürsten, so die deutschen Hansastädte, so Österreich in Venedig, so das Königreich Illyrien an der Adria. Einzig und allein Rußland entzog sich noch dieser napoleonischen Seeumklammerung. Vergeblich suchte Napoleon seit einer Reihe von Jahren schon in einem vorerst noch freundschaftlichen, diplomatischen Ringen mit Rußland sich dasjenige zu verschaffen, was die Ringkämpfer den „Untergriff" nennen und womit die Partie für den anderen gewöhnlich verloren ist. Der Kongreß von Erfurt, 1808, wo der große Schauspieler Talma vor einem „Parterre von Königen" Theater spielte, hatte einem solchen Proberingen zwischen Bonaparte und dem Zaren Alexander gegolten. Damals hatte Talleyrand, der die Politik seines Meisters mit zweideutigen Worten begleitete, zu Alexander gesagt: „Das französische Volk ist zivilisiert, sein Herrscher ist es nicht; der russische Herrscher ist zivilisiert, sein Volk ist es nicht. Darum eben sollte der russische Herrscher mit dem französischen Volk ein Bündnis schließen." Aber der zivilisierte Alexander wollte nicht recht. Wie ja auch die Großfürstin Anna nicht wollte, um deren Hand Napoleon schon damals in Erfurt vertraulich bei Alexander anhielt. Anstatt Anna hieß die Kaiserin von Frankreich jetzt Maria Louise. Und seither hatte Österreich einen Stein im Brett bei Napoleon – einen Stein, mit dem es zunächst selbst nicht viel anzufangen wußte. So sagten auch die immer rückwärts orientierten Wiener „Patrioten". Die Metternich verteidigen wollten, hätten immerhin darauf hinweisen können, daß dank diesem Ehebund die drohende Umklammerung des Habsburgerreichs vom Westen und Osten, durch Frankreich und Rußland, zumindest vermieden war und Österreich wenigstens etwas freier atmen konnte. Auch ging dank diesem Ehebündnis die schon angebahnte russisch-französische Freundschaft, der politische Flirt Napoleons mit Alexander, alsbald gänzlich in die Brüche. Der russische Feldzug von 1812 war letztlich bedingt durch jenes Pariser Heiratsabkommen vom Februar 1810. Das aber war, wenn auch von Schwarzenberg schwachmütig durchgeführt, Metternichs ureigenstes Werk. Folglich war es, wenn dieser Krieg für Napoleon jetzt schlecht ausging, gleichfalls sein Werk und sein geschichtliches Verdienst.

Das Merkwürdige ist nur, daß Metternich mit einem solchen für Frankreich schlechten Ausgang des gewagten Unternehmens zunächst gar nicht rechnete. Er war weiser gewesen, als er selber wußte. War doch Österreich geradezu als Verbündeter Napoleons in diesen Krieg eingetreten, der Schwiegerpapa marschierte mit Napoleon, während seine hübsche Tochter, zur Regentin für die Dauer der Abwesenheit ihres erhabenen Gemahls über Nacht ernannt, in Paris den schönen Busen im hochgegürteten Empirekleid zu Propagandazwecken tief über die Wiege des halb-habsburgischen kleinen Königs von Rom neigte, und wenn auch Metternich so vorsichtig und sparsam war, das österreichische Hilfskorps unter Schwarzenberg auf armselige dreißigtausend Mann zu beschränken, so zweifelte er doch keinen Augenblick daran, daß er sich damit einen Anteil an der Beute sichere. Er rechnete, wie auch die ganze damalige Welt, Rußland inbegriffen, mit einem raschen Erfolg der französischen Waffen, der ja schließlich auch wirklich eintrat. Nach einem zweimonatigen „Blitzkrieg" stand Napoleon Ende September 1812 in der feindlichen Hauptstadt Moskau, bereit und sogar nicht abgeneigt, dort einen sofortigen Frieden zu diktieren. Nur daß sich die Verhandlungen hinausziehen könnten und daß es früher als gewöhnlich und etwas mehr als üblich schneien könnte, ließ der siegreiche Imperator wie auch Metternich völlig außer Betracht. Spricht dies gegen Metternich? Keineswegs. Ein Staatsmann muß kein Wetterprophet sein.

Allerdings entsteht die Frage, wie diesfalls die teuflische Berechnung Metternichs, Samson durch Delila zu fällen, jemals hätte ohne Rest aufgehen können. Darauf ist zu erwidern, erstens, daß diese Berechnung gar nicht teuflisch war, sondern durchaus menschlich, und zweitens, daß derartige Rechnungen niemals ohne Rest aufgehen, weil die Geschichte sonst Mathematik und die Vorsehung bloß ein statistisches Amt wäre. Hätte Napoleon im Jahre 1812 gesiegt, wovon Metternich im Sommer 1812 felsenfest überzeugt war oder schien, so wäre Österreich Nutznießer seines Sieges und die in Mitteleuropa mitbestimmende, wenn nicht bestimmende Großmacht geworden, die sich immer noch früher oder später mit England gegen ihn hätte verbünden können. Kommt Zeit, kommt Rat, war Metternichs besonnener Grundsatz. Kein übler Grundsatz, weil ein natürlicher. Selbst jener Mangel an Phantasie, der Metternich von seinen Gegnern gerne vorgeworfen wird, kam ihm hiebei

zustatten. Er blieb immer „Meister des nächsten Schritts", weil
er nie Meister des übernächsten sein zu wollen sich erkühnte.
Er erledigte die Akten der Geschichte, wie sie einliefen, und
behielt dabei sein gleichbleibendes Ziel fest im Auge: die
Wiederherstellung eines europäischen Gleichgewichtszustandes.
Auch wenn es im Winter 1812 etwas weniger geschneit hätte,
wäre er seinem Ziele näher gerückt.

\*

Während die armseligen Reste der französischen Großen
Armee, ein blutig-brandiger, frostgeballter Knäuel von Jammer
und Hunger, im Beresina-Eise ersticken, jagt Napoleon im Schlitten quer durch das winterlich verstummte Deutschland nach
Paris zurück, wo ihn seine Kaiserin und sein Sohn – wie lange
beide noch die Seinen? – erwarten. Wenige Monate später steht
er schon wieder, an der Spitze eines verjüngten, wagemutigen
neuen Heeres im östlichen Deutschland, um den Kampf noch
einmal aufzunehmen und, diesmal siegreich, zu Ende zu führen. Metternich mahnt zum Frieden. Der Imperator, ohne die
Mahnung zu beachten, antwortete nicht und besteht auf Einhaltung der österreichischen Bündnispflicht.

Metternich hält sie mit demonstrativer Korrektheit ein. Auch
Preußen hält sie vorerst noch ein, von Sachsen gar nicht zu
reden, das, obzwar schwankend, noch während der Schlacht bei
Leipzig zu Napoleon stehen wird. Aber hinter diesen zahmen
Fürsten und gezähmten Kabinetten steht das Volk und drängt
unaufhaltsam nach vorne. Wie verhält der österreichische
Staatskanzler sich zu diesem Gedränge, dem die Geschichte die
schöne Titelüberschrift der „Freiheitskriege" zugestehen wird,
obwohl es nur den eines „Befreiungskrieges", nämlich von

Frankreich, verdient? Seiner ganzen Natur entsprechend war Metternichs Verhalten in diesem Punkte durchaus ablehnend. Er war kein Nationalist. Er war kein Freund des Volkes und haßte das Gedränge. Ein völkisches Selbstbewußtsein gestand er den Deutschen nicht zu, und über die deutsche Einigung, von der damals der Freiherr vom Stein, sein gegensätzlicher Landsmann vom Rheine, glühend träumte und über die Fichte in seinen Vorlesungen hingerissen zu der erwachenden Jugend sprach, dachte Metternich ungefähr wie sein Herr, Kaiser Franz, der in bezug auf ebendiesen Fichte den mißtrauischen Ausspruch tat: er hätte gehört, „daß Herr Fichte eine Sekte zu gründen bemüht sein soll". All das lehnte Metternich so weitgehend ab, daß es für ihn überhaupt nicht vorhanden war. Nationale Begeisterung hieß ihm Insurrektion, Revolution, Jakobinertum. Und nicht der deutsche Volksstaat war in seinen Augen das Problem, sondern der „historische Staat", der im Namen Österreichs überall in Europa wiederhergestellt werden mußte. Das aber war Sache der Kabinette, der das Volk erst, wenn man es rief und auch dann nur im Soldatenrock, zu dienen hatte. Bis dahin mochte es sich still verhalten und jede Einmischung in die Regierungsgeschäfte unterlassen. Wer sich dennoch einmischte, wurde rücksichtslos verhaftet, auch deutsche Unterhändler, die sich in Österreich zu schaffen machten, wie Gruner oder Boyen, das Mitglied des deutschen „Tugendbundes". Deutsch mit T geschrieben, Teutsch, wie sein Vater es schrieb, war Metternich verhaßt.

Diese Auffassung, so volksfremd sie immer war, durch die Tat zu bewähren, hatte er bald eine gewiß nicht unerwünschte Gelegenheit. Was in Deutschland der Tugendbund, das war, wenn auch nicht ganz so tugendhaft, in Österreich der „Alpenbund", das Nationalgefühl verschwisterte sich schon damals, wie auch später, mit den Bergen. „Auf den Bergen wohnt die Freiheit" – oder was man dafür hält. Besonders seit 1809 und besonders in Tirol war dies das Losungswort. Denn die Tiroler, Anrainer der Schweiz, hatten sich im „Sturmjahr" nicht umsonst zuerst und am längsten gegen das „welsche Tyrannenjoch" empört; so schweizerisch gründlich empört, daß diese Gründlichkeit schließlich in Wien große Verlegenheit bereitete, wo man keinen Finger mehr rührte, um ihnen beizustehen. Ihr Führer, der schwarzbärtige „Sandwirt" Andreas Hofer, wurde zu Mantua als Hochverräter erschossen. Ein österreichisches Schicksal, an seiner hochgemuten Vergeblichkeit als solches erkennbar.

Vom Feueratem der Geschichte angeblasen, kochte diese Tiroler Freiheitssuppe, nachdem sie lange genug unter dem Deckel weitergebrodelt hatte, jetzt, 1813, wieder über den Rand. Der Köche gab es mehrere, die sich darüber beugten und die Schöpflöffel bereithielten. Einer von ihnen war der Direktor des habsburgischen Hof- und Staatsarchivs, Baron Hormayr, großer Freund der sehr völkisch empfindenden Caroline Pichler und Verfasser einer Reihe vaterländischer Biographien, die er unter dem Titel „Österreichischer Plutarch" brav zusammenfaßte. Ferner war da der Erzherzog Johann, jüngerer Bruder des Kaisers Franz, eine romantisch-alpine Erscheinung, bewandert und beliebt zumal in der Steiermark, wo noch heute die Mehrzahl der Gasthöfe „Zum Erzherzog Johann" heißt. Auch seinem Öldruckbild begegnet man noch da und dort in dumpfen Bauernstuben. Ein ernstes, ja beinahe mürrisches, in die Länge gezogenes Landpflegergesicht, das wie von einem hohen Berg herunter zu Tale blickt. Das tat denn auch der für gewöhnlich viel liebenswürdigere Erzherzog am liebsten. Er lebte in den Bergen, für die Berge und von den Bergen. Als Feldherr gegen Napoleon scheint er sich etwas weniger bewährt zu haben, aber als Gemsenjäger stellte er seinen Mann, dessen schlichter Größe der Bergstock besser als der Marschallstab zu Gesichte stand. Weltverloren auf Gebirgspfaden den Wolken entgegen zu wandern war die liebste Lust des erlauchten Jägerknaben, der, kindlichen Gemüts, in seinen mittelalterlichen Vorstellungen wie ein frommes Einhorn lebte, die Stadt verachtete, den Hof haßte und Metternich verübelte, daß er – man kennt die Tonart – zuviel mit den „Feinen" verkehre. Im übrigen aber bereitete er seinem kaiserlichen Bruder, von jener vorübergehenden Verschwörung des Alpenbundes abgesehen, keine anderen Schwierigkeiten mehr, als daß er, einige Jahre später, Anna Plochl, die Ausseer Postmeisterstochter, heimführte oder, wie Caroline Pichler gesagt haben würde, zu seiner Gemahlin erhob.

Die Verschwörung aber war eine richtige Verschwörung und als solche nicht die erste, die Kaiser Franz auch seitens seiner Verwandten niederzukämpfen hatte. Bereits zwei Jahre vorher hatte Erzherzog Franz, Bruder der Kaiserin, den abenteuerlichen Plan gefaßt, auf einer der Ionischen Inseln ein „Sturmzentrum" gegen Napoleon aufzubauen, was er denn auch tat, ohne daß Napoleon in St. Cloud oder Fontainebleau sich von diesem Sturm allzu heftig angeblasen fühlte. Auch Erzherzog Karl, der Palatin und Preßburger Kavalier der Kaiserin Maria Ludovika, tat es gleichfalls, und nun kam Metternich auch noch dem jagdlustigen Erzherzog Johann auf derartige staatsgefährliche Schliche. Er hatte es nicht leicht mit den Erzherzögen.

Das Einhorn, von den Engländern durch geschickte Unterhändler eingefangen, hatte sich in eine weitmaschige Konspiration verstricken lassen, die bis nach Venedig, ja vielleicht sogar bis zu jenem Sturmzentrum hinunter und bis nach Böhmen hinaufreichte. Metternich sollte von russischen Offizieren umgebracht und ein Königreich Illyrien, oder Rhätien, unter Johann gegründet werden, welche Gründung wieder von den Engländern, die einen Handstreich auf Venedig planten, ermutigt wurde. In Tirol sollte der Anfang gemacht werden, dann der Erzherzog, der sich zu diesem Zwecke bereits in Wien aufhielt, zu Ostern „herbeieilen" und gleichzeitig die Verbindung mit der in Schlesien aufflammenden deutschen Freiheitsbewegung über Böhmen hergestellt werden. Ein englischer Agent war mit den nötigen Aufträgen bereits im Postwagen auf dem Wege nach Prag. Ein englischer Agent und ein ahnungsloser österreichischer Erzherzog dürfen bei solchen Gelegenheiten nie fehlen, sagte Metternich, der auch boshaft sein konnte.

Er ließ den Postwagen des Engländers zwischen Weißkirchen und Neutitschein in Mähren von verkappten Räubern – Agenten seiner Gestapo – überfallen und dem Unterhändler mit seinem Gepäck auch sämtliche Papiere entreißen. Aus ihnen ging die Mitschuld Hormayrs, die Mitwisserschaft des Erzherzogs klar hervor, der sofort in Wien konfiniert wurde. Danelon wurde verhaftet, obgleich später, als ein Engländer, wieder freigelassen. Hormayr, der das Unglück hatte, nur ein Österreicher zu sein, kam nach Munkacs, dem Dachau jener Tage, wo der Verfasser des Österreichischen Plutarch über das dankbare Kaiserhaus eine Zeitlang in Kellergewölben ausgiebig nachdenken konnte. Übrigens behauptete Metternich später, dem unter Hochverratsanschuldigung Stehenden, der ein volles Jahr lang eingesperrt blieb, dadurch das Leben gerettet zu haben. Der ahnungslose Erzherzog aber sah sich in Wien in einer Weise überwacht, daß er die Stadt nicht mehr verlassen konnte, um sich, wie bereits abgemacht, über Ostern nach Tirol zu begeben. Es blieb ihm schließlich nichts anderes übrig, als den schweren Gang zu Metternich anzutreten, wo er freundlich empfangen wurde, aber reumütig versprechen mußte, es nie wieder zu tun. Tatsächlich hat er sich in den nächsten dreißig Jahren seines steirischen Erdenwallens fast ausschließlich der Gemsenjagd und seiner Anna Plochl, der Ausseer Postmeisterstochter, gewidmet. Erst im Sturmjahr der Achtundvierziger Revolution ist er, ein alter Mann und Bergsteiger mittlerweile, wieder politisch hervorgetreten, auch diesmal ohne seinen mittelalterlichen Einhorncharakter ganz zu verleugnen.

*

Im Spätsommer 1812, bevor Napoleon sich zur Armee begab, hatte er noch einmal zu Dresden die europäischen Souveräne um sich versammelt, um ihnen wie zurückbleibenden Bedienten seine letzten Weisungen vor der Abreise zu erteilen und den Ausdruck ihrer Unterwürfigkeit huldvoll entgegen zu nehmen. Das Zeremoniell, das hierbei in Verwendung kam, sagt alles, so daß sich der Geschichtsschreiber darauf beschränken kann, den Reporter zu machen. Die gekrönten Häupter versammelten sich in einem ihnen zugewiesenen Raum des von Napoleon bewohnten Dresdner Schlosses, und sowie einer von ihnen durch die Türe trat, kündigte der französische Obersthofmeister sein Erscheinen an: „Der König von Württemberg!" rief er in den Saal; „der König von Bayern! der König von Sachsen! der König von Preußen! der Kaiser von Österreich" - Dann eine längere Pause. Und jetzt erst, nach dreimaligem feierlichen Aufklopfen mit dem weißen Stabe: „L'Empereur!" - Der Kaiser! schlechthin. Im Sturmschritt trat Napoleon ein und mischte sich, beeilt, aber leutselig, unter die seiner harrenden Potentaten, die er bloß seiner vielen Geschäfte wegen und auch, damit sie nicht zu übermütig würden, ein bißchen hatte warten lassen.

Das war im August 1812 gewesen. Doch in der Silvesternacht eben desselben Jahres - der verlorene russische Feldzug lag dazwischen - machte der österreichische Spezialgesandte Graf Bubna im Auftrage Metternichs Napoleon mit aller gebotenen Ängstlichkeit bereits ein paar bescheidene Andeutungen, daß es vielleicht an der Zeit wäre, mit Rußland einen vernünftigen Frieden zu schließen, und daß ein solcher Friedensschluß Österreich hocherwünscht wäre. Und Napoleon wirft den vorlauten Unterhändler nicht hinaus, er sagt nur hinterhältig, bissig und geringschätzig: „Soll Österreich sich um den Frieden bemühen. Ich habe nichts dagegen!"

Das war etwas, und in der Hand eines geschickten Diplomaten konnte es immer mehr werden. Metternich leitete daraus sofort zwei weitergehende Rechte ab: erstens die Befugnis, mit Napoleons Feinden Rußland und England in Berührung zu treten, was die alliierte Macht, die Österreich war und scheinbar blieb, eigentlich nicht durfte; und zweitens den Anspruch, durch Vermittlung des französischen Botschafters in Wien den großen Napoleon immer wieder unter Absingung von Lobeshymnen auf sein militärisches Genie ohnegleichen und den „Sieg" über Rußland an die Wünschbarkeit, die Zweckmäßigkeit, ja die Notwendigkeit eines baldigen Friedensschlusses zu mahnen. Inzwischen rüstete Österreich in aller Ruhe, aber ganz munter, militärisch auf; als Verbündeter Frankreichs, versteht sich, um bei einer etwaigen Erneuerung der Feindseligkeiten gewappnet dazustehen und den Sieg der napoleonischen Waffen zu entscheiden.

Dazwischen nichts; nichts im Jänner, nichts im Februar, nichts im März, außer der Unterdrückung des Aufständchens des „Alpenbundes", deren unverhältnismäßige Rücksichtslosigkeit in Paris den allerbesten Eindruck macht und die Aufrüstung überblendet. Dann, im April, wieder nichts. Im Osten Deutschlands rührt und regt es sich an allen Enden. Der Schnee schmilzt, die Wege werden frei; die Wasser schießen zu Tale. Schon wälzen die russischen Heerhaufen sich über die Grenze. Die Preußen unter General Yorck gehen offen zu ihnen über. Der König von Preußen verurteilt dies bündniswidrige Verhalten, will den General Yorck, der sich seiner schuldig gemacht hat, vor ein Kriegsgericht stellen und als einen Verräter erschießen lassen. Der König ist ein Ehrenmann, doch ist er auch ein deutscher Patriot. Und so begibt er sich im April nach Breslau und fällt dort zaghaft-offen, zwischen beschworener Pflicht und heiliger Pflicht schmerzhaft eingeklemmt, von Napoleon ab. Preußen erklärt Frankreich den Krieg, tritt an die Seite Rußlands. Österreich reibt sich die Hände. Aber es bleibt neutral und – rüstet.

Großartig, wie der schlanke Ringkämpfer Metternich jetzt, um die geballten Fäuste seines Gegners gewandt herumspringend und nach Ringkämpferart von einem Fuß auf den anderen tretend, den Untergriff sucht. Von Zeit zu Zeit stellt er sein Getänzel ein und nimmt, um einen halben Schritt vorspringend, breitbeinig eine feste Stellung an, Aug' in Aug' mit seinem großen Partner. Aber ist er nicht dazu berechtigt, solcherart mit ihm umzuspringen? Hat Napoleon Österreich nicht Freiheit gelassen in bezug auf seine Friedensbemühungen? Das hat der Korse, nur daß er nach Diktatorenart sich diesen Frieden nichts kosten lassen will. Nicht einen Zoll! erklärt er schroff: nicht eine Seele tritt er ab! Und wenn man von ihm verlangt, daß er auf Italien verzichte und aus dem Rheinbund aussteige, da müsse man erst, donnert er, an der Spitze von 500.000 Soldaten nach Paris kommen und von der Höhe des Montmartre durch den Mund der Kanonen mit ihm sprechen. Eine vorahnende Äußerung, bei der es einem schaudert. Ist es nicht, als ob Napoleon selbst sich damit hätte warnen wollen? Doch der Diktator überhört die Warnung.

Inzwischen geht der Frühling 1813 allgemach in einen schwülen Sommer über. Die Saaten des Hasses reifen und im Herbst werden sie eingebracht werden. Metternich tritt von Monat zu Monat fester auf, trotz vorübergehender Teilerfolge Napoleons in Schlesien. Zu den Friedensbedingungen, die Österreich als intervenierende Macht formuliert, kommen plötzlich neue hinzu. Danzig müsse an Preußen kommen – schon damals also! –, das Herzogtum Warschau, eine napoleonische Fehlgeburt, um die sich auch die schöne Walewska verdient gemacht hat, müsse aus der Welt verschwinden. Aus der Diplomatensprache ins Gemeinverständliche übersetzt, heißt das, daß Rußland auf Polen Anspruch erhebt und Preußen auf die Ostseeküste. Österreich spricht bereits in ihrem Namen und spricht in klirrender Rüstung. Der Friedensstand seines Heeres wurde auf 180.000 Mann erhöht, was deutlich Metternichs nächstes Ziel erkennen läßt: die bewaffnete Intervention, auf die er sich Schritt für Schritt vorbereitet hat. Jetzt ist er so weit, und die Koalition Rußland, Preußen, England und Österreich beginnt sich schattenhaft vom Horizont abzuheben. Kaiser Franz läßt seine Truppen in Böhmen aufmarschieren und reist, auf Metternichs Rat, selbst nach Gitschin ab, das genau zwischen den politischen und militärischen Fronten mitteninneliegt. Metternich hat gleichzeitig eine Zusammenkunft mit Alexander von Rußland, dessen Lob er singt, weil er ihn jetzt braucht. Und mit Preußen, das militärisch bereits losgebrochen ist und dessen Haudegen Blücher in Schlesien herumfuchtelt, steht man gleichfalls in ständiger geheimer Verbindung, obwohl Metternich dem französischen Botschafter am Wiener Hof sein Wort gegeben hat, daß der Kaiser von Österreich von Gitschin aus weder mit dem König von Preußen noch mit dem Zaren in Berührung treten werde. Wozu auch? Das besorgt sein Minister in Reichenberg so gründlich, daß Napoleon (der ihn früher abgewiesen hat) ihn jetzt plötzlich nach Dresden einzuladen sich entschließt.

Da haben wir den reichlich gewundenen Weg, den Metternich von Dezember 1812 bis Juni 1813 zurückgelegt hat: er führt von der Militärallianz mit Frankreich zu der bewaffneten Intervention gegen Frankreich und bedeutet eine Wendung um nicht weniger als 180 Grad. Napoleon sieht, wohin er geraten ist, und erkennt, was Metternich gemeint habe, als er ihm gleich nach der russischen Niederlage zweideutig sagen ließ, Kaiser Franz könne jederzeit fünfzig Millionen Deutsche aufrufen. Das doppeldeutige Wort hatte den verblendeten Imperator noch mehr geblendet. Denn er hatte gerechnet, daß diese fünfzig Millionen selbstverständlich mit ihm marschieren würden, und nun stellte sich plötzlich heraus, daß Metternich es anders gemeint haben könnte. Napoleon muß mit ihm reden.

Metternich nimmt die Einladung nach Dresden an, und die Reichenberger Abmachungen in der Tasche, stellt er sich gehorsam dem Diktator zur Verfügung. Die denkwürdige Unterredung findet im Marcolini-Palais statt, das im zweiten Weltkrieg als Krankenhaus, wahrscheinlich als Militärspital diente. Die Ringkämpfer treten an. Es ist der größte Augenblick im Leben Metternichs und zugleich der entscheidende im Schicksal Napoleons.

\*

Das denkwürdige Gespräch hat napoleonische Dimensionen. Acht Stunden währte es, vom Vormittag bis zum Abend; ohne Unterbrechung hält Metternich der Kanonade der napoleonischen Argumente tapfer stand, läßt er den Schlachtengott sein ungeheures Temperament verpuffen und weicht nicht einen Zoll von seiner Linie ab. Er verlangt nicht mehr und nicht weniger, als daß der Imperator diesmal nachgebe; daß er Deutschland räume; daß er in Gottes Namen der größte Mann Europas bleibe, aber in seinem bloß erweiterten Frankreich; daß er Frieden mache und seine Nachbarn in Ruhe lasse. Nichts von alledem will Napoleon zugestehen. „Sie sind kein Soldat, Graf Metternich!" ruft er beleidigt aus: „Sonst könnten Sie mir unmöglich eine derartige Zumutung machen, die gegen meine

Ehre geht!" Man kennt die Redensart. Wenn ein Diktator von Ehre spricht, so meint er Macht. Napoleon möchte den Frieden, o ja, warum nicht, aber ohne Opfer, ohne auf irgend etwas, was nicht sein ist, zu verzichten, ohne irgend etwas herzugeben, abzugeben. Und warum auch sollte er? Hat er nicht bisher immer noch recht behalten und alle seine unerhörten Erfolge seiner eisernen Unnachgiebigkeit verdankt? Warum sollte nicht auch diesmal gelingen, was jedes andere Mal gelang? Ja warum? Daß sich das Rad weiterdreht, bedenkt doch keiner.

Der elegante Minister seiner Majestät des Kaisers von Österreich bedenkt es und macht in fester Haltung darauf aufmerksam. „Und wenn das Heer der Zwanzigjährigen, das Sie noch einmal aufzustellen vermochten, verbraucht ist, womit, Sire, wollen Sie dann Krieg führen?" Unerhörte Sprache, und dementsprechend antwortet ihm auch Napoleon: „Und wenn mich der Sieg eine Million Soldaten kostete", sagt er, brüllt er. Und Metternich darauf, vollkommen wohlerzogen und tödlich gelassen: „Reißen wir die Fenster auf, Sire, damit ganz Europa diese Worte hört!"

Europa! Es ist das Stichwort Metternichs, wie es ja auch, im letzten, das Ziel Napoleons war. Nur daß er sich ein Europa unter französischer Führung vorstellt, wo Metternich eine Koordinierung europäischer Großstaaten und Sprachgebiete für möglich und erstrebenswert hält.

„Ein Abgrund ist zwischen Ihnen und Europa", sagt er jetzt zu Napoleon und fügt hinzu, daß es an ihm liege, einzig und allein an ihm, diesen Abgrund zu überbrücken. Das heißt mit anderen Worten: Ich gebe auch nicht nach.

Jetzt verliert der Mann des Schicksals die Geduld. Und entschlossen, die Partie zu gewinnen, koste es was immer, spielt er seine letzte Karte aus, den systemisierten Wutausbruch, der ihm jederzeit zur Verfügung steht, wenn es ums Ganze geht und kein anderes Mittel mehr hilft. Dann mobilisiert er seine schlechte Kinderstube, die gerade auf wohlerzogene Leute erfahrungsgemäß einen niederschmetternden Eindruck macht. So hat er im Anfang seiner großen Laufbahn die Bedingungen des Friedens von Campoformio ertrotzt, indem er im entscheidenden Augenblick der Verhandlungen das feine Kaffeegeschirr zu Boden schmetterte. Der österreichische Unterhändler, Minister Thugut, stand entgeistert da, starrte erschrocken auf die Scherben und unterschrieb zitternd. Und so versucht der schlecht erzogene große Mann dasselbe Manöver noch einmal, nicht anders, als ob Metternich Thugut wäre. Er rast durchs Zimmer und schleudert im Vorüberrasen Metternich seinen Kaiserhut vor die Füße. Dann stürmt er weiter bis an die Zimmerwand, macht wütend kehrt, und da er zurückmarschierend zum andern Male an seinem Gast vorbeikommt, lehnt dieser in unverändert lässiger Kavaliershaltung am Pfeilertisch zwischen den Fenstern, und der weggeworfene Zweispitz liegt ihm zu Füßen. Metternich hat ihn nicht aufgehoben. Was blieb Napoleon schließlich übrig, als ihn, abermals zurückmarschierend, selbst aufzuheben und auf ein nahestehendes Kanapee zu schleudern? Es hätte einen zu schlechten Eindruck gemacht, wenn ihn der Diener auf dem Boden liegend gefunden und dadurch auf seines Herrn Niederlage im Gespräch geschlossen hätte.

Denn eine Niederlage war es in jedem Falle, eine moralische vorerst nur, aber gerade darum eine entscheidende. Will man ihre Bedeutung ermessen, so braucht man die Szene, die sich damals im Marcolini-Palast in Dresden abgespielt hat – eine wahrhaft shakespearische Szene – nur zu vergleichen mit einem anderen Auftritt, der sich hundertfünfundzwanzig Jahre später ereignet hat und dessen Auswirkungen ein neues Geschlecht politischer Zuschauer noch in allen Knochen spürt. Februar 1938, Berchtesgaden. Auch hier sitzen, in entscheidender Unterredung von schicksalshafter Tragweite, ein Diktator und ein österreichischer Minister, Hitler und Schuschnigg, einander gegenüber, und während der Diktator, seine gleichfalls schlechte Kinderstube napoleonisch mobilisiert, den Besucher niederbrüllt, versucht dieser, um einen Rest von Haltung bemüht, eine Zigarette anzubrennen. Der „Führer" unterbricht sich unwillig und untersagt seinem Gast das Rauchen, mit der Begründung, daß es ihm, Hitler, nicht zuträglich sei. Und Schuschnigg? – Legt die Zigarette höflich verwundert beiseite und lauscht weiter, mit halbabgewandtem Brillenblick, wohlerzogen unbewegten Gesichts, auf alles, was ihm der Wildling noch zu sagen hat. Anstatt aus der Manierlosigkeit des anderen eine Waffe zu machen, wie es Bismarck getan hätte – er wäre aufgestanden und hätte das Zimmer nicht eben geräuschlos verlassen – anstatt zumindest das Gesicht zu wahren, was Metternich in Berchtesgaden an Schuschniggs Stelle allenfalls getan haben würde – er hätte ein paar Züge aus der Zigarette gemacht und sie dann erst, freiwillig, weggelegt –: anstatt, mit einem Worte, die Ungezogenheit gebührend abzuwehren, läßt der letzte österreichische Bundeskanzler sie sich wortlos gefallen. Vier Wochen später wird das von ihm betreute Land ein Raub des Usurpators.

Schuschnigg ist ein feiner Geistesmensch, aber kein Mann der Tat. Metternich war auch ein Geistesmensch, doch zugleich ein Mann der Tat – sogar damals, als er etwas zu tun unterließ, indem er den weggeworfenen Hut nämlich *nicht* aufhob. Hob er ihn auf, so war er verloren; denn nur in gebückter Haltung, wie ein Lakai vor ihm dastehend, hätte er ihn Napoleon zurückreichen können. So aber war Napoleon verloren, was ihm Metternich auch ausdrücklich bescheinigte: „Sire, vous êtes perdu!" war eines seiner letzten Worte an den wieder zum Bronzebild erstarrten Cäsar, als ihn dieser mit jener eisigen Höflichkeit entließ, die im diplomatischen Verkehr wie in der Liebe das Ende einer Beziehung kennzeichnet.

Metternich geht durch den schweigenden Vorsaal, wo ihm die Marschälle, im Abenddämmer wartend, wortlos nachblicken. Nur einer, Berthier, begleitet ihn, mit gebotener Höflichkeit, bis an den Wagen. Dort angelangt, verabschiedet sich Metternich mit den Worten: „Seine Majestät hat mir alle notwendigen Aufklärungen gegeben. Es ist ihm nicht zu helfen! (C'en est fait de lui.)"

Er konnte es sagen und es wurde wahr; denn jetzt hatte er ihn ja endlich, den Untergriff. Am 11. August 1813, nach Ablauf der letzten Waffenruhe, erklärt Österreich an Frankreich den Krieg. Es hat drei mächtige Verbündete: England, Rußland und Preußen, alle drei marschieren bereits, und Metternich schreibt aufatmend an seinen Vater: „Europa kann gerettet werden."

Das Wort ist bezeichnend für den Europäer Metternich und auch für die österreichische Auffassung eines auch damals chaotischen Weltzustandes. Er schrieb nicht: „Wir wollen Frankreich niederwerfen!" oder: „Wir benötigen Elsaß-Lothringen!" oder: „Unser Lebensraum verlangt nach Paris!" Er schrieb, am Vorabend der Schlacht bei Leipzig: „Europa kann gerettet werden!" und war nie größer, als da er diese eine über den Rand der Ereignisse weit hinausblickende Zeile zu Papier brachte.

## MINISTER DER KOALITION

Es fehlte Metternich zeitlebens nicht an Selbstbewußtsein, das nicht immer angenehm und manchmal sogar etwas lächerlich wirkte. So sagte er in späteren Jahren einmal, seine Laufbahn selbstgefällig überblickend, zu dem französischen Staatsmann Guizot: „Ich habe mich nie gerirrt!" Das wäre schlimm, wenn es wahr wäre; denn was für ein unlebendiger Mensch müßte das sein, der nie geirrt hätte. Aber zum Glück ist es nicht wahr. Metternich hat sich wiederholt geirrt, wie gerade die Geschichte dieser seiner dramatischesten Jahre, zwischen 1812 und 1815, deutlich beweist.

Er rechnete mit einem sicheren Sieg Napoleons über Rußland. Erster Irrtum. Dann rechnete er mit der Möglichkeit eines baldigen Friedensschlusses. Irrtum Nummer zwei! Dann mit der Denkbarkeit der Erhaltung der napoleonischen Dynastie auf dem französischen Kaiserthron. Dritter Irrtum, an dem er so zähe festhielt, daß man sich fast verwundern muß. Metternich, der Mann der Ordnung, und Napoleon, der „Sohn der Revolution"! Und dennoch stützt er ihn, hält ihn die längste Zeit sogar gegen die Bourbonen, das angestammte Herrscherhaus! Aber das eben war es. Sie waren angestammt gewesen, bis die Revolution sie verjagt hatte. Jetzt aber war Napoleon die legitime Macht geworden, jetzt war *er* die bestehende Ordnung. Metternich war immer fürs Legitime und stets für die Ordnung und hatte als der Vertreter der konservativsten Macht in Europa einen ausgesprochenen Widerwillen gegen Thronwechsel. Das kam dem mit einer Habsburgerin verheirateten korsischen Usurpator jetzt noch geraume Zeit zustatten. Während die verbündeten Heere im Winter und Frühling 1814 immer näher sich an Paris heranfochten, hielt Metternich unverbrüchlich an seiner Ansicht fest, daß der Schwiegersohn des Kaisers Franz und dessen Frau auch weiterhin in Frankreich regieren müßten. Und als es schließlich so weit war, daß Napoleon abgesetzt werden mußte, war es Talleyrand, nicht er, der die Bourbonen wieder auf den Thron brachte.

Zur Entschuldigung dieser Irrungen Metternichs läßt sich zweierlei anführen: einmal daß es nur Irrgänge des Weges, nicht des Zieles waren, das ihm unverrückbar und klar vor Augen stand; des Zieles nämlich, eine auf Grundsätzen des Gleichgewichts beruhende europäische Ordnung dauernd aufzurichten – mit Hilfe Österreichs natürlich. „An Österreich sind Gegenwart und Zukunft geknüpft", drückte Gentz diesen Metternichschen Gedanken aus. Ferner spricht für Metternich, daß er, wenn er schon irrte, seinen Irrtum wenigstens rechtzeitig einsah. „Entwicklungen, die man nicht aufhalten kann, muß man wenigstens zu leiten trachten", sagte er, als er sich schließlich vor den Toren von Paris mit der Rückkehr des im Exil faul und fett gewordenen Ludwig XVIII. abfand. Metternich, als ein konservativer Politiker, schwamm, in einem Revolutionszeitalter, oft genug gegen den Strom. Aber wenn es nicht anders ging, schwamm er auch mit dem Strom – ans konservative Ufer hinüber.

\*

Das diplomatische Ergebnis der großen Unterredung im Marcolini-Palast zu Dresden war gewesen, daß Napoleon Österreich seiner Bündnispflicht in aller Form entband. Kaiser Franz atmete hörbar auf. Er wollte mit seinem Gewissen im reinen sein, bevor er dem Schwiegersohn in den Rücken fiel. Diese seelische Erleichterung verschaffte ihm der kluge Metternich. Napoleon konnte ihn jetzt nicht mehr des Verrates zeihen, wie er es noch am Beginne der Unterredung in Dresden getan hatte. „Wieviel haben die Engländer Ihnen dafür gegeben, Graf Metternich, daß Sie mich verraten?" soll er den österreichischen Staatskanzler gefragt haben. Das ist sicher nicht wahr. Aber wahrscheinlich hatte er es sich in irgendeiner Form gedacht, und dieser Gedanke, dieser bittere Verdacht, mag den Unterton des Gespräches vom ersten Wort an mitbestimmt haben; auf die Untertöne kommt es in derlei Fällen an.

Kaum war Metternich der Verratsbeschuldigung von dieser Seite entronnen, als er sich auch schon von der anderen Seite den gleichen Vorwurf gefallen lassen mußte. Die Alliierten, die sich jetzt immer fester verketteten, kreideten ihm an, daß er die bis zum 20. Juli vereinbarte Waffenruhe selbstherrlich bis zum 10. August erstreckte. Im norddeutschen Lager zumal schrie man Zeter und Mordio, da man die Kriegserklärung Österreichs auf Grund der Reichenberger Abmachungen am 20. Juli mit Sicherheit erwartet hatte. Doch blieb sie aus. „Der treulose Österreicher" brüllten und zischten nun die Teutomanen, auf die Metternich fast ebenso schlecht zu sprechen war wie sein großer Zeitgenosse Goethe.

Metternich ließ sie brüllen und verdächtigen, wie es ihre Art war und ist. Er hatte Wichtigeres zu tun, um den Sieg im voraus, so gut es anging, sicherzustellen. Er mußte dem österreichischen Oberkommandierenden, Fürst Schwarzenberg, die Möglichkeit sichern, seinen Aufmarsch im österreichischen Tempo, das nun einmal nicht das napoleonische war, mit Umsicht durchzuführen. Und er mußte der Koalition weitere Bundesgenossen gewinnen, um ihr in immer zunehmendem Maße das militärische Übergewicht zu gewährleisten.

Zur Zeit, wir schreiben Sommer 1813, gab es immer noch den Rheinbund, die napoleonische Gewaltschöpfung, und diesem Rheinbund gehörte unter anderem auch Bayern an, der größte der in Betracht kommenden Bundesstaaten, dessen Beherrscher Napoleon sich außerdem auch persönlich verpflichtet hatte, indem er ihn zum König erhob oder erniedrigte: bayrischer König von Napoleons Gnaden.

Diesen neuen König nun kaufte sich Metternich. Es war kein leichter Handel; Bayern war teuer. Allein Metternich war in Geberlaune und zahlte jeden Preis. Er versprach für die Salzburger Grenzberichtigung weitgehende Entschädigungen am linken Rheinufer und die volle Souveränität Bayerns im Falle jeder wie immer gearteten Neuordnung im deutschen Raum. Bayern ließ sich bereden. Es trat aus dem Rheinbund aus, der damit endgültig zusammenkrachte. Die kleineren Randstaaten, Baden und Württemberg, waren unter dieser Voraussetzung um so leichter zu überwältigen.

Bayern, das noch 1809 an der Seite Napoleons gefochten und sich als Lohn das österreichische Tirol geholt hatte, war also gewonnen und die neuerliche Einverleibung Tirols in das Kaisertum Österreich damit zugleich angebahnt. Das war ein großer Erfolg Metternichs, der noch überdies den Nebenvorteil einbrachte, daß er sich durch die neue Freundschaft mit Bayern ein Gegengewicht gegen Preußen schuf. Die zugestandene reichsdeutsche Souveränität Bayerns erwies sich fünfzig Jahre später als das größte Hindernis für die von Bismarck schließlich erzwungene Einigung des Deutschen Reiches, die ja Metternich um jeden Preis verhindern wollte und, solang er lebte, auch tatsächlich verhinderte. Dabei war es weniger die Einigung, die er fürchtete, als der Einiger. Der preußische Soldatengeist erschien ihm, wie sich später herausstellte nicht eben mit Unrecht, als eine gesamteuropäische Gefahr.

Nach dem bayerischen Zug auf dem europäischen Schachbrett

galt es, noch einen andern Bauern vorzurücken, und das war die Schweiz, die man für die sich vorbereitende militärische Entscheidung dringend benötigte. Alexander von Rußland wünschte ihre Neutralität grundsätzlich zu wahren, obwohl sich diese bisher nur als ein „Automat in der Hand Frankreichs" erwiesen hatte. Er hatte liberale Grundsätze – im Ausland – und ließ sich gern zu unüberlegten Versprechungen aus Gefallsucht verleiten. Metternich, der etwas ganz anderes als Alexander wollte, sah sich daher vor die diplomatisch reizvolle Aufgabe gestellt, zugleich den autokratischen Zaren und die demokratische Schweiz zu beschwindeln. Es gelang ihm.

Die Schweiz lebte dazumal noch in einem höchst ungeordneten demokratischen Zwischenzustand. Man glaubte ihr, die geographisch den Kern eines feudal gegliederten Europa bildete, noch nicht so recht, daß sie so demokratisch wäre, und sie selbst war noch nicht vollkommen davon überzeugt. Übrigens gilt dies zum Teil noch heute. Die Schweiz, die die älteste europäische Demokratie ist – und genau genommen die einzige –, weist auch noch Reste der ältesten europäischen Aristokratie auf. Als ich einmal eine Basler Dame, die mich in ihrem Haus im Münsterviertel herumführte, fragte, wie alt die Grundanlage des festgegliederten Gebäudes wohl sein mochte, gab sie mir im schleppenden Schweizerdeutsch bescheiden zur Antwort: „Etwas älter als die habsburgische Dynastie." Also ungefähr siebenhundert Jahre.

Diese auf der granitenen Grundlage einer uralten Aristokratie beruhende Schweizer Dynastie ist auch durch die Bodenbeschaffenheit des Landes mitbestimmt, wie jede Staatsform. Griechenland war durch die reiche Gliederung seiner Küste zur Kleinstaaterei verurteilt und die Schweiz durch ihren unzugänglichen Hochgebirgscharakter gegen eine zu weit gehende Gleichmacherei gesichert. Denn zwar wohnt, wie ein schöner Vers besagt, „auf den Bergen die Freiheit" – aber doch nur für jene, die hinauf gelangen. Und das waren in früheren Jahrhunderten die Luzerner, die Fribourger, die Berner Aristokraten.

Mit diesen nun verbündete der Aristokrat Metternich sich gegen das nördliche Flachland, durch das einzumarschieren er entschlossen war. Er zettelte, er „finassierte", er war „ein anderer in Zürich und ein anderer in Bern", und schließlich erzwang er den Durchmarsch mit der Begründung, daß es die Mehrzahl der Schweizer Bevölkerung so wünschte. Es wurde, wie in solchen Fällen üblich, nicht genau nachgezählt. Aber eines Tages stieß Schwarzenberg durch die „Burgundische Pforte" nach Frankreich vor und bedrohte die napoleonischen Armeen von der Flanke her, worin das Um und Auf aller Kriegskunst besteht. Alles in allem handelte Metternich damals nicht viel anders als Deutschland im August 1914; allerdings ohne Blutvergießen, was immerhin einen Unterschied ausmacht. Er war nicht rücksichtslos, sondern setzte sich in schonender Weise über das Völkerrecht hinweg.

Nebenher schuf er dazumal, zwischen Bern und Zürich, beide betrügend und gegeneinander ausspielend, doch die dauernde Grundlage des in zweiundzwanzig Kantone gegliederten Landes. Die Souveränität der Schweiz geht auf ihn zurück. Sie war die Gegengabe des Autokraten Metternich für den nur halb freiwilligen, halb erzwungenen Durchmarsch.

\*

Am ersten Januar 1814 gingen die verbündeten Armeen über den Rhein, und nun wurde Metternich, der den Feldzug im Hauptquartier mitmachte, immer mehr der „Minister der Koalition", wie er sich selbst nicht ohne einen schweren Seufzer nannte. Vorher hatte er eine große Genugtuung erlebt. Nach der Schlacht bei Leipzig, dem „Gottesgericht", wie die alliierten Sieger sagten, hatte ihn der Gemeinderat der Stadt Wien zum Ehrenbürger ernannt. Eine festliche Kantate auf dem Ballhausplatz, unter den Fenstern des jetzt von ihm bewohnten Kaunitzpalastes, unterstreicht den Akt mit dem üblichen „Heil dir, der du" und allerhand allegorisch-symbolischen Zutaten, die den Triumph seiner Staatskunst verherrlichen. Nach allem, was vorangegangen war, der Gegnerschaft, deren sich seine Politik in allen Kreisen der Wiener Gesellschaft ausnahmslos zu erfreuen hatte – die Wiener Patrioten hatten ihm zuerst vorgeworfen, daß er die Kaisertochter an Frankreich verkauft hatte, dann, daß er Deutschland verkaufte, zuletzt, daß er Napoleon im Stich ließ, weil er sich selbst an England verkauft hatte –: nach alldem mochten diese ebenso stürmischen wie plötzlichen Ehrungen ihm eine bittere Genugtuung bedeuten. An seinem Verhältnis zu Wien haben sie nicht viel geändert. Er hat Wien nie recht leiden mögen und nie sehr viel nach seiner immer um einen Schritt hinter den Tatsachen zurückbleibenden Meinung gefragt.

An Genugtuungen hatte es dem Minister der Koalition auch nicht im Hauptquartier der Koalliierten gefehlt. Eine der verschwiegensten war, daß die schöne Herzogin von Sagan den Vormarsch nach Paris im Gefolge der Souveräne gewissenhaft mitmachte, man weiß nicht recht, ob mehr als eine Marketenderin der Liebe oder aus politischer Neugierde. Aber davon abgesehen hatte Metternich in diesen Tagen und Nächten, die der Absetzung Napoleons vorangingen, nichts zu lachen. Die Alliierten untereinander vertrugen sich nicht eben zum besten, was dem militärischen Genie Napoleons immer wieder strategische Vorteile sicherte, die er gewaltig ausnützte. Blücher, dessen unorthographische Sprechweise und hanebüchene Trockenheit dem feinen

Metternich arg auf die Nerven gingen, prellte immer wieder allzu stürmisch vor, Schwarzenberg hielt allzu bedächtig zurück, Alexander wollte durchaus Schlachten kommandieren und die Bourbonen wieder einsetzen, so daß Frankreich ein für allemal von ihm abhängig wäre. Gerade das wollte Metternich vermeiden, der zeitlebens nichts so sehr fürchtete als eine zu weit gehende Verständigung Frankreichs und Rußlands über die beiden Köpfe des Doppeladlers hinweg. Darum unter anderem war er für Napoleon und gegen die Bourbonen. Hätte es ihm nur Napoleon selbst nicht so schwer gemacht, für ihn zu sein! Aber es war wirklich nicht mehr mit ihm auszukommen, wie mit jedem Diktator auf einer gewissen Stufe seiner Entwicklung. Er war wie mit Blindheit geschlagen und von aller Vernunft verlassen. In Teplitz, bevor es zum Bruch mit Österreich kam, hatte man ihm nichts angesonnen, als sich aus dem Rheinbund und aus Italien zurückzuziehen; er hatte von „Entehrung" gesprochen. In Frankfurt, schon nach der Schlacht von Leipzig, hatte man ihm – man, das war Metternich – immer noch die natürlichen Grenzen Frankreichs, Rhein und Pyrenäen, großmütig angeboten, und wieder redete er von „Entehrung" und bestand auf den Teplitzer Bedingungen. Dann, auf die innere Linie zurückgedrängt, mit dem Rücken gegen Paris um sein Leben fechtend, konnte er, auf dem Kongreß von Chatillon, immer noch ein Frankreich innerhalb der „historischen Grenzen" von 1792 haben und – lehnte ab, weil er mittlerweile zu seinem Unglück einige kleinere, aber bravouröse Siege, bei Brienne und La Rothière, errungen hatte. Jetzt hätte er sich mit den Frankfurter Friedensbedingungen, Alpen und Pyrenäen, allenfalls einverstanden erklärt, doch jetzt, in Chatillon, gestand Metternich sie nicht mehr zu. Und so wird eben weitergekämpft, weitergeblutet – immer siegreich versteht sich. Liest man die von ihm nach Paris gesandten Depeschen aus diesen letzten Wochen des Empire, so ist Napoleon von Sieg zu Sieg geeilt; was in gewissem Sinne sogar tatsächlich der Fall war. Er hat sich, was in der Kriegsgeschichte vorkommt, in dem erschöpften Lande buchstäblich zu Tode gesiegt.

Marie Louise, von ihrem Schicksal noch nicht aufgerufen, spielte inzwischen in Paris die undankbare Rolle einer „Regentin", die als solche gar nichts zu sagen hatte. Sie übernahm zehn erbeutete Fahnen, wobei sie sich erinnern mochte, daß sie noch fünf Jahre vorher in der Wiener Stephanskirche mit glühenden Wangen einer Fahnenweihe gegen den Erzfeind, der jetzt ihr Mann war, beigewohnt hatte. Oder: sie fertigte an die von der Invasion bedrohten Städte Handschreiben ab, worin sie die Aufstellung einer Nationalgarde anregte. Dazwischen schrieb sie wohl auch hin und wieder bewegliche Briefe an den immer näher heranrückenden „très cher Papa", der verlegen hinhaltend antwortete, was Metternich ihm vorsichtig eingab. Eine undankbare Aufgabe für die blutjunge Frau, zumal auch ihr Mann sich ihre Bemühungen in dieser Richtung mürrisch verbat. „Je ne veux pas être protégé par ma femme." Nun, dafür beruhigte sie ihn noch zwei Wochen vor dem endgültigen Zusammenbruch mit dem hochgemuten Satz: „Tout Paris est rempli de bonnes nouvelles", was gewiß etwas übertrieben war. Gleichzeitig beschwört sie den „très cher Papa", doch endlich einen vernünftigen Frieden zu machen „et de ne pas sacrifier l'Europe entière à lavidité de l'Angleterre". Wir kennen diese Töne. Und wir kennen auch die Prahlsucht im letzten Stadium der Schwindsucht, mit der sie den Verzicht auf Antwerpen namens Napoleons weit zurückweist: „Rien ne l'amenera de céder l'Anvers." Wenige Wochen vorher hatte ihr Napoleon vom Felde aus nahelegen lassen, auf die geplante Beteiligung an einer Wallfahrt zur heiligen Genoveva zu verzichten; das Miserere, schrieb er, würde zur Zeit in Paris einen katastrophalen Eindruck machen. Man sieht, die Stimmung schwankt.

Ende März schwankt sie nicht mehr. Napoleon macht einen letzten ebenso kühnen wie verzweifelten Versuch, seinen Feind von hinten zu packen, indem er vor dem Heranmarschierenden seitlich bis an die Marne zurückweicht. Aber schon hat er Anordnungen getroffen, wohin seine Frau und sein Kind im Falle der Räumung von Paris sich zu begeben hätten. Er will seinem Sohn „das Schicksal des Astyanax ersparen, der den Griechen in die Hände fiel". Und er sucht den Tod in der Schlacht – ohne ihn zu finden.

Militärisch und politisch zieht das Netz sich immer engmaschiger zusammen. Der Baron von Vitrolles, im Einverständnis mit Talleyrand, hat sich durch die feindlichen Linien hindurchgeschlängelt und ist mit dem Grafen von Artois in Verbindung. Castlereagh, Nesselrode, Hardenberg und Metternich empfangen ihn im Hauptquartier und hören an, was ihnen Talleyrand übermitteln läßt. „Talleyrand", äußert der brave Sendbote, „ist in seinem Herzen immer für die Bourbonen gewesen." – „In seinem Herzen?" erkundigt man sich spöttisch, vielleicht war es Metternich, der so ironisch fragte. Und Vitrolles verbessert sich unter allgemeinem Gelächter: „In seinem Kopf wollte ich sagen."

Metternich gibt in der Bourbonenfrage schließlich nach. Am 11. April 1814, wenige Tage nach dem russischen Zaren, der bei Talleyrand abgestiegen ist, trifft er in Paris ein, wo es, so berichtet eine Memoirenschreiberin, die ihn dabei überrascht haben will, sein erstes war, seine im Feld etwas verwahrloste Frisur auffrischen zu lassen. Napoleon abgedrängt, geschlagen, verraten und verkauft, taumelt, fällt und stürzt. Metternich, im Frisiermantel vor dem Ankleidespiegel thronend, läßt sich Locken brennen. Und dann diktiert er den Pariser Frieden. Wahrhaftig, die Weltgeschichte sorgt für Antithesen. Ja sie besteht, genau genommen, aus nichts anderem.

Damals, in diesen Apriltagen des Jahres 1814, muß es auch gewesen sein, daß der alte Blücher, der die ungebildete Ausdrucksweise, aber auch das gesunde Urteil eines Berliner Eckenstehers hatte unter seinem weißen Schnauzbart kopfschüttelnd hervorbrummte, was Metternich dann an die Geschichte lächelnd weitergab. Sie standen beide im Schloßhof von St. Cloud, der unvorsichtige Sieger und der vorsichtige, und blickten, noch halb betäubt von dem erfolgten Glückswechsel, einander an, und der alte Marschall „immer feste druff" sagte: „Da muß Eener schon 'n rechter Narre sin, der das mans alles hatte und dann nach Moskau gelofen is..." Der „Narre" war Napoleon. Damals.

*

Es war ein milder Friede, nach allem, was vorangegangen, den Metternich damals diktierte. Vergleicht man ihn mit dem Versailler Friedensschluß von 1918, so kann man das Maß, aber auch den Weitblick des österreichischen Staatsmannes nur bewundern. Er verzichtet auf Elsaß-Lothringen, das er hätte einstecken können; er nützt Frankreichs augenblickliche Wehrlosigkeit nicht dahin aus, daß er es in dauernde Schuldknechtschaft stürzte; er besteht nicht wie Shylock auf seinem Pfund Fleisch; er überläßt es dem niedergeworfenen Lande, ohne rechtlosen Zwischenzustand eine eigene Regierung zu bilden. Er ist kein Clemenceau, kein Genie des Hasses. Nicht nur, weil er überhaupt kein Genie und kein Mann der Leidenschaft ist, sondern auch, weil er weise genug ist, um zu wissen, daß man mit Haß keinen dauernden Zustand schafft, und weil es ihm vor allem um die Befriedung Europas zu tun ist.

Nur in einem Punkte verfährt er erbarmungslos, ja beinahe unmenschlich, in bezug auf Napoleons Ehe, die er vernichtete. Er mag sich dazu berufen gehalten haben, weil er sie selbst zustande gebracht hatte. Er hatte Samson mit Delila verheiratet; nun trennte er wieder, als ein Demiurg, was er als ein Gott zusammengefügt hatte. Empfindsame Historiker – es gab solche zumal im vorigen Jahrhundert – sprechen von „Teufelei". Indessen dürfte „Politik" genügen. Es war eine politische Notwendigkeit, die Habsburgertochter von dem gestürzten Diktator loszulösen und ihn damit außerhalb des Gesetzes zu stellen: Ihn mit seiner Familie, der Frau und dem heranwachsenden Nachfolger, eine Einheit bilden und als Kaiser im Exil Hof halten zu lassen, hätte geheißen, eine französische Gegenregierung einzurichten und damit ein Sturmzentrum künftiger Entwicklungen. Ohnehin war es eine halbe Maßnahme, die sich rächte, den Gestürzten, der der Abgott des Heeres, wenn auch nicht aller seiner Marschälle blieb, bloß nach Elba zu verbannen. Aber es war eine völlig neue Lage, vor die sich die führenden Staatsmänner jenes Zeitalters, Metternich inbegriffen, damals gestellt sahen, und sie waren ihr beim ersten Anlauf noch nicht gewachsen. Umgang mit gestürzten Diktatoren war ein Kapitel, das erst gelernt sein wollte ...

Nein, Metternich ist wegen seines damaligen Verhaltens und Vorgehens, so kaltherzig es anmuten mag, kein Vorwurf zu machen; seine staatsmännische Aufgabe war es nicht, bei dieser Gelegenheit ein Herz zu bewähren. Nur Marie Louisens sittliche Verpflichtung wäre es gewesen, zu ihrem Manne und zum Vater ihres Kindes in dieser schwersten Stunde seines Lebens zu stehen, und sie hätte es auch tun können, niemand durfte es ihr verbieten. Sie tat es nicht. Sie deklamierte ein bißchen – „mon devoir est d'être auprès de l'Empereur dans un moment, où il doit être si malheureux" – aber sie blieb in Blois, wohin sie sich in den ersten Apriltagen von Paris begeben hatte, einigermaßen überstürzt, aber doch mit achtundvierzig Hüten, fünfundachtzig Paar Schuhen und dreißig Paar Stiefelchen, wie der gewissenhafte Chronist zu melden weiß. Und warum blieb sie ein paar Tage lang in Blois, Zeit vertrödelnd, während der gestürzte Cäsar nach Unterzeichnung der Abdankungsurkunde nahebei in Fontainebleau auf sie wartete? Ihrer erschütterten

Gesundheit wegen – in einem Brief an den „très cher Papa" behauptet sie, Blut zu husten – und auch weil ihre Umgebung es so wünschte. Ihre Umgebung, das waren die Herzogin von Montebello, die im Bunde mit den Alliierten stand, und die beiden „Könige", Jerôme und Joseph Bonaparte, die sich an ihre Röcke klammerten, um bessere Abgangsbedingungen für sich herauszuschlagen. Napoleon, der zeitlebens nur allzu sehr mit der Niedrigkeit der Menschen gerechnet hatte, lernte sie nun erst richtig kennen. Marmonts Verrat beendigte die militärische Aktion, Talleyrand ging politisch zu den Bourbonen über, die Garde weigerte sich, auf Paris zu marschieren. Und nun ließ ihn auch seine Frau im Stich, nicht gleich, nicht auf einmal, aber schrittweise, wie eine unselbständige Frau, eine Zeit noch schwankend, den Mann schließlich im Stiche läßt. Noch im März hatte sie ihm einen schönen Brief ins Feld geschrieben, worin sie sich auf die sanfteste Art allein seinen Wünschen fügt, von dem unruhigen Schlaf des Königs von Rom berichtet, der im Traum geweint habe, weil er von seinem Vater träumt, und welchen Brief sie, die auch nicht unwichtige Wetterlage streifend, mit den allerdings mehr herzigen als kaiserlichen Sätzen schließt: „Le temps est assez doux, pour que je puisse monter à cheval. Cela m'a fait grand bien, mais ce qui me ferais plus de bien que tout cela, ce serait de te revoir et de ne plus être tourmentée. Ta fidèle amie, Louise." Jetzt aber, im April, während der also geliebte Mann in Fontainebleau sehnsüchtig auf sie wartet, läßt sie sich von Schuwaloff, dem Adjutanten des Zaren, bereden, sich noch etwas weiter weg, nach Orléans, zu begeben, von wo es dann nach Rambouillet, zu Papa, nur noch ein Schritt ist. War es nicht zu Blois, wo ein französischer König mit einem Diamanten in die Fensterscheibe ritzte: Souvent femme varie, bien fol qui s'y fie?

Der schließlich den Ausschlag gab in dieser letzten, höchst unkaiserlichen Entscheidung der Kaiserin, war wieder Metternich. In Paris angelangt, fertigte er, kaum daß er sich das Haar hatte richten und kräuseln lassen, einen vorbereiteten Brief an Maria Louise ab. Darin bot er ihr „Parma, Piacenza und Guastalla" als Versorgung an, indem er ihr gleichzeitig namens ihres cher Papa den Rat gab, sobald wie möglich nach Österreich zurückzukehren, anstatt nach Fontainebleau – das unerwähnt blieb – zu reisen. Der Wunsch war natürlich eine Bedingung und der Lohn für die erfüllte Bedingung war Parma, Guastalla und „Piacenza", was mit Piacere, ist gleich „Plaisier", zusammenhängt.

Marie Louise hatte zu wählen zwischen Piacenza und Fontainebleau, und sie wählte, wie es vorauszusehen war. Fontainebleau bedeutete Elba, das gemeinsame Verbanntenschicksal auf dem italienischen Inselchen, das sie unter ihrem erzherzoglichen Rang fand. Kaum hatte sie davon gehört, als sie am 8. April an Kaiser Franz schrieb und auch namens ihres Sohnes „qui est innocent de toutes les fautes de son père" eine ihrer Abkunft entsprechende Behandlung forderte. In diesem „innocent de toutes les fautes de son père" steckte bereits der Verrat, die Übermannung Samsons durch Delila bereitet sich darin vor, und es ist nicht ausgeschlossen, daß der Brief Metternichs vom 11. April durch diese Wendung mitveranlaßt und insofern nur eine Antwort war. Wäre dies so, dann trüge dieser Umstand wesentlich zur Entlastung Metternichs bei, und die diabolische Geschicklichkeit, mit der er ein Zusammentreffen Marie Louisens mit Napoleon, indem er es ihr scheinbar freistellte, in der Folge zu verhindern wußte, wäre so diabolisch nicht. Marie Louise versagte aus eigenem in einem Augenblick, in dem sie menschlich nicht hätte versagen dürfen, was immer „Ritter ohne Furcht und Tadel", deren sie bis in die jüngste Vergangenheit immer wieder welche findet, zu ihren Gunsten anführen mögen. Freisprechen kann man sie nicht. Doch kann man ihr als Milderungsgrund zubilligen, daß sie geheiratet hatte ohne vorangegangene Werbung. Sie war damals nur Objekt der Entschließungen eines anderen gewesen und sie war es jetzt wieder; sie wurde von ihrem Mann entfernt, wie sie ihm zugeführt worden war: ungefragt. Es entsprach der damaligen Stellung der Frau, zumal in Österreich. Es entsprach aber auch ihrem eigenen Wesen, das, fatalistisch eigenen Entscheidungen ausweichend, bequem und gefügig das Schicksal über sich walten ließ. Und es entsprach schließlich der habsburgischen Überlieferung, für die nur ein Wille, derjenige des Chefs des Hauses, in diesem Falle Kaiser Franz, maßgebend ist. In Blois, als sie den brieflichen Anruf ihres Gatten unbeantwortet ließ und anstatt zu schreiben oder zu reisen, die Ellbogen auf die Knie gestützt, sich untätig in Tränen auflöste, siegte die Kaisertochter in ihr über die Frau.

Als Minister der Koalition machte Metternich in Paris den Frieden. Sein Gegenspieler bei diesem Geschäft, aber ein Gegenspieler, der ihm in die Hand spielte, war Talleyrand, der Günstling des Zaren. Dann, als es soweit war und Napoleon auf Elba bereits sein Miniaturkaiserreich einzurichten begann, rührend und bewundernswert zugleich in seiner herrlichen theoretisch ungebrochenen Schöpferkraft, reiste Fürst Metternich nach Wien zurück, um dort die Vorbereitungen zum Wiener Kongreß zu treffen. Fürst Metternich, das war er über Nacht geworden, es war die Morgengabe seines Kaisers nach der Schlacht von Leipzig. Wie Lord Byron von sich sagen konnte, er sei eines Tages aufgewacht und sei berühmt gewesen, so erwachte Graf Metternich als Fürst. Und sein wohlerzogener, stets auf alles gefaßter Diener, ein Herrschaftsdiener von vollendeten Manieren und Humor, redete ihn mit den wohlgesetzten Worten an: „Son Altesse mettra-t-elle aujourdhui le même habit, que Son Excellence a porté hier?" (Tragen Durchlaucht heute denselben Anzug wie Exzellenz gestern?) Man kann nicht taktvoller fragen.

## DAS SIEGESFEST

> *"Aus des Schicksals dunkler Quelle*
> *Fließt das wechselvolle Los.*
> *Heute stehst du fest und groß,*
> *Morgen schwankst du auf der Welle."*

Die unerhörte Leistung Metternichs, die er in diesen zwei Jahren zwischen dem russischen Feldzug Napoleons und dem Wiener Kongreß erbrachte, mußte ihn selbst überraschen. Denn nicht nur hatte er seine staatsmännische Haltung im Verlauf weniger Monate derart verändert, daß er, wofür er Hormayr im Frühling 1813 hatte einsperren lassen, im Juli selber tat, er hatte auch in diesem ungeheuren Ringkampf, in den er sich eingelassen hatte, schließlich weit mehr erreicht, als er erreichen wollte. Er stand eines Morgens mit seinen frisch gebrannten Haaren vor dem Spiegel und war der Besieger Napoleons. Ja, mehr noch als besiegt, er hatte ihn abgesetzt, was er doch gar nicht beabsichtigt hatte. Oder hat er es doch beabsichtigt, wenn auch nur in dem erst später erfundenen Unterbewußtsein? Im Oberbewußtsein hat er jedenfalls das Gegenteil versichert und sogar sich selbst nicht ohne Erfolg eingeredet. So daß er jetzt die doppelte Genugtuung hatte und genoß, sich von der geschichtlichen Entwicklung zu etwas gezwungen zu sehen, das er gar nicht gewollt, oder, wenn überhaupt, erst ganz zuletzt gewollt hatte. Er badete wie Pilatus seine Hände in vollkommener Unschuld und vergnügte sich dabei und noch dazu mit gutem Gewissen an den saftigsten Früchten langsam herangereifter Schuld. Ein köstlicher Nachtisch.

Dieses Dessert nach dem Gemetzel war der Wiener Kongreß. Die Verbündeten hatten ihn, bei der Annäherung an Paris, im letzten Augenblick in Chaumont beschlossen, aus dem richtigen Gefühl, daß man sich über die Beute nicht werde einigen können, und weil man diese vorschattende Nichteinigung noch um ein paar Monate vertagen wollte. Jetzt im September fand man sich glücklich zusammen.

Es ging zu wie auf jedem Kongreß: erst war man nicht fertig und dann wurde man nicht fertig. Dazwischen zankte man tagsüber und unterhielt sich am Abend.

Der Beginn des weltgeschichtlichen Gezänks war für den ersten Oktober angesetzt. Eine Woche vorher traf Talleyrand, der Vertreter Frankreichs, in Wien ein. Von diesem Augenblick angefangen hatte Metternich, der in seiner geschmeidigen Weise dem Kongreß bereits präsidierte, ohne sein Präsident zu sein, einen ebenbürtigen Gegner. Talleyrand war um achtzehn Jahre älter als Metternich, der in Paris manches von ihm gelernt hatte. Nun fand er Gelegenheit, als dankbarer Schüler die erworbene Meisterschaft an ihm zu bewähren.

Die beiden Männer hatten manche Ähnlichkeit und waren doch grundverschieden. Talleyrand war ganz Franzose – „der französischeste Franzose" hatte der Fürst von Ligne von ihm gesagt – und Metternich viel deutscher, als er wußte oder zugeben wollte. Das Deutsche an ihm war sein Bedürfnis nach einer Ideologie, die er, wie jeder Deutsche, im dunklen Nährboden einer überkommenen Terminologie metaphysisch verankerte. Dummheiten, Schlechtigkeiten, Unbegreiflichkeiten macht jede Nation; aber nur die deutsche fühlt sich in allen solchen Fällen gedrungen, das Geschehene oder Verübte auch noch gewissenhaft ideologisch zu untermauern. Wenn man das Philosophie nennen will, so war das deutsche Element im Wesen

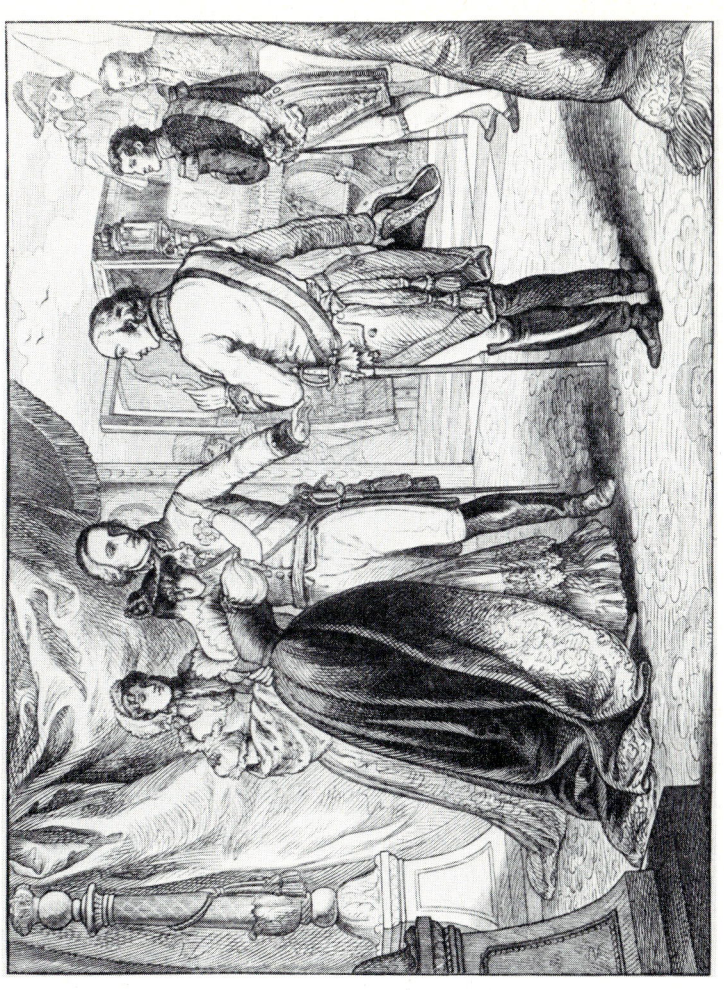
*Abreise der Erzherzogin Marie Luise nach Frankreich; 1810.*

*Wiener Kongreß 1815: Sitzung der Bevollmächtigten der acht Signatarmächte des Pariser Vertrags.*

Metternichs der Philosoph, der er als Staatsmann und sogar als Liebhaber immer blieb, und der Talleyrand so gar nicht war. Talleyrand war ein scharfer Denker, ein schärferer noch als Metternich, weil er alles Unklare ausschloß, aber er würde niemals wie Metternich von sich gesagt haben: „I was born a thinker." Andererseits war der weltliche Metternich im Grunde viel religiöser als der aus der Kutte gesprungene Bischof von Autun. Talleyrand glaubte an nichts, nicht einmal an den Teufel; Metternich verband sich zuweilen mit dem Teufel, um Gott nachher um so nachdrücklicher zu preisen. Er war nie zynisch, was Talleyrand immer war. Talleyrand hatte kein Gewissen, wogegen Metternich sich nur zuweilen über sein Gewissen hinwegsetzte. Auch beteuerte er gerne sein Herz, einen Muskel, den Talleyrand nie erwähnte. Aufs Lügen verstanden sie sich beide, als Diplomaten der klassischen Schule, trefflich; aber Metternich war, wenn man so sagen darf, der ehrlichere, Talleyrand der entschlossenere Lügner. Metternich glaubte zuletzt, was auch Grillparzer in seiner Charakteristik boshaft hervorhebt, an seine eigenen Lügen. Talleyrand war viel zu gewitzt, als daß er einem Mann wie Talleyrand je auf den Leim gegangen wäre. In Gesellschaft war Talleyrand der witzigere, Metternich der liebenswürdigere Unterhalter.

Eines hatten die beiden Männer, die beide noch als Achtzigjährige sich von den Frauen verwöhnen ließen, miteinander gemein: den Frauendienst, der sich bei beiden gut und gern über ein halbes Jahrhundert erstreckte. Beide konnten sie wie jener Wiener Geistliche von sich sagen: die Frauen sind mir Luft – und ohne Luft kann ich nicht leben.

Als Frauenfreunde hatten sie zeitlebens nicht viel Zeit für Männer, es wäre denn im beruflichen Verkehr, wozu sie in Metternichs Pariser Epoche einige Gelegenheit hatten, ohne dabei einander menschlich nahe zu kommen. Aber wenn auch nicht nahe, so kamen sie sich doch näher, was schließlich so weit ging, daß Talleyrand durch Metternichs Vermittlung vom Wiener Hof für seine Unterstützung der österreichischen Politik eine kleine Aufmerksamkeit von hunderttausend Francs zugesteckt erhielt. Talleyrand war in Gedanken nicht kleinlich und Metternich war großzügig; doch hatte er Grundsätze auch in diesem Punkt. Daß er vom Senat der Stadt Frankfurt am Schlusse des Freiheitskrieges zehntausend Dukaten überwiesen erhielt und annahm, wird von ernsthaften Historikern behauptet. Als ihm aber am Ende seines Lebens, in der Not der Verbannung, der Zar Nikolaus hunderttausend Rubel zur Verfügung stellte, nahm er das Geschenk nur als ein Darlehen an und zahlte es später pünktlich wieder zurück. Sein Grundsatz war, Geldzuwendungen nur von befreundeten Mächten anzunehmen, wozu Rußland zu rechnen er sich nie hatte entschließen können. Ideolog auch hier!

Als Diplomaten, also auf ihrem eigensten Feld, waren die beiden Männer einander gewachsen, obwohl der jüngere, Metternich, bloß Talleyrands begabtester Schüler war. Metternichs jüngster französischer Biograph Grunwald sagt von ihm, daß Metternich mehr Taktiker war und Talleyrand mehr Stratege. Das mag sein, und da sie als Taktiker und Stratege selten im selben Hauptquartier beschäftigt waren, sahen sie einander naturgemäß nur bei den Sitzungen. Von einem persönlichen, vertrauensvollen oder gar freundschaftlichen Umgang zwischen ihnen kann man kaum reden. Sie kamen um so weniger dazu, als sie ja beinahe immer Rivalen waren. Dazu trat dann noch der Erfolg, der, wenn er sich auf dem gleichen Boden ereignet, zwei Männer eher entfremdet als verbindet. Beide Tenöre der hohen Politik, verkehrten sie auch miteinander eben als Tenöre, die, was sie sich zu sagen haben, am liebsten singen.

Talleyrand traf am 23. September in Wien ein und fing sofort an unzufrieden zu sein, um seine Stellung – Vertreter eines geschlagenen Landes immerhin – dadurch zu verbessern. Die Veranlassung ergab sich bei der allerersten Zusammenkunft. Die Vertreter der Siegermächte Österreich, Rußland, Preußen und England waren bereits seit ein paar Tagen anwesend, eine Sitzung fand eben statt und der überraschend erschienene französische Bevollmächtigte wurde aufgefordert, an ihr teilzunehmen. Da aber diese Besprechung am Tage seiner Ankunft unzweifelhaft auch ohne ihn würde stattgefunden haben, fühlte Talleyrand sich, und mit Recht, mehr zugezogen als eingeladen. Dafür sprach auch, daß, obwohl er pünktlich erschien, die anderen bereits sämtlich anwesend waren und ratschlagend um den Konferenztisch herumsaßen, dem Lord Castlereagh, Vertreter Englands, vorsaß.

Talleyrand nahm in einem leeren Lehnstuhl, der neben demjenigen des Präsidenten stand, Platz, womit man gerechnet zu haben schien, obwohl man ihn nicht dazu aufforderte. Er blickte durch die vorgehaltene Lorgnette im Kreise umher und eröffnete sofort die diplomatischen Feindseligkeiten, indem er die höflich verwunderte Frage stellte, warum man nur ihn und nicht auch seine Delegation – er hatte zwei Begleiter nach Wien mitgebracht – eingeladen hätte? Weil nur die Führer der Delegation eingeladen worden wären, wurde ihm ebenso höflich bedeutet. Aber Talleyrand – wir halten uns an die Darstellung Duff Coopers in seiner brillanten Talleyrand-Biographie – verwundert sich weiter: wenn das so wäre, wie es dann käme, daß Spanien durch Monsieur Labrador vertreten sei, er doch, soviel man wüßte, nicht der Anführer der spanischen Delegation wäre? Weil der Anführer der Abordnung bis zur Stunde in Wien noch nicht angelangt sei. Und Preußen? fragt Talleyrand, immer noch die Stielbrille handhabend, rastlos weiter: warum es trotzdem durch zwei Delegierte – Humboldt und Hardenberg – vertreten wäre? Wegen des Leidens, das der eine habe, erwiderte man ihm gedämpft. Man hätte es aber auch laut sagen können, denn Hardenberg war stocktaub. Nun, versetzte Talleyrand mit gewinnender Artigkeit:

wir haben alle unsere kleinen Leiden! Es bleibt nichts anderes übrig, man muß, in die Enge getrieben, ihm zugestehen, daß von jetzt an die französische Delegation stets vollzählig eingeladen werden würde: Monsieur Dalberg, Monsieur du Pin und er.

So macht er sich eine Stellung und baut sie dann aus. Ein Protokoll wird verlesen über das seit Chaumont Vorgefallene und Geleistete; in diesem Rechenschaftsbericht kommt das Wort „die Alliierten" vor. Talleyrand unterbricht: „Wenn es noch Alliierte gibt, dann habe ich hier nichts zu suchen." Man habe den Ausdruck nur der Kürze wegen gewählt, entschuldigt man sich. Bedauerlich, meint Talleyrand überlegen: Kürze dürfte nie um den Preis der Genauigkeit erkauft werden. Da hat er recht, und so sind auch diese „Alliierten" im Protokoll nicht zu halten. Hingegen verlängert Talleyrand jetzt sofort seine Front durch Einbeziehung des unzufriedenen portugiesischen Gesandten, der sich brieflich darüber beklagt hat, der Sitzung nicht zugezogen zu sein. Talleyrand stellt sich gewandt an seine Seite. Mehr noch, er verallgemeinert blitzschnell den Fall. Frankreich macht sich, durch seinen Mund, zum Anwalt nicht nur Portugals, sondern aller Kleinstaaten. Gibt es denn nicht auch so etwas wie eine Völkerrechtsmoral? Talleyrand hält sie aufrecht, obwohl es sicherlich die einzige Moral ist, um die er sich in seinem Leben je gekümmert hat. Auch ist er schnell bereit, dieser hinfälligen Moral den Mantel christlicher Nächstenliebe um die mageren Schultern zu legen. Frankreich, gibt sein gewitzter Vertreter hinter der vorgehaltenen Hand zu verstehen, ist die einzige Macht, die in diesem Kongreß keinen Ländergewinn anstrebt. Frankreich bescheidet sich, selbstlos, wie es ist, mit seinen ihm zugestandenen Grenzen; und so schiebt Talleyrand die seinen in der Folge um so unbescheidener hinaus. Eine Meisterleistung der Diplomatie und als solche nur mit den napoleonischen Feldzügen zu vergleichen. Auch Metternichs wendige Zähigkeit kann daran nicht viel ändern. Den Krieg gegen Frankreich hat er gewonnen, aber am grünen Tisch muß er Schritt für Schritt nachgeben.

Einmal, nachdem der Kongreß drei Monate lang getagt und seine Teilnehmer sich im Schweiße ihres Angesichts rastlos unterhalten haben, hätten die bestehenden Unstimmigkeiten beinahe zum Krieg geführt. Rußland wollte Polen „befreien" und Preußen wollte Sachsen, und beides wollte Österreich nicht. Also Krieg gegen Österreich! Napoleon reibt sich auf Elba bereits die Hände. Aber im letzten Augenblick kommt ein Bündnis zwischen England, Frankreich und Österreich zustande, das die gegnerischen Mächte erfolgreich einschüchtert. Metternich hat diesmal nicht gegen, aber zusammen mit Talleyrand gesiegt; um den Preis freilich, daß Talleyrands Sieg größer war als der seine. Denn schon ist Frankreich die bestimmende Großmacht auf dem Kongreß. In einem andern Falle wird der österreichische Staatskanzler von seinem älteren Nebenbuhler in der geistigen Führung Europas noch beklemmender an die Wand gedrückt. Man kann diesmal geradezu von einer diplomatischen Niederlage Metternichs sprechen. Aber es ist eine lächelnde Niederlage, die mit seinen früheren Siegen auf verschwiegeneren Schlachtfeldern zusammenhängt. Der Fall betrifft Neapel; betrifft, genauer gesagt, Caroline von Neapel; denn Murat, ihr kriegerisch beschäftigter Gatte, bekümmert Metternich weit weniger. Er ist ihm sogar eher unsympathisch, was ein betrogener Ehemann nur allzu leicht wird.

Metternich war mit Caroline vor sieben Jahren in Paris und auch vor vier Jahren noch „au mieux" gewesen, wie man dort sagt, wenn man einen Grad von Freundschaft, zwischen Mann und Weib, bezeichnen will, der weitere Steigerungen nicht mehr zuläßt. Das Cromwell-Köpfchen war ihm noch in allerliebster unordentlicher Erinnerung, und daß es sich seither ein Krönchen, die Krone von Neapel, aufgestülpt hatte, mochte seiner Eitelkeit, die nicht gering war, zudem sehr schmeicheln.

Jedoch dieses Köpfchen war kein bequemes Köpfchen; es war ein ehrgeiziges, ein herrschsüchtiges Köpfchen. Nicht umsonst war Caroline die Schwester Napoleons, der einmal von sich gesagt hatte: „Wenn ich einen Thron sehe, muß ich mich darauf setzen." Das Schwesterlein wollte Königin von Neapel bleiben, und das war gar nicht so leicht, jetzt nach dem Sturze Napoleons und der Rückkehr der Bourbonen nach Frankreich. Auch in Neapel hatten die Bourbonen geherrscht und gewirtschaftet; auch dorthin wünschten sie jetzt zurückzukehren. Und Talleyrand vertrat ihren Anspruch; von seinem französischen Standpunkt aus vollkommen logisch.

Doch Caroline setzte sich zur Wehr. Wenn eine Frau wie sie ihren Kopf in Kissen gewühlt hat, so will sie irgend einmal auch etwas davon haben, und dieser Augenblick war jetzt gekommen. Metternich selbst hatte ihn herbeigeführt. Er hatte sich am 11. Jänner 1814, kaum auf französischem Boden angelangt, in einem Brief an Caroline gewandt, um sie unter stiller Berufung auf ihren alten Liebesvertrag auch politisch in sein Lager zu ziehen. Er schlug damals ein Bündnis zwischen Neapel und Österreich vor. Caroline war darauf eingegangen und ihr königlicher Gatte hatte sich, unter ihrem Einfluß, bereitwillig den Alliierten angeschlossen. Jetzt verlangte er natürlich seinen Lohn dafür, daß er Napoleon verraten hatte: der Wiener Kongreß sollte ihm seine wacklige Krone bestätigen und befestigen. Metternich war dafür, Talleyrand dagegen. „Wer ist das – Murat? Ich kenne ihn nicht?" sagte er, als in einer Sitzung vom derzeitigen König von Neapel vorfühlend die Rede war.

Dieser Sitzung nicht beigezogen gewesen zu sein, kann Clio, die Muse der Geschichtsschreibung, nur bedauern. Es war eine Frauenangelegenheit, die allen Anwesenden, mit einziger Ausnahme Metternichs, ein unbeschreibliches Vergnügen machen mußte. Denn wenn Talleyrand Murat angriff, was sollte, was konnte der österreichische Staatsminister darauf erwidern? Daß

Caroline ihren Kopf in Kissen gewühlt hatte, war kein Sitzungsargument, das sich öffentlich erörtern ließ. Und doch war es ein zwingendes Argument, aber eben nur für ihn, und er durfte es nicht geltend machen. Es gibt Lagen, in denen der beredteste Frauenfeind verstummen muß, und das war eine solche. Er öffnete, wenn von ihr die Rede war, die Lippen nicht, die Caroline so oft geküßt hatte, sondern sprach immer nur von ihrem Mann, dem schneidigen Reitergeneral, gegen den Talleyrand, wahrscheinlich höchlich amüsiert über Metternichs verhältnismäßige Zurückhaltung, seine wütenden Attacken ritt. Schließlich blieb Metternich nichts übrig, als auch in diesem Punkt bescheiden nachzugeben. Es wurde einstimmig beschlossen, Murat fallen zu lassen, und die Exekution wurde vermutlich auf Antrag Talleyrands Metternich anvertraut, der nur noch den geeigneten Augenblick abwarten sollte. Dieser Augenblick würde eintreten, wenn Murat die erste Dummheit machte. Das geschah bald genug, wie sich später zeigen wird, und als er sich während der hundert Tage noch einmal an Napoleons Seite stellte, war es endgültig um ihn geschehen. Caroline aber fand dank Metternich ein Asyl in den österreichischen Erblanden, wo sie erst 1839 starb.

\*

Über den Wiener Kongreß ist viel und oft und gut geschrieben worden. Von De la Garde angefangen, dem liederlichen Homer dieser heiteren Iliade, haben sich zahllose Federn an dieser reizvollen Aufgabe erprobt oder doch gewetzt, Federn von Historikern, von Tagebuchschreibern, von holden Briefschreiberinnen, die sich und ihre Eindrücke in ihrem Tintenfäßchen spiegelten. Auch eine Reihe von mehr oder minder durchgefallenen Lustspielen ist über ihn verfaßt worden, darunter auch mein eigenes. Am hübschesten hat seine gesellschaftliche Seite die geistreiche Rahel Varnhagen charakterisiert, mit drei Berliner Worten: „Man amüsor sich." Auch das abgegriffene Wort des alten Prince de Ligne muß erwähnt werden: „Der Kongreß tanzt, aber er geht nicht." Das trügerische Element, das allem Gesellschaftlichen anhaftet, kommt in solchen zweideutigen Worten witzig zum Ausdruck.

Ein Gesellschaftsfest war der Kongreß vor allem, und insofern war Wien der geeignetste Schauplatz. „Europa bist du, nicht mehr eine Stadt!" redete Gentz sein vergnügungssüchtiges Donaubabel an. Gentz war die andere Seite Metternichs, zuweilen sogar seine bessere; er war der publizistische Vortänzer der Reaktion, Metternich taktschlagender Dirigent einer rückläufigen Bewegung, die jetzt und hier verheißungsvoll einsetzte und bald genug ganz Europa mitriß.

Einstweilen aber war es ein Siegesfest und nichts weiter. Eine Zeitlang kam fast jeden Tag ein anderer Souverän in Wien an und stieg in der Hofburg beim Kaiser von Österreich ab, als ob der „Kaiser von Österreich" ein Hotel wäre, was er auch tatsächlich war. Zwei Kaiser, zwei Kaiserinnen, vier Könige und ein halbes Dutzend Erzherzoge wohnten allein bei ihm in der „Burg", mitsamt ihren Suiten. Dreihundert Equipagen standen bei Tag und Nacht angeschirrt für sie bereit. Die kaiserlichen Pferde hatten festlich bunte Bänder in den Mähnen, und die Wagenräder waren vergoldet, wie nur die des Hofes sein durften. Und so war alles: Bälle, Redouten, Empfänge, Reiterfeste, Truppenparaden – die größte am 18. Oktober zur Feier der Schlacht bei Leipzig –, Festgottesdienste, Schlittenfahrten und Turniere. Heut' ein Karussell in der Wiener Hofreitschule, morgen eine Reiherbeize in Laxenburg, einem anderen kaiserlichen Lustschloß, nah bei Wien gelegen. Konzerte und Theaterlust verstanden sich am Rande. In der Oper gab man jetzt noch einmal Beethovens „Fidelio", der diesmal auch schon bei den Wiener Bürgern Erfolg hatte, und im Schauspielhaus führte man „Die Bürger von Wien" auf, die im übrigen nur zuschauen und den vorüberfahrenden Wagen nachgaffen durften. In Wien nennt man das „Spalier stehen". Das tun die Wiener mit Wonne. Daß es etwas zu sehen gibt, war in Wien allezeit wichtiger, als was es zu sehen gab. Es ist eine maßlos neugierige Stadt; sie verkauft ihre Seele, nur um „dabei zu sein". Der „gute" Kaiser Franz ließ sich als freigebiger Hausherr nicht spotten, was eine zeitgemäße Karikatur der Nachwelt verbrieft. Da sehen wir sie, die sechs „Könige auf Ferien" – ein andres Wort des Prince von Ligne –, in einem spaßhaften Bilde vereinigt, samt einer spöttischen Legende. Der Kaiser von Rußland, so heißt es auf dem Blatt: liebt für alle. Der König von Preußen: denkt für alle. Der König von Dänemark: spricht für alle. Der König von Bayern: trinkt für alle. Der König von Württemberg: ißt für alle. Und zum Schluß: der Kaiser von Österreich: zahlt für alle. Freilich, das sah nur so aus. Denn in Wirklichkeit wurde ein fünfzigprozentiger Steuerzuschlag eingehoben, der die Kosten der Veranstaltung auf das aus den Lesebüchern bekannte Volk überwälzte. „Da fahr'n s' für unsre fufzig Prozent", maulten die Wiener bei der großen Schlittenfahrt, indem sie den geputzt und bepelzt vorübergleitenden Ehrengästen Seiner Majestät nicht allzu wohlwollend nachblickten.

Die gute Laune der Gäste ließ nichts zu wünschen übrig. Man unterhielt sich königlich bei den verschiedenen Schlittenfahrten, Turnieren und Redouten und lachte sogar am Tisch des Kaisers. Die Kaiserin von Österreich, die auf dem rechten Ohr taub war, saß zur Linken des Königs von Preußen, der auf dem linken Ohr nichts hörte. Es war ein Spaß, zuzuhören, wie sie nie verstanden, was sie einander zu sagen hatten. Der

Zar von Rußland, der neben Kaiser Franz saß, bemerkte, wie ein Riesenpfau, der als Schaugericht herumgereicht worden war, abgetragen, statt in die Küche zurück, in das Zimmer eines Bedienten hineinfand. „Hast du das gesehen?" wandte der Zar sich neckend an seinen kaiserlichen Bruder. Und Kaiser Franz todernst, wie es die Art der Komiker ist, und ganz trocken: „Freilich, freilich... jetzt kannst du dir erst vorstellen, wie bei dir in Rußland gestohlen wird."

Metternich war überall zugleich und maître de plaisir; „Ministre Papillon" nannten ihn jetzt, die hinter ihm her redeten. Er flatterte von einer Gesellschaft in die andere, von einer Sitzung zur anderen, von einem Fest aufs andere. An jedem Montag empfing er selbst in seinem schönen Haus auf dem Rennweg, wo sich bis 1938 die italienische Botschaft befand, das aber dazumal noch außerhalb der Stadt inmitten eines erfrischenden und verschwiegenen Gartens mit alten Bäumen und verschlungenen Wegen lag. Der schönste dieser Empfänge, die Madame Metternich als geübte Hausfrau sachkundig leitete, während Metternich mit koketter Anmut seine Gäste empfing, fand am Jahrestag der Schlacht bei Leipzig statt. Es wurde eine Art Pantomime aufgeführt, die – wie heiter! – den Triumph der Eintracht über die Zwietracht mythologisch darstellte. Alle Damen waren blau gekleidet, eine Huldigung für die Bourbonen vermutlich, und trugen Ölzweige im Haar. Das Gedränge war so groß, daß die dänische Gräfin Bernstorff zwei Stunden sich gedulden mußte, bevor sie ihrer Kutsche entsteigen konnte. Überflüssig zu sagen, daß auch alle Majestäten anwesend waren, von denen jeder bereits seine Koterie, seinen Anhang und seine Schöne hatte, der er vor allen anderen Damen den Vorzug gab. Der Wiener Leumund hatte den im Vordertreffen Stehenden rasch passende Spitznamen angeheftet, um sie wie Weinmarken kennerisch zu unterscheiden. Die eine war die „beauté céleste", die andere hieß die „beauté du diable", und eine dritte wurde „*die* beauté genannt, bei der man etwas fühlt". Aber alle waren sie Gräfinnen.

Der Zar Alexander, einer der beflissensten und ungefährlichsten Frauenfreunde seiner Epoche, ging am liebsten zur Bagration Tee trinken, dem „bel ange nu", den wir noch von Dresden her in freundlicher Erinnerung haben. Sie neigte jetzt schon sehr zur Üppigkeit, aber je mehr Stoff sie für ihre Kleider gebraucht hätte, desto weniger gönnte sie sich und desto mehr machte sie aus der Ausstellung ihrer Reize eine Weltausstellung. Was Metternich betraf, so war sie seine Geliebte gewesen und eine augenblicklich zurückgesetzte Geliebte geblieben. Kein Wunder, daß sich das Verhältnis zwischen dem Zaren und ihm auf dem Kongreß von einem Teebesuch zum anderen, den Alexander bei Madame Bagration machte, immer mehr verschlechterte. Wäre sie die Geliebte des Zaren geworden, so wäre es wahrscheinlich zum Krieg zwischen Rußland und Österreich gekommen, aber es kam nur zu einem diplomatischen Aufmarsch. Weiter brachte es die Bagration mit allen ihren freigebigen Toilettekünsten bei Alexander schließlich doch nicht.

Fürstin Bagration wohnte im fürstlich Palmschen Hause, gleich um die Ecke herum, wenn man von der Hofburg kam, und im gleichen Hause, das noch heute steht, wohnte „maigre et ardente" in einem anderen Flügel die Herzogin von Sagan, Metternichs Dauergeliebte und Herzensmarketenderin auf dem französischen Kriegsschauplatz. Welch eine Situation, diese beiden Bienenköniginnen, in eben demselben gesellschaftlichen Bienenhaus, in dem bei Tag und Nacht die Besucher aus- und einflogen. Wenn der österreichische Staatskanzler zu seiner Schönen die ausgewetzte Treppe des alten Palais hinaufschlich, schlich auf einer anderen Treppe, vielleicht sogar auf derselben, der russische Selbstherrscher von seiner Schönen die Treppe herunter. Übrigens schlichen noch andere, vor allem der junge Fürst Windischgrätz, zur „Frau, die liebt, wie man diniert". Wieder einmal ließ der alte Adel Metternich fühlen, daß er doch nur ein Zugewanderter war. Sein Leben, reich an Erntesegen, war jetzt im Hochsommer angelangt. Es gab schwüle Himmel und nachher Gewitter. Die Sagan, als eine Frau der leichten Stunden, machte es ihm nicht immer leicht, was schon die Zeitgenossen mit Befriedigung feststellten. Mit Befriedigung; denn warum soll ein Mann alles haben? Das dachte auch die Sagan.

Es geht die Sage, daß ein über die Nacht ausgedehnter Besuch Metternichs bei der schönen Herzogin Österreich einen beträchtlichen Teil Bayerns gekostet hat. Bayern sollte ihn abtreten und dafür durch eine saftige Schnitte Italiens entschädigt werden. Es war alles bereits aufs beste geregelt und am nächsten Vormittag sollte der Vertrag in feierlicher Sitzung unterschrieben werden. Doch wartete man in dieser Sitzung vom 11. November 1814 vergeblich auf den österreichischen Plenipotentiär, Fürst Metternich, der verschlafen hatte. Bayern besann sich und trat von der bereits erfolgten Abmachung in letzter Stunde doch wieder zurück. Eine reichsdeutsche Legende. Wenn Metternich an diesem Novembermorgen verschlief, so wußte er natürlich warum. Er hätte sich gewiß gerne, noch über Salzburg hinaus, ein Stück Bayern vergönnt, aber er gönnte Bayern nicht das in Aussicht gestellte Stück Italien. Der Besuch bei der Sagan und seine nachteiligen Folgen waren nur eine Ausrede, die den Wienern Spaß machen sollte; in Wirklichkeit war es ganz anders. Er hatte sich nur vergessen, weil er sich rechtzeitig erinnert hatte, daß es zweckmäßiger wäre, sich zu vergessen. Noch wenn er zerstreut war, geschah es nicht ganz ohne Absicht. Auch hierin glich er seinem Meister Talleyrand, der, als er starb, einem überraschten Zeitgenossen den Ausruf entlockte: „Was mag er damit beabsichtigt haben?"

Die schöne Herzogin von Sagan hatte eine ebenso schöne Schwester, die Gräfin von Périgord, die wieder Talleyrands Herzenstrost war. Auch hier ergeben sich Lustspielbeziehungen zwischen den beiden Matadoren der Politik und den mediatisierten Schwestern, von denen jede ihren Platz auf der Landkarte eifersüchtig behauptete. Die beiden Damen im selben Hause zettelten und schürten; in Wien nannte man sie „les deux Sibylles". Es war eine mythologische Zeit, und wenn der alte Prince de Ligne ein Gedicht über den Kongreß machte, mußte stets der ganze Olymp ausrücken. Zwischen Venus, Mars und Kupido spielte sich für ihn alles und jedes ab.

Der alte Herr war selbst kein Kostverächter. Bei einem Stelldichein auf der Bastei mitten im Winter zog der Achtzigjährige sich eine Erkältung zu, der er im dritten Monate des Kongresses erlag, nicht ohne vorher eines jener Worte abgeschnellt zu haben, die erfahrene Lustspieldichter einer abgehenden Figur gern in den Mund legen. „Dem Wiener Kongreß hat bisher nichts als das Schauspiel einer Marschallsleiche gefehlt", soll der sterbende Marschall gesagt haben. Nun gewährte er den Wienern nach manchem Feuerwerk des Geistes auch noch dieses funebre Glanzstück. Sein schmalbrüstiges Haus auf der Mölkerbastei, in dessen Oberstock er wohnte – die Stange des Papageien nannten es die Wiener – war mit einem Male leer. Es war rosenrot gewesen, wie die Laune seines Besitzers; auch die Livreen seiner Bedienten waren rosenrot mit Silbertressen, und so war auch sein Stil: ein lackiertes Nichts, mit Rosenbändern witzig umwickelt. Metternich verdankt seiner vorbildlichen Anmut, auch Anmut des Geistes und Herzens, manches. Man wüßte gerne, ob er bei seinem Leichenbegängnis mitgegangen ist. Aber freilich, es war ein bißchen weit bis zum Kahlenberg hinauf, wo der Fürst von Ligne unter wiegenden Baumwipfeln noch heut' begraben ist. Kein Wiener Grab liegt höher.

*

Der Wiener Kongreß bedeutete den Höhepunkt in Metternichs Lebensgeschichte wie in der Geschichte Wiens. Damals zum ersten Male weitete die „Kaiserstadt" sich zur Weltstadt, die sie dann ein Jahrhundert lang blieb. Doch darf man daraus nicht den Schluß ziehen, daß Metternich um dieses seines Verdienstes willen in Kongreß-Wien wie auch späterhin besonders beliebt gewesen wäre. Das Gegenteil war der Fall. Er war höchst unbeliebt, ja beinahe verhaßt.

Man steht angesichts solcher Unbeliebtheit, die diesem Günstling des Glücks zeitlebens anhaftete, vor einem Rätsel, das die traditionelle Undankbarkeit Wiens nur teilweise löst. Es muß auch noch etwas anderes im Spiele gewesen sein, etwas, das mit seiner Persönlichkeit und seinem Schicksal inniger zusammenhing. Vielleicht waren es seine vielen Weibergeschichten. Er hatte, wie Graf Leicester, in Schillers „Maria Stuart": in jedem Weiberrat bestochne Richter sitzen. Das mag ihn die Zuneigung der anderen Ratsmitglieder und ihrer Vorsitzenden, der öffentlichen Meinung, sowie ihres männlichen Anhangs gekostet haben.

Wenn man Metternichs gesellschaftliche und geschichtliche Stellung im Wien des Siegesfestes überblickt, so muß man sagen, daß er mit Ausnahme seines Kaisers alle gegen sich hatte: die Kaiserin, die Erzherzoge, die Hochadeligen – „Starhemberg und Co." scherzten die Wiener –, die „Patrioten", die Minister, die es nicht mehr waren, und die „Teutschen", die es nicht werden konnten. Sie fühlten sich von ihm nicht ganz mit Unrecht genasführt und geprellt; denn er wollte kein mächtiges und einiges Deutsches Reich, er wollte ein national ohnmächtiges, und er schuf ihm Hindernisse der nationalen Einigung, statt sie zu beseitigen. Das ist richtig; doch sollte man denken, daß ihm dafür die überzeugten Österreicher, die Preußenhasser, die „Schwarzgelben" hätten erkenntlich sein müssen. Ganz im Gegenteil waren sie seine schlimmsten, seine unerbittlichsten Gegner. Die Wallis, die Schwarzenberg, die Chotek – von dem durch ihn beerbten Stadion nicht zu reden – hatten alle etwas gegen ihn; und diese Gegnerschaft reichte weit ins Bürgertum und Kleinbürgertum herunter. Die eine Hälfte der Wiener verübelte ihm, daß er Marie Louise mit Napoleon verheiratet hatte, die andere Hälfte, daß er Napoleon zu spät verraten hatte. Übrigens gab es in beiden Hälften unter diesen nicht immer unbezahlten Wiener Patrioten sogar etwelche, die ihm den Abfall von Napoleon verübelten.

Die Gesandten und ausländischen Würdenträger lassen auch kein gutes Haar an ihm. Diesen tut er zuviel, jenen wieder viel zuwenig. „Ein guter Diplomat", heißt es von ihm, „aber ein schlechter Minister." – „Unternehmend", sagt ein anderer, „ist er nur, wenn er mit einer Frau allein ist!" Das ist auch die Meinung alter Damen, die nicht müde werden, den Allzu-Umworbenen auf ihren Teekränzchen rastlos zu verleumden. „Die arme Fürstin!...", heißt es dann wohl von seiner Frau: „Aber um am Montag seine Gäste zu empfangen, dazu ist sie ihm gut genug, die arme Lori!" Die Exzellenzen denken nicht anders. „Er läßt zwei Botschafter im Vorzimmer warten, während er mit seiner Tochter lebende Bilder stellt", murrt etwa der preußische Geschäftsträger Humboldt. Das war schon richtig. Es war Metternichs Tochter Marie, ein halbwüchsiges Mädchen damals, das ihm unter allen seinen Kindern am nächsten stand (Frauenmann auch hier!). Und nun erst die Kirche, der päpstliche Sekretär Monsignore Evangelisti! Er sieht in

Metternich geradezu einen Verlorenen, „den Mysterien der Isis, der Ceres und der Freimaurerei ergeben"!

Auch die anwesenden Majestäten waren ihm nicht grün. Der König von Dänemark beklagt sich, weil Metternich sitzend mit ihm spricht. Der König von Preußen, den sie in Wien den König „Infinitiv" nennen, weil er es für sein preußisches Vorrecht hält, das Zeitwort nicht zu konjugieren, wird sich wohl wiederholt höchst mißfällig über ihn geäußert haben: „Auf Fürst Metternich kein Verlaß sein. Mann uns betrügen wollen. Heftigen Auftritt gehabt! Längere Zeit nicht mehr sehen wollen!" Der schlimmste aber war der von der Bagration mit Teebrötchen aufgestachelte Zar Alexander, der auch bei Polen, als ob Polen eine schöne Frau wäre, durchaus den Liberalen spielen wollte. Einmal schreit er Metternich an: „Sie sind der einzige Mann in Österreich, der so mit mir zu sprechen wagt!" Ein andermal wirft er in einer Unterredung seinen Degen auf den Tisch und fordert Metternich zum Duell. Dann geht er wochenlang in allen Gesellschaften wortlos und grußlos an ihm vorüber. Schließlich werden sie wieder gut, und Metternich setzt alles durch. Er versöhnt Preußen, indem er ihm ein Stück von Sachsen und von Polen überläßt, dessen Rest dann der Zar, sich über seinen eigenen Liberalismus hinwegsetzend, einsteckt, indem er es zu Rußland schlägt.

Überhaupt stellte sich, als der Kongreß zu Ende ging, immer offensichtlicher heraus, daß ein Staatsmann auf einer gewissen Stufe durch seine Unbeliebtheit mehr erreicht als durch die gewinnendste Beliebtheit. Alle hatten ihn verleumdet, manche hatten ihn besiegen wollen, und einige, wie Talleyrand, in Teilgefechten sogar wirklich besiegt. Aber als man schließlich Inventur machte, trat zu Tage, daß von allen in Wien vertretenen Staaten Österreich doch am besten abgeschnitten hatte. Es erhielt die Lombardei mit Venetien, ein Stück Illyrien, ein großes Stück Galizien und das liebliche Salzburg, dessen internationale Sommergäste, wenn sie ein Jahrhundert später vor einem Reinhardtschen Spektakel saßen, gewiß am wenigsten daran dachten, daß sie dieses österreichischeste Stück Österreich dem unbedankten Metternich verdankten.

\*

Der Wiener Kongreß hatte und hat keinen guten Ruf bei deutschen Geschichtsprofessoren; denn er besaß den in ihren Augen unverzeihlichen Fehler, amüsant zu sein. Von diesem Vorwurf ist er tatsächlich nicht freizusprechen, doch entsteht die Frage, ob wirklich nur der Langweile, wie der deutsche Gelehrte ein Jahrhundert lang gerne annahm, säkulare Bedeutung zukommt. In Wien, sagen diese Schulmeister in ihrer überheblichen Art, wird immer nur geschwätzt und nichts geleistet. Worauf ein Wiener Zeitungsschreiber in Berlin einmal eine hübsche Antwort gab. Er unterbrach seine Berliner Kollegen, die diese Meinung in seiner Gegenwart unerbittlich aufrecht hielten, schließlich mit der bescheidenen Gegenäußerung: „Gearbeitet wird auch in Wien. Nur das *Gespräch* über die Arbeit ist in Berlin besser organisiert." Dasselbe gilt auch vom Wiener Kongreß, wenn man ihn etwa mit dem Berliner Kongreß von 1878, der anderen und besser organisierten großen Veranstaltung gleicher Art, vergleicht. Und es gilt erst recht, setzt man ihn in Vergleich mit der großen Tagung von Versailles, ein Jahrhundert später. Der Wiener Kongreß hatte eine europäische Ordnung geschaffen, die immerhin bis 1914 standhielt. Das Bündnis zwischen Österreich, Rußland und Preußen war der Garant dieses Dauerzustandes, und erst als es zusammenbrach, sah Bismarck, der unverbrüchlich daran festgehalten hatte, mit Recht das Chaos herandrohen. Zwischen dem Wiener Kongreß und dem Sturze Bismarcks liegt ein Zeitraum von achtzig Jahren, und wenn sich diese acht Jahrzehnte zu einem perikleischen Zeitalter der europäischen Menschheit gestalteten, so ist das zu nicht geringem Teile auch das Verdienst des gesellschaftsfrohen Wiener Kongresses und desjenigen, der ihn ins Leben gerufen hat, ohne über diesem Ruf das Leben zu vergessen. „Eh' er singt und eh' er aufhört – muß der Dichter leben!" sagt Goethe. Aber warum nur der Dichter? Warum nicht auch der Staatsmann? Ein natürlich empfindender Mensch zu sein, wird immer seine wertvollste Eigenschaft bleiben. Metternich, mit allen seinen Fehlern, hatte sie.

## „O WELT!"

Während der Wiener Kongreß sich entwickelte, verwickelte und wieder auflöste, hatte das Schicksal Marie Louisens, ein kleines Frauenschicksal nur noch, längst schon den Punkt erreicht, wohin Metternichs kundige Hand es mit diabolischer Gelassenheit lenkte. Die Zeitläufte ließen im Herzen des Vielbeschäftigten eine neue Liebschaft nicht aufkommen, und auch was die Sagan ihm antat, war nicht eben neu. Also begnügte er sich notgedrungen, in Ermangelung eines neuen Romankapitels. damit, den von ihm angefangenen Roman der entthronten jungen Kaiserin um einen spannenden Abschnitt zu vermehren. Ein trauriges Geschäft im Grunde, diese Zwischenarbeit, und eines Staatsmannes von seinem Rang nicht ganz würdig. Aber es blieb ihm nichts anderes übrig. Napoleon mußte beseitigt werden; und dazu mußte er vor allem aufhören, der Schwiegersohn des Kaisers von Österreich zu sein.

In Rambouillet hatte Marie Louise drei Tage auf „Papa" warten müssen. Dann war sie von ihm väterlich umarmt und ihr bedeutet worden, sobald wie möglich nach Österreich sich zurückzubegeben. Sie sollte sich vor allem einmal ein bißchen erholen und sonach den Zeitpunkt eines Besuches bei ihrem Mann selbst bestimmen. Niemand scheint etwas dagegen zu haben, daß sie ihn besucht, weder Kaiser Franz, noch Metternich, wie auch aus einem von ihm verfaßten Handschreiben des Kaisers an Napoleon offenkundig hervorgeht.

Also reist sie jetzt, den geschichtlichen Entwicklungen den

Rücken kehrend, über die Schweiz, Tirol, Salzburg nach Wien zurück, ihr Söhnchen auf den Knien. Unterwegs, in den österreichischen Erblanden, war sie überall bejubelt worden; wo immer ihre Kutsche hielt, warf man ihr Blumen in den Wagen. Wie auch nicht? Eine Kaiserstochter, das Kind des geliebten Monarchen – wie Metternichs Unbeliebtheit ist Kaiser Franz' Beliebtheit nicht immer ganz erklärlich –; eine hübsche junge Frau und Mutter; selbst kaum dreiundzwanzigjährig, und neben ihr steckt ein herziger Dreikäsehoch, der auf den Namen eines Königs von Rom hört, das Köpfchen zum Fenster heraus, wann immer sie sich dem Volke zeigt: wie hätte es nicht entzückt sein sollen, das brave, treue österreichische Volk? Es kümmerte sich keinen Deut darum, daß diese Frau die Gattin des Erbfeindes war; es sah nur eine entthronte Kaiserin und eine ihrer natürlichen Stütze beraubte kindliche Mutter. Und jubelte. Und warf Blumen.

In Wien dann, in Schönbrunn, als die körperliche Erholung der Schwergeprüften immer noch zu wünschen übrig ließ, verordnete der Leibarzt Seiner Majestät eine Schweizer Badereise. Aix-les-Bains schien ihm der richtige Platz: milde Luft, milde Bäder. Außerdem nicht allzu weit von Parma und somit auch von Elba, wo Napoleon, so groß im Kleinen wie im Großen, sein Miniaturkaiserreich bereits sachkundig aufbaut. Marie Louise, sofort einverstanden, bereitete sich munter auf diese Badereise vor. Nur ihren Knaben mitzunehmen, wurde ihr, wahrscheinlich auf Metternichs Betreiben, nicht erlaubt. Das verdroß sie ein wenig, doch nur im Anfang. Sie war mehr Frau als Mutter.

Wenn eine Kaiserin reist und wäre es selbst eine entthronte, so braucht sie einen Reisemarschall. Fürst Esterhazy wurde ihr als solcher zugeteilt, und dagegen war nichts zu sagen. Der Fürst war ein Kavalier durchaus, ein alter, würdiger, höchst ritterlicher Magyar. Aber plötzlich, während sie schon unterwegs ist, wird diese Bestallung rückgängig gemacht, und ein anderer rückt unversehens an seine Stelle. Die Hand Metternichs wird sichtbar. Denn dieser andere ist ein vom Fürsten Schwarzenberg in Paris empfohlener Graf Neipperg, ein Mann, der keinen allzu guten Ruf hat. Bei Frauen freilich hat er den besten.

Neipperg ist zweiundvierzig Jahre alt, General, und steht als Divisionär zu Parma in österreichischen Diensten. Zuletzt war er Gesandter in Neapel, wo er der Sache der Alliierten entscheidende Dienste erweisen durfte.

Da er der Kaiserin, der er vor vier Jahren in Paris flüchtig vorgestellt worden war, bei Carrouge unmittelbar vor Aix entgegenreitet, trägt er die pelzverbrämte ungarische Husarenuniform und das Maria-Theresien-Kreuz auf dem Waffenrock, die höchste österreichische Militärauszeichnung. Eine schwarze Binde deckt das eine Auge, das er im Franzosenkrieg von 1813 durch einen Säbelhieb verloren hat. Was ihm, obwohl ihm die Verwundung Ehre macht, ein irgendwie verdächtiges, unheimliches Aussehen verleiht. Der einäugige Kavalier, so geschmeidig er im Sattel sitzt, ist Marie Louise beim ersten Anblick unsympathisch.

Nun, auch Napoleon war ihr von Haus aus höchst unsympathisch, als junges Mädchen hat sie ihn geradezu gehaßt und, wie man behauptet, mit der Armbrust in ihrem Kinderzimmer nach seinem Bild geschossen, später wurde sie seine Frau. Es spricht nicht gegen sie. Gäbe es eine Statistik der Liebesanfänge, so würde sich herausstellen, daß, von der weiblichen Seite her gesehen, mehr Liebschaften mit Abneigung beginnen, als aus Zuneigung erblühen. Liebe auf den ersten Blick, wenn es sie überhaupt gibt, setzt eine fertige Persönlichkeit voraus, und die war Marie Louise bis an ihr Lebensende nicht. Sie war ein Durchschnittsweibchen, nicht besser und nicht schlechter als Millionen andere.

Nun übernimmt also der junge Reisegeneral – kein junger Mann mehr, aber ein junger General – die Führung des kleinen Zuges und es geht im Trab nach Aix-les-Bains, wo die vom Wiener Sanitätsrat verordnete milde Kur beginnen soll. Die junge Frau war etwas schwach auf der Brust, die Wiener Krankheit leider, und die kurierte man damals mit Molke und lauen Bädern. Marie Louise löffelt täglich ihren Molkenbrei und badet pünktlich zu den vorgeschriebenen Stunden in dem angeblich wundertätigen Wasser. Dann, am Abend, tanzt sie auch ein bißchen, wobei sich der unsympathische Graf Neipperg immerhin als ein gewandter und elastischer Tänzer entpuppt. Oder man musiziert ein wenig, damit die Zeit vergeht, und es ergibt sich, daß Neipperg eine prachtvolle Stimme hat und sie wohl zu gebrauchen versteht. Sein eines Auge aus der Höhle rollend, singt der Husarengeneral so dramatisch, daß die Wände schüttern. Marie Louise fühlt sich von Tag zu Tag wohler in Aix-les-Bains, ihre Gesundheit erstarkt sichtlich. Die herrliche Umgebung lockt, und es reizt sie, Ausflüge zu machen, zunächst kleine, dann auch schon etwas größere, zu Pferde und zu Fuß, in die Berge hinauf, wozu sie lang keine Gelegenheit mehr hatte. Graf Neipperg begleitet sie überall hin, wie es seine Pflicht, nein, bereits sein Recht ist. Er erweist sich als geschulter Reiter auch auf Gebirgspfaden und als ausdauernder Bergsteiger. Bis zur Schneegrenze kennt er Weg und Steg, überall weiß er Rat und Bescheid. Sogar in Sennhütten, wo er mit der jungen Frau allein ist, weiß er sich, wenn man dem Reisechronisten Meneval glauben darf, entsprechend zu benehmen.

Aber wie war das nur? Wollte sie denn nicht eigentlich zu Napoleon nach Elba hinüberfahren, sowie ihr nur ein bißchen besser wäre? Jetzt ist ihr schon bedeutend besser, ja geradezu wohl zumute, und sie fährt noch immer nicht. Es scheint ihr in Aix-les-Bains je länger je mehr zu gefallen; „elle s'amuse", berichten die Vertrauten nach Wien. Sie tanzt auf den öffentlichen Subskriptionsbällen, was gar nicht kaiserlich ist, und macht sich geradezu populär. Sie zieht die für alle Fälle mitgebrachten neuen Kleider an, sie blüht auf, sie lacht und trällert den ganzen lieben Tag. Wo sind jetzt die vom Wiener Sanitätsrat verordneten sanften Kuren? Molke löffelnd, als ob es Fruchteis wäre, Fruchteis, als wäre es die vorgeschriebene Molke, genießt sie unbekümmert ihr Leben. Ja wahrhaftig, das tut die junge Kaiserin, als ob sie nie abgesetzt und ihr Mann nicht eben erst nach Elba verstoßen worden wäre. Aber das eben macht böses Blut bei der französischen Bevölkerung, die für Taktlosigkeiten einer Frau in der Lage Marie Louisens wenig übrig hat. Die französische Regierung läßt durch den Mund Talleyrands der österreichischen den Wunsch ausdrücken, Marie Louise möge ihren erfolgreichen Badeaufenthalt baldmöglichst beenden. Kaiser Franz sendet einen von Metternich verfaßten Brief nach Aix-les-Bains, worin sofortige Heimkehr nach Wien dem vergnügten und vergnügungssüchtigen Töchterchen befohlen wird. Gleichzeitig wird auch ihre Suite abberufen, bis auf Neipperg.

Marie Louise läßt ihre Koffer packen. Aber es ist bezeichnend, daß sie schon einige Tage vorher, am 10. August, noch in Unkenntnis des Protestes Talleyrands, ihren Besuch in Elba abgesagt hat. Grund: sie müsse leider schleunigst nach Wien zurück. Aber sie kommt bestimmt demnächst. Viele Küsse. Es war ihr letzter Brief.

Ihre Begleitung ist bereits – Metternichs Hand noch einmal! – in alle Winde zerstreut. Der eine krank, der andere, Monsieur Meneval, in Paris zurückgehalten. Sie bleibt mit Neipperg allein und treibt sich mit ihm, an Hochtouren immer mehr Gefallen findend, eine Zeitlang im Berner Oberland herum. Später, viel später heiratet sie ihn, der selbst mit einer durch ihn gefallenen Frau verheiratet war, die ihm fünf Kinder geschenkt hat. Inzwischen aber wird er zum Ehrenkavalier der Kaiserin und nach einiger Zeit zum Fürsten Montenuovo (Neipperg – Neuberg – Monte Nuovo) emporgeadelt. „Für geleistete Dienste."

Die rührende Gestalt in dieser Hofintrige, die Metternich von seiner weniger sympathischen Seite als einen fast kupplerischen Staatsminister im Stil des achtzehnten Jahrhunderts zeigt, ist der betrogene Gatte, ist Napoleon. Von dem Augenblicke an, da er in Fontainebleau, am 8. April 1814, Gift schluckte, weil Marie Louise nicht gekommen war, hat er nicht aufgehört, um sie zu werben, auf sie zu warten. Er hat ihr auf der Fahrt nach Elba, ins Exil, ein Stelldichein in Brière gegeben, das sie verschmähte. Er hat ihr dann von Elba aus sogleich geschrieben und ohne Groll in der zärtlichsten Weise vorgeschlagen, nun doch zu ihm, wenigstens auf Besuch, zu kommen. Sie würde in Parma residieren, er auf Elba bleiben, aber man würde sich doch wenigstens hin und wieder einmal sehen können. Und so sicher rechnet er mit diesem ihrem Besuch, daß er, schon für die Sommerwochen, das Landhaus, das er sich oberhalb von Porto Ferraio einrichtet, entsprechend umbauen und die kühlsten Zimmer für die Kaiserin zuerst herrichten und bereithalten läßt. Auch ein Feuerwerk bestellt er für ihre Ankunft, damit sie gleich eine Unterhaltung hat. Unter einem nichtigen Vorwand reist sie nach Österreich zurück, und er schreibt ihr geduldig weiter dorthin, obwohl er keine Antwort mehr erhält. Wenn er dann, von Elba ausgebrochen, seinen unerhörten Siegeszug nach Paris antritt, eines der wunderbarsten Heldenmärchen der Weltgeschichte, richtet er, inmitten hereinstürzender Ereignisse, in der Zeit zwischen dem 8. März und 4. April 1815 nachweisbar nicht weniger als sieben Briefe an sie. Noch von Lyon aus, bevor er Paris betritt, befiehlt, nein, bittet er sie: „Sois à Strasbourg du 15 au 20 Avril!" Der SOS-Ruf eines sterbenden Herzens, der wie alle seine Rufe unbeantwortet bleibt von der geliebten Frau, die bereits von „Papa" eine Rente von monatlich 1200 Francs bezieht und sie nicht aufs Spiel setzen will. Aber dieses große Herz stirbt nicht; dies Herz ist unsterblich.

Gewiß, die Kaiserin hätte sich kaiserlicher, hätte sich geschichtswürdiger benehmen können. Aber - wie Masson am Schlusse seines Buches über Marie Louise sehr schön sagt -: Geschichte ist, wenn man tot ist, und Marie Louise wollte leben. Und so lebte sie denn mit ihrem Ehrenkavalier in Parma, wo sie, sagt Masson, in Jahren nichts mehr an Napoleon erinnerte als vielleicht die Parmaveilchen, seine Lieblingsblume in den Tagen des Glanzes, die Blume des Empire.

Ein kleines Herz und ein großes. Das große hört nicht auf, für sie zu schlagen, und noch heute glauben wir seine Zuckungen zu spüren, wenn wir nachlesen, wie Napoleon sich auf Sankt Helena, durch einen Ozean von ihr getrennt, zu Marie Louise verhielt. Sechs Jahre lang verging kein Tag, an dem er sie nicht im Gespräch erwähnt hätte. Wiederholt noch unternimmt er den Versuch, sich mit ihr in Verbindung zu setzen. Denn seine unerschütterliche Liebe findet tausend Entschuldigungen für sie, die keiner einzigen wert war. Er hat sie nie verurteilt, ja nicht einmal beurteilt. Ihren Treubruch? Sehr einfach, er nahm ihn nicht zur Kenntnis. Vor die Wahl gestellt, zwischen Verachtung und Blindheit, wählte er sehend die Blindheit. Und als er starb, vermachte er ihr „seine Spitzen und sein Herz". Je lègue à l'Impératrice mes dentelles. Wieviel Zärtlichkeit birgt dieser einfache Satz. Was aber sein Herz betraf, so betrachtete er es nach wie vor als ihr persönliches Eigentum; er ordnete letztwillig an, daß es in Weingeist zu bewahren und ihr zuzustellen sei, als letzter Beweis „que je l'ai tendrement aimé et que je n'ai cessé de l'aimer".

Menschliche Größe! An Napoleon gemessen, hat Metternich nicht viel davon besessen. Aber er hat manchmal eine Ahnung gehabt von dem, was ihm dazu fehlte, wenn er in späteren Jahren von Napoleon sprach, was er mit zunehmendem Alter immer häufiger tat. Denn es war merkwürdig: seitdem er ihn besiegt hatte, konnte er nicht aufhören, von dem Besiegten zu reden. Er hatte dem Kaiser übel mitgespielt und blieb dennoch – oder eben darum? – zeitlebens sein Schuldner.

\*

Vorläufig freilich war Napoleon immer noch nicht ganz besiegt, wie sich alsbald herausstellte. Während der Wiener Kongreß endlos weitertändelte, ein Menuett der Diplomaten, ein bebänderter Kuhhandel der Völker, ein Jahrmarkt der Liebe und ein Walzertraum der Politik, verbreitete sich eines Morgens in Wien die ungeheuerliche Nachricht, Napoleon sei von Elba ausgebrochen und bei Cannes ans Land gegangen. Metternich soll sie, von seinem Kammerdiener geweckt, um sieben Uhr früh erhalten haben und bereits um acht beim Kaiser gewesen sein. De la Garde behauptet sogar, daß die Bombe auf einem Ball geplatzt sei und einen Wiener Walzer mitten entzweigerissen habe. Man sah den König von Preußen zusammen mit dem Zaren sofort die Gesellschaft verlassen und Metternich am Arm des Herzogs von Wellington alsbald nachfolgen. Der Ball war aus.

Nun, so war es ungefähr, wenn auch nicht ganz so. Zieht man das make-up der Geschichte ab, so bleiben zwei Tatsachen bestehen. Die eine ist, daß man sich bereits in der zweiten Hälfte des Kongresses vollkommen klar war darüber, daß Elba als Exil auf die Dauer unhaltbar sein würde, weil es zu nah der Küste und im besonderen zu nah den Besitzungen von Parma und Piacenza gelegen war, der künftigen Residenz der

Kaiserin Marie Louise. Im vertrauten Zirkel der maßgebenden Staatsmänner war daher längst schon ein anderer Verbannungsort erwogen und der Name St. Helena genannt worden. Napoleon verschlechterte sein Los nicht durch jenen Theaterstreich der Landung in Cannes, den besonnene Historiker in seiner Conduite tadeln zu müssen glauben. Er kam seinem Schicksal nur damit zuvor und trat ihm als ein Held entgegen. Nach St. Helena wäre er wahrscheinlich auf jeden Fall gekommen.

Richtig ist ferner, daß Metternich, kaum daß er die Nachricht von dem Entweichen des Imperators in Händen hielt, eine Abwehrfront zustande brachte und die Koalition wieder aufleben ließ. Napoleon wurde geächtet, was kaum möglich war, wäre Marie Louise mit ihm noch verheiratet gewesen, und der Krieg gegen ihn sofort erklärt. Die „Hundert Tage" rauschten wie auf Adlersflügeln vorüber. Und es ist in ihrem Rauschen etwas von der ewigen Weltmelodie allen Lebens und aller Menschengeschichte, die uns noch heute schaudern macht. So haben nur Shakespeare und Beethoven den Atem eines Heldenlieds durch die Bälge ihrer Orgel getrieben.

Die Folie des Heldenlieds ist die menschliche Niedertracht, die Erbärmlichkeit der kleinen Herzen und einer um nichts größeren sogenannten öffentlichen Meinung, deren haltlose Käuflichkeit bei solchen Gelegenheiten sichtbar wird. Nachdem Napoleon den Fuß auf französischen Boden gesetzt hatte mit dem lapidaren Wort: „Der Kongreß ist aufgelöst!", trat er einen Siegeszug durch Frankreich an, wie ihn die Welt weder vorher noch nachher jemals erlebt hatte. Die Bataillone gingen zu ihm über, die Regimenter, die Divisionen der Bourbonen, und während er an der Spitze ritt, wuchs der Zug seiner Getreuen hinter ihm zum Heerwurm an. Es war wirklich so, wie er in seinem Manifest gesagt hatte: Der kaiserliche Adler flog von Kirchturm zu Kirchturm, bis er sich auf Notre Dame niederließ.

Und wie spiegelte sich dieser Siegeszug, dieser Vormarsch in die Unsterblichkeit, in den Tintenfässern eines zeitgenössischen, eines leider immer wieder zeitgenössischen Journalismus? „Das Ungeheuer ist aus Elba ausgebrochen!" meldeten die Bourbonenblätter; und zwei Tage später: „Der Tiger ist in Cannes ans Land gegangen!" Drei Tage später: „Der Unhold ist in Grenoble angelangt!" Hierauf: „Der Tyrann marschiert auf Lyon!" Hierauf: „Der Usurpator bedroht Orléans!" Sodann: „Napoleon in Orléans angelangt!" Und schließlich: „Der Kaiser in Paris!"

In drei Wochen war die gesamte Bourbonenpresse wieder napoleonisch. Heute wäre sie's in vierundzwanzig Stunden. Die Verkehrsmittel haben sich verhundertfacht und es gibt keine Entfernungen mehr. Auch nicht der Gesinnungslosigkeit, wie wir aus nur allzu nahen Erfahrungen wissen.

\*

Zwischen jener Landung und Waterloo, wo das Schicksal Europas für ein weiteres Jahrhundert besiegelt wurde, weil infolge einer irre gegangenen Meldung das Corps Grouchy um zwei Stunden zu spät auf dem Schlachtfelde eintraf: in dieser atemlosen Spanne Weltgeschichte hatte Metternich wohl kaum Zeit, sich darüber klar zu werden, was er auf dem Wiener Kongreß erreicht, was verfehlt hatte. Die zünftige Geschichtsschreibung, „von der Parteien Gunst und Haß verwirrt", wie es nicht nur Journalisten, sondern auch Historiker sind, ist sich noch heute nicht schlüssig darüber, obwohl das eine ziemlich feststeht, daß er Österreich damals wieder großgemacht hat, größer, als es jemals war. Aber, fügten die norddeutschen Historiker sofort einschränkend hinzu: auf Kosten Deutschlands. Und sie werfen Metternich vor, daß er bei der großen Aufräumarbeit des Kongresses vergessen habe, im deutschen Hause Ordnung zu machen. Kaiser Franz lehnte die deutsche Kaiserkrone, als sie ihm noch vor Paris im Winter 1814 zum zweiten Male angeboten wurde, zum zweiten Male ab und ersetzte in dem Entwurf eines Handschreibens an den Generalissimus Fürsten Schwarzenberg das Wort „Vaterland" durch „Meine Völker", „Mein Staat", in beiden Fällen durch den großen Anfangsbuchstaben des besitzanzeigenden Fürwortes den Familienbesitz betonend. Für Metternich war eben, das ist nachgewiesen, Nationalismus gleich Jakobinertum, was man ihm ein volles Jahrhundert lang in nationalen Kreisen bitter übelnahm, bis sich, in jüngster Vergangenheit, noch bitterer herausgestellt hat, daß Nationalismus tatsächlich Jakobinertum ist.

Dieser Punkt ist der interessanteste in jeder Metternich-Biographie und ist zugleich derjenige, in dem Geist und Ungeist sich am sichtbarsten zeigt, wie sich zumal an Werken dartun läßt, die seit dem Aufflammen des Nationalsozialismus in Deutschland geschrieben wurden. Dabei ist es lehrreich festzustellen, daß man Metternich im Maße, als ihm rechtsgerichtete Beurteiler den „Reaktionär" verziehen, den übernationalen Weltbürger übelnahm, so daß er nichts gewonnen hat als den Wechsel der Angriffsfront: ein Jahrhundert lang von links, wird er dann vorzugsweise von rechts befeindet und zumal im nationalen Lager als „österreichischer Verräter" (er war allerdings nie illegal) gebrandmarkt, der aus innerster Charakterlosigkeit und echt österreichischer Genußsucht den Augenblick versäumt habe, in dem er Österreich zur vorherrschenden deutschen Macht in Mitteleuropa machen, das heißt also ein deutsches Mitteleuropa, wenn nicht Europa, hätte anbahnen müssen. Und wann und wo hätte er diesen Nibelungentraum verwirklichen können? Nun, eben auf dem Wiener Kongreß, in jener Nacht, die er sträflicherweise bei der Herzogin von Sagan verbracht hat. Hätte er damals nicht verschlafen – „sich verliegen" nannten es die mittelhochdeutschen Recken – so wäre am nächsten Vormittag Bayern an Österreich gefallen, und alles wäre schön und gut gewesen; denn dann hätte Österreich, durch das bayrische Gesäß standfest gesichert, seinen Arm bis zum Schwarzen Meer vorstrecken können. Indem aber Metternich diese günstige und einmalige Gelegenheit sich entschlüpfen ließ, habe er sich zugleich selbst zur geschichtlichen Bedeutungslosigkeit verurteilt. Er hat in jener Nacht bei der „maudite femme", wie Gentz von ihr sagte, ein für allemal zugunsten der Genußsucht auf heldische Größe verzichtet und von da angefangen den Rest seiner Tage, mehr als vierzig Jahre, in einer traurigen, ihn selbst nicht mehr befriedigenden, öden Regierungsroutine verzettelt. Eine Auffassung, wie eine andere, die Walter Tritsch, ein jüngerer, vom Feuer des Nationalsozialismus sichtlich angeglühter Österreicher, im Jahre 1934 zum Ausgangspunkt seiner nationalgefärbten Metternich-Biographie machte. Für Tritsch schließt die historische Bedeutung des sich dem deutschen Nationalismus versagenden Helden mit dessen zweiundvierzigstem Jahre ab, den Rest glaubt er überschlagen zu dürfen. So alt nämlich war Clemens Metternich, als ihn Lawrence im Konferenzsessel des Wiener Kongresses, mit überschlagenen Beinen, etwas zurückgelehnt, in angenehm entspannter Haltung dasitzend malte, und man muß zugeben, daß er auf dem Bilde weniger wie Hagen Tronje oder wie Dietrich von Bern aussieht als wie ein großer englischer oder französischer Staatsmann seines Zeitalters, zwischen Pitt und Talleyrand etwa. Er sieht nämlich ausgesprochen europäisch aus.

Und eben dies ist es, was Tritsch und seinesgleichen nicht so sehr vergessen als vergessen machen wollen: daß Metternich in erster Linie Europäer war, in zweiter Linie Österreicher und erst in dritter Deutscher. Europa, ein geeintes, ausgewogenes, glückliches Europa, war es, was ihm immer und überall vorschwebte. Auch jetzt wieder, als nach Napoleons Theaterstreich die Tragödie in mächtigen Auftritten unter dem Donnern der Kanonen abrollte, ließ er es nicht aus den Augen. „Oh monde!" sagte der besiegte Cäsar, als er wenige Monate später auf dem englischen Kriegsschiff „Bellerophon", das ihn nach St. Helena brachte, die französische Küste entschwinden sah. Er sah nicht nur die französische Küste, er sah Europa versinken. Metternich aber, der ihn besiegt hatte, sah es jetzt erst aufsteigen. Und das war ihm wichtiger sogar noch als der Sieg über Napoleon.

# DIKTATOR EUROPAS

## METTERNICH IM PROFIL

Erfolg macht nicht besser; erst die Schädigung des sittlichen Ich, die jeder lang andauernde Erfolg nur allzu leicht nach sich zieht, überwunden zu haben, kann einen Mann besser machen; erst der Rückschlag veredelt und stählt einen Charakter. Vorausgesetzt freilich, daß einer groß genug ist, aus seinem Unglück etwas zu machen. Denn Unglück an sich kann jeder haben, es ist so wenig ein Verdienst, wie Glück zu haben. Entwicklungsfähigkeit ist alles. Die entwicklungsfähigen Menschen allein machen der Menschheit Ehre; nur sie werden gewogen und nicht zu leicht befunden. Dies ist ja auch der geheime Sinn des in der Wiener Gesellschaft wenig gelesenen „Wilhelm Meister", den auch Metternich kaum gekannt haben dürfte. Goethe wandte darin zum erstenmal in der Literatur die Gesetze des organischen Wachstums auf den Aufbau einer Persönlichkeit und die Verfeinerung eines Charakters an.

War Metternich entwicklungsfähig? Er war ein Mann der alten Ordnung, die Entwicklung ausschloß, weil sie an das Absolute glaubte. Das war auch Metternichs Glaube. Es gibt Gegebenheiten, aber keinen Fortschritt; es gibt nur „ewige Gesetze", zu denen man immer wieder zurückkehren müsse. Infolgedessen leugnet er auch, auf sein Leben zurückblickend, logischerweise eine schrittweise Entfaltung seines eigenen Wesens und Charakters, den er für angeboren und unveränderlich hielt. „Ich war derselbe mit siebzehn Jahren, der ich heute (mit sechsundvierzig) bin", schreibt er an seine große Freundin, die Gräfin Lieven.

Aber zum Glück sind derartige Selbstaussagen kaum ernster zu nehmen als die Diagnosen, die ein Patient im Ordinationszimmer des Arztes noch vor der Untersuchung stellt. Untersucht man Metternichs Persönlichkeit, klopft man sie ab und behorcht man seinen historischen Herzschlag, so kommt man zu ganz anderen Ergebnissen als zu der von ihm behaupteten Unwandelbarkeit im Verlaufe eines schließlich mehr als achtzigjährigen Lebens.

Charakterologie zu treiben, ist ein ziemlich abstraktes Vergnügen. Darum haben die Dichter eine andere Methode erfunden, um sich über das innere Wesen eines Mannes klar zu werden. Sie stellen einen Charakter dar, statt ihn zu analysieren. Und dasselbe tun auf ihre Art die Maler. Ein Porträt ist nichts, wenn es nicht eine Charakterstudie, die Spiegelung einer Persönlichkeit ist. Das Wissen um den Menschen ist der Hintergrund, auf dem ein jedes gemalt ist. Also halten wir uns an die Maler.

Was den Metternich der ersten Lebenshälfte betrifft, so gibt es zwei Bildnisse: das eine von Gérard aus der frühen Pariser Zeit, das andere aus der Zeit des Wiener Kongresses von Lawrence; beide gefällige Meisterwerke, in einem Abstand von sieben oder acht Jahren gemalt. Vergleicht man sie, so hat man die Entwicklung einer Persönlichkeit sichtbar vor Augen.

Auf dem Bildnis des Gérard, das uns das Gesicht in rosiger Vorderansicht zeigt, blickt den Betrachter ein junger Höfling geputzt und geschniegelt an. Clemens Metternich war fünfunddreißig Jahre alt, als dieses Bild in Paris gemalt wurde, und sieht darauf noch jünger aus, als er ist. Fast könnte man von einem schönen Knabenkopf reden, wäre nicht der wissende Zug um den Mund und das verschwiegene Lächeln, das sich über den Höfling, den er vortäuscht, heimlich lustig macht und ihn jedenfalls durch eine wenn auch unterdrückte Impertinenz innerlich aufhebt. Der Mund ist schon da, der geistreich beredte

Metternich-Mund, auch die etwas vorspringende und herabhängende, menschenverachtende „Habsburger"-Lippe deutet sich an, aber die Nase tritt in dem etwas zu rundlichen, etwas zu vollen Genießergesicht noch nicht bedeutend hervor. Es ist noch, wenn man so sagen darf, eine Nase wie andere Nasen. Und so ist auch der ganze Mann: ein festlich aufgeputzter jugendlicher Ambassadeur mit allem, was dazu gehört: einem schönen Ordensstern auf der Brust und einem Großkordon um den im Empirestil vermummten Hals, der durch einen hochansteigenden Rockkragen und eine dreifach übereinandergelegte, gesteifte Krawatte wie durch Wall und Graben geschützt und gesichert ist. Ein nicht allzu angenehmes Selbstgefühl und eine unverhohlene Selbstgefälligkeit umschweben den Kopf des unternehmenden jungen Botschafters mit der vom Pariser Haarkünstler gebändigten „Schwedenfrisur".

Auf dem Bildnisse, das Lawrence sieben Jahre später im Kongreßgedränge malte, ist an die Stelle dieses Selbstgefühls eine vollkommen natürliche Überlegenheit getreten, die so fest im Sattel sitzt, daß sie sich selbst ohne Gefahr belächeln kann. Lawrence hat Metternich in sitzender Haltung gemalt, die aber doch die ganze Figur von der Fußspitze bis zu den Spitzen des gelichteten, aber immer noch gekräuselten Lockenschwalls in geistreicher Lebendigkeit zusammenfaßt. Wir sehen den Kopf, aber auch das feine Knie, das schöne schlanke Bein im weißen Seidenstrumpf, den mit schwerem Gold bestickten Galafrack und das Goldene Vlies über der handbreiten Seidenschärpe, das Metternich im Jahre 1809, anläßlich der Verheiratung Marie Louisens, erhalten hat. Was aber wichtiger ist als diese Äußerlichkeiten, die ihr Inhaber durch seine im Armsessel halb zurückgelehnte Haltung und den spöttischen Gesichtsausdruck gleichsam bagatellisiert, das ist eben der einmalige, unverwechselbare Ausdruck einer auf der Sonnenhöhe des Lebens reif gewordenen Persönlichkeit. Wie Metternich auf dem Brustbild von Gérard aussieht, so können vierundzwanzig Söhne des Glücks im gleichen Alter und zur gleichen Zeit auch aussehen; wie ihn Lawrence gemalt hat, nur noch Clemens Metternich und kein anderer mehr. Mag er immerhin bei Pitt, und vielleicht sogar bei Brummel, dem großen Dandy, gelernt haben, die Beine so ungezwungen zu überschlagen und eine schöne Hand so unbeschäftigt über die Lehne zu hängen; mag die mephistophelisch hochgespannte Braue und das noch mephistophelischere Lächeln um den von vielen Unterredungen mit den Großen dieser Erde bitter, aber auch süß enttäuschten Mund sich vom Prince de Ligne herschreiben: es ist doch alles Metternich geworden in diesem Bilde Metternichs. Und etwas ist dazugekommen, worin alles dies sich zusammenfaßt, die Profilhaltung, die den feinen Schwung einer sehr entschiedenen Nase in dem jetzt hagerer modellierten Gesicht beherrschend aus der fast schauspielerisch anmutenden Belebtheit der Züge hervortreten läßt. Es ist das erste Bildnis Metternichs, das ihn uns von dieser Seite, das erste, das ihn uns ganz und durch Einbeziehung des Profils als eine plastisch gewordene Persönlichkeit vorstellt. Denn das Profil eines Menschen deutet an, was das Schicksal mit ihm vorhatte; das en-face oft nur, was das Leben daraus gemacht hat. Auf dem uns vorschwebenden Kongreßbild zumindest stimmt diese gewagte Rechnung. Wir sehen den zeitlichen und den überzeitlichen Metternich; wir sehen ihn in einem letzten Jugendschimmer und doch auch schon sub specie aeternitatis. Wir sehen den Staatsmann, Aristokraten, Lebenskünstler. Sehen wir auch einen großen Mann? Einen bedeutenden Mann jedenfalls, und daß er den Mut hat, seine Bedeutung so gar nicht zu betonen, wird ihn nur in den Augen norddeutscher Betrachter verkleinern, die Größe und Grimm so gern verwechseln und zittern müssen, um bewundern zu können.

\*

Lassen wir uns vom äußeren Eindruck nicht beirren. Der schlanke Fürst mit dem ironischen Lächeln und dem Goldenen Vlies, obwohl er weißseidene, prall anliegende Eskarpins und keine Ritterrüstung trägt und nicht einmal gebieterisch wie Napoleon die Arme über einer Heldenbrust verschränkt; dieser liebenswürdige Kongreßkanzler, dessen Liebenswürdigkeit über seine Bedeutung ein Jahrhundert lang hinwegtäuschte, hat tatsächlich in jenen Jahren nach dem Wiener Kongreß eine Machtfülle besessen und ausgeübt, die hinter derjenigen Napoleons kaum zurückstand. Vergegenwärtigen wir uns die Landkarte des damaligen Europa, so sehen wir nicht nur ein wieder mächtig anwachsendes, um alte und neue „Erblande" verstärktes Österreich, sondern auch ein Österreich, das zugleich über Italien und Deutschland herrscht. Kaiser Franz hat im Jänner 1815 die deutsche Kaiserkrone zum zweiten Male abgelehnt, aber Österreich hat weiterhin den Vorsitz im Deutschen Bunde inne, und was es wünscht und gebietet – es war nicht immer das Vernünftigste oder Richtigste –, wird auch noch im nächsten halben Jahrhundert in den deutschen Bundesländern geschehen. Dasselbe Verhältnis besteht zu Italien. Weit in den Süden, bis nach Ravenna hinunter, liegt in jeder größeren italienischen Stadt eine österreichische Garnison, und nicht nur die Lombardei und Venetien gehören zu Österreich – noch der Kaiser Franz Joseph durfte sich bis an sein Lebensende König der Lombardei nennen – auch Toskana und Modena und Parma und Piacenza sind ganz oder halb österreichisch. Neapel und Sizilien sind es gleichfalls oder werden es durch Heirat bald genug werden. In Frankreich stehen österreichische Besatzungstruppen, und bis zum Schwarzen Meer und tief in die Türkei reicht der Einfluß der von Metternich geschaffenen Donaukonvention, die aus der Donau, nicht aus dem Rhein, die Aorta Europas macht. Ja sogar in Spanien entwickelten sich die Dinge in den folgenden zwei Jahrzehnten ungefähr in der von

Österreich beliebten Richtung, und seitens Englands und Rußlands geschah bis zur Unabhängigkeitserklärung Griechenlands im Jahre 1827 nichts, was dem Habsburgerreich gegen den Strich ging. Dort wie da, an der Themse wie an der Newa, waren es die Grundsätze der „Heiligen Allianz", die Metternich die Ausübung seiner Macht als ein unangreifbares Recht sicherten. „Macht durch Recht" war ja auch der Wappenspruch, den er sich, in den Fürstenstand erhoben, gewählt hatte. Zugleich hatte ihm Kaiser Franz das einzigartige Vorrecht eingeräumt, in seinem Wappen auch das kaiserliche Wappen, das Wappen Österreichs, zu führen. Er war zumindest in dem Ausmaße dessen tatsächlicher Regent, wie Mussolini ein Jahrhundert nach ihm der Lenker Italiens war; und zwar um denselben Preis der Erhaltung der bestehenden Dynastie, zugleich der Diktatur Europas.

Diese Diktatur, die Metternich tatsächlich einige Jahrzehnte lang ausübte, eine Diktatur in Samthandschuhen, verglichen mit demjenigen, was man ein Jahrhundert später Diktatur nannte, war als „Heilige Allianz" in der Geschichte lange von einer Art Weihrauchduft umwittert. Das hängt mit den liberalen Neigungen der Geschichtsschreibung des neunzehnten Jahrhunderts weit mehr zusammen als mit den angeblichen mystischen Neigungen des Zaren Alexander, der als der Erfinder dieser christlichen Verbrüderung gilt. Madame Juliane von Krüdener, eine halbdeutsche baltische Baronin, eine seiner romantisch politischen Teefreundinnen, soll den russischen Selbstherrscher dazu verführt und dadurch mittelbar auch Metternich die Überzeugung beigebracht haben, daß der Fels der Kirche die sicherste Grundlage für eine bereits bestehende Mächtegruppierung wäre. Daran ist einiges wahr und das meiste erfunden. Tatsache ist, daß im Sommer 1815, kurz nach der Wiedereröffnung des Krieges gegen Napoleon, der Zar Alexander auf der

Reise nach Paris eine soeben erschienene Schrift in der Hand hielt, die ein unverkennbar deutscher Gelehrter namens Baader verfaßt und mit der professoralen Überschrift versehen hatte: „Über das durch die französische Revolution herbeigeführte Bedürfnis einer neuen und innigeren Verbindung der Religion mit der Politik." Auch Metternich hatte sie gelesen – er war ein großer Leser und jederzeit geistiger Anregung zugänglich –, wie er auch die Madame Krüdener kannte. Doch nahm er ihr unklares Geschwätz nicht ernster, als es genommen zu werden verdiente, und mit den Jahren wendete er sich immer deutlicher von ihr ab, ja gegen sie. Als sie im Jahre 1817 Schweizer Bauern zur Auswanderung nach Odessa bewog und eine „Zeitung für die Armen" herausgab, erklärte er sie geradezu für eine „Jakobinerin", also für staatsgefährlich. Er hatte eine grundsätzliche Abneigung gegen jede Art von Volksbewegung und für den religiösen Kommunismus der verschwärmten Baronin keinerlei nützliche Verwendung. Ruhe und Ordnung war alles, was er von seinem Regentenstandpunkt aus verlangte, und um diese zu sichern, genügte die von ihm planmäßig ausgebaute „Pentarchie", der Fünfmächtebund, der das vorläufig allerdings noch durch eine Besatzungstruppe niedergehaltene Frankreich mitumfaßte. Diese von Wellington befehligte Soldateska garnisonierte ein paar Jahre lang, bis zum Kongreß von Aachen, in Nordfrankreich, und im östlichen Mittelfrankreich, an der Schweizer und badischen Grenze, mußte die erste Linie des Vaubanschen Festungsgürtels, der Maginot-Linie jener Tage, geschleift werden. Im übrigen war Metternich ein großmütiger Sieger, der die imperialistischen Gelüste, zumal des deutschen Bruders, nach Möglichkeit niederhielt. Elsaß-Lothringen blieb bei Frankreich, so sehr der König von Bayern danach schmachtete, und die von den Franzosen zu zahlende Kriegsentschädigung wurde auf siebenhundert Millionen Francs, einen lächerlich geringen Betrag, herabgedrückt. Es war keine Pax

Romana, dieser Pariser Friede, und kein Friede von Warschau. Aber ein haltbarer; über ein halbes Jahrhundert hielt er.

Die französische Kultur, die französische Geistigkeit und Kunst blieben völlig unberührt. Nur den Italienern mußten die von Napoleon entfremdeten Kunstschätze wieder zurückgegeben werden; darauf hielt Metternich. Wenn heute die ehernen Rosse wieder die Markuskirche und der geflügelte Löwe die Piazetta in Venedig schmücken, so verdankt das die Lagunenstadt ihm. Allerdings war ja auch Venedig jetzt wieder österreichisch, so daß Metternichs Stilgefühl sich zugleich patriotisch gebärdete und dem Aufschwung des Fremdenverkehrs in den italienischen Provinzen des Habsburgerreichs geschäftskundig diente.

\*

All das war Kopfarbeit, die Arbeit eines guten Kopfes, wie man zugeben muß. Wo aber blieb, was Metternich selbst mit einiger Übertreibung sein Herz nannte, und worüber zu verfügen er als sein eigenstes Recht jederzeit in Anspruch nahm? Es war in der letzten Zeit ziemlich unbeschäftigt gewesen, dieses einst vielbeschäftigte Herz, die anspruchsvolle Dame Politik ließ keine neuen Gefühle darin aufkeimen, und die alten waren qualvoll abgenützt. Was ihn an die Sagan band, war nur noch eine Liebe ohne Liebe, und, schlimmer als das, eine Liebe ohne Achtung. Diese Frau, die „immer wollte, was sie nicht tat, und immer tat, was sie nicht wollte", und die „liebte, wie man dinierte" – das heißt also, weil man gerade Appetit hat oder eingeladen wurde –, hatte ihn noch während des Vormarsches in Frankreich zeitweise an die schönen Berliner Jugendtage erinnert, aber schon die Tatsache, daß er, in Paris angelangt, sich mit posthumer Treue wieder der Madame Junot widmete, spricht nicht für die Haltbarkeit der alten Beziehung, die einer jüngeren Platz machen mußte. Dann, während des Wiener Kongresses, taucht sie wieder in seiner nächsten Nähe auf und wohnt mit der Bagration, die auf sie eifersüchtig ist, in einem Hause, in dem der flatterhafte Staatskanzler hin und wieder gesehen wird. Er flattert bereits an einem überlangen Faden und Madame Sagan flatterte gleichfalls. Sie war damals eine Frau stark in den Dreißigern, noch schön, aber mit einem leisen Zug ins Hexenhafte, der später deutlicher hervortreten wird. Auf ihrem Bilde sieht sie mit ihrem scharf geschlitzten Mäulchen und dem starrenden Blick unter der etwas wilden Haartracht wie der verkörperte Durst aus. Von der schönen Melusine, einer deutschen Märchengestalt, wird berichtet, daß sie am „Durstbrunnen", auf die Männer wartend, saß. Solch eine Melusine am Durstbrunnen scheint auch die Sagan gewesen zu sein, eine ewig Liebende, die niemals liebte, und unersättlich Dürstende, die immer trank. Der rastlos liebende Staatskanzler hat später in einem Brief an die Fürstin Lieven, der er sich restlos anvertraute, das merkwürdige Verhältnis mit eiskalter Genauigkeit beschrieben. Es ist ein Grundbuchblatt seiner Liebe, von der er behauptet, daß es nie eine Liebe war, ein Lastenblatt zugleich der Frau, die ihn zehn Jahre lang fesselte, wenn auch nicht band. Sie war zweimal verheiratet gewesen, das zweite Mal, wie Metternich sagt, mit einem Mann ihrer Wahl, der aber am ersten Tage ihrer Verbindung aufhörte, ihr Liebhaber, ja sogar ihr Freund zu sein. Nach dieser mehr als schlimmen Erfahrung hätte sie sich mit Metternich trösten mögen: she wanted me as a lover, but I was unwilling, berichtet er, unritterlich genug, an seine neue Geliebte. Dann wurde sie, weiß er zu erzählen, vorübergehend die Geliebte des englischen Agenten Mr. King, desselben, den Metternich im März 1813 von maskierten Räubern verhaften ließ, was ein merkwürdiges Licht auf diese politische Aktion, aber auch auf die Machenschaften der Sagan wirft, die wohl auch im Spionagedienst dilettiert hat. „A little while after this liaison", setzt der gewissenhafte Berichterstatter gewissenlos fort, „she wanted no more of him (nämlich von King) and returned to me – und kehrte zu mir zurück." Immerhin: man kann nur irgendwohin zurückkehren, wo man schon gewesen ist, was mit Metternichs vorhergegangener Versicherung „I was unwilling" in peinlichem Gegensatz steht. In einem Gerichtssaalbericht würde man sagen: Zeuge verwickelt sich in Widersprüche. Indessen fährt der Zeuge unbekümmert fort: „I was as little anxious the second time as the first time – ich machte mir ebensowenig daraus das zweite wie das erste Mal"; also löst der Widerspruch sich in nichts auf und man kann jenes „unwilling" einfach streichen. Die beiden werden zum zweiten Male ein Liebespaar, nachdem Metternich schon in Berlin, sechs Jahre früher, die Dinereinladungen der durstenden Herzogin zumindest sich hatte gefallen lassen. Aber auch diesmal wieder war es kein ungetrübtes Glück; denn, verzeichnet der Grundbuchführer: „Three days later, she took a new lover", was doch wirklich etwas überstürzt war. Nichtsdestoweniger, abermals eine überraschende Wendung in dieser höchst unsentimentalen Liebesgeschichte: „She was free and unhappy, I was free..." – sie waren beide frei, und also verbanden sie sich. Die Begründung ist kurios und läßt tief blicken. Jedenfalls scheint diese auf so nüchternen Voraussetzungen beruhende Spielart der Liebe – „amour sens" mit Stendhal zu reden – eine Zeitlang zumindest die weibliche Partnerin beglückt zu haben, denn diese äußert Stabilisierungsgelüste – auf die der männliche Partner jedoch nicht eingeht. „I did not want to enter into very definite relations", sagt Metternich: er wünscht die Beziehung nicht zu verdichten und schlägt infolgedessen als der versatile Diplomat, der er nicht nur im Konferenzsaal ist, ein Kompromiß vor: „I proposed a compromise. I asked her for six months of fidelity." (Sechs Monate Treue.) Sie lehnt ab. Oder vielmehr:

sie lehnt nicht einmal ab. Denn dies ist eine Zumutung, ungefähr so, als ob er von Frankreich verlangt hätte, auf Paris zu verzichten.

Dennoch war Metternich in dieses unschöne Verhältnis tief verstrickt, und sein leichtfertiges Herz geriet in ernste Gefahr, in die ein Mann gerät, wenn er den Treubruch einer Geliebten schon im voraus verzeihend in Rechnung stellt. Die Beziehung war um so unsittlicher, als die Frau, um die es sich handelte, ebenso liberal dachte und sich in bezug auf Metternichs Treue auch ihrerseits keine Illusionen machte. Aber Metternich war alles nur nicht liberal; er verlangte Treue in der Untreue, verlangte sie auch von sich, ohne freilich dieses Verlangen immer zu erfüllen, und erst recht von seiner Partnerin. Er machte ihr Szenen und sie ihm. Während des Wiener Kongresses, als die Welt um Wien und Wien sich im Walzertakt drehte, und nachher in Baden, dem idyllischen Kurort, wohin sich schließlich auch der Staatskanzler begab, um sich von der Weltgeschichte etwas zu erholen, kam es zu wüsten Auftritten, die seinen Ruf nicht nur als Mann und Ehemann, wenn er das überhaupt jemals war, sondern auch als Staatsmann in immer bedenklichere Mitleidenschaft zogen. „Cette maudite femme", setzt dann Gentz etwa in sein Tagebuch. Aber schließlich besann Metternich sich auch hier auf seine ihm von der Geschichte vorgeschriebene Profilhaltung. Er wandte sich ab von einem Erlebnis, das nicht nur hinter, auch unter ihm lag, und gab seiner durstigen Melusine den Abschied, die sich, wie er behauptet, vor Schmerz darüber töten wollte. Doch trank sie alsbald wieder aus einem anderen Brunnen. Der österreichische Botschafter in London, Graf Paul Eszterházy, war der Nachfolger seines Chefs oder – seien wir vorsichtig – einer seiner Nachfolger.

Der zweiundvierzigjährige Metternich, auf der Höhe seines staatsmännischen Erfolges, stand liebeleer mit einem ausgeraubten Herzen da. Nüchterne Beurteiler seines Lebenswandels werden allerdings die Bemerkung nicht unterdrücken können, daß der Mann ja auch verheiratet und Vater von sieben Kindern war. Das ist richtig, und er war sogar, wenn auch kein zärtlicher Gatte, so doch ein zärtlicher Vater. Und trotzdem liebeleer? Man kann nur mit dem aristophanischen Spötter Nestroy, dem großen Zeitgenossen Metternichs, antworten: „Das eben sind die psychologischen Quadrillierungen, die das Unterfutter unseres Charakters bilden." Und man darf, darüber hinaus, vielleicht auch noch darauf hinweisen, daß Eleonore Kaunitz, eine so ausgezeichnete Mutter, Gattin und Großsiegelbewahrerin der Stellung ihres Gatten sie immer gewesen sein mag, doch nie, nicht einen einzigen Augenblick lang, seine Geliebte war. Es war eine aristokratische Zweckheirat gewesen; und wenn man bedauert, daß es solche Ehen gibt, so darf man doch billigerweise kaum darüber staunen, daß sie gebrochen werden.

Also liebeleer; aber doch nicht so ganz und gar liebeleer, wie sich ein Jahr später, an einem Spätherbsttag des Jahres 1816, herausstellen sollte. Da erschien ein galonierter Herrschaftsdiener mit Trauerflor bei Metternich und überbrachte ihm, namens seiner vor einigen Tagen verstorbenen Herrin, der Gräfin Julie Zichy, ein Kästchen, ein höchst merkwürdiges Kästchen, das einen Dichter träumen machen könnte. Es war mit einem schwarzen Seidenband umwunden und enthielt nichts als Asche. Aber es war die Asche seiner eigenen Briefe, wie an einigen halbverkohlten Blättchen noch merkbar war, und ein zerbrochener Ring lag in der Asche. „Das Ringlein sprang entzwei", wie in dem Lied.

Diese Gräfin Julie Zichy, geborene Festetics, ungarischer Uradel, war eine der schönsten Frauen Wiens gewesen. Auf dem Wiener Kongreß etikettierte man sie als „beauté célèste" im Gegensatz zu jener irdischeren Nebenbuhlerin, der „beauté", bei der „man etwas empfindet". Sie hatte, nun selbst eine Verstorbene, der verstorbenen Königin Louise von Preußen zum Verwechseln ähnlich gesehen und der verwitwete König von Preußen hatte sie nicht ungern verwechselt, wenn er abends in ihrem Salon saß und sich endlos in seine herrischen Infinitive verstrickte. Doch nicht einmal diese Vertraulichkeit und obwohl königlicher Umgang nur allzu leicht Flecken hinterläßt, konnte ihren Ruf auch nur berühren. Er war fleckenlos. Und trotzdem Briefe? trotzdem ein Ring? könnte einer jener Staatsanwälte vertuschter Liebesfälle fragen, die meist weiblichen Geschlechtes sind und, wenn sie eine Anklage erheben, selten auf halbem Wege stehen bleiben. Und er wird auch unerbittlich logisch fortsetzen: wo Asche von Briefen ist, da waren auch einmal Briefe, und wo ein Ring, da war auch einmal ein Finger, der ihn trug. Trotzdem werden die Geschworenen Julie Zichy einstimmig von jedem Verdacht freisprechen. Nicht nur, weil sie eine inbrünstige Katholikin und Verehrerin des Heiligen Clemens Hofbauer war, der an der Minoritenkirche, im Herzen des katholischen Wien, sein Denkmal hat, sondern weil sie, wie der sonst nicht so diskrete Metternich selbst von ihr sagt, „ein Engel war, der durch sein Leben ging, ohne die Erde zu berühren". Sie hat ihn sicherlich geliebt und sicherlich bekehren wollen. Dann ist sie plötzlich gestorben und hat, statt einer verbrannten Schwinge, verbrannte Liebesbriefe auf Erden zurückgelassen. Der Verdacht liegt nahe, daß sie, in auch vom katholischen Standpunkt hoffnungslose Liebe verstrickt, ihrem Leben freiwillig ein Ende gemacht habe. Was Metternich betrifft, so hat er sie sicher angeschmachtet, und umso idealer geschmachtet, als ihn gleichzeitig ein sinnliches und nichts als sinnliches Verhältnis an eine andere Frau band. Nach den Gesetzen der Liebeskontrapunktik, wie sie die verschwiegenen Herzensbeziehungen heimlich regeln, ist es begreiflich, daß er sich in den Armen der Sagan nach etwas Besserem sehnte, und diese Bessere eben war die himmlische Julie, die seiner ersten Tänzerin auf dem Krönungsball so ähnlich sah. Er hat sie und sie ihn, einzigartiger Fall in seinem Leben, wirklich und wahrhaftig platonisch geliebt. Ihm blieb nichts erspart.

Es ist übrigens aufschlußreich, in den Tagebüchern Gentz' nachzulesen, wie sich dieses aufsehenerregende Ableben einer der schönsten und gefeiertsten Frauen Wiens, die dem österreichischen Staatskanzler zudem so nahestand, im Bewußtsein einer immer und überall gleich herzlosen Gesellschaft spiegelte. Am 18. November 1816 notiert Gentz gewissenhaft, mit wem er diniert hat, nämlich mit Czerniczeff, dem Grafen Hardenberg, dem Fürsten Ruffo und einer Madame de Fekete. Hierüber beruhigt, erfahren wir aus seiner nächsten Eintragung vom 19. November, Pillat sei morgens um halb zehn Uhr zu ihm gekommen und habe ihm die „terrible nouvelle de la mort de Julie Zichy" überbracht. Gentz ist zutiefst erschüttert und setzt seinen Tagesbericht mit den Worten fort: „nous sommes allés aux remparts voir la grande éclipse de soleil" (sie wären auf die Bastei gegangen, um die Sonnenfinsternis zu bestaunen). Hierauf verzeichnet er den Wetterbericht: „le temps... clair et beau." Folgt die Eintragung vom 20. November: „allé chez le Prince de Metternich" (den täglich zu besuchen zu Gentzens dienstlichen Obliegenheiten gehört)... „arrangé avec lui l'expédition de mon manuscript" (mit Metternich die Drucklegung meines Manuskriptes besprochen). Hierauf, am 21. November – war es der Tag des Begräbnisses der geliebten Frau oder der Tag vor ihrem Begräbnis? – „diné chez Metternich. Après... longue conversation avec lui et le Baron Bartenstein sur les objets de finance." (Nachher längere Unterhaltung über Finanzprobleme.) Und schließlich am 24. November: „Allé chez le Prince Metternich pour le féliciter à son jour de nom", (Metternich zum Namenstag gratuliert). Das Leben geht weiter, und wer vorzeitig stirbt, tut es auf eigene Gefahr.

Man kann also doch wohl nicht anders, als Metternichs Leben in diesen Jahren liebeleer nennen. Zwischen einer sinnlichen und einer übersinnlichen Leidenschaft, wie der Sarg Mohammeds zwischen Himmel und Erde mitten inne schwebend, sehnte sich das Herz des fünfundvierzigjährigen, zur Persönlichkeit voll herangereiften Mannes noch unbewußt nach etwas, was ihm ganz nahe bevorstand, vielleicht eben darum so nahe bevorstand, weil er sich so sehr danach sehnte: es verlangte ihn nach einer Frau, die ihm in jeder Beziehung gewachsen wäre, nach einer großen Dame, mit der man sich zeigen, aber auch nicht zeigen könnte, und die sein ganzes Wesen („so wie er nun einmal war", mit Wilhelm Meister zu sprechen) umfaßte, was ihm bisher kaum noch zuteil geworden war. Denn im Gegensatz zu seinen früheren Bildern hatte er den Frauen doch zumeist nur in der Profilhaltung gegenübergestanden und sie mehr halb im Wegschauen und Vorbeisehen geliebt. Jetzt aber wollte und – sollte er eine finden, die, mit dem sinnlichen wie mit dem geistigen Auge gleich betrachtungswürdig, diesem doppelten Anblick standhielt, die, Weib und Dame in einem, ihm ebenbürtig gegenübertrat und der er sein ganzes Gesicht, mit allem, was das Leben daraus gemacht hatte und was an Möglichkeit darin noch verzeichnet war, en face zuwenden konnte.

Eine solche Frau hatte ihm das Schicksal vorbehalten. Es war die Fürstin Lieven.

## DAS GROSSE ERLEBNIS

Carlyle, der Heldenverehrer, sagt einmal, daß man aus der Art, wie jemand singt, abnehmen könne, wie er kämpfen würde. Bei Metternich, der kein Held war, sondern ein Staatsmann und Minister, ist es umgekehrt: aus der Art, wie er sein Amt verwaltete, kann man Schlüsse ziehen auf seine Geschäftsführung in Liebessachen. Er war kein Pedant, aber ein Systematiker. Sein jüngster französischer Biograph, Constantin Grunwald, stellt mit jenem Vergnügen an Einteilungen, das den Historiker kennzeichnet, gewissenhaft fest, daß neun Frauen im Leben des österreichischen Staatskanzlers und Haus-, Hof- und Konferenzministers, welchen Titel er etwas später erhielt, eine Rolle spielten. Drei von den neun wären Französinnen gewesen: Constance, Caroline Murat und Laure Junot; drei Russinnen: Madame Bagration, Madame Sagan und Dorothy Lieven; drei Österreicherinnen: Eleonore Kaunitz, Antoinette Leykam und Melanie Zichy, seine zweite und dritte Frau. Fügt man hinzu, daß von diesen drei österreichischen Frauen eine deutscher Abkunft war, eine, nämlich Antoinette Leykam, halb italienisch und die dritte, Melanie Zichy, ganz ungarisch, so gewinnt dadurch die balance of power, die Metternichs Herz wie sein staatsmännisches Konzept in Schwebe erhielt, eine noch breitere europäische Grundlage, so zwar, daß sie katholisch-allumfassend fast alle europäischen Nationen einbezieht. Denn auch die Fürstin Lieven war ein Mischblut, geborene Benckendorf, halb deutsch, halb russisch und in ihrem geistigen Habitus und ihrer gesellschaftlichen Haltung noch mehr Engländerin als Russin oder Deutsche. Auch über die Zahl neun wäre vielleicht noch etwas mehr zu sagen, obwohl sie ja gewiß eher global und nur beiläufig die Zahl der mehr oder weniger geliebten Frauen im Leben Metternichs umschreibt. Daß es just neun gewesen sind, welche Zahl derjenigen der Musen entspricht, mag den humanistischen Forscher befriedigen und schlägt in jedem Falle eine Brücke zum humanistischen Zeitalter. Allerdings, Julie Zichy ist da nicht dabei. Sie war die zehnte Muse und auch sonst, wie wir gesehen haben, in jeder Beziehung eine Ausnahme.

Spricht man von Musen, so entsteht die Frage, mit welcher von ihnen man Dorothy Lieven vergleichen soll. Sie war keine Terpsichore, aber auch keine Polyhymnia. Da sie ein Vierteljahrhundert lang in London lebte und als Frau des russischen Botschafters von dorther wiederholt in die geschichtlichen Entwicklungen des Erdballs eingriff, könnte man sie am ehesten mit Klio, der Muse der Geschichtsschreibung, vergleichen. Sie schrieb auch viel auf, allerdings mehr Randglossen zur Geschichte, und die boshaftesten Urteile über ihre Zeitgenossen kamen durch sie auf die Nachwelt. Wer aber sollte boshaft sein dürfen, wenn nicht Klio? Muß sie doch den Unsinn, den die großen Männer und leitenden Persönlichkeiten machen, miterleben und in umfangreichen Büchern für die später Geborenen aufbewahren. Könige sind große Kinder, äußerte die Lieven gelegentlich.

Metternich lernte sie auf dem Kongreß in Aachen kennen, Herbst 1818, in seinem sechsundvierzigsten Lebensjahr. Es war drei Jahre nach dem zweiten Friedensschluß, in welchem, durch eben gemachte Erfahrungen gewitzigt, die Alliierten nun doch eine militärische Besetzung Nordfrankreichs durch eine national gemischte Sicherheitstruppe der Siegermächte unter dem Kommando des Herzogs von Wellington angeordnet hatten. Frankreich hatte sich seither vollkommen einwandfrei benommen und als ein „guter Verlierer" die vorgeschriebene Kriegsentschädigung pünktlich abgestattet; Napoleon aber, Diktator auf Sankt Helena, diktierte nur noch sein Tagebuch. Es war an der Zeit, die Sanktionen aufzuheben, und eben zu diesem Zwecke kam man jetzt in Aachen, der altertümlichen Stadt Karls des Großen, friedlich zusammen.

Man: das waren die gekrönten Häupter Österreichs, Rußlands und Preußens, und die verschiedenen Delegationen der beteiligten, auf dem Kongreß vertretenen Länder, mit ihren Stäben und Damen. Es wäre zu traurig, wenn derartige Kongresse ganz ohne Damen stattfänden; es wäre zum Verzweifeln, dachte wahrscheinlich auch Metternich.

Eine dieser Damen, nicht die schönste, aber wie sich später herausstellte, die interessanteste, war die Gräfin Dorothy Lieven, Gattin Seiner Exzellenz des russischen Botschafters in London. Sie kam erst ganz zuletzt, lang nach den Souveränen, in Aachen an.

Von diesen war der König von Preußen der erste gewesen, der in der altdeutschen Krönungsstadt eintraf. Er fand sich kühl empfangen, die Stadt hatte ihren früheren Namen Aix-la-Chapelle noch nicht ganz vergessen, die Bevölkerung nahm ihre spätere Verpreußung noch nicht zur Kenntnis. Der König war ungehalten über den verdrießlichen Empfang, den er am folgenden Tage selbstherrlich richtigzustellen wußte. Er fuhr den nach ihm anlangenden Kaisern von Rußland und Österreich entgegen und stieg zu ihnen in den Wagen. Neben diesen weitaus beliebteren Majestäten sitzend, hielt er einen zweiten Einzug und sah sich von Hochrufen begrüßt, die er leutselig auf sich bezog. Ein kleiner Schwindel überreizten preußischen Selbstgefühls.

Metternich kam in gehobener Laune von Johannisburg herüber, seiner neuen Besitzung, die ihm Kaiser Franz eben erst geschenkt hatte. Der alte Fürst, sein Vater, war kürzlich gestorben und Clemens als neuer Herr von seinen Untertanen – so was gab es damals noch – festlich begrüßt worden. Er hatte sein Schloß zum erstenmal betreten und sich zum erstenmal als Schloßherr betätigt, indem er einen Gast empfing. Es war der Kaiser von Österreich gewesen, der sich auf der Reise nach Aachen bei Metternich zum Essen einlud.

Metternich reiste, wie gewöhnlich, ohne seine Frau. Teils war sie krank, teils waren es die Kinder. Sie litten sämtlich an demselben Brustübel, dem auch die Fürstin Eleonore in verhältnismäßig noch jungen Jahren erliegen sollte. Bereits in der ersten Zeit ihrer Ehe waren zwei von den sieben Kindern, die ihm Eleonore schenkte, gestorben; die anderen starben später, fünf, noch bevor er sein sechzigstes Lebensjahr erreichte. Nun kam zu dieser immer von Sterbefällen leicht geschwängerten Atmosphäre, die den lebenslustigen Mann zeitlebens zu Hause umgab, auch noch der sozusagen offizielle Tod des alten Metternich. Vielleicht war auch dieser Todesfall ein Grund für Madame Metternich gewesen, ihren Gatten nicht zu begleiten, oder für ihn, sie nicht dazu einzuladen. Die Familientrauer mochte in dieser Hinsicht als Entschuldigung dienen. Was freilich Metternich betrifft, so hinderte ihn diese Trauer in keiner Weise, an den Aachener Festlichkeiten und Unterhaltungen den lebhaftesten Anteil zu nehmen, weil ja die Teilnahme an Festlichkeiten und Unterhaltungen zu den dienstlichen Obliegenheiten eines Diplomaten und Staatsmannes gehörte.

An solchen Unterhaltungen und an der guten Absicht der Stadt Aachen, ihren Gästen allerhand zu bieten, fehlte es mitnichten. Es gab Konzerte und Schaustellungen. Die Catalani sang, die berühmtesten Musikkapellen konzertierten schon um vier Uhr nachmittags und zwei Luftschifferinnen produzierten sich täglich. Auch ein viereinhalbjähriges Wunderkind trat auf und spielte – welch ein herziger Gegensatz – die Baßgeige. „Du kannst Dir vorstellen wie falsch", schreibt Metternich ironisch an seine Frau. Und er erwähnt auch, mehr oder minder taktvoll, wie langweilig das gesellschaftliche Leben und Treiben in den tonangebenden diplomatischen Salons wäre. „Lauter Frauen zwischen fünfzig und sechzig", stellt er verdrießlich fest.

Schließlich zog er sich griesgrämig ganz von diesem Welttreiben zurück, spielte abends Whist bei sich zu Hause und empfing nachher ein paar Gäste, die sich bereitwillig bei ihm einfanden. All das war nicht eben aufregend; wenn der Aachener Kongreß mit dem Wiener Kongreß wetteifern wollte, so mißlang ihm das gründlich. Schließlich aber kam Dorothy Lieven in Aachen an, und nun wurde alles anders. Wenn auch nicht gleich.

Denn es ist merkwürdig und nicht ohne Humor, daß dieses weltberühmte Liebespaar einander auf den ersten Blick mißfiel. Die Dame, eine sehr anspruchsvolle Dame übrigens, wie sie selber zugibt, fand den Fürsten gespreizt und wenig liebenswürdig. Er seinerseits beachtete sie so wenig, daß er nicht einmal bemerkte, daß er ihr schon einmal vor vier Jahren in London flüchtig begegnet war, woran ihn zu erinnern sie unterließ; möglicherweise, weil sie es gleichfalls vergessen hatte. Dorothy Lieven war eine große Dame und ein großer Snob. Was sich nicht unbedingt ausschließt. An den Umgang mit Königen gewöhnt, wie sie war, machten neuerworbene Fürstenkronen auf sie keinen überwältigenden Eindruck mehr. Anderseits war sie gar nicht besonders hübsch. Alles war etwas zu lang an ihr: die Beine, der Hals und die Nase. Schmal, hoch und überschlank – hoffnungslos mager, sagten ihre fetten Zeitgenossinnen – stellte sie sich äußerlich durchaus als dasjenige dar, was man in Norddeutschland „eine lange Latte" nennt. Und Metternich schien für diesen mageren Giraffentypus zunächst wenig übrig zu haben: denn gerade die Neuartigkeit ihrer Erscheinung, die ihn ursprünglich befremdete, machte sie ihm später gefährlich; gerade daß sie schwer zueinander fanden, schloß sie später umso fester aneinander. Eine alte Erfahrung. Große Leidenschaften fangen klein an.

Dorothy Lieven war nicht gewohnt, übersehen zu werden. Es wurmte sie ein bißchen, und sie ließ Metternich durch ihren Landsmann und gleichrangigen Kollegen Nesselrode zur Rede stellen: warum er so unfreundlich gegen sie wäre? Es wäre allgemein aufgefallen, bemerkte auch Nesselrode verbindlich, ohne Vorwurf, und mit einem gewiß angenehmen Diplomatenlächeln. Oh, wirklich? entschuldigte sich Metternich: das täte ihm ungemein leid; und er erklärte sich bereit, mit den Lievens bei Madame Nesselrode demnächst wieder zusammenzukommen.

Sie kamen zusammen und kamen nun erst wirklich zusammen, denn jetzt hatte ihr Gespräch einen Hintergrund, der ihm das erstemal gefehlt hatte. Der Hintergrund war, daß Dorothy Lieven von Metternich augenscheinlich bemerkt sein *wollte*. Was sie getan hatte, war nur ein kleines, snobbistisches Manöver gewesen, eine Koketterie par ricochet, die sich beleidigt stellt, um die Aufmerksamkeit auf sich zu ziehen. Metternich hätte kein Diplomat sein müssen, um das nicht zu durchschauen. Fragt sich nur, warum und zu welchem Zwecke sie auf sich aufmerksam zu machen wünschte? Als Frau oder nur als Botschafterin? Indem er sich diese Frage vorlegte, sah er sie wahrscheinlich mit anderen Augen an und sah sie infolgedessen anders: er sah nicht mehr ihren etwas zu langen Hals und die etwas zu großen Ohren, die die Damen vom diplomatischen Set der arroganten Hopfenstange hinter ihrem Rücken ankreideten; er blickte tiefer in ihre, wie sich herausstellte, schönen Augen und neugieriger auf ihren küßlichen Mund. Die junge Frau, denn das war die Dreiunddreißigjährige im Vergleich zu ihm, begann ihn zu beschäftigen; noch nicht seine Einbildungskraft, aber bereits seinen Verstand und Appetit.

Es stellte sich im Gespräch alsbald heraus, daß auch sie Verstand hatte und den witzigsten, wenn auch nicht gerade wohlwollendsten. Nun, auch Metternich war kein Gemütsmensch (obwohl er es gerade im Umgang mit dieser Frau bis zu einem gewissen Grade werden sollte), auch er hatte keine allzu hohe Meinung von seinen lieben Mitmenschen und machte sich gerne über ihre Schwächen lustig. Wichtiger war, daß sie ein Urteil hatte und es in Worten auszudrücken wußte. Die Frau verstand zu reden, das war sicher. Aber sie verstand auch etwas, was noch schwerer und seltener ist als Reden. Sie konnte schweigen und aufmerksam anhören, was ihr der andere zu sagen hatte. Sie hatte nicht die gewisse fatale Weltdamenart, die nach etwas fragt und gleichzeitig, ohne die Antwort abzuwarten, schon wieder einen anderen nach etwas anderem fragt. Im Gegenteil schien es ihr von höchster Wichtigkeit zu sein, was der Partner zu sagen hatte; sie schlürfte es gierig mit ihren etwas zu großen Ohren ein, und vielleicht waren sie deshalb so groß. Entschieden, sie war keine Auster, die in dem eitlen Bewußtsein, eine Perle zu bergen, selbstgenügsam zwischen ihren verkalkten Klappen lebt.

In jeder Liebesbeziehung gibt es einen entscheidenden Augenblick, den man am besten vielleicht mit jenem Bruchteil einer Sekunde vergleichen könnte, in dem der Aeroplan über den Boden hinrollend und – hüpfend – plötzlich zu schweben beginnt. Nichts ist schwerer zu erhaschen als dieser Übergang von einem Medium ins andere, und am wenigsten darf man den Piloten danach fragen; denn dieser ist ganz und gar mit dem Motor beschäftigt und sieht und hört nichts anderes mehr. Aber der unbeteiligte Fahrgast, wenn anders er gute Augen hat und scharf aufpaßt, merkt zuweilen, wie, zwischen zwei Pulsschlägen, das Wunder geschieht. Die Anlaufräder kreisen nur noch im Leeren und eine ganz neue Fahrt, eine wahre Himmelfahrt hebt jetzt an.

Die Sitzungen, die überhaupt mehr gesellschaftliche Zusammenkünfte waren, fanden bald ein Ende: die Konzerte wurden immer langweiliger, und um ihnen zu entfliehen, unternahm man Ausflüge in die herbstlich schöne Landschaft. Einmal fuhr man nach Spa hinüber und blieb dort über Nacht. Fürst Metternich, der mithielt, saß in dem einen Wagen und die Gräfin Lieven – sie war damals noch Gräfin – in einem anderen. Aber in einem bestimmten Augenblick, wer weiß wo, stieg er zu ihr in den Wagen; wahrscheinlich aus keinem anderen Grund, als weil er sich mit seiner Fürstlichkeit allein langweilte. Dann, auf der Rückfahrt, am nächsten Vormittag, lädt er sie ein, doch lieber in seiner Kutsche Platz zu nehmen; wahrscheinlich, weil er sich tags zuvor in der ihren unterhalten hatte. Zwischen diesen beiden Wagenfahrten also löst sich das Flugzeug vom Boden, was wir auch unmittelbar erschließen können. In einem aufgeräumten Brief, den Metternich tags darauf an seine gute Eleonore richtet, rühmt er den Zauber der herbstlichen Landschaft zwischen Aachen und Spa, zwischen Spa und Aachen. Ja er schwärmt geradezu von ihr und nennt sie „charmant"; nämlich die Landschaft. Alter Landschaftsschwärmer, mag die kluge Leonore gedacht haben.

Jetzt aber geht es rasch, wirklich wie im Flug. Am 28. Oktober macht er der interessanten Frau seinen ersten Besuch, oder, wie er es einen Monat später in einem vertraulichen Brief an sie, halb scherzhaft, im besten Ambassadeur-Stil ausdrückt: er sitzt ihr eine Stunde lang zu Füßen und findet, daß das ein guter Platz wäre. Nüchterner gesprochen, sie gefällt ihm und er beschließt, ihr den Hof zu machen. Dabei verfängt, verstrickt, verliebt er sich im Handumdrehen. Er sieht nicht mehr die etwas großen Ohren, die etwas zu spitze Nase, den etwas zu langen Hals, die etwas zu hohe Stirn: er sieht nur noch den Schmeichelblick ihrer schwarzen Augen, das volle seidenweiche Haar und den küßlichen Mund, der in hundert Künsten unterhaltender Rede schwelgt und schwelgen macht. Ihr im Grunde liebloser

Geist sprüht und funkelt ihm zuliebe. Daß er lieblos ist, dieser Geist, merkt er zunächst gar nicht; sie ist amüsant und macht ihn amüsant. Die große Welt, die Welt der Großen, verbindet sie, die sie beide kennen, beide beherrschen, beide belächeln. Sie erzählt ihm etwa von dem alten englischen König, der seit neun Jahren verrückt ist. Außerdem ist er blind und dabei der glücklichste Mann in seinem Königreich. Er wandert ruhelos in seinem alten Schloß umher, redet mit Schatten, spielt auf der Orgel und nimmt – der Glückliche – in einem Traume webend die Gegenwart nicht mehr zur Kenntnis. Auch hat er sich im Verlauf der neun Jahre einen schönen langen weißen Bart wachsen lassen, bis tief auf die Brust herunter, und der Herzog von York findet, er sähe aus wie der schönste alte Rabbiner. Metternich lacht. Dann stellt er sein Lachen ein und betrachtet sie prüfend von der Seite. Der Herzog von York, der solche Vergleiche im Gespräch mit ihr gebraucht, ist sicher ihr Hofmacher, vielleicht ihr Liebhaber, denkt er welterfahren, während das langgedehnte Frauenzimmer ihm gegenüber lustig weiter plaudert. Er ist nicht von gestern.

Aber auch er, Metternich, kann was erzählen. Er erinnert sich, vielleicht nicht gerade das erste Mal, aber sicher das zweite Mal, als sie ihn danach fragte, an seinen Besuch bei Napoleon, im Marcolini-Palast zu Dresden, Juni 1813. Da wird die beredte Frau mit einemmal ganz still, die großen Augen brennen auf, die hundert Spottgeister, die ihren Mund umhüpfen, kommen zur Ruhe; er sammelt sich; er ist nur noch ein Kuß.

„Sie liebte mich, weil ich Gefahr bestand – ich liebte sie um ihres Mitleids willen", sagt Othello.

Zwar von Mitleid konnte bei der Gräfin Lieven keine Rede sein, dazu war sie zu amüsant, und Metternich ein zu verwöhntes Glückskind, das auf Mitleid nicht den geringsten Anspruch hatte. Aber sonst stimmte es so ungefähr. Erzählend gewann er sie; wie Othello die Desdemona oder wie Äneas Dido.

Wie ging es weiter? Es ging weiter, wie es gehen mußte und nicht durfte. Der Kongreß neigte sich immer sichtbarer seinem Ende zu, und die Lievens, wie sie als die letzten gekommen waren, schienen als die ersten abreisen zu wollen. Allerdings fuhren sie fürs erste nur bis Brüssel, wo die Kaiserinmutter, Mutter des Zaren Alexander, sie erwartete. Unmöglich, sich dieser Einladung zu entziehen, die Maria Feodorowna auf der Durchreise in Aachen an sie hatte ergehen lassen. Dorothy war ihr Patenkind, Mama war bei ihr Hofdame gewesen. Als sie starb, hatte die hohe Frau sich der Frühverwaisten angenommen, sie im Kloster erziehen lassen und nachher mit dem Grafen Lieven verheiratet. Dank ihr hatte Dorothy auch bei ihrem Sohn, dem Zaren Alexander, einen Stein im Brett.

Metternich sah die neue Freundin – my friend of great days, my friend for life, wie er sie alsbald anredete – höchst ungern aus einem Kreise scheiden, der sich rasch gebildet hatte und nun ebenso rasch wieder auseinander floß. Anderseits machte es wahrscheinlich Eindruck auf ihn, daß sie bei Hof so hoch angeschrieben war. Würde die Verwöhnte trotzdem in die Aachener Kongreß-Niederungen zurückkehren? In dieser höchst zwiespältigen Lage, zwischen der Hoffnung, sie zu gewinnen, und der Angst, sie entgleiten zu sehen, schmerzlich eingeklemmt – einer Lage, alles in allem, wie sie sich eine Frau, die Bescheid weiß, und ein reifer Mann auf Liebespfaden reizvoller und perspektivenreicher gar nicht wünschen können –, macht er, ein paar Stunden vor ihrer Abreise, seinem Herzen in einem aufgewühlten Briefe Luft, einem richtigen Mitternachtsbrief. Keine große Liebe ohne Mitternachtsbrief.

„Ich kann Sie nicht abreisen lassen, ohne Ihnen zu sagen, was ich empfinde. Die Geschichte unseres Lebens faßt sich in ein paar Augenblicken zusammen. Ich habe Sie nur gefunden, um Sie zu verlieren. Vergangenheit, Gegenwart, Zukunft vielleicht, alles enthalten diese wenigen Worte. Der Tag, an dem ich Sie wiedersehe, wird der glücklichste meines Lebens sein.

Ein Abschnitt meines Lebens fand in kaum acht Tagen seinen Abschluß. Wäre ich meiner nicht so sicher, ich fände keinen anderen Ausdruck dafür, daß mir alles nur geträumt hat. Mir bedeutet eine Frau entweder alles oder nichts; halber Gefühle und halber Gedanken weiß ich mich nicht fähig. Wenige Wochen nur in Ihrer Nähe zu verbringen, war mir vergönnt; kaum konnte ich zu Ihnen sprechen und doch sind Sie heute ein Teil meines ganzen Lebens. Viel, was andre lockt, macht mir keinen Eindruck. Ich weiß nicht, ob ich mehr verlange, aber ich weiß bebestimmt, daß, was ich brauche, grundverschieden ist. An dem Tage, an dem unsere Gedanken zusammenklangen, als kein Zweifel mehr bestand, daß ich von Ihnen verstanden war, daß Ihr Kopf und vor allem Ihr Herz die Richtung einschlugen, die ich als die mir innerlich vorgeschriebene erkannt habe: an diesem Tage fühle ich, daß ich Ihr Freund werden könnte, und es ward mir klar, daß mein Empfinden, Sie zu lieben, nicht auf Selbsttäuschung beruhte. Ja!, ich muß Ihnen gestehen, was Sie Ihrerseits längst erraten haben. Sie wissen es bereits und doch drängt es mich, es Ihnen zu sagen, meiner Freundin großer Tage, meiner Freundin fürs Leben!

Mag sein, daß uns eine Wiederbegegnung beschieden ist. Ich werde dann sein, der ich heute bin. Selten beglückt mich eine neue Bekanntschaft; tut sie es, dann ist's fürs Leben. Bewahren Sie mir ein freundliches Gedenken, vielleicht etwas mehr, indem Sie mich vermissen. Ich darf weder hoffen noch verlangen, daß mir zuteil werde, was ich biete. Aber gönnen Sie mir wenigstens den Trost, zu glauben, daß Sie, kennten Sie mich besser, mehr für mich empfänden, als worauf ich heute Anspruch habe. In meiner Qual, Sie sehen, klammere ich mich an was immer mich vor dem Untergehen bewahren kann. So der Schiffbrüchige, der an der rettenden Planke vorbei nach dem ersten besten Gegenstand greift – bevor er versinkt."

Metternich war nicht immer aufrichtig; in diesem Briefe im Balzac-Stil, gegen dessen bilderreiche Phrasenhaftigkeit sich einiges einwenden ließe, war er es ohne Zweifel. „Den Mann hat's!" heißt es in einem verschollenen Vers des „Trompeters von Säckingen", und das mag auch die Empfängerin empfunden haben, ehe sie, tief aufatmend, das gefährliche Schriftstück im dunkelsten Grund ihrer Putzschachtel unter ihren Seidenbändern und Spitzen verschwinden ließ.

Was Dorothy Lieven auf dieses redselige Schreiben geantwortet hat, wissen wir nicht; wahrscheinlich war ihre Antwort eine, wie die Diplomaten sagen, dilatorische; vermutlich zögerte sie noch ein bißchen. Sicher aber ist, daß sie von Brüssel doch wieder nach acht Tagen zurückkam, um den Schluß des Kongresses in dem befreundeten Aachen zu erleben. Jetzt erst fanden, unter dem Vorsitz des Zaren, die entscheidenden Sitzungen statt, Metternich führte das große Wort und hatte plötzlich alle Hände voll zu tun. Nun, das war etwas für die Lieven, solchen Männern gegenüber war sie, wie sich auch später noch wiederholt herausstellen wird, nahezu widerstandslos. „Ich liebe die geschichtlichen Ereignisse", gesteht sie selbst einmal in einem ihrer Briefe. Und so wurde sie selbst unversehens ein solches geschichtliches Ereignis im Leben des Fürsten Metternich, wie er im ihrigen.

Zweifel sind hier völlig ausgeschlossen. Der österreichische Staatskanzler selbst, in seiner pedantischen Art und mit jenem Zug hofrätlicher Genauigkeit, der ihn auch in Liebessachen auszeichnete – er mußte es immer in den Akten haben, sonst glaubte er sich's nicht – gibt uns darüber in einem anderen Brief, den er vier Wochen nach jenem Mitternachtsschreiben zu Papier brachte, die erwünschteste Auskunft. Wann es geschehen und sie zu ihm gekommen sei, – „quand tu es venu dans ma loge" – versichert er treuherzig, könne er sich nicht mehr erinnern (obwohl er es sicher nicht vergessen hat); und er fährt fort, sie im Du-Ton neckend, wie dies Liebende gerne tun: „Tu as eu la fièvre, mon amie, tu m'as appartenu!"

Diese „Loge", wo sie ihm angehört hat, machte die bürgerlichen Feuilletonisten ein halbes Jahrhundert lang – nicht länger kennt man Metternichs Briefwechsel – schaudern und träumen. Sie dachten bei der Loge an eine Theaterloge und wurden nicht müde, ihren bürgerlichen Lesern, die sich vor einem solchen Abgrund von Frivolität lüstern bekreuzten, diese Geschichte aufzutischen. Man stelle sich nur vor, Fürst Metternich, Plenipotentiär des Kaisers von Österreich, und die Frau des russischen Botschafters in einer Loge! In Wirklichkeit war es nur halb so arg. „Loge", wie Strachey in seinem auch sonst goldhältigen Essay über die Fürstin Lieven ausdrücklich feststellt, steht hier für „logement"; altertümliches, vielleicht auch inkorrektes Französisch, wie es in den Briefen des österreichischen Staatsmannes zuweilen unterläuft. Gemeint war jedenfalls seine Wohnung; das Haus, das er einer Mademoiselle Brammertz in Aachen für die Dauer des Kongresses abgemietet hat. Daß er freilich, vielmehr der österreichische Staat, zwanzigtausend Francs Miete zahlte für dieses prächtige Logement, in dem er die Gräfin Lieven, als sie „das Fieber hatte", erstmalig empfing, ist eine Sache für sich und gehört auf ein anderes Blatt – dasselbe Blatt, auf das die Gesandtschaftsauslagen von Metternichs jetzt verewigtem, aber in seinem Blute rüstig weiter lebenden Vater gehörten. Loge oder Logement: der Staat bestritt die Kosten.

\*

Nach jenem fieberhaften ersten Besuch entwickelte sich alles logisch weiter. Während in Aachen die Aufräumearbeiten des Kongresses bereits begannen, fuhren die Lievens noch einmal zur Kaiserin Maria Feodorowna nach Brüssel hinüber. Dorothy hatte es der Kaiserinmutter, die dort immer noch Hof hielt, wahrscheinlich versprochen, und vielleicht tat sie es auch aus Klugheit, um das Gerede in Aachen nicht allzu sehr herauszufordern, und aus Rücksicht für ihren Mann, der ja bisher Gott sei Dank nichts gemerkt hatte. Sicherlich war auch Metternich mit diesem kleinen Manöver durchaus einverstanden, wie sich aus einem kurz darauf geschriebenen Billett erschließen läßt. Nichts läge ihm ferner, versichert er darin mit bemerkenswerter Kühnheit, als eine Ehe stören zu wollen. Und er gibt seiner Geliebten den verteufelt logischen Rat, bei dem einem allerdings ein wenig schaudert, mit ihrem Manne „lieb, sehr lieb, besonders lieb zu sein (sois bonne, douce, excellente pour lui"). Das war für eine Frau, die, wie Dorothy Lieven, einen diplomatischen Text zu lesen verstand, deutlich genug gesprochen, und sie erfaßte sofort, wie es gemeint war. Sie hatte zwei Kinder mit ihrem Mann, und einige Monate später, schon von London, teilte sie Metternich mit, daß ein drittes unterwegs wäre.

Damals aber in Brüssel, anläßlich ihres zweiten Besuches, blieb sie nicht lange allein. Nach vier Tagen bereits hielt es ihr neuer Herzensfreund nicht länger aus in dem plötzlich freudlos gewordenen Haus der Mademoiselle Brammertz, und er entschloß sich gleichfalls zu einem Abstecher nach Brüssel. Vielleicht, sicher, gab es mit seinem illustren russischen Kollegen noch allerhand zu besprechen.

Diese Reise blieb natürlich kein Geheimnis. Das staatserhaltende Journal des Débats meldete sie sofort seinen Lesern und fügte wohlerzogen-gewissenhaft, wie ein staatserhaltendes Blatt sein muß, hinzu: der Zweck der Reise des österreichischen Regierungschefs wäre nicht bekannt.

Dorothy, die gerne lachte und gerne lachen machte – wenn auch nicht gerade ihren Mann –, mag über dieses Sätzchen im täglichen Kongreßbericht sich königlich unterhalten haben. Trotzdem waren ihre Tage in Brüssel leider gezählt. Eine Woche später war sie mit ihrem gewissenhaft auf die Einhaltung seiner Amtspflichten bedachten Gatten wieder in London, während Metternich in Begleitung des Herzogs von Wellington das Schlachtfeld von Waterloo besuchte. Er fand aus seinem Abenteuer den Weg zurück zur Geschichte.

# TAGEBUCH IN BRIEFEN

Wäre es nur ein Abenteuer gewesen, so wäre so viele Jahre nachher nicht mehr viel darüber zu sagen; es war aber weit mehr und ging viel tiefer. Metternich hatte in Aachen nicht bloß eine reizende Geliebte gewonnen; er hatte, was mehr ist, eine Frau gefunden, der er sich ganz erschließen konnte und die, wie sie seine ganze Persönlichkeit von ihm verlangte, ihn auch veranlaßte, seine Persönlichkeit ganz zu entwickeln. Bisher hatte seinen zweideutigen Beziehungen die Eindeutigkeit gefehlt, dem Klanggebilde seines Liebeslebens der Ineinanderklang. Er hatte eine Frau, die keine Geliebte war, und Geliebte, die er nicht seine Frau hätte nennen mögen; und er sehnte sich, wie jeder Mann auf einer gewissen Entwicklungsstufe, nach einer Synthese allerschönster Möglichkeiten, mit einer Frau völlig eins zu werden. Vielleicht war seine Beziehung zu Julie Zichy ein Anlauf in dieser Richtung; aber „die Sterne, die begehrt man nicht", und die uns begehren, sind meistens keine Sterne. Ein sinnlich-übersinnlicher Freier wie sein Landsmann Faust, hatte Metternich viel Zeit verloren und viel Glück versäumt zwischen einer fernen Geliebten und einer jeweils nur allzu nahen; zwischen einem Engel, der durch sein Leben schwebte, „ohne den Boden zu berühren", und einer unentwegt am Durstbrunnen schmachtenden schönen Melusine, die von der Erde nicht loskam. Jetzt hatte er beides oder konnte sich zumindest ein paar Jahre lang einbilden, beides zu haben: eine menschlich ebenbürtige Partnerin und die reizendste Geliebte. Kopf und Herz, oder was man beiderseits so nannte, gingen eine mystische Hochzeit ein und alle Weihrauchpfannen dufteten und alle Kerzen brannten. Bezeichnend, daß sie von Anfang an und dann durch viele Jahre einander Briefe schrieben; noch bezeichnender, daß von allen unzähligen Liebesbriefen Metternichs nur diese zwischen ihm und Dorothy Lieven gewechselten erhalten blieben. Es gibt keinen Zufall in dieser Hinsicht. Geist war ursprünglich dieser Verbindung beigemischt, und Geist erhielt sie. Im Spiritus ihres Briefwechsels schmückt sie das Laboratorium der Geschichtsforschung.

Das Reizvolle an diesem Zwiegespräch ist, daß es keines ist; es besteht, genau genommen, aus zwei Tagebüchern, von denen freilich jedes zunächst nur für einen einzigen Menschen bestimmt war, bevor die Nachwelt Einblick nahm. Ihr monologischer Charakter wird dadurch verstärkt, daß ihre Eintragungen zeitlich nicht übereinstimmen; erst wenn der eine Teil fertig ist, beginnt der andere zu reden. Metternich hatte das erste Wort. Wie uns sein erster Brief erhalten ist, so auch die hundert und mehr Blätter, die diesem allerersten Mitternachtsgeständnis folgten, mit dem er sich ihr zu Füßen geworfen hatte. Seine Briefe reichen bis Mai 1819; die ihrigen beginnen Jänner 1820. Dementsprechend ist auch die Tonart eine ganz verschiedene. Die Frau schweigt über die erste Phase ihrer Liebe; der Mann spricht nur unter dem Eindruck dieser und desjenigen, was er die wichtigste Beziehung seines Lebens nennt. Niedergeschrieben am 27. April 1819 in der Österreichischen Staatskanzlei. Dann, drei Monate später, kommt noch ein Nachzügler des in der Zwischenzeit verreist Gewesenen und aus Italien Zurückgekehrten, datiert von Karlsbad: „Ich liebe dich in Karlsbad wie am Fuße des Vesuvs, im Tempel von Paestum wie in den Champs Elysées." Der kleine beredte Satz sagt alles und zusammenfassend noch einmal, was die vorangehenden Mitternachtsbriefe wortreich ausführen. Charakteristisch, daß sie fast alle um die Geisterstunde geschrieben sind, wenn in der Staatskanzlei Ruhe herrschte und nur noch der Herr

Minister an seinem Schreibtisch „arbeitete". Ihre Briefe des ersten Jahres hat Dorothy Lieven wohl selbst verbrannt. Wozu auch sie aufbewahren, da ja die Flamme seiner Leidenschaft in seinen Briefen unsterblich weiterloderte. Ne bis idem! Sie beschränkte kühl, indem sie alles andere ausmerzte, ihr briefliches Tagebuch auf seinen sachlichen und zeitlichen Inhalt, eine genaue Schilderung der englischen Hofgesellschaft in den zwanziger Jahren des vorigen Jahrhunderts, wie sie sie ihrem Herzensfreund zuliebe fortlaufend verfaßte und die aus Familienrücksichten erst vor knapp zehn Jahren ans Licht tauchten. Dadurch aber geriet sie der Nachwelt gegenüber auch zeitlich in Nachteil; denn Metternichs Liebesbriefe, soweit sie erhalten blieben, sind bereits seit drei Jahrzehnten bekannt, die ihrigen hinken lieblos nach, als ob sie nichts zu sagen und zu bedeuten hätten! Aber hochmütig, wie sie noch nach ihrem Tode war, setzte sie sich über diesen Verdacht hinweg und widerlegte ihn. Denn in Wahrheit ist *ihr* Tagebuch in Briefen das bedeutendere. Diese Briefe erklären die Frau, erklären das Verhältnis und werfen zugleich ein Scheinwerferlicht auf die politische und historische Landschaft, in der dieses Buch – denn es ist ein Buch – entstanden ist.

Habent sua fata libelli; das wissen die Verleger am besten, aber manchmal wissen es auch schon die Autoren. Als die vormalige Gräfin Dorothy Lieven im Jahre 1827, damals schon Fürstin, ihre Briefe wieder in die Hand bekam, die sie durch sieben Jahre ein- bis zweimal in der Woche an den „Großinquisitor von Europa" abgesandt hatte, wurde sie selbst zum Großinquisitor an ihnen. Die empfindsamen Teile und diejenigen, die nicht gerade für die Augen des ahnungslos sich stellenden oder auch wirklich ahnungslosen Gatten bestimmt waren, wurden schonungslos ausgemerzt. Dann aber, die Schere in der einen, die Bleifeder in der anderen Hand, übertrug sie, was sie der Nachwelt nicht vorzuenthalten wünschte, säuberlich in eine Anzahl von Schultheken, wie sie die Kinder nach Hause brachten und benützten. Hierauf blieben diese staatsgefährlichen Theken neunzig Jahre in unterschiedlichen Familienarchiven liegen. Aber im Jahre 1917, mitten im Weltkrieg, sahen sie sich in ihrer Grabesruhe auf einem Schloß in Livland plötzlich unliebsam aufgestört. Schmuggler brachten sie damals aus dem besetzten Gebiet nach Berlin, von wo sie im Jahre 1936 den Weg nach London fanden. Und in dem ganz richtigen Gefühl, daß diese Aufzeichnungen, weit entfernt davon, den Ruf der längstverstorbenen galanten Ahnfrau gefährden zu können, sie vielmehr vor der Nachwelt menschlich rehabilitieren müßten, erklärten sich ihre Nachkommen, Fürst und Fürstin Lieven, mit der posthumen Veröffentlichung der vergilbten Schriftstücke einverstanden. Seither besitzt die europäische Memoirenliteratur ein geistfunkelndes Werk mehr, das zwischen den Briefen von Horace Walpole und denjenigen des Fürsten Pückler-Muskau seinen Platz in jeder Schloßbibliothek mit Ehren behaupten wird.

Dorothy Lieven, die eine sehr gescheite Frau war, hatte das Schicksal ihres Buches schon damals, als sie es absatzweise für den Liebsten niederschrieb, richtig vorausgesehen.

\*

„An ihren Früchten sollt ihr sie erkennen", heißt es in der Bibel. Die Früchte, an denen ihre Liebschaft kenntlich wird, sind die Briefe. Was diese beiden Menschen in Aachen zueinander finden ließ, erfahren wir von Clemens erst aus Wien und von Dorothy aus London.

Vor allem war es eine gewisse lebenslustige Heiterkeit, die sie ursprünglich verband. Einen „inexhaustible fund of gaity" rühmt sie ihm in einem ihrer Briefe nach und fügt vergnügt hinzu: „Sie sind der bestgelaunte Mann, dem ich je begegnet bin, und ich lache so gern." Da haben wir den einen Faden im Gewebe: die wechselseitige Freude an einem guten Lachen. Denn daß sie wechselseitig war, muß nicht erst gesagt werden für jemand, der Dorothys Briefe auch nur anblättert. Es gibt nichts Amüsanteres als ihre Art, Hof und Gesellschaft um sie herum aus zwei immer wachen Augen zu betrachten und, was ihr diese Augen zutrugen, in ihrem beweglichen Mund in die lustigsten Wendungen zu verwandeln. Auch schrieb sie ja in der kaum verhohlenen Absicht, den Diktator, auch ihres Herzens, bei guter Laune zu erhalten. „Mon Prince", liebt sie es dann, ihn mit einem gesprochenen Hofknicks vertraulich-spöttisch anzusprechen.

Was freilich Metternich betrifft, so war er, obwohl zum Lachen aufgelegt, kein „lachender Diplomat", wenngleich er in Rom im Jahre 1815 sogar den Papst anläßlich einer Audienz hatte lachen machen, was er sich, wie manches andere, hoch anrechnet. Er ging, wenn er ausgelacht hatte, den Dingen doch gern ernsthaft auf den Grund, es war das Deutsche in seinem Wesen, und er konnte sich dann an Gründlichkeit nicht leicht genug tun. „I am a singular being", hebt er dann etwa an oder er grübelt: „Love is for me conscience"; oder um ihren tieferen Zusammenklang zu ergründen: „You are as a woman what I am as a man" (was sogar richtig ist); oder, schon halb metaphysisch: „What a field to explore – that of inner liefe"; oder, ganz metaphysisch: „Of all the realities the strongest for me is love", ein Wort, das in einem hübschen Gegensatz steht zu Talleyrands letzter Definition der Liebe: „Eine Wirklichkeit in der Sphäre der Unwirklichkeit." Oder er bezeugt ihr tiefsinnig-einfach: „You are full of I", das heißt, sie ist voll von *ihm;* und das, ist er naiv genug einzugestehen, schätzt er an ihr am meisten.

Dorothy ist nicht so gründlich und auch nicht so gemütvoll; denn es ist merkwürdig, daß in diesen seinen Liebesbriefen bei Metternich zum erstenmal ein Zug sich deutlicher bemerkbar macht, der sonst nur auf dem Umweg über die Väterlichkeit – Metternich war ein zärtlicher Vater zahlloser Kinder – oder in Beileidsschreiben sich ans Licht ringt: sein Gemüt. Was Dorothy Lieven betrifft, so täuscht sie nicht einmal vor, was sie nicht hat. Vielleicht brauste im vernichteten ersten Jahrgang ihrer Briefe aus der Zeit, als sie noch unter dem unmittelbaren Eindruck des Aachener Erlebnisses stand, die Leidenschaft etwas vernehmlicher auf. Im zweiten Jahrgang, mit dem wir es zu tun haben, ist die Liebe nur noch ein fernes Echo; aber ein melodisches. Und obwohl sie weder analysiert noch reflektiert wie Metternich, sondern erzählt und meditiert, ringt sie sich dazwischen, in sehr weiten Abständen, noch hin und wieder ein leises Sich-Erinnern ab, das dann entzückend ist. So, wenn sie ihm ein Jahr nach Aachen von einem befreundeten Schlosse schreibt: „Gestern Nacht wieder blieb ich, in mein Zimmer zurückgekehrt, noch eine Weile auf meinem Balkon. Nebenan ging jemand auf und ab. Ich weiß nicht, wer mir als Nachbar zugedacht war. Wärst Du zugleich mit mir bei Lady Jersey eingeladen, wär's Dein Zimmer. Wir würden einander mit leiser Stimme nette Dinge sagen. Ich schloß die Balkontür, legte mich zu Bett, versank in einen Traum und der Traum war köstlich. Du erschienst mir, wir plauderten, plauderten lange. Aus Angst, daß man uns belauschen könnte, nahmst du mich aufs Knie, um leiser mit mir zu reden. Meine Hand fühlte, wie Dein Herz schlug. Ich fühlte es so lebhaft, daß ich davon erwachte. Aber es war mein eigenes Herz, das so stürmisch pochte."

In diesem Brief, der in eine Sammlung allerschönster Liebesbriefe gehört, ist eine Stelle höchst aufschlußreich, das „wir plauderten, wir plauderten lange". Es war eine Liebe im Reden

von Anfang an. Darum konnte sie auch jahrelange Trennungen
überdauern.

\*

Es ist ihr einziger Liebesbrief in einem Meer von „gossip",
von Klatsch und Tratsch. Sie segelt und sie fischt darin nach
Herzenslust. Der Prozeß der ebenso unglücklichen wie fetten
Königin Caroline, die der eben auf den Thron gelangte König
Georg IV. nicht ausstehen kann und von der er sich um jeden
Preis scheiden lassen möchte, hält sie fast ein Jahr lang
brieflich in Atem, denn so lang dauert dieser entwürdigende
Scheidungsstreit, der ganz England in zwei Heerlager scheidet.
Sie nimmt natürlich die Partei des Königs, wozu sie ja als
Frau des russischen Botschafters amtlich verpflichtet ist, aber
das Volk, von Dorothy immer nur „der Mob" genannt, nimmt
die andere Partei, und daraus ergeben sich allerhand Unzu-
kömmlichkeiten, über die sie wohlgelaunt nach Wien berichtet.
Wiederholt, wenn sie ausfährt oder sich ins Parlament begibt,
wo der Schandprozeß verhandelt wird, hält der „Mob" ihre
Equipage an und verlangt, „Hoch die Königin!" rufend, daß
ihre Valetaille die Hüte abnimmt und sie selber mitruft; was
sie mutig ablehnt. Schließlich geht es so weit, daß Mauer-
anschläge und Flugzettel in London verlautbaren: „The Queen
forever – the King in the river!" Und daß Leute, die in die
Hochrufe nicht einstimmen, vom Pöbel erschossen werden. Der
unglückliche Prozeß aber trödelt endlos weiter und wird schließlich bei aller Tragik so langweilig, daß die dicke Königin in
einem Nebenraum des Sitzungssaales Backgammon spielt, während die Zeugen gegen sie drinnen vernommen werden. Ein
andermal ist sie dabei und sagt „O Theodor" und sonst nichts,
als ein männlicher Belastungszeuge dieses Namens gegen sie

vernommen wird. Am Ende setzt denn auch sehr gegen den Willen seines eigenen Kabinetts der autokratische König seinen Scheidungswillen glücklich durch. Der Name der Königin wird aus dem „prayer-book" gestrichen; bald darauf stirbt sie. Reden wir von was anderem; und die Fürstin Lieven, die eben noch die Prozession der armen Königin nach St. Paul schilderte, die der König, hinter einem Fenstervorhang seines Schlosses versteckt, knirschend mitansehen muß, beschreibt, um ihren Freund zu erheitern, uns und ihm das Gesicht der neuen abenteuerlich-häßlichen spanischen Botschafterin: eine ungeheure Nase und ein ungeheurer Mund, so daß man sich fortwährend wundert, warum dieser Mund diese Nase nicht längst schon verschlungen hat. Oder sie macht sich über die Zerstreutheit des zwerghaften Gatten dieser Unglücklichen lustig, der den Herzog von York in einer Gesellschaft nicht erkennt und ihn immer wieder leutselig auffordert, sich zu setzen, anstatt selbst vor ihm aufzustehen, wie es die Etikette vorschreibt. Oder über seine Schwester, die Madame de Princeteau, eine abgelegte Geliebte Ludwigs XVIII., die, unbeschäftigt wie sie jetzt ist, in Gesellschaft fürs Leben gern ohnmächtig wird, so daß man ihr die Miederschnüre aufschneiden und notgedrungen ihre schönen Schultern bewundern muß. Sie sind wirklich schön, stellt Dorothy Lieven sachlich fest, und Ohnmachten stehen ihr gut; aber drei hintereinander, das ist zuviel. Oder sie hetzt ein bißchen gegen Neapel, wo eben wieder einmal eine Revolution ausgebrochen ist. „Metternich muß marschieren!" hätte der Herzog von Wellington gesagt (es ist natürlich ihre eigene Meinung, sie versteckt sich nur hinter dem Herzog); und „Metternich *wird* handeln!" hätte sie selbst dem österreichischen Botschafter, Fürsten Paul Esterházy, geantwortet: he will act – and he will act energetically and promptly ... Oder sie untergräbt den Herrn Botschafter, der ihr politischer Rivale ist und ihr dabei, vielleicht eben darum, den Hof macht.

mit den endgültigen Worten: „Ich liebe es nicht, wenn Männer von vierunddreißig Jahren sich wie kleine Buben benehmen!" Oder sie nähert sich dem fernen Geliebten mit der schmeichlerischen Wendung: „I aspire to the honor of being, for one moment, the rival of the re-united Europe." Oder sie widerspricht ihm in einer politischen Streitfrage und schließt ihre Beweisführung aufs anmutigste mit dem Satz: „So daß ich eigentlich recht hätte und Sie unrecht – wenn Sie nicht immer recht hätten, mon Prince!" Oder sie, die sich, obwohl sie immer nur vom Mob spricht, gern auf die Liberale herausspielt, sieht in einem ernsten Augenblick seine und Europas Zukunft – im neunzehnten Jahrhundert – voraus: „In vierzig Jahren wird Europa konstitutionell regiert werden. Sie werden am längsten aushalten, aber keine Ausnahme machen." Tut sie hier liberaler, als sie ist, so tut es, ihr zuliebe, zuweilen sogar Metternich. In einem seiner Briefe analysiert er – er analysiert gerne, wenn er mit Frauen spricht, aber nicht, wenn er nach Neapel marschiert – das Problem der Gesellschaftsehe, wie er es auf Grund seiner Erfahrungen sieht. Ein achtzehnjähriges Mädchen, führt er aus, wird verheiratet und „beginnt damit, womit man enden müßte". Aber was solle das arme Ding tun, da es doch „unter einem autokratischen Regime lebt", was der korrespondierende Diktator, da es doch der Fall Dorothy Lievens ist, scheinheilig beklagt. Und er fügt selbstironisch hinzu: „You see, I *am* a liberal!" In solchen Augenblicken bricht eine gewisse Teufelei in Metternichs Wesen durch; die drei FFF der Schuljungenzeit melden sich. Aber es ist ein amüsanter Salonteufel wie in dem Stück von Molnár, „Der Teufel", der dann aus seinem Munde zu uns redet. So hat ihn auch der Italiener Benedetti in einem Bild aus der Lieven-Epoche mit hochgezogener Braue und schiefgezogenem Mund gemalt – ein Bild, das noch mehr ein italienischer Racheakt als ein Bild gewesen sein mag. Und es paßt recht gut zu diesem Bilde, daß

Metternich in der Blütezeit seiner Liebe, während ihn die Frau eines anderen restlos glücklich macht, einmal gravitätisch, wie ein Teufel im Priesterrock oder wie ein österreichischer Machiavelli den Satz zu Papier bringt: „The principles of religion and the family in Europe" müßten geschützt werden und die „moral authority, with which divine Providence has invested the governments" – diene diesem erhabenen Zweck.

\*

Die Fürstin Lieven war eine politische Frau, wie auch ihr fernerer Lebensgang beweist. Metternich war nicht der letzte Premier in ihrem Leben, nach ihm kamen einige andere und zuletzt Guizot. Sie lebte und liebte für Politik, das wußte die Welt seit jeher von ihr. Was man aber bis zur Veröffentlichung dieser Briefe im Jahre 1938 nicht gewußt hat und was ein ganz neues, erhellendes Licht auf ihre Beziehung zu Metternich wirft, das ist, daß diese Politikerin auch eine Schriftstellerin von Rang gewesen ist. Freilich eine Schriftstellerin besonderer Art, worüber ein Wort zu sagen ist.

Es gibt literarische Schriftsteller und unliterarische; wie es ja auch Leute gibt, die vollkommen korrekt schreiben und sich höchst gebildet schriftlich ausdrücken können, ohne im geringsten Schriftsteller zu sein. Ein solcher unliterarischer Schriftsteller, der größte von allen, war St. Simon, der Spiegel des Zeitalters Ludwigs XIV.; ein ebensolcher Schriftsteller war der Tagebuchschreiber Pepy im England des siebzehnten Jahrhunderts. St. Simon, der ein großer Herr war und um nichts in der Welt ein kleiner Herr der Literatur sein wollte, sagt nicht ohne Stolz an einer Stelle seiner Schriften: Ich schreibe wie ein Käsestecher, und tat es zeitweise wirklich, wenn er seine Feder laufen ließ. Dennoch, welche Fülle der Gesichte, welches Urteil, welche Menschenkenntnis, welches Gehirn unter dieser schlechtgekämmten und manchmal sogar verschobenen Allonge-Perücke seines Stils! Von ganz so hohem Rang ist die unvergleichlich manierlichere Dorothy Lieven allerdings nicht. Aber sie ist doch so etwas wie ein kleiner St. Simon in Weiberröcken am Hofe Georgs IV. von England. Sie sieht alles; sie weiß alles; und sie versteht es, dies alles in Worten, die von einer Persönlichkeit betont und beherrscht sind, wiederzugeben. Das aber ist ein Schriftsteller; die unliterarischen sind mitunter sogar die besseren.

Als eine solche unliterarische Schriftstellerin gibt die Fürstin Lieven sich auch darin zu erkennen, daß sie nichts liest; ohne freilich darauf so maßlos stolz zu sein, wie dies heutzutage die Analphabeten des Gewerbes sind. Auch ist das „nichts" nicht ganz wörtlich zu verstehen; sie hat nicht viel, aber immerhin das beste gelesen. Sie kennt ihren Shakespeare, sie kennt ihren Walter Scott, und den dritten Gesang von Byrons Childe Harold kennt sie sogar auswendig (Metternich übernimmt dieses Kunststück später von ihr und blendet seine Gäste damit). Und sie kennt vor allem die Briefe der Madame de Sévigné, die sie zeitlebens in Ehren hält. So gleicht sie, sagen wir, einem Lustspieldichter, der von der ganzen komischen Literatur nur Molière kennt. Nicht die schlechteste Schule für einen Lustspielschreiber.

Von diesen wenigen Vorbildern hat Madame Lieven zudem nur dasjenige gelernt, was ihrem eigenen aristokratischen Wesen am besten entspricht. Aristokratisch im guten Sinne ist vor allem die Einfachheit; wo der Bürger sich in Redensarten windet, drückt der Adelige sich klar und einfach aus; er nennt die Dinge beim Namen und nennt sie bei dem richtigen. In diesem Belang ist Dorothy Lieven sogar, obwohl viel weniger schreibkundig als Metternich, viel literarischer als er, der sich zuweilen in einem Gestrüpp von Phrasen und Metaphern redselig verstrickt.

Wie einfach erzählt sie beispielsweise in einem ihrer ersten Briefe dem großen Freund die Geschichte ihrer Ehe. Man kann aus diesem Briefchen nichts zitieren, man kann es nur ganz abschreiben. Es lautet:

„Heute vor achtzehn Jahren wurde ich verheiratet. Wie vergnügt war ich, meine Schulzeit im Kloster zu beenden, wie entzückt von meinen neuen Kleidern, wie gut paßte mir mein Brautkleid, wie stolz auf meinen Erfolg, als die Kaiserin es mit ein paar Brillanten schmückte, bevor sie mich zum Kaiser Paul hinüberführte, der mich dem Hof vorstellte. Ich hätte am liebsten alle Tage geheiratet und dachte an alles und jedes, nur nicht daran, daß ich einen Mann genommen hatte."

Kein Wort zuviel, aber auch keines zu wenig, daran erkennt man den geborenen Schriftsteller. Zugleich enthält dieser Brief aber auch eine Entschuldigung für das, was später kam, und soll sie wohl auch enthalten. Denn was kann aus einer so ahnungslos eingegangenen Ehe hervorgehen als, im besten Falle, Kinder, an deren Legitimität nicht zu zweifeln ist.

Eine andere solche Entschuldigung – Entschuldigung ohne Kommentar, auch das ist aristokratisch – enthält ein Brief, den sie ihm aus Brighton schreibt, März 1822, im vierten Jahr ihrer Liebe. Sie ist zusammen mit ihrer Freundin bei Hof eingeladen, der für kurze Zeit in Brighton Aufenthalt genommen hat. Der König ist krank, die Freundin langweilt sich zu Tode und wundert sich, daß Dorothy es aushält: „Mein Trost ist, daß ich gesellschaftliche Beobachtungen mache" (hier spricht der Schriftsteller, der sich zuweilen in einer Gesellschaft auf ganz andere Weise unterhält als die Leute, die in Gesellschaft sich unterhalten wollen). Und sie flicht, dem Freund sich brieflich anvertrauend, eine persönliche Erinnerung ein. Hier in Brighton, im Sommer 1818, hatte sie sich so unglücklich gefühlt, daß sie sich das Leben nehmen wollte. Der dritte Gesang des Childe Harold von Byron war eben erschienen und begleitete sie. Byron sagt darin „Dinge von entsetzlicher Schönheit" über den Tod durch Sichertränken. Sie liest das Buch auf einer Klippe im Meere und wartet auf die Flut, die, wenn sie kommt, die Klippe überschwemmen wird. Wie wär's, denkt die junge Frau, wenn sie so lange wartete und solcherart die Probe auf Byrons poetisches Exempel machte? „Eine halbe Stunde und länger wartete ich auf meiner Klippe auf die Flut, die sich nicht hob. Schließlich tat sie es, aber mittlerweile und in gleichem Maße verebbte meine Narrheit. Mit einem Wort, ich stand auf, ehe noch die Wasser meinen Fuß benetzten, und ich tat wohl daran... Seit damals, wann immer Trübsinn mich überkommt, muß ich mich nur jenes Abenteuers erinnern, um meine gute Laune wiederherzustellen oder zumindest, um mich von dem Wert jener hübschen Sache zu überzeugen, die wir Leben nennen." Was sie in dem Brief nicht erwähnt, mit keinem einzigen Wort, und was doch hinter allen ihren Worten steht, das ist, daß sie sich drei Monate vor Aachen in einer so kläglichen Laune befand, in einer Gemütsverfassung, die alles erklärt und manches rechtfertigt – auch Aachen.

Ein andermal erzählt sie ihm auf vier Briefseiten die Geschichte ihrer Jugendliebe, die sich liest wie ein traurig-heiteres, romantisches Lustspielchen von Alfred de Musset. Sie war erst elf Jahre alt, und bereits wollte sie jemand heiraten, was den Sitten der Zeit entsprach. Es war ein junger Graf Elmpt. Dorothys Mutter, die damals noch lebte, begünstigte seine Werbung, und so fühlte die Kleine sich, wie sie sagt, verpflichtet, sich in das junge Herrchen zu verlieben, und zwar in einem Grade, daß sie gleich vor Liebe krank wurde. Offenbar also war sie schon damals die leidenschaftliche Natur, die Metternich zwanzig Jahre später an ihr erkannte, als er ihr nekkend schrieb: „Tu as eu la fièvre." Doch die Mutter starb, und die Kaiserin, die an ihre Stelle trat, hatte eine ganz andere Wahl für Dorothy getroffen. Sie wurde in ein Kloster gesperrt und der junge Graf, der einen Streit mit dem Großfürsten Konstantin gehabt hatte, mit dieser Begründung vom Hofe und aus ihrer Nähe verbannt. Aber die vor Liebe Fiebernde läßt nicht ab von ihm und schreibt ihrem Romeo aus dem Kloster die zärtlichsten Liebesbriefe, die er ebenso zärtlich erwidert. Eine nachsichtige Gouvernante macht, wie in solchen Fällen üblich, die Mittlerin. Aber eines Tages erscheint unangesagt die Kaiserin im Zimmer der kleinen Klosterschülerin, reißt Spinde und Laden auf und findet, im Schrank der Gouvernante, die von dieser zärtlich aufeinander gelegten Liebesbriefe. Die Unglückliche hat sofort zu verschwinden; sie wird auf russische Art, über die sich die Fürstin Lieven noch wundert, von zwei Gendarmen über die Grenze expediert. Eine andere, strengere Aufseherin tritt an ihre Stelle, und Dorothys Roman ist zu Ende. Eine Zeitlang weint sie, dann tröstet sie sich, dann vergißt sie und nach fünf Jahren heiratet sie einen anderen, den Grafen Lieven. Aber zur gleichen Zeit stirbt der junge Graf Elmpt. „Seine Briefe haben mich nie erreicht. Ich vermute, daß sie mein Mann hat verschwinden lassen."

Diese Romanze, zu der man sich eine Musik von Tschaikowsky wünschte, war von Metternich herausgefordert worden durch eine briefliche Mitteilung. Er hatte Dorothy, der er gewissenhaft über sein Vorleben Auskunft gibt, lachend auch von seiner ersten Liebe erzählt, die er im Alter von neun Jahren zu einer verheirateten Frau von vierunddreißig Jahren faßte. Zwei Geschichten und zwei Entschuldigungen. Denn Dorothy hatte nun einmal „das Fieber", wenn sie liebte, sie wird es noch öfters haben; und Metternich hat, genau genommen, ein halbes Jahrhundert lang immer nur in Frauen von vierunddreißig Jahren sich verliebt, in welchem Alter auch Dorothy Lieven in

Aachen stand. Es war also ihre und seine „Bestimmung", wie Liebende, wenn sie freveln, gerne sagen.

Doch das sind sentimentale Ausnahmefälle. Im allgemeinen schreibt Dorothy nur recht selten, ja kaum jemals von Liebe. Ihre große Leidenschaft ist die Politik, und noch wenn sie ihrem Herzensfreund eine neue, hochmoderne Lampe zum Geschenk macht, um ihm das mitternächtige Schreiben etwas leichter zu machen, und im Begleitbrief erklärt, daß diese neu erfundene englische Art von Lampen mit Hydrogen-Gas gespeist werde, fügt sie diesem chemischen Exkurs in der nächsten Zeile hinzu: „Weil wir gerade von Chemie reden – man spricht jetzt viel über Parteien-Verbindung in einem neuen Ministerium."

Ein Jahr vorher hat auch er ihr ein zärtliches Geschenk gemacht, ein Pariser Portefeuille à la Huret, dessen Geheimverschluß sich nur öffnet, wenn man die Zahlen 1.8.1.8 entsprechend verschiebt. „Une serrure à combinaison", nennt man das in Paris, und 1.8.1.8. ist natürlich 1818, das Jahr ihrer Liebe. „Cette année est la nôtre", sagt Metternichs Begleitschreiben: „Celle de nôtre hégire." Und dann erklärt er ihr auf französisch die Handhabung, die etwas kompliziert ist. Aber sie soll sich dadurch nicht abschrecken lassen: „Si une fois tu as ouvert, tu ouvriras toujours. Il n'y a que le premier pas qui coûte, au fait de cadenas comme en toute autre chose..." Man sieht, alles ist auf Aachen bezogen, ihre Liebe lebt von der köstlichen Erinnerung.

Zu anderen Zeiten wieder erzählt sie ihm Geschichten und Geschichtchen aus ihrer Umgebung, lustige und traurige, politische und unpolitische, wie ihr der Tag sie zuträgt. Ein politisches ist die Vorbereitung ihres ersten Wiedersehens nach drei Jahren, in Hannover. Zu diesem Zweck muß der König von England nach Hannover fahren und wieder zu diesem Zweck überwindet Dorothy ihren Stolz und besucht seine neue Favoritin, die Marquise von Conyngham. Die Marquise, durch gesellschaftliche Huldigungen nicht verwöhnt, rechnet das der Gräfin hoch an, und der König fährt nun wirklich nach Hannover, der Heiligen Allianz zuliebe, wo ihn Dorothy Lieven zum gleichen Zweck bereits erwartet. So wird Geschichte gemacht, sagen die Franzosen. Übrigens ist das Glück, wie stets ihr Glück, von kürzester Dauer. Der König riecht den Braten und fährt mit seiner Favoritin, die sich von Madame Lieven nicht trennen will, nach ein paar Tagen wieder heim. Metternich kehrt befriedigt in seine Staatskanzlei zurück, und sein erstes war vermutlich, ein Kommuniqué auszugeben, daß die Besprechungen zwischen dem englischen König und dem österreichischen Regierungschef in voller Harmonie und zu beiderseitiger Zufriedenheit verliefen. Man kann auch „ausgebaut und vertieft" sagen. Das gleiche war im Jahr darauf, vier Jahre nach ihrer allerersten Begegnung, in Verona der Fall, wo sie in der Stadt von Romeo und Julia einen kurzen Honigmond der Politik genießen. Dorothys Glück steht im Zenith: Metternich ist der „Kutscher Europas", und sie sitzt in der Kutsche. Dann ist es aus, Metternich kommt nicht mehr nach Italien, die Zeit der politischen Badereisen ist vorbei, auch seine Briefe werden seltener und bleiben schließlich ganz aus. Einmal wartet sie monatelang auf ihn in Florenz, in Rom, aber er kommt nicht. „Österreich wird es büßen müssen", schreibt sie ihm, nur halb scherzhaft mit ihrem politischen Einfluß drohend, umsonst, er bleibt unabkömmlich. Politik und Liebe vertragen sich selten in einem Nest, und fast immer ist es die Politik, die schließlich siegt. Aber der Briefwechsel geht noch eine ganze Weile weiter, bevor die Politik, das kommt später, sie für ewig trennen wird.

Die Schriftstellerin, die in ihren Briefen ein Jahrhundert nach deren Entstehen zum Vorschein kommt, entschleiert sich am hübschesten, wo sie weder politisiert noch schnäbelt, sondern einfach ihrer Erzählerlaune die Zügel schießen läßt. Sie erzählt etwa, wie sie sich eines langweiligen und anspruchsvollen Schloßgastes entledigte, indem sie ihm den Verdacht einflößte, daß er in einem Spukzimmer schlafe. Oder die Geschichte vom verrückten Herrn Hardenbrot. Das war ein Mann, offenbar deutscher Abstammung, der zum Hofstaat der verstorbenen Prinzessin von Wales gehört hatte und im übrigen „durch seine ungeheure Nase berühmt" war. Eine Tages besucht er sie und erwähnt von ungefähr, daß er von Zeit zu Zeit Anfälle von Geistesgestörtheit hat und dann nicht wisse, was er tue. Eine Schwanksituation, die sich auch dementsprechend entwickelt. Dorothy ist mit ihm allein, sie erhebt sich unauffällig und nimmt neben der Klingelschnur Aufstellung, wo sie „wie eine Schildwache" stehen bleibt, bis nach einiger Zeit der Herzog von York sie aus ihrer beklemmenden Lage befreit. Einige Wochen später bricht bei Hardenbrot der Wahnsinn tatsächlich aus; er stirbt in einem Tobsuchtsanfall im Irrenhaus, wohin man ihn schleunigst gebracht hat.

Der Herzog von York, der den Mann mit der ungeheuren Nase rechtzeitig vertrieb, ist auch ein kurioser Vogel in ihrer Volière, in der fast nur Männer aus und ein flattern. Er kommt regelmäßig einmal in der Woche zu ihr und bleibt gewöhnlich ein paar Stunden, während welcher er unaufhörlich und unaufhaltsam redet, so daß sie, wie sie sagt, kaum zehn Worte zur Unterhaltung beizutragen vermag. Warum kommt er eigentlich? fragt sie sich und Metternich, dem sie nicht ganz ohne heimliche Genugtuung von diesen anstrengenden Besuchen des Bruders des Königs berichtet: "He settles down; he chatters; he tells stories; and at the end of his visit he kisses my hands with tears of emotion and gratitude for the pleasure I have givem him. I am charmed to give it, as it is so easy." Man sieht die Szene. Und wie entzückend frauenhaft, dieses halb schalkhafte, halb resignierte "as it is so easy".

Vor etlichen Jahren, als die Welt noch keine anderen Sorgen hatte, erschien einmal in Deutschland eine umfängliche Sammlung von Liebesbriefen unter dem Titel „Die schönsten Liebesbriefe". Welcher ist der schönste unter denjenigen, die die Fürstin Lieven als alte Dame in Schulheften sammelte, die, zum Vergnügen der Schulkinder jedenfalls, mit aufgemalten Rassepferden in allen Gangarten der Hohen Schule auf dem Deckel geziert waren? Ist es der letzte Brief, in dem sie ihn noch einmal vergeblich zum Schreiben einlädt? „Neumann brachte mir gestern Ihr Schreiben Nr. 174. Sie haben mich in letzter Zeit so wenig verwöhnt, daß ich ganz überrascht war. Ich überstürze mich, Ihnen zu danken. Macht Bescheidenheit Sie freigebiger? Bei mir ist es der Fall. Wären Sie wie ich, Sie schrieben mir öfter. Fangen wir noch einmal an. Leuten unseres Kalibers begegnet man nicht alle Tage. Unsere Herzen passen so gut zueinander, unsere Köpfe auch, und unsere Briefe sind so ergötzlich... Ich wiederhole, Sie finden nichts Besseres. Und was Sie betrifft, wenn Sie einem Manne Ihresgleichen begegnen, verständigen Sie mich schleunigst... Goodbye!" Oder ist der schönste jener andere Brief, in dem sie im Traum sein Herz schlagen spürte und es war das ihre? Oder ein dritter, noch kürzerer, in dem sie, wieder einmal Schloßgast irgendwo, die beiden alten Bäume beschreibt, die vor ihrem Fenster stehen. Nichts, schreibt sie, fände sie rührender, nichts schöner als zwei solche Bäume, die nebeneinander wurzeln und, ihre Zweige verschränkend, in den Himmel ragen. Und sie schließt das Billett mit der reizenden Wendung, die nur eine Frau finden konnte oder ein Dichter: „Möchtest Du nicht der andere Baum sein?"

Eine frivole Beziehung? Man hat es ein Jahrhundert lang geglaubt. In Wirklichkeit waren es nicht zwei „worldlings", wie Arthur Herman in seiner Metternich-Biographie abfällig sagt, sondern zwei starke Persönlichkeiten, die sich, an unzulängliche Ehepartner gekettet, in hoher freier Liebe fanden und verbanden. Daß sie dabei der bürgerlichen Moral ein Schnippchen schlugen, haben sie beide gebüßt, besonders aber hat die Frau die süßen Genugtuungen bitter überzahlt. Wer darf hier Richter sein? Sprechen wir sie nicht heilig, aber frei.

## DER KUTSCHER EUROPAS

Man könnte ein Leben Metternichs in Spitznamen schreiben. Nach dem „Adonis des Salons" wurde er der „Comte de Balance", der „Minister der Koalition", der „Ministre Papillon", der „Ritter Europas", der „Großinquisitor Europas", der „Kutscher Europas" und noch einiges andere, bis er zuletzt, nach einem schönen Worte des Dichters Hebbel, als die „Uhr Europas" zu schlagen aufhört. Man sieht, wie ihn in der zweiten Hälfte seines Daseins das Wort Europa nicht mehr verläßt. Die anderen Bezeichnungen verblassen, doch diese bleibt.

In jenen Jahren der politischen Badereisen und Kongresse, an denen Dorothy Lieven sentimentalen Anteil hatte, vollzog sich, zwischen Aachen und Verona, der Übergang vom Ritter zum Kutscher Europas. Der Besieger Napoleons war nachgerade fünfzig Jahre alt geworden, was auch Lieblinge des Schicksals, wenn ihnen Gott das Leben schenkt, auf die Dauer leider nicht vermeiden können, und die jugendliche Ritterrüstung verlor etwas von ihrem Maienglanz. Verona war der letzte Kongreß, an dem die Lieven aktiv und passiv nah beteiligt war. Aber auch schon zu ihren Zeiten führte der Kongreßort nicht immer einen so romantischen Namen. Einmal hieß er Karlsbad, ein andermal Troppau, ein drittes Mal Laibach. Aachen und Verona waren Sonntage des Glücks gewesen; aber schließlich nahm der Wochentag seines Amtes ihn doch ganz in Anspruch.

Auf jedem dieser Kongresse wurde etwas anderes ausgekocht. In Troppau ging es um Neapel, in Laibach und Verona um Spanien. In Aachen wurde Frankreich in den Bund der Großmächte aufgenommen, die europäische Pentarchie, wie sie Metternich vorschwebte, verwirklicht. Aber auch in Karlsbad und Verona, überall setzte er seinen geschmeidigen Willen durch. Man glaubte ihm ein Kompliment zu machen, wenn man ihn den Kutscher Europas nannte; er war es wirklich. Es war in diesen Jahren seiner sanften Diktatur, daß sein guter, treuer, wenn auch zuweilen etwas bockiger Kaiser Franz in seiner immer spaßhaften Art von ihm sagte: „Wenn die Leut' ‚Gott erhalte Franz den Kaiser' (die österreichische Volkshymne) singen, denk' ich immer bei mir selbst: Gott erhalte *mir* den Metternich!"

Die neue Machtfülle stellte ihn vor immer neue Aufgaben. Da war zunächst die deutsche Sorge, die ihn dauernd beunruhigte. Sie wuchs sogar nach Überwindung Napoleons, ja sie wurde in gewissem Sinne erst durch diesen ungeheuren Sieg hervorgerufen. Denn solang Deutschland in Ketten lag, genoß es die Begünstigung des Sklaven, sich über seine Zukunft keine Sorgen machen zu müssen, weil es nicht Herr seiner selbst war. Jetzt aber hatte es sich erhoben, und mit ihm erhob sich das deutsche Problem, das erst im Jahre 1870 durch Gründung des Deutschen Reiches eine, wie es scheint, vorübergehende Zwischenlösung fand. Das Problem bestand darin, daß ein Volk, das über Napoleon aus eigener Kraft gesiegt hatte, nun auch eine selbständige Nation werden wollte.

Im achtzehnten Jahrhundert war Deutschland ein Staatenbündel gewesen, über dessen Souveränitäten ein ohnmächtiger Kaiser, mit den Landesherren zankend, stand. Der Kaiser war in den letzten vier Jahrhunderten stets der Habsburger gewesen, der in Wien saß und wenig Zeit zum Zanken hatte.

Trotzdem machte dem von den Kurfürsten Gewählten der deutsche Reichstag nach Möglichkeit das Leben schwer.

Das sollte jetzt ganz anders werden, wie die deutschen Idealisten glaubten, hofften, träumten; vor allem der Freiherr vom Stein, auch er vom Rhein wie Metternich, aber Metternichs ideologischer Gegenspieler. Stein knüpfte an die Volkserhebung an, die notwendig gewesen war, um Bonaparte zu Fall zu bringen. Wenn sich alle deutschen Stämme zusammengefunden hatten, so war damit der klare Beweis erbracht, daß sie zusammengehörten, und so sollten sie auch beisammen bleiben. Ein nationales Deutschland unter einer alles übergoldenden Kaiserkrone sollte aus dem Schutt und der Asche des brüchigen alten Ständestaates entstehen, und diesmal sollte auch die Nation an der Herrschaft Anteil haben: die Nation, die im Felde geblutet und sich dadurch das Recht erkauft hatte, im Kronrat mitzureden. Den Begriff der Nation in diesem Sinne, als eines anspruchsvollen Rechtssubjektes, hatte erst die Französische Revolution geschaffen.

Kaiser Franz witterte diesen Zusammenhang mit der Revolution und lehnte bauernschlau ab. Wieder sagte er etwas Spaßhaftes, das in seiner Nüchternheit den Nagel auf den Kopf traf. Er meinte in bezug auf seine beabsichtigte Rückverwandlung in einen funkelnagelneuen deutschen Kaiser: „Wenn S' mich wieder so machen wollen, wie ich früher war, da dank' ich recht schön. Und wenn S' mich anders machen wollen, da wär' ich neugierig, wie S' das anstellen werden." Das hätte Metternich nie sagen können, weil er, eine ganz unnaive Natur, weder die Ursprünglichkeit noch die Simplizität seines Allerhöchsten Herrn besaß. Doch war es, so oder so ausgedrückt, im Grund auch seine Meinung.

Diese Meinung war keine deutschfreundliche im nationalen Sinne. Was auch dadurch zum Ausdruck kam, daß Franz zwar die deutsche Kaiserkrone ablehnte, aber trotzdem den Vorsitz im Deutschen Bund behielt – ohne ihn persönlich auszuüben. Gesamtdeutschland wurde dadurch zu einem Annex Österreichs herabgewürdigt, wie es dies ja auch in den letzten Jahrhunderten mehr oder weniger gewesen war. Auch hierin war Metternich bewußter Reaktionär. Ein ohnmächtiges Deutschland und ein starkes Österreich waren seines Dafürhaltens die beste Bürgschaft für eine ruhige Weiterentwicklung Europas.

Aber da war auch Preußen, die aufstrebende Großmacht, und da war der König Infinitiv, Friedrich Wilhelm III., der im Mai 1815, als es noch einmal gegen Napoleon ging, seinem Volke, nämlich den Preußen, höchst unüberlegt eine Verfassung, ja geradezu eine Konstitution versprochen hatte. Das Wort Konstitution allein verursachte Kaiser Franz Leibschmerzen. Man erzählte sich in Wien, daß er seinen Arzt, den Doktor Stift, als dieser einmal die gute Konstitution Seiner Majestät rühmte, angewiesen habe, doch lieber „Leibesbeschaffenheit" statt Konstitution zu sagen.

Hierin nun wieder war Metternich ganz seiner Meinung. Er wollte von einer wie immer gearteten „Charte" nichts wissen, nicht einmal in der Nachbarschaft, und Nationalismus war in seinen Augen nichts anderes als Jakobinismus avant la lettre. Worin er, wie sich ein Jahrhundert später in Deutschland herausstellen sollte, nicht so unrecht hatte.

Es handelte sich also darum, Friedrich Wilhelm dahin zu bringen, sein Versprechen rückgängig zu machen oder, noch einfacher, nicht zu halten. Aber das war nicht so leicht. „Nun einmal Königswort verpfändet haben!" sagte oder dachte der hartköpfige Infinitiv.

Politik ist Ausnützung der Fehler, die der Gegner macht; das war auch Metternichs Politik im gegebenen Falle. Der Nationalismus ist eine Dummheit; also kann man damit rechnen, daß er auch manchmal Dummheiten macht. Die Rechnung stimmte.

Es gab im deutschen Volke nämlich eine nachebbende Freiheitsbewegung und eine aufgeregte Jugend, die sich auf deren Wellenkämmen schaukelte. Zumal die Studenten in ihren „Burschenschaften" und schon damals antisemitischen Turnvereinen gefielen sich hierin; sie soffen und gröhlten und sangen „in tyrannos". Der nationale Schwindel wird auch daran merkbar, daß die sogenannte deutsche Revolution sich zunächst von der Bildung hochtragen ließ, um sich dann, im nächsten Jahrhundert, gegen die Bildung zu wenden.

Unter den Bildungsanstalten waren es vor allem die Universitäten und unter diesen wieder diejenige von Gießen, wo man revolutionäre Lieder brüllte, und von Jena, wo man die Parole „Blücher und Weimar" ausgab, die ihr „Freiheit, die ich meine" am heftigsten in die Welt hinausgeschrien. Zu diesem Zwecke veranstalteten auch die Studenten von Jena das sogenannte Wartburgfest, das im Oktober 1817 die Erinnerung an die Schlacht bei Leipzig mit der Dreihundertjahrfeier der deutschen Reformation verband. Bei dieser Gelegenheit kam es zur ersten Bücherverbrennung in Deutschland, welcher Vorgang keineswegs eine originale Erfindung des Nationalsozialismus ist. Unter den verbrannten Büchern befanden sich auch die Schriften des Lustspieldichters Kotzebue, den man verdächtigte, als russischer Spion im Dienste des Zaren Alexander der deutschen Freiheitsbewegung den Weg zu sperren. Es ist gefährlich, inmitten einer Volksbewegung ein Lustspieldichter zu sein oder gewesen zu sein. Die bloße Tatsache, daß ein paar Schreier seinen Namen vom Theaterzettel her kennen, genügt, um ihn als Volksfeind zu verschreien und zu erschlagen.

Auch der arme Kotzebue wurde bald darauf ums Leben gebracht, nachdem die Bücherverbrennung den nationalistischen Nachwuchs auf seine Spur gesetzt hatte. Ein fanatischer Jüngling erdolchte ihn zu Mannheim, nah dem Hause, in dem Schillers „Räuber" „in tyrannos" aufgeführt worden war. Ein Dolch für einen Lustspieldichter: es hieß ihn gewaltig überschätzen, indem man ihm das Schicksal Cäsars bereitete und das spitze Eisen in seine unbewehrte Brust senkte. Die Spitzen seines Dialogs, die er im Rampenlichte schliff, waren nie bis ans Blut gedrungen. Höchstens, daß er damit die menschliche Torheit ein wenig an der Nase gekitzelt hatte.

Carl Sand hieß der jugendliche Brutus. Er war der Horst Wessel jenes Zeitalters, ein „schwarzer Bruder" aus Gießen, wo man die verbotenen Lieder sang. Der amerikanische Historiker A. Herman hat in sein Metternich-Buch eines davon aufgenommen, das die demagogische Romantik jener Tage am besten wiedergibt – eine gärende Mischung von Eichendorff und Marseillaise:

> *„Brüder in Gold und Seid',*
> *Brüder im Bauernkleid,*
> *Reicht Euch die Hand.*
> *Allen ruft Teutschlands Not,*
> *Allen des Herrn Gebot:*
> *Schlagt Eure Plager tot!*
> *Rettet das Land!*
>
> *Dann wird's, dann bleibt's nur gut,*
> *Wenn Du an Blut und Gut,*
> *Wenn Du Gewehr und Axt,*
> *Schlachtbeil und Sense packst!*
> *Zwingherrn den Kopf abhackst,*
> *Brenn, alter Mut!"*

Solche Haßgesänge bleiben nicht ohne brausendes Echo. Unzufriedene Nachkriegsjugend, die auch damals die treibende

Kraft hergab, auf der einen Seite, getäuschter Idealismus auf der anderen brüllten und klatschten Beifall. War jene in den Burschenschaften verkörpert, so dieser, der Idealismus, in den Professorenkollegien, und beide hielten überall in Deutschland dicht zusammen. Auch blieb die Tat, die nach Metternichs Wort „auf die Lehre folgte", nicht ohne Nachfolge. Attentate beunruhigten den nach Lavendel duftenden Frieden der „Kongreßzeit". Es blitzte in Deutschland und Frankreich, es wetterleuchtete in Italien, wo die Carbonari am Werke waren, zuweilen schlug es auch ein. In Nassau fand der Staatsminister von Ibell in einem gewissen Löning seinen Brutus, in Paris wurde der Duc de Berry im Theater von Freiheitsfreunden erdolcht. Dorothy Lieven begräbt ihn in einem ihrer Briefe an Metternich mit einer einzigen unbarmherzigen Zeile: „Er war niemand, aber er wurde ermordet!" Immerhin, es war das vierte Attentat im Verlaufe weniger Monate.

Metternich, der die Fälle zählte, schaute gelassen zu wie die Spinne im Netz. Nicht umsonst hatte er eine besondere Vorliebe für Spinnen; er konnte sie, wie er uns einmal verrät, stundenlang beobachten. Mag sein, daß er sich auch diesmal ein Muster an ihnen nahm; denn bald nach dem Anschlag des Carl Sand traf er sich in Teplitz mit dem König Infinitiv, den die Ereignisse um so mehr erschreckt hatten, als Gießen, wo die „Schwarzen Brüder" hausten, eine preußische Universität war. Was tun? Er habe keine Minister, auf die er sich verlassen könne, klagte der König, darum müsse er sich Rat bei Metternich holen. Metternich machte sich diese unkönigliche Haltung seines Gegenübers sofort zunutze, indem er dem König die Tatsache unter die Nase rieb, in diplomatisches Silberpapier gewickelt natürlich, daß Hardenberg, der Metternich Friedrich Wilhelms III., alt und taub sei und sich auf die Zeit nicht mehr verstehe. Der verschreckte Monarch gab seinen Minister nicht gleich preis; er sagte nur, daß er eine Zusammenkunft zwischen

Metternich und Hardenberg schleunigst veranlassen wolle, Fürst Metternich möge dann selbst seinem Kanzler die Richtung weisen. Es gäbe nur eine: keine Konstitution, sagte Metternich hart. Und der König fügte sich. Er brach sein dem Volke verpfändetes Wort.

Es ist ein Wendepunkt in der deutschen Geschichte. Denn mit dem Überwiegen der preußischen Reaktion war auch das Übergewicht des reaktionären Österreich im Deutschen Bunde für längere Zeit gesichert und die Gründung eines deutschen Einheitsrechtes um ein weiteres halbes Jahrhundert vertagt. Zweifellos entsprach dies Metternichs Wünschen, vor allem seiner tiefen Abneigung gegen den deutschen Nationalismus, dessen turnerisch auftretende Bierbankbegeisterung ihm fürchterlich und widerwärtig war. Dennoch ist es höchst ungerecht und widerspricht der klaren Abfolge geschichtlicher Tatsachen, wenn man Metternich und ihn allein für eine Entwicklung verantwortlich macht, die Preußen zumindest in gleichem Maße wie Österreich verschuldet hat. Preußen war immer ein antidemokratisch regiertes Land und mußte es nicht erst unter Österreichs Einfluß werden. Am preußischen Herrengeist und Militärstiefel wurde auch damals, nach der Niederwerfung Napoleons, das dem Volke verpfändete Königswort zuschanden. Hätte Friedrich Wilhelm es halten wollen, so hätte er dies bereits 1815 tun können und hätte nicht bis 1817 warten müssen, um es schließlich unter Heranziehung eines Mitschuldigen zu brechen. Teplitz war nur ein scheinheiliger Vorwand für Berlin.

\*

Indessen kutschierte Metternich ruhig und besonnen auf geebnetem Wege weiter. Er straffte die Zügel wie in Deutschland, so in Italien und Spanien, da und dort die Ereignisse sich klug zunutze machend. Überall bekundeten die Könige neuestens eine Neigung, ihre Völker als erwachsene Menschen zu behandeln, es war offenbar eine Nachkrankheit der Französischen Revolution, die sie befiel; überall mußte ihnen die Lust, Konstitutionen zu gewähren, erst ausgetrieben werden. Da und dort waren sogar bewaffnete Interventionen nötig, um sie davon abzubringen. Es waren leichte, rasche Kriege, im Ausland geführt, die dem Diktator Ehre machten. In Spanien überließ er es Frankreich, namens der Pentarchie zu intervenieren; in Neapel machte er selbst Ordnung und gleich darauf auch in Piemont, es ging in einem. Beide Könige mußten die von ihnen feierlich beschworenen Verfassungen wieder zurücknehmen, dann durften sie, gezügelt, weiterregieren. Alles ging wie am Schnürchen.

Es ging auch sonst wie am Schnürchen, nur daß man mählich älter wurde; daran durfte man nicht denken. Hin und wieder gab es ja noch hübsche Augenblicke, die es einen vergessen ließen, auf Schloß Herrenhausen in Hannover zum Beispiel, wo eines Tages der König von England in Begleitung seiner Damen, darunter auch Dorothy Lieven, von der einen Seite, Fürst Metternich von der anderen Seite ankamen. Ein russisch-türkischer Krieg sollte verhindert werden und wurde glücklich verhindert. Übrigens kam auch Graf Lieven erst acht Tage später an, weil er mittlerweile in Petersburg den Zaren hatte bearbeiten müssen. Es war nach jeder Richtung hin ein voller Erfolg. Beim Abendempfang saß Dorothy neben dem Zaren auf dem Kanapee der Fürstlichkeit, so daß ihr sogar die Prinzessinnen von Geblüt im Range weichen mußten, und beim Abschied umarmte der König von England den Fürsten Metternich dreimal nacheinander, ein, wie man behauptete, in der Geschichte des englischen Hofes unerhörter Fall, und flüsterte ihm dabei einen Schiffskatalog von großen Männern ins Ohr, deren Namen der dem seinen anreihte: Minos, Themistokles, Cato, Cäsar, Gustav Adolf, Marlborough,

Pitt und Wellington. Besonders über den Cato mag Metternich mit Dorothy gelacht haben, als sie einander ein paar Tage später in Frankfurt noch einmal trafen und bei Rothschild speisten. Auch nicht übel.

Ganz ähnlich wird Metternich ein paar Jahre später auch in Paris gefeiert werden, von Charles X. Er konnte sich jetzt schon eine ganz hübsche Sammlung von königlichen und kaiserlichen Trabanten anlegen, zu denen auch Alexander von Rußland gehörte. Er, der sich im Kongreß hatte mit ihm duellieren wollen, war jetzt ganz und gar Metternichs Geschöpf geworden und verleugnete ihm zuliebe mit Passion seine vormaligen Grundsätze eines mystisch verstiegenen Liberalismus. Als Metternich einmal im Gespräch mit ihm sich respektvoll darüber wunderte, begründete der Zar seine Wandlung mystisch damit, daß seit 1813 sieben Jahre vergangen wären. Er hatte siebenjährige Überzeugungen.

Diese ersten Jahre der Metternichschen Diktatur waren seine besten. Die Genugtuungen der Macht waren noch in Lebenslust gebettet, der Staatskünstler und der Lebenskünstler hielten einander die Waage. Was Goethe im „Faust" seinem jungen Kaiser warnend zuruft: „Du willst regieren und dabei genießen" (das Wort stammt von Maria Theresia), das brachte der bedeutend ältere Metternich um diese Zeit, da Politik und Liebe Hand in Hand gingen, tatsächlich manchmal zuwege. „Epaphroditus" sprachen die späten Römer den mit Rosen bekränzten Cäsar schmeichelnd an. Er war es in diesen anakreontischen Jahren im Nachgenuß seiner Triumphe: „Epaphroditus"... Trotzdem, Politik und Liebe ergeben ein ungleiches Gespann und immer ist es die Politik, die schließlich die Liebe überrennt. Das sollte auch dieser Fürst des Lebens mit seinen „Four-in-hand" früh genug erfahren. Die Rosen welkten. Enttäuschung belauerte die Erfüllung.

\*

Mittagshöhe eben noch, und schon fallen die Schatten schräger über seinen Weg. Metternich, der in allem Glück – „ein unverschämtes Glück" hatte, drückte sich Madame Rémusat aus –, hatte es nur in seinem eigenen Hause, in seiner Familie, nicht. Vielleicht war es ihm da versagt, weil er zuviel in fremden Häusern, in fremden Familien es suchte; vielleicht war es umgekehrt, daß er eben darum dem Glück außer Haus so eifrig nachjagte, weil zu Hause das Unglück auf ihn wartete. Zwei von den sieben Kindern, die ihm die kuhäugige Eleonore mit den Ringellöckchen – kuhäugig im homerischen Sinne – gebar, starben noch ganz klein in seinen jüngsten Ehejahren, und jetzt, da er sich den Fünfzig näherte, folgten zwei erwachsene nach. Zuerst machte sich die sechzehnjährige Clementine – nicht zu verwechseln mit jener anderen Clementine aus der Dresdener Zeit, der Tochter von Madame Bagration – still und lieblich davon, traurig-süß und schauerlich-hold, wie die Töne von Schuberts „Der Tod und das Mädchen" sich verflüchtigen. Das schöne Kind wußte noch nicht einmal, wie schön es war, und Metternich erzählt gerührt, wie sie zusammen spazierengingen und die Männer seine Clementine anstarrten und sie nichts anderes zu sagen wußte als: „Diese Leute müssen noch nie einen Hut gesehen haben wie den meinen." Oder verlegen an ihrem Kleide zu zupfen begann, ob auch alles daran in Ordnung wäre ... Clementine starb im Mai, und schon im Juli des gleichen Jahres folgte ihr die dreiundzwanzigjährige Marie, verehelichte Gräfin Esterházy. Es war diejenige, mit der Metternich im Kongreß lebende Bilder gestellt hatte, während zwei Botschafter im Vorzimmer vergeblich auf ihn warteten, was ihm der preußische Gesandte so sehr verübelte. Sie war seine Lieblingstochter, seine Kameradin, Freundin, sein besseres Selbst, wie er sagte; kein Gedanke ging durch ihr Köpfchen, den er nicht hätte denken, kein Wort über ihre Lippen, das er nicht hätte sagen mögen. Er widmet ihr anläßlich ihres Hinscheidens Worte der größten Zärtlichkeit, wie wir ja überhaupt, wenn wir von der Beziehung zu seinen Kindern reden, die wärmste Stelle in Metternichs Gemüt berühren. Er war kein guter Gatte, ein besserer Liebhaber, ein guter Vater und bei Marie war er der beste. In dem Briefe, den er anläßlich ihres Ablebens schreibt, wird er beinahe zum Dichter, wie auch die im Grunde gemütlose Gräfin Lieven – auch sie eine vortreffliche Mutter übrigens – es in ihrem Beileidsschreiben wird. Zwar spricht sie bereits in der fünften Zeile von was anderem, nämlich von der Revolution in Neapel, die ihr großer Freund niederzukämpfen im Begriffe steht, aber am Schluß ihres Schreibens findet sie sich und ihn und sein Herz wieder mit der frauenhaft schönen Wendung: „Ich erleide Ihren Schmerz, wie ich Ihren Ruhm genießen werde."

Die Todesursache war in beiden Fällen das ererbte Lungenleiden. Auch Eleonore war davon befallen, auch sie sollte ihm in verhältnismäßig jungen Jahren erliegen, wozu die zahlreichen Kindbetten das ihre beigetragen haben mögen. Zur Zeit war sie bereits krank, und auch die drei Kinder, die von den sieben noch blieben, waren anfällig und von einem schleichenden Übel bedroht, dem damals die Hälfte des Wiener Nachwuchses zum Opfer fiel. Nicht umsonst nannte die ältere medizinische Schule die Tuberkulose den „morbus Viennensis", die Wiener Krankheit. Der Granitstaub des Wiener Straßenpflasters begünstigte ihre Entwicklung ebenso wie die mangelnde Gesundheitspolizei und die Ahnungslosigkeit der Herren Ärzte. Man behandelte die Lungenschwindsucht, statt ihre Ursache zu bekämpfen, mit Hustenpulvern und Molkenkuren. In dem erleuchteten Metternichschen Kreise war man um einen halben Schritt weiter. Der Hausarzt empfahl die Übersiedlung in ein milderes Klima. Noch im selben Jahre nahm die Fürstin mit ihren drei Kindern in Paris ihren Aufenthalt, wo sie bis zu ihrem wenige Jahre später erfolgten Ableben verblieb.

So war Metternich plötzlich allein. Die Frau in Paris, die

Freundin in London: ihm blieb nichts als seine geliebte Staatskanzlei, von der er sich nicht trennen durfte. Einsamkeit begann ihn zu umgeben, die letzte Gefährtin der Diktatoren, die alle Freundschaft, alle Liebe überlebt.

Doch sprach sie in seinem Falle wenigstens nicht das letzte Wort. Sie bildete nur eine Art Übergangszustand, der seine Regententugenden zur letzten Reife brachte: seinen Fleiß, seine Wachsamkeit, seine Zähigkeit und seine hohe Kunst der Menschenbehandlung. Man darf sagen, daß sie nie schöner im Flore standen als in diesen stillen Jahren, um sein fünfzigstes herum, in denen er eine ungeheure Machtfülle geräuschlos verwaltete und nur noch hin und wieder einen Mitternachtsbrief an Dorothy Lieven schrieb.

Er war jetzt tatsächlich der Kutscher Europas. Aber um welchen Preis? Der Diktator des Erdteils, war er zugleich der Sklave seines Kutschbocks geworden.

\*

Wie Talleyrand noch auf seinem Sterbebett, vierundachtzigjährig, einen letzten Staatsvertrag machte – nämlich mit dem lieben Gott –, so gewann der zu seinem sechsten Jahrzehnt ansteigende Metternich noch eine letzte Geliebte: die Politik. Er blieb ihr treu bis an sein Ende, obwohl sie ihn später bitter enttäuschte.

Er regierte und tat nichts anderes mehr. Wo waren die Zeiten, da er von sich hatte sagen können: Mein Kopf gehört der Welt, mein Herz gehört mir allein und ich kann darüber verfügen. Jetzt hatte er kein Privatleben mehr. Sogar bevor er ans Sterbebett seiner Frau nach Paris fuhr, mußte er bedenken und bedachte er, ob dieser Schritt nach Paris nicht vielleicht als eine

*Ludwig XVIII., König von Frankreich.*

*Krönung der Carolina Augusta, Gemahlin Franz des I. von Österreich, zur Königin von Ungarn am 23. 9. 1825.*

versuchte Annäherung an das englische Kabinett politisch mißdeutet werden könnte. Und er verschiebt die Reise, „bis sie unumgänglich werden sollte". So hat er auch an dem Tag, an dem seine überaus geliebte Tochter Marie starb, wie er brieflich bezeugt, einem sechsstündigen Ministerrat vorsitzen und dann noch weitere vier Stunden den Verhandlungsstoff im Büro aufarbeiten müssen. Wo blieb sein Herz? Es blieb ausgeschaltet.

Schließlich ließ sich die Reise nach Paris, die er nur im Falle unbedingter Notwendigkeit antreten wollte, nicht länger vertagen. Die Notwendigkeit wurde wirklich unbedingt; denn Eleonore, mit der er achtundzwanzig Jahre lang verheiratet gewesen und sieben Kinder hatte, starb. Er kam ein paar Tage vor ihrem letzten Seufzer in Paris an, wo er seit 1815 nicht mehr gewesen war, saß an ihrem Sterbebette und widmete ihr, als es so weit war, einen schönen brieflichen Nachruf. Er nennt sie eine schöne Seele und die beste Mutter. Dem Tod mit christlicher Fassung entgegengehend, verwendete sie den kleinen Rest von Atem, der ihr noch blieb, dazu, ihren Kindern Ratschläge für ihre Zukunft zu geben und ihrem Mann zu danken für alles, was er ihr „gegeben oder nicht gegeben habe" (for what I have done or not done for her). Ein Reuelaut, den er rasch wieder unterdrückt, um gefaßt fortzufahren in der Beschreibung ihrer letzten Stunden. Sie hätte nicht geklagt und in ihrer tiefen Gottgläubigkeit zu ihrem Vater heimgefunden. Er hätte einen unersetzlichen Verlust erlitten; die Vorsehung hätte es so gefügt... Er spricht wie im Ministerrat.

Und nicht der Gatte, nicht der Vater, der Politiker hat das letzte Wort in diesen schweren Pariser Tagen. Das von ihm Befürchtete wenigstens sei gottlob nicht eingetreten, im Gegenteil, die Reise hätte den besten Eindruck gemacht; nämlich auf Cannings. „Ma présence ici ne manquera pas d'avoir des bons résultats." Wir atmen auf. Auch schildert er alsbald mit etwas primadonnenhafter Eitelkeit, wie er sich umworben sieht:

„Minister, Stellenjäger, Ultra-Legitimisten, Bonapartisten, Jakobiner und Jesuiten – ein wahres Tal von Josaphat" – drängen sich in seinem Vorzimmer. Der Erzbischof von Paris macht ihm seine Aufwartung. Der König lädt ihn zum Essen ein und verleiht ihm den Orden vom Heiligen Geist; er versichert ihn seiner Dankbarkeit und bietet ihm seine Freundschaft an. „Le Roi, le ministère et tous les gens bien pensants sont venus au devant de moi, d'une façon qui indique la position élevée que l'Autriche occupe aujourd'hui", berichtet er an Kaiser Franz, sich und Österreich identifizierend. Ein andermal bedient er sich der bezeichnenden Wendung: „Notre pays ou plutôt nos pays." Denn schon hat der Kutscher Europas, wenn er etwas entscheidet oder vollbringt, „wir" sagen gelernt, wie alle Diktatoren. Oder soll man sagen: wie alle Kutscher?

## FRAU, GATTIN UND GEMAHLIN

Nach Eleonorens Tod war Metternich ein untröstlicher Witwer. Kein Mensch in Wien zweifelte daran, daß er bald wieder heiraten werde. Er war, so paradox es klingen mag, zum Ehemann geboren. Nur daß er in den achtundzwanzig Jahren, in denen er mehr oder weniger an Eleonorens Seite lebte, sich dessen nie so recht bewußt werden konnte. Was er in dieser Zeit, halb unbewußt, von den Frauen verlangte, war aber doch immer, daß sie seine Frau wären. Daß die Frauen, denen er es abverlangte, so häufig wechselten, war in den meisten Fällen nicht seine Schuld. Er hatte im Grunde wirklich eine gewisse Neigung zur Treue, die er sich selbst freigebig zugestand; „ich war nie untreu", schreibt der verheiratete Mann einmal treuherzig an seine Geliebte. Und wenn er dieser Neigung zur Treue nicht treu bleiben konnte, so waren es eben die Frauen, die ihn daran hinderten: durch das, was ihm die einen zu viel und die anderen, mit denen er eben verbunden war, zu wenig gaben.

Dorothy hatte ihm alles gegeben – eine Zeitlang. Sie waren in mündlichem wie in schriftlichem Verkehr ein Herz und eine Seele; sie verstanden sich bei Tag und Nacht. Die Lieven war wirklich, wie er einmal schrieb, als Frau genau das, was er als Mann war und ebenso ehemännlich veranlagt. Sie bewies es mehr als einmal in ihrem Leben, zuletzt bei Guizot, mit dem sie die letzten zwanzig Jahre ihres Daseins zusammenblieb. Allein im Falle Metternichs wurde gerade diese allzu große Übereinstimmung der Charaktere das Verhängnis ihrer Verbindung. Die Ehe beruht ihrem Wesen nach auf Ergänzung, nicht auf Wiederholung zweier Individualitäten. Dies zeigte sich gegebenenfalls in dem Augenblicke, als seine und der Fürstin Lieven Wege sich politisch gabelten. Ihr idealer Herzensbund scheiterte - es klingt wie ein Witz und ist doch bitter ernst - an der russisch-türkischen Frage.

Politik hatte Pate gestanden an der Wiege ihres Verhältnisses. Sie kam als russische Botschafterin nach Aachen und er als österreichischer Kanzler und Außenminister. Sie lernten einander in einem politischen Salon kennen und lieben. In der Folge, wie ihre Beziehung sich organisch weiterentwickelt, bestand auch in politischer Hinsicht ein völliger Einklang zwischen ihnen, aristokratische Machtmenschen und überzeugte Europäer, wie sie beide waren, und wenn die Lieven etwa im Falle Neapels ihrem Herzensfreund von London aus zurief: Du mußt marschieren!, war er bereits aus eigenem auf dem Wege nach Neapel. So weit also war alles in schönster Ordnung. Und daß bei aller Übereinstimmung ihrer Ansichten die Luft, die sie in London und Wien umgab, grundverschieden war, dort nach zeitgemäßem Liberalismus und hier nach verstocktem Feudalismus schmeckte, übersah man fürs erste.

Aber mit der Zeit begann diese atmosphärische Verschiedenheit ihrer Umgebung sich fühlbar zu machen. Metternich ging in seiner Furcht vor Verschwörungen und in seiner Abneigung gegen Konstitutionen immer weiter und wollte schließlich in ganz Europa intervenieren, in Portugal, in Spanien, in Italien, zuletzt in Griechenland. England lehnte ab, den Polizeimann Europas zu machen, und Frankreich folgte seinem Beispiel. Die Pentarchie brach in diesem Punkte auseinander, die Heilige Allianz, das Zwingherrenbündnis zwischen Österreich, Rußland und dem reaktionären Preußen blieb davon übrig. Nach dem Kongreß von Verona grenzten sich die ideologischen Fronten deutlich ab. Der liberale Westen stand gegen den autokratischen Osten Europas, welcher Gegensatz das Jahrhundert überlebte und noch heute das Schicksal des Erdteils überschwebt.

Von da angefangen standen Clemens und Dorothy in verschiedenen Lagern. Noch einmal versuchte sie den Gegensatz persönlich zu überbrücken, indem sie nach Italien fuhr und dort monatelang herumkutschierte, um mit dem Kutscher Europas, der es ihr versprochen hatte, zusammenzukommen. Er ließ sie monatelang in Florenz und Rom sitzen und kam dann doch nicht. Es wird Österreich in Rom sehr schaden! drohte sie, halb scherzhaft, mit dem Zeigefinger. Er ließ es darauf ankommen. Er hatte eine kranke Frau in Paris und in Wien seine überfüllte Staatskanzlei, die ihn Tag und Nacht in Anspruch nahm; er war nicht reiselustig. Zu regieren und dabei zu genießen, ging auf die Dauer eben doch nicht. Metternich entschied sich endgültig fürs Regieren.

Dorothys Briefe werden seltener und bitterer. „Willst Du nicht der andere Baum sein?" Frage ohne Antwort. Und dann plötzlich erweitert sich die russisch-türkische Frage zwischen ihren beiderseitigen Standpunkten zu einem unüberbrückbaren Riß. Österreich ist gegen die griechische Unabhängigkeitsbewegung, obwohl die Griechen Christen sind und die Türken, die das Land so schlecht verwalten, Heiden. England tritt für die Schaffung eines selbständigen Griechenland geharnischt ein, obwohl es auf dem Festland nicht mehr hat intervenieren wollen. Lauter Widersprüche. Aber Cannings, der Metternich feindliche englische Premier, bringt ein Bündnis zustande zwischen Frankreich, England und Rußland. Dorothy Lieven als russische Botschafterin steht natürlich zu Rußland, und Metternich gibt seinen verbohrten Standpunkt nicht auf. Wenn er, der Europäer, sich gegen die europäischen Griechen und an die Seite der asiatischen Türken stellt, ein doppelter Verrat in den Augen seiner großen Freundin, so tut er es, weil die türkische Herrschaft die „legitime" ist; aus purem Doktrinarismus also. Darüber kommt es schließlich zum Kriege, und die vereinigten englisch-französischen Flotten schlagen die von Österreich aufgepulverten Türken bei Navarino in die Flucht.

Am gleichen Tage heiratet Metternich in Wien ein blutjunges und bildschönes Mädchen, Antoinette Leykam. Jetzt bricht Dorothy los. „Der Ritter der Heiligen Allianz hat eine Mesalliance geschlossen", spottet sie vom anderen Ufer und drückt in einem ihrer Briefe die Vermutung aus, daß es den vormals so „geschickten Minister" Metternich nicht mehr gebe, daß er durch einen Strohmann neuestens ersetzt sei, der in seinem Namen und an seiner Statt mechanisch weiterregiere. Und dann kommt ein schreckliches Wort. Den größten Gauner (scoundrel) von Europa nennt sie ihn; wobei sie natürlich, wie fast jede Frau in ihrer Lage, vergißt, daß, wenn er unter Umständen ein Gauner war, es ihr unter Umständen ganz recht, ja hocherwünscht gewesen ist, daß er einer war.

Metternich aber, der Neuvermählte, bleibt stumm, und bleibt es auch die folgenden Jahre und Jahrzehnte bis an sein seliges Ende. Kein Wort des Tadels oder der Bitterkeit über die einstmals so geliebte Frau. Seine tiefe Neigung zu ihr trägt das adelige Siegel jeder großen Liebe auf den Lippen: das Schweigen.

\*

Wer waren diese Leykams? Man fragte es sich in allen politischen Salons des damaligen Europa, und in den adeligen Wiener Kreisen gab man, der allzu schönen Braut ihre Abstammung nachrechnend, bereitwilligst Antwort. Der Vater kleiner Ministerialbeamter mit künstlerischen Neigungen, die väterlichen Vorfahren Angestellte der Thurn und Taxisschen Post – „Kutscher" sagt man in der immer wohlwollenden

Wiener Gesellschaft. Die Mutter schlimmer als das, nämlich Opernsängerin; Italienerin aus Palermo, Pedrella mit Namen. Eine schöne Frau, ja natürlich. Singt und macht ein Haus. Aber nur Herren verkehren bei ihr, gar keine Damen; „keine einzige", sagen die alten Fürstinnen und meinen sich selbst. Übrigens soll sie sogar rassenmäßig nicht ganz einwandfrei sein, Juden, sagt man.

Der Kaiser machte, um den Schaden auszugleichen, Antoinette Leykam noch vor der Hochzeit zur Gräfin Beilstein. Wahrscheinlich hat er vorher eine längere Aussprache mit seinem „Haus-, Hof- und Staatsminister" gehabt, der, nach Art älterer Herren in solchem Falle, von seinem Vorhaben nicht abzubringen war. Metternichs Mutter, die damals noch lebte, war entschieden dagegen; sie begünstigte eine Partie aus dem katholischen Hochadel, welche Richtung im Leben ihres Sohnes sie schon einmal erfolgreich eingeschlagen hat. Diesmal war es eine schöne junge Gräfin Melanie Zichy, Tochter der schönen Gräfin Molly Zichy, der sie sich sichtbar zuneigte. Aber Clemens wollte nicht. Er verlobte sich mit Antoinette Leykam, und Melanie Zichy reiste, wie man sich in Wien erzählte, am selben Tage mit ihrer Mutter auf ihre ungarischen Güter ab. Eine Liebeserklärung in Spiegelschrift und außerdem das Gescheiteste, was Melanie tun konnte.

Antoinette Leykam war etwas weniger gescheit, und das war in den Augen ihres Bräutigams, auf Grund seiner jüngsten Erfahrungen mit der allzu gescheiten Fürstin Lieven, wahrscheinlich ihr größter Vorzug. Er mochte es in diesem Punkte mit seinem Lieblingspoeten Heine halten, den er zwar politisch verfolgen ließ, aber seinen späteren Gesponsinnen nach dem Essen gerne vorlas:

*„Mit dummen Mädchen, hab' ich gedacht,
Nichts ist mit dummen anzufangen;*

*Doch als ich mich an die klugen gemacht,
Da ist es mir noch schlimmer ergangen."*

Bei Metternich freilich waren die Klugen zuerst gekommen. Wann und wo der Umschwung erfolgte, läßt sich dokumentarisch kaum erweisen. Wie merkwürdig: wir, die wir so genau über Metternichs illegitime Beziehungen unterrichtet sind, meist sogar von ihm selbst, wissen gar nichts über die innere Vorgeschichte seiner legitimen drei Ehen. Sogar von seiner ersten ist uns nur bekannt, daß die geborene Kaunitz sich für ihn entschieden hatte, noch bevor ihr Vater entschied, ein für das achtzehnte Jahrhundert in ihren Kreisen unerhörter Fall. Bei Antoinette aber tappen wir völlig im Dunkeln. Es gibt kaum ein Dokument über ihren Brautstand, der in eine Zeit politischer Hochspannung fiel. Während aber der Geschichtsschreiber von Tag zu Tag verfolgen kann, wie die orientalische Frage sich entwickelte, verstummt die gleiche Aktenlage, sowie er sie um die Entwicklung von Metternichs Herzensgeschichte befragen will. Der Gelehrte hüpft über diesen Punkt denn auch meist schweigend hinweg. Er versagt, weil die Quellen versagen. Hier wird, in Ermangelung eines Historikers, ein Dichter gesucht, der keine Quellen braucht, weil er selber eine ist.

Psychologisch läßt sich immer noch einiges erschließen, was auch psychologisch einleuchtet. Antoinette war bildschön und kaum halb so alt als Metternich. Sie war viel schöner als ihre Vorgängerin und auf eine ganz andere Weise schön. Ein Puppengesichtchen; ein Zuckermündchen; Ringellöckchen über einer Kinderstirn und ein schwärmerischer, vergißmeinnichtblauer Augenaufschlag. „Une grâce lamartinienne", rühmt ihr der Pariser Biograph Metternichs, Monsieur Grunwald, nach; eine schöne Odaliske nennt sie der zeitgenössische französische Botschafter am Wiener Hofe, Comte de St. Aulaire; ihre sanfte Unbedeutendheit, deutet er boshaft an, hätte der jungen Fürstin, nachdem sie es geworden war, bald alle Herzen gewonnen. Indesesn entsteht die Frage, wie kam Clemens zu der Odaliske? Er kam zu ihr wie zu allen Frauen zeit seines Lebens, durch die Gesellschaft. Antoinettens Mutter, vom Ruhmeslicht eines ehemaligen Mitgliedes des St.-Carlo-Theaters in Neapel magisch umflossen, sah Gäste in ihrem Hause. Sie sang mit einer immer noch schönen Stimme, das zog auch Aristokraten ins Haus. Zwar die Damen aus diesen Kreisen erwiesen sich als musikalisch etwas weniger empfänglich, aber um so mehr waren es die Herren, deren Namen im Adelskalender verzeichnet standen. Metternich war einer von ihnen, was für ihn spricht. Eine der liebenswürdigsten Seiten seines Charakters und seiner Persönlichkeit war sein Verhältnis zur Kunst überhaupt – einschließlich die Literatur, worauf wir noch zu sprechen kommen – und ganz besonders zur Musik. Er spielte selbst das Cello, soll sogar einmal, in Rastatt, als ganz junger Mann, Cello spielend öffentlich aufgetreten sein, und konnte noch als alter Herr bei den Ouvertüren der Donizetti-Opern, die er besonders liebte, Tränen der Rührung vergießen. An die Fürstin Lieven, die selbst eine vorzügliche Pianistin war, wovon er sich in Aachen überzeugt haben mag, schreibt er einmal über die Musik: „Sie rührt mich über mein eigenes Wesen, sie tut mir wohl und wehe, und das Weh selbst ist Wohlsein." Mag dies Geständnis auch nur ein vorzugsweise sinnliches Verhältnis zur Musik bescheinigen, so war es doch in jedem Falle eine tiefreichende Beziehung, die auch die Brücke zum Salon Leykam schlug. Da saß er nun, der schöne, reife Mann, von vielen Erfahrungen zurückgekommen, und hörte der Mutter zu, die aus wogender Nachtigallenbrust ihre Lieder und Arien in den nach Honig duftenden warmen Kerzenschimmer schmetterte, während die Tochter neben ihm saß und lyrisch schwieg. „Mein holdes Schweigen", spricht, bei

Shakespeare, Cäsar seine Frau an. Übrigens brauchte Antoinette nicht zu singen; sie war selbst ein Lied.

Hier hätten wir einige der zarten Fäden bloßgelegt, die den österreichischen Staatskanzler, den Fürsten Metternich, ins Haus Leykam zogen, wo er sehr zum Verdruß seiner neidischen Zeitgenossen eine Zeitlang wahrhaft glücklich wurde. Daß es kein Haus allererster Güte war, war vielleicht ein Grund mehr, es zu werden. Es war ein von musikalischer Atmosphäre erfülltes, aber sonst recht stilles Haus, das machte es nur um so anziehender für ihn. Wieder konnte er schon damals sagen, was sein Lieblingsdichter Heine zehn Jahre später in eigener Sache reimen wird:

> *"Unjung und nicht mehr ganz gesund,*
> *Wie ich es bin zu dieser Stund',*
> *Möcht' ich noch einmal liebend schwärmen*
> *Und glücklich sein. Doch ohne Lärmen."*

Zwar die Gesundheit des Fürsten ließ nichts zu wünschen übrig. Bis auf ein kleines Augenleiden, das die Sehkraft des linken Auges dauernd geschwächt hatte, und eine beginnende Harthörigkeit, die aber mehr eine Charaktereigenschaft war, hatte er in dieser Richtung nicht zu klagen, und wenn auch nicht der Jüngste, so war er doch immer noch jung genug, um ein ganz junges Mädchen zu binden. Daß sie um volle dreiunddreißig Jahre jünger war als er, übersah er gerne; daß sie als gelehrige Schülerin bewundernd zu ihm emporblickte, war ein Zauber mehr. Sie hatte keine Ahnung von Politik, die ihm die schönsten Jahre seines Lebens verbittert hatte, sie fragte nicht, sie riet nicht und maßte sich kein eigenes Urteil an. Es war nicht zu befürchten, daß *sie* ihm eines Tages schreiben oder sagen würde: „Marschiere nach Neapel!", noch bevor er sich entschlossen hätte zu marschieren. Vielmehr würde sie in solchem Falle gefügig warten, ob er es täte, und ihn erst nachher dafür bewundern. Nichts ist oft so ausschlaggebend bei der Wahl eines Liebespartners als die schlechten Erfahrungen, die man mit seinem Vorgänger gemacht hat. Enttäuschung flüchtet gern zum Gegenteil.

Alles in allem war diese Verbindung eine von jenen, die im dritten Jahre an Langweile sterben. Aber soweit kam es nicht, denn Antoinette starb bereits nach anderthalb Jahren, nachdem sie einem gesunden Knaben, Richard, das Leben geschenkt hatte. Sie starb an Wochenbettfieber, wie es damals üblich war. Es war neben der Tuberkulose der andere Würgeengel der damaligen Menschheit. In beiden Fällen handelte es sich um damals noch unbekannte Bakterien, die inzwischen entdeckt wurden. Wenigstens in dieser Beziehung also hat es die Menschheit, dank Koch und Semmelweis, seither etwas weiter gebracht.

Der Gattin beraubt, war Metternich Witwer. Und wieder schrieb er, ein Blaubart des schönen Nachrufs, einen erschütterten Brief, in dem er von der Dahingegangenen sagte: Sie war schön wie ein Engel und hatte engelhafte Eigenschaften. Aber noch ehe die Tinte über diesem Satze, den er seiner Zweiten widmete, trocken geworden war, tauchte die Dritte in Wien wieder auf. Sie hieß Melanie Zichy und schien nur das Verschwinden ihrer Vorgängerin abgewartet zu haben.

*

In diesem Falle wählte wiederum die Mutter Metternichs mit, obwohl sie jetzt bereits tot war. Die in ihrer stillen Art bedeutende Frau, der Metternich seinen Charakter und der wir

Metternich zu danken haben, starb hochbetagt, und bald darauf sank auch ihr Enkel Viktor ins Grab, der einzige Sohn Metternichs aus erster Ehe und sein Liebling. Er hatte zuletzt in Paris gelebt. Ein großer Frauenfreund wie sein Vater, aber nicht von dessen robuster Gesundheit, war er im letzten Stadium der Schwindsucht mit einer schönen Herzogin von Paris durchgegangen, die ihn dann in Italien zu Tode pflegte. Nach Italien durchzugehen und in Venedig in verliebten Gondeln über die Lagune zu schaukeln, war die zeitgemäße Form der Pariser Romantik. Musset brannte mit Georges Sand durch, Liszt mit Marie d'Agoult und der junge Metternich mit einer liebreizenden Herzogin, die nach seinem Tode die Mutter seines Sohnes Roger wurde. Metternichs Weg in diesem Abschnitt seines Lebens, seinem sechsten Jahrzehnt, war wirklich eine Friedhofsallee, Grab reihte sich an Grab. Zum Glück war schon wieder ein Sohn da, der kleine Richard aus zweiter Ehe, der sechzig Jahre später die Denkwürdigkeiten seines Vaters in zahllosen Bänden sammeln wird.

Aber nun setzt der Baum, herbstlich umwittert, noch einmal ein paar neue Blüten an, was bei Bäumen und auch bei Menschen vorkommt. Melanie Zichy taucht wieder auf in Wien, halb verlobt diesmal, mit einem jungen Baron Hügel, aber das wird kein Hindernis sein, im Gegenteil. Metternich muß sich diesmal rascher als vor zwei Jahren entscheiden, und er tut es mit Vergnügen. Denn er spürt an ihrer plötzlichen Rückkunft und überhaupt, daß Melanie ihn liebt. Wie reizend. Wieder ist ein junges Mädchen in ihn verliebt. Diesmal allerdings ist sie nur um zweiunddreißig Jahre jünger als er. Nun, das eine Jahr wird's nicht ausmachen. Er ist jetzt achtundfünfzig und Jahre sind nur noch eine kleine Münze für ihn.

Wieder ist das Verhältnis Metternichs zur Frauenwelt einen Augenblick einer heiteren Betrachtung würdig. Als er jung war, wollten ihn die Frauen zum Liebhaber haben; jetzt, da er alt wird, begnügen sie sich damit, ihn zu heiraten. Es ist kein ganz alltäglicher Fall. Metternich hat viel Feindschaft auf sich gezogen, in und nach seinem Leben. Aber es muß doch etwas an ihm gewesen sein, da die weibliche und vielleicht sogar bessere Hälfte der Menschheit so nachdrücklich für ihn eintrat.

Zur selben Zeit, als Melanies Werbung – von einer solchen muß man wohl sprechen – sich zutrug, war Richard, Metternichs Söhnchen und Stammhalter, ein bis zwei Jahre alt. Es gibt eine überlieferte Szene aus diesem Abschnitt seines Lebens. Metternich und sein noch etwas älterer Freund und Famulus Gentz im Kinderzimmer Richards über ein Töpfchen Seifenwasser gebeugt, aus dem sie mit Strohhalmen Seifenblasen hervorholen und über die Patschhände des kleinen Richard hinwegblasen. Bedarf es weiterer Beweise für die Herzensanmut des Mannes und Menschen? In einem verschollenen Wiener Lustspiel sagt eine junge Frau, zur Männerwelt sich wendend: „... Was Euresgleichen liebenswürdig macht – wir Frauen ahnen es: die Kinder wissen's!"

Auch Melanie Zichy wußte, oder ahnte es zumindest. Sie war eine Schönheit, eine rassige magyarische Vollblut-Schönheit, leidenschaftlich, stürmisch, wenn sie an sich hielt, und wenn sie durchging, wie ein ungezügeltes Pußtapferd. Zu ihrer unmittelbaren Vorgängerin Antoinette verhielt sie sich, was ihre Gemütsart, ihre Tonart und ihr Tempo betrifft, ungefähr wie eine Lisztsche Rhapsodie zu einem Nocturno von Chopin, und war auch äußerlich ihr Gegensatz. Ein fleischiges Gesichtchen, überhaupt zur Fülle neigend, hatte sie nachtschwarzes Haar und blaue Augen, wie Constance Caumont seligen Angedenkens. Übrigens soll das eine Auge mehr grünlich-braun gewesen sein, was eine Variante bildete und einen nicht zu übersehenden Unterschied ausmachte.

Die Sache entwickelte sich, wie Melanie es für richtig fand.

Der halbverlobte Herr von Hügel wurde in diplomatischer Mission nach Paris geschickt und blieb lange aus. In der Zwischenzeit verlobte sie sich mit Clemens Metternich. Der gute Baron Hügel, der sich später zu einem treuen Freunde Metternichs entwickelte, nahm es nicht krumm. Er schrieb nur, aus Paris noch, an seine stürmische Melanie, er werde nach Wien nicht früher zurückkehren, als bis er geheilt wäre. „Er wird nie zurückkehren", sagte das schöne Mädchen gefaßt.

Es fehlte ihr, wie man schon aus dieser nicht einmal scherzhaft gemeinten Bemerkung ersieht, keineswegs an Selbstbewußtsein. Ihr Hochmut, den ihre Bewunderer Stolz nennen, war stadtbekannt. Die Zichys waren ältester magyarischer Uradel, Türkenblut, Hunnenblut, Awarenblut, weiß der Himmel was noch. Dazu nun Fürstin Metternich, Gemahlin des mächtigsten Mannes in Europa. Kein Wunder, daß sie, kaum hatte sie sich im Sattel zurechtgesetzt, es die anderen gehörig fühlen ließ. Reitgerte und Sporen mit Lust gebrauchend, setzte das schöne Weib über jede Hürde.

Die Wiener erzählten sich jahrzehntelang Geschichten von ihrem sagenhaften Dünkel und ihrer herrischen Taktlosigkeit. Einmal sah sie sich genötigt, Clemens zuliebe, beim Bankier Eskeles zu dinieren, der jüdischer Abstammung war. Sie brachte ihr eigenes goldenes Tischbesteck mit und legte es, dasjenige des Bankiers entfernend, neben ihr Gedeck. Dem Mailänder Archäologen Labus ward eine Tee-Einladung zuteil. Er erschien ohne die vorschriftsmäßigen weißen Handschuhe, was die Fürstin veranlaßte, ihm von ihrem Bedienten auf silberner Platte ein Paar solcher Handschuhe überreichen zu lassen. Der Gelehrte ließ sich zum Glück nicht spotten; er übernahm die Handschuhe und legte dafür, unter den Augen der Fürstin, drei Silberzwanziger auf die Platte – den üblichen Kaufpreis. Auch das Frage- und Antwortspiel mit Liszt ist nicht übel. Liszt klavierzauberte in Wien zugunsten der Donau-Überschwemmten.

Die schöne Fürstin kam nach dem Konzert auf ihn zu und wußte ihm nichts anderes zu sagen als, auf französisch natürlich: „Vous devez faire beaucoup d'argent, Monsieur Liszt!" – „Non, Madame, je fais de la musique!" war die rasche Antwort. Aber das Allerschlimmste, was sogar eine diplomatische Démarche der französischen Regierung zur Folge hatte, sagte sie zum Grafen St. Aulaire, der damals der französische Botschafter Louis Philippes in Wien war. Louis Philippe, der sich nach Absetzung seines unfähigen Vetters Charles X. zum „König der Franzosen" hatte wählen lassen, galt deshalb in der reaktionären Wiener Hofgesellschaft schlankweg als Thronräuber. Auf einem Balle, als die Fürstin Metternich ein herrliches Diamantendiadem im Haar trug, bewunderte es der Botschafter und glaubte ihr, nach Art galanter Franzosen, ein Kompliment zu machen mit den Worten: „Ihr Diadem, Fürstin, ist ja schon fast eine Krone." – „Zumindest habe ich sie nicht gestohlen!" blitzte die gereizte Schöne zurück. Ein paar Tage später mußte Metternich sich beim Botschafter St. Aulaire, der zu diesem Zweck bei ihm vorsprach, in aller Form entschuldigen. Metternich, ein Diktator von Geschmack, tat es in allerbester Haltung, indem er lächelnd um Verzeihung bat, mit den Worten: „Ich bin für die Erziehung meiner Frau nicht verantwortlich."

In dieser Wendung, so gut gewählt sie war, lag nun allerdings zum erstenmal ein Eingeständnis eigener Schwäche, die auch Grillparzer, der größte österreichische Dichter, Zeitgenosse und Gegner des großen Staatsmannes, ihm vorwirft, wenn er, auf die Ungleichheit der Jahre zwischen den fürstlichen Gatten deutend, die bösartige Bemerkung macht, daß Metternich, infolge seines Alters nicht mehr imstande, „die rüstige Magyarin" auf andere Art zufrieden zu stellen, sie durch kleine Geschenke entschädigen müsse. So hätte er ihr die Zulassung der Jesuiten als Geburtstagsgeschenk gemacht und das Verbot der Mischehen als Neujahrsgabe. Es ist dies, von der

Politik abgesehen, ein heikler Punkt, den man am besten umgeht, wenn man feststellt, daß der dritten Ehe Metternichs in den ersten sechs Jahren vier Kinder entsprossen. Schließlich fühlte der Hausarzt Dr. Jäger sich veranlaßt, der jungen Frau Vorstellungen zu machen, weil sie den Fürsten zu sehr anstrenge. Melanies lebenslängliche Feindschaft war der Lohn und wahrscheinlich auch das Honorar des allzu gewissenhaften Leibarztes.

Natürlich fehlte es nicht an der üblichen Nachrede; der Unterschied der Jahre war ja auch wirklich zu groß. So glaubte man aus der Tatsache, daß der Halbverlobte von ehemals, Baron Hügel, in späteren Jahren das Ehepaar Metternich auf allen Reisen begleitete und in Gesellschaft stets hinter dem Fauteuil der Fürstin Melanie stand oder in ihrer nächsten Nähe saß, Schlüsse ziehen zu dürfen, die sicher ganz unbegründet sind. Baron Hügel mag ganz oder halb geheilt nach Wien zurückgekehrt sein und seinen Dienst in der Staatskanzlei wieder aufgenommen haben: die Fürstin Metternich war jedenfalls mit Leib und Seele Fürstin Metternich und sonst nichts. Im Anfangsstadium ihrer Ehe war sie rettungslos in ihren Clemens verliebt. Sie wollte immer neben ihm am Schreibtisch stehen, wenn er seine Depeschen revidierte, „weil es so ungeheuer interessant wäre", ihm beim Schreiben zuzusehen. Als Anfang August 1830, wenige Monate vor ihrer Verheiratung, die Nachricht vom Ausbruch der Julirevolution unvermutet auf Schloß Königswart eintraf und den Staatskanzler sichtlich erschütterte, kniete die junge Komtesse, wie ein Augenzeuge zu berichten weiß, neben seinem Lehnstuhl nieder und küßte seine von ihren Tränen heiß überströmten Hände. Derlei spricht Bände, und erspart uns Bände, auch die von der Fürstin selbst geschriebenen ihrer sehr umfangreichen Tagebücher, in denen sie ihn immer nur „ce pauvre Clement" nennt. Auch das wieder, soweit es nicht ihrem Bedürfnis, Gnaden zu erteilen, entsprang, nur ein Beweis ihrer Verliebtheit. Sie fühlte sich gedrungen, den so ziemlich glücklichsten und glückverwöhntesten Mann im damaligen Europa auch noch zu bemitleiden und ihn als eine Art Märtyrer seines hohen Amtes hinzustellen. Sie dichtete ihm eine Dornenkrone an, um seiner Fürstenkrone noch ein paar Zacken mehr hinzuzufügen. Andere Schlüsse aus dem wiederkehrenden „ce pauvre Clement" zu ziehen, wäre unstatthaft. Ursprünglich in ihn verliebt, hat sie ihn später nur noch vergöttert, das aber bis zu ihrem letzten Atemzug. Was nicht ausschloß, daß es eine zeitweise etwas stürmische Ehe war und daß ihm ihr ungezügeltes Wesen allerhand zu schaffen gab und ihn oft in Verlegenheit brachte; nicht nur wenn sie, nach einem Besuch beim alten Baron Rothschild, boshaft berichtet, Rothschild habe ihnen seine Kasse gezeigt, „das interessanteste Möbel im Hause". Ihrem aus Ungarn mitgebrachten etwas lärmenden Gesellschaftsbegriff entsprach auch eine gleichfalls ungarische Großzügigkeit der Geldgebarung, die ihn zuweilen in arge Mitleidenschaft zog. Dann blieb sie ihre Rechnungen bei den Wiener Geschäftsleuten, die nicht zu mahnen wagten, länger, als erlaubt war, schuldig. Oder sie versuchte, sich ihren Putz etwas wohlfeiler zu verschaffen, indem sie Shawls und Spitzen, mit Umgehung der Zollbehörde, durch den diplomatischen Kurier von Paris nach Wien schmuggeln ließ. Metternich hat dies sicher mißbilligt und Melanie sich ebenso sicher über seine Mißbilligung hinweggesetzt.

Vom Erotischen abgesehen, wenn man davon bei einem Manne wie Metternich absehen kann, entsteht für den Erzähler seines Lebens die Frage, inwieweit der „öffentliche Charakter" des Staatsmannes von dem gefährlichen Altersunterschied in seiner dritten Ehe beeinflußt war. Es ist richtig, daß im siebenten Jahrzehnt seines Lebens klerikale Neigungen bei ihm deutlicher hervortreten, zweifellos unter Melanies Einfluß. Sie entstammte jenen bigotten Adelskreisen, die sich mit dem Katechismus ebenso gut vertragen wie mit dem Gotha und, einem dogmatischen Kirchenglauben demütig-gebieterisch von Jugend auf ergeben, aus Herrschsucht fromm sind und aus Frömmigkeit herrschen wollen. So gelang es ihr, wie Grillparzers böser Blick richtig herausfand, den schwächer werdenden Mann zur Duldung der „Gesellschaft Jesu" zu vermögen. Auch gewöhnte sie ihn in seinen Greisenjahren daran, täglich die Messe zu hören, ihn, den Sohn der Aufklärung, der noch zehn Jahre, bevor sie die seine wurde, den Kopf gehoben hatte mit dem verbrieften Wort: „Ich mißtraue dem Lampenschein der Sakristei". Aber eben darum war seine scheinbare Wandlung um des häuslichen Friedens willen keine ganz ernst zu nehmende. Metternich war viel zu sehr Sohn des vernunftgläubigen achtzehnten Jahrhunderts, um mit Überzeugung klerikal zu werden, wenn er sich auch dem Verdacht, es zu sein, zeitweise aussetzte. Von einer Herrschaft der Kirche über den Staat wollte er nichts wissen, in welcher Grundauffassung er mit Kaiser Franz wie auch noch mit seinem Nachfolger auf dem österreichischen Kaiserthron übereinstimmte. Noch der vierundachtzigjährige Kaiser Franz Joseph wies den Erzbischof von Trient von der Türe, als ihn dieser im zweiten Jahr des Weltkrieges zur freiwilligen Abtretung Südtirols an Italien zu bestimmen versuchte. Und doch war der Rat in diesem Falle der denkbar beste gewesen, den auch ein nichtkirchlicher Politiker dem Kaiser hätte erteilen können.

Hingegen kann man Metternichs dritter und letzter Frau den Vorwurf nicht ersparen, daß sie ihn, der nie volkstümlich gewesen war, dem Volke völlig entfremdete und schließlich ganz in seine Kaste einschloß. In ihrem Salon, der jetzt der Salon Metternichs war, verkehrten nur Adelige, und wenn sich einmal ein Bürgerlicher hin verirrte, so wurde er auf Wiener Art als Herr „von" angesprochen, um ihn durch Verleihung dieses Trinkgeldadels wenigstens für die Zeit seiner Anwesenheit seines mitgebrachten Bürgerrechtes zu berauben. Das hatte böse Folgen noch bei Lebzeiten Metternichs, als die Achtundvierziger Revolution über ihm zusammenschlug. Damals und in den folgenden Jahren der Verbannung wurde die Rechnung präsentiert, und wieder war es eine der Gemahlin höchst unerwünschte Rechnung, obwohl sie selbst sie verschuldet hatte. Dennoch muß man der bis zur Hemmungslosigkeit rassigen Frau zugestehen, daß sie sich den Ehrenplatz an Metternichs Seite erst in diesem Abschnitt ihrer Ehe voll, auch vor der Geschichte, verdient hat. In den Jahren des Glückes eine Zumutung für ihre nichtadelige Mitwelt und eine immerwährende Geduldprobe für ihren Mann, bewährte sie sich völlig erst im Unglück. Sie hätte ihn auf ihren Armen aus einem brennenden Hause getragen, sie wäre für ihn ins Wasser gesprungen, um ihn zu retten oder mit ihm zu versinken, und sie hätte sich buchstäblich in Stücke hauen lassen für „ce pauvre Clement". Je mehr sie ihn bemitleiden konnte, desto lieber hatte sie ihn.

Drei Ehen, alle drei mit Nachkommenschaft gesegnet, füllen, wie sie aufeinanderfolgen, sechzig Jahre im Leben dieses Frauenlieblings. Drei Frauen, die als Charakterbilder kaum mehr miteinander gemein haben, als daß sie alle drei eben Frauen waren. Mit welcher war er am glücklichsten? Wahrscheinlich mit der zweiten, der Gattin. Welche war die beste von den dreien? Wahrscheinlich doch die erste, die Frau. Sie hatte etwas vor den anderen und auch vor denjenigen, mit denen er nicht verheiratet gewesen war, voraus. Sie alle wußten, was sie ihm geben konnten, und gaben es. Nur sie, die gute Eleonore, wußte noch etwas mehr. Sie wußte auch, was sie ihm nicht geben konnte. Und zog sich beizeiten zurück. Und hat sich still davongemacht, selbstlos und klug.

# POLITIK UND KEIN ENDE

Ordnungsliebend, wie er war, hat Metternich rückschauend sein Leben selbst in zwei große Hälften geteilt: Bis 1815 und nach 1815. Die eine Hälfte nennt er die politische, die andere, an Jahren fast gleich groß, die soziale. Was er unter sozial versteht, ist nicht ganz klar, aber man wird kaum fehlgehen, wenn man annimmt, daß er dabei hauptsächlich an die Aufrechterhaltung der sozialen Ordnung, wie er sie auffaßte, also der bestehenden Gesellschaftsordnung dachte. Auch das wieder war Politik, wenn auch Politik mit andern Mitteln. Hatte sie bisher der Landkarte Europas gegolten, so galt sie hinfort der Idee Europa. Um diese zu verteidigen, hatte er ein System von Abwehrmitteln ausgebaut, das berühmte „Metternichsche System" – eine Art Maginotlinie seiner Politik, die keine andere Aufgabe zu erfüllen hatte, als die Invasion der feindlichen Kräfte der Revolution zu verhüten, und sie am Ende ebensowenig verhütet hat.

Über das „System" ist viel geredet und gerätselt worden. Srbik, der ausführlichste Biograph Metternichs, dessen Buch jeder gelesen, aber niemand ausgelesen hat, widmet ihm einen ganzen Abschnitt, der selbst wieder ein Buch ist. Hat man diesen Bandwurm glücklich aufgespult, so vermißt man in der endlosen Kette seiner hochgelahrten verstrickten Glieder immer noch den Kopf, nämlich die Erklärung, was das System also eigentlich ist. Es ist alles und jedes, oder wie Grillparzer, der

Satiriker dieses Ungetüms, es in ein paar schnurrigen Versen witzig ausdrückt:

> *Ich weiß ein allgewaltig Wort,*
> *Auf Meilen hört's ein Tauber.*
> *Es wirkt geschäftig fort und fort*
> *Mit unbegriff'nem Zauber.*
> *Ist nirgends und ist überall,*
> *Bald lästig, bald bequem;*
> *Es paßt auf ein und jeden Fall,*
> *Das Wort – es heißt System.*

Insofern ist dieses politische System ein passendes Gegenstück zur „Heiligen Allianz", die auch was ganz anderes ist und nüchtern betrachtet weder so heilig noch so geheimnisvoll alliiert war, wie es den Anschein hatte. Ganz ähnlich verhält es sich ja auch mit der Swastika und den Fasces. Zu einem richtigen Schwindel gehört eben auch eine schwindelhafte Benennung. Das „Abrakadabra" der Zauberer und das „Dalli-Dalli" der ägyptischen Taschenspieler ist nichts anderes als das Schlagwort der Diktatoren. Wer dran glaubt, wird selig; wer's nicht glaubt, wird erschossen.

Wichtig für die Erkenntnis des Systems und desjenigen, der es handhabt, sind zwei Merkmale: die Verpflichtung von Innenpolitik und Außenpolitik und dementsprechend die bis zur völligen Verschränkung gehende Annäherung von Politik und Polizei. Die beiden Wörter sind sprachlich gleichen Ursprungs; sie kommen beide von der „Polis", dem griechischen Stadtwesen, her. Dennoch hätten die Griechen in ihrer guten Zeit sich's auf das entschiedenste verbeten, wenn man die Pflege ihrer Bürgerideale, die Politik im geistigen und moralischen Verstande, gleichgesetzt haben würde mit polizeilicher Überwachung; und ganz ebenso würden es sich die Amerikaner verbitten. Die Deutschen hatten sich in dieser Richtung nichts zu verbitten, und die Österreicher, soweit es überhaupt schon welche gab, wurden nicht gefragt. Das eben war das System, das Metternich in der zweiten Hälfte seines öffentlichen Wirkens in Anwendung brachte; er nannte sie die soziale, er hätte sie die polizeiliche nennen müssen. Nach der Überwindung Napoleons gab es für ihn nur eine Aufgabe, die Bekämpfung der revolutionären Ideen, in denen er den Grund alles Übels – einschließlich Napoleons – erblickte. Aber freilich waren diese Ideen, als luftige Wesen, die überall und nirgends waren, nicht in offener Feldschlacht zu schlagen; man konnte sie weder in Fontainebleau absetzen noch nach St. Helena verbannen; man mußte sie vielmehr wie Bakterien im Keime töten. Hierbei kam es nicht sosehr auf ein Tun an als aufs Verhindern, und im Verhindern lag Metternichs eigentliche Stärke, die mit seinem mehr klugen als leidenschaftlichen Wesen eng zusammenhing. Die Leidenschaft tritt entgegen, die Klugheit verhindert. Jene tut, diese kulminiert im Nichttun, das man freilich nicht verwechseln darf mit Nichtstun. Niemand kann Metternich bestreiten, daß er fleißig war. Er arbeitete fünfzehn Stunden im Tag, nur um die anderen zur Ruhe zu mahnen. Sein eigentlicher heimlicher Wappenspruch war nämlich nicht „Macht durch Recht", den er nur für die Geschichte gewählt hatte, sondern „Nur Ruhe". Und um diese Ruhe, die er für ein Allheilmittel hielt, dem Erdteil zu erhalten, schreckte er zeitlebens vor keiner noch so unruhigen Kraftentfaltung zurück.

Bei dieser regen Überwachungstätigkeit ergab sich eine zunehmende Vormachtstellung Österreichs als ein nicht unerwünschter Nebengewinn. Irgendwo in Deutschland flammte eine Bewegung auf, etwa die Hambacher-Demonstration für eine europäische Republik oder der sogenannte „Frankfurter Putsch", beide im Gefolge der Pariser Juli-Revolution. Österreich, das den Vorsitz im Deutschen Bunde führte, nahm die

Verpflichtung in Anspruch, diese Wallungen zu unterdrücken, und tat es mit unverhältnismäßiger Strenge, die uns freilich, an der Verfahrensart neuerer Diktaturen gemessen, unverhältnismäßig mild erscheint. Oder die Schweiz gewährte den polnischen Flüchtlingen ihr menschenfreundliches Asylrecht, sofort griff die Metternichsche Polizei, die überall zugleich war, an Ort und Stelle ein, und nicht immer kam der Verfolgte auf Schweizer Boden mit dem Leben davon. Oder die Carbonari-Bewegung rührte sich wieder einmal in Italien. Die Sbirren des Systems drangen in die „Köhlerhütte" (die Carbonari gaben sich als Kohlenhändler aus, um die Behörde irrezuführen), gleichgültig ob diese Hütte in Neapel oder Turin, in Bologna oder in Mailand ihr schwarzes Hauptquartier aufgeschlagen hatte. Die Metternichsche Geheimpolizei war durchaus, und insbesondere in Italien, eine Vorläuferin der neuzeitigen Gestapo. Hatte sie einen beim Kragen, so wurde kurzer Prozeß gemacht; er kam für zehn, zwanzig, dreißig Jahre auf den Spielberg oder er wurde gleich hingerichtet, was vergleichsweise fast ein Glück war. Einmal hatte Metternich eine persönliche Begegnung mit einem dieser Unglücklichen, dem italienischen Grafen Gonfalonieri. Er besuchte ihn im Wiener Polizeigefängnis, und es entwickelte sich zwischen ihm und dem zu Tode verurteilten Verschwörer eine ritterliche Aussprache im modrigen Schatten dumpfer Kerkermauern. „Man spricht jetzt unter Liberalen viel", sagte Metternich, „von Patriotismus und Menschenliebe. Allein dieser Patriotismus trennt das Vaterland vom Souverän. Sobald Sie sich auf diesen Standpunkt stellen, ist es begreiflich, daß Sie sich unschuldig fühlen. Aber wir anderen, überzeugte Monarchisten, wie wir sind, können diese drei Worte nicht voneinander trennen: Gott, Kaiser und Vaterland. Für uns bilden sie ein unlösliches Ganzes..." Da haben wir den ganzen Metternich mit seiner mystischen Dreiheit, die auch eines der Geheimnisse der Diktatur zu sein scheint. Denn daß drei eins sind, versichern alle

Hexenmeister, damit verzaubern sie die Welt. Metternich glaubte es wenigstens selbst, er war weder ein Scharlatan noch ein Machiavelli, wenngleich er sich zuweilen der Mittel des Machiavelli bediente. Auch seine Grausamkeit war keine ganz unbedingte. Gonfalonieri wurde nicht hingerichtet; und zwanzig Jahre später, anläßlich eines Besuches des Kaisers Ferdinand in Mailand, wurde er sogar begnadigt.

Die Frage meldet sich, warum Metternich damals diese zweistündige Unterredung mit dem italienischen Empörer hatte, dessen Verurteilung er doch billigte. „Sie haben sich gegen das Gesetz vergangen", sagte er ausdrücklich, „und Sie wurden nach dem Gesetz bestraft. Aber –" fügte er hinzu – „die Angelegenheit hat auch eine politische Seite ‚ou si vous préférez un côté Européen'." Dieses „si vous préférez" zwischen Kerkermauern, gesprochen zu einem Delinquenten, ist reizend; es rückt einen neuen Charakterzug unseres Helden ins Licht, seine ungemeine Höflichkeit. Und auch, daß er sogar hier in der Kerkerzelle Europas gedachte, ist für den „Ritter Europas" bezeichnend.

Übrigens hatte er mit diesem Europa, wie es nun einmal war, seine liebe Not. Bald ging es in Portugal los, bald in Spanien. Dann wieder in Polen, oder in der Türkei, von Frankreich gar nicht zu reden, das ein Jahr nach der Juli-Revolution in Belgien gegen Holland aufmarschierte. Bei allen Gelegenheiten nahm Österreich zugunsten des Bestehenden gegen das Werdende Stellung, und fast immer gelang es ihm, seinen Standpunkt durchzusetzen. Nur zwei Staatsgründungen konnte bei aller Rückschrittlichkeit nicht einmal Metternich verhindern. Der eine Staat war Griechenland. der andere Belgien, die „Schildwache Englands in Europa", wie man damals sagte, ohne freilich zu bedenken, daß auch Schildwachen davonlaufen können... Es ist fast nichts von heute, was von heute ist. Was bis zu einem gewissen Grade Metternichs obstinate Rückschrittlichkeit entschuldigen mag. Es war bei seiner geräuschlosen Diktatur doch auch viel gesunder Menschenverstand im Spiele.

Nur zuweilen verrannte er sich in den ideologischen Irrgängen eines doktrinären Dogmatismus; so wenn er in den portugiesischen ebenso wie in den spanischen Thronwirren den Usurpator gegen die legitime Königsgewalt unterstützte, er – der Legitimist! Und warum unterstützte? Weil der Usurpator der noch reaktionärere von beiden war; er berief sich etwa in Spanien auf das Testament Karls V., das die weibliche Erbfolge, also Isabella, vom Thron ausschloß. So erhielt Metternich ja auch im Orient den „Kranken Mann", nämlich die Türkei, künstlich am Leben, bloß um die Geburt neuer Staatswesen zu verhindern. Dies war die eigentliche tragische Schuld österreichischer Außenpolitik, die sich im zwanzigsten Jahrhundert fürchterlich auswirkte. Hätte die österreichisch-ungarische Monarchie im ersten Balkankrieg 1912 für die jungen Balkanstaaten statt gegen sie Stellung genommen, so hätte sie den Weltkrieg mit vielem, was nachkam, verhindern können. Aber es war das tragische Schicksal dieses Staatswesens, wie auch schon des sozialen, nicht des politischen Metternich, daß es, indem es alles verhindern wollte, schließlich alles herbeiführte.

In diesen Jahren zwischen sechzig und siebzig, in denen die Schatten in seinem Leben länger wurden, hatte er immerhin auf dem Felde der Außenpolitik noch einige saftige Früchte gepflückt. Eine solche Frucht war Krakau, das bei minder geschickter Behandlung das Danzig jener Tage hätte werden können. Die alte polnische Krönungsstadt, die Krakau war, bildete seit dem Wiener Kongreß eine Art Wurmfortsatz der vormaligen polnischen Unabhängigkeit und entwickelte sich seither folgerichtig als ein Entzündungsherd revolutionärer Bewegungen in Polen. Metternich hatte dies vorausgesehen, ohne jedoch imstande zu sein, seine Ansicht gegen Alexanders romantisch-liberale Freiheitsschwärmerei durchzusetzen; er mußte in die Errichtung des Frei-Staates Krakau willigen, obwohl er die Freiheit fürchtete und dem Staat mißtraute. Auch war, solange Alexander lebte, nichts zu wollen. Dann aber, 1825, stirbt dieser liberale Despot plötzlich – so plötzlich, daß viele behaupten, er wäre gar nicht gestorben, man hätte ihn nur in ein Kloster gesteckt – und Nikolaus, ein viel ehrlicherer Autokrat, wird sein Nachfolger. Metternich, als man ihm die Todesnachricht überbringt, sagt gefaßt: „Jetzt ist der Roman zu Ende und die Geschichte beginnt." Er verstand sich von Anfang an recht gut mit dem neuen Zaren und zog ihn nach der Gründung des griechischen Königreiches und der Besiegung der Türkei durch Rußland in den dreißiger Jahren immer näher an sich heran. Die Autokraten finden sich, zu Wasser und zu Land.

In Krakau aber wurde nach der französischen Juli-Revolution, die einen frischen Wind in das polnische Segel blies, die Lage völlig unhaltbar. Es trieb offensichtlich Österreich zu, aber Metternich wollte den Schein wahren. Es handelte sich ihm nicht darum, Krakau zu annektieren, sondern darum, sich dazu zwingen zu lassen, es zu annektieren; schuldlos zu sündigen, war jetzt sein staatsmännisches Ziel in derlei Fällen geworden. Er erreichte es zumindest diesmal noch, wenn auch auf weitläufigem Umweg. Zunächst brachte er 1836 eine kollektive militärische Okkupation Krakaus zuwege durch Rußland, Preußen und Österreich, die von ihm geschaffene Mächtegruppe, genannt Heilige Allianz. Während der Okkupation, die bis 1841 dauerte, kam ein Handelsvertrag Krakaus mit Österreich zustande, aus dem sich die Einbeziehung des ehemaligen Königreiches in das österreichische Zollgebiet zwangsläufig ergab. Dann aber, 1846, war es soweit. Wieder züngelte eine revolutionäre Erhebung auf, die Flamme des Aufruhrs griff rasch um sich, bis in die Nachbarländer hinein, und Österreich, eins dieser Länder, erhielt von den beiden anderen Nachbarn den Auftrag, Ordnung zu machen. Noch immer wollte Metternich nicht annektieren; noch immer schien ihm die Birne nicht reif und süß genug, um sie anzuschneiden. Da verlor der Zar am Ende die Geduld. Er drohte zu annektieren, wenn Österreich nicht annektierte. Und nun endlich tat ihm Metternich den Gefallen. Er verscherzte sich damit den Rest der Neigung des liberalen Westeuropa. Ein Entrüstungssturm fegte durch Frankreich und England ob dieser offensichtlichen Mißachtung bestehender Verträge, deren Heiligkeit Metternich seit Jahrzehnten beteuernd im Munde führte. Er selbst war darum auch mit seinem Gewissen nicht einig; er soll nach Unterfertigung der Annexionsurkunde, den Kopf tief in die Hand gestützt, längere Zeit gedankenvoll vor sich hingestarrt haben. Aber schließlich durfte er sich damit trösten, daß Österreich ein schönes Stück Land gewonnen und einen Krieg vermieden hatte. Was nicht jeder Diktator in gleicher Lage von sich behaupten kann.

Daß Metternich in diesem Abschnitt seines Lebens, der von 1815 bis 1848 reicht, tatsächlich Diktator, immer in Österreich und meistens auch in Europa, war, kann keinem Zweifel unterliegen, obwohl er sich die Bezeichnung verboten hätte. Er legte so wenig Wert darauf, dafür zu gelten, daß er sich zeitweise sogar über seine Ohnmacht lustig macht. Einmal schreibt er an seinen Sohn, den er bald darauf verlieren sollte, mit einem jener witzigen Vergleiche, die den Reiz und die Gefahr seines in Umschreibungen schwelgenden Stils ausmachen: „Meine Lage ist die des Gekreuzigten. Ein Arm ist in Konstantinopel angenagelt, der andere in Lissabon. Der Leib windet sich in inneren Krämpfen. Canning ist's, der mich ans Kreuz geschlagen hat (my crucifier), und der ungarische Landtag der in Essig getauchte Schwamm, der mir an einer Stange heraufgereicht wird." Metternich stellt sich dar als die seltene, ja einzigartige Spielart eines Diktators, der Humor hat. Doch mitunter ging er auch ihm aus; dann seufzt, stöhnt und jammert er, oder er legt sich, wie er dies 1839 tat, einen Schlaganfall heuchelnd für ein paar Wochen ins Bett und verwünscht sein Leben. Im Genuß der Macht mußte auch er, wie jeder Gewalthaber, schließlich erkennen, daß die Macht nicht immer ein Genuß ist.

\*

Im März 1835 stirbt Kaiser Franz, achtundsechzigjährig, mit Hinterlassung eines Testamentes. Darin vermachte der Monarch den von ihm beherrschten Völkern huldvoll „seine Liebe". „Ich vermache dir meine Liebe", wurde der wohlgelaunte Biedermeiergruß satirisch veranlagter Wiener. Die Krone vererbte er seinem schwachsinnigen ältesten Sohn Ferdinand, dem aber ein Regentschaftsrat beigeordnet wird, bestehend aus dem Erzherzog Ludwig und Metternich, dem allgewaltigen und unentbehrlichen Großwesir des weithin gedehnten Reiches. Von nun also bis 1848 ist Metternich nicht mehr Diktator, nur noch Regent. Man muß wohl sagen „nur noch"; denn wenngleich er jetzt, seiner gehobenen Stellung entsprechend, unter dem Donner der Geschütze in die Städte einzieht wie ein gekröntes Haupt, so ist doch der tatsächliche Umfang seiner Macht, dank dem unglücklichen Regentschaftsrat, eher kleiner geworden als größer.

Das Zeitalter des Kaisers Franz, das die Kunsthistoriker das Wiener Biedermeier nennen, kenntlich am blauen Bienenkorb, war auch politisch mit dem blauen Bienenkorb, dem Wahrzeichen des Alt-Wiener Porzellans, abgestempelt und der Kaiser selbst ein Biedermeier-Despot. Das Regierungssystem, dessen er sich bediente, nannte sich gemütvoll-heuchlerisch das „patriarchalische", der Kaiser war der Vater und mehr noch der zärtlich geliebte „Papa" seiner vielen Völker, die er regierte, wie ein Wiener Hausherr jener Zeit seine weit auseinander liegenden Betriebe überwacht. Er war der Prinzipal und Metternich erster Prokurist des Geschäftshauses und der Vermögensverwaltung. Das ging ganz gut so ein paar Jahrzehnte lang. Am Abend kamen Prinzipal und Prokurist regelmäßig zusammen und sperrten sich für ein paar Stunden ein; dann hieß es, daß sie zusammen „arbeiteten", und die Kinder, will sagen die Völker, gingen auf Zehenspitzen, um sie nicht zu stören. Außerdem spielten die beiden auch einmal in der Woche im Quartett mit. Der Kaiser spielte die erste Violine und Metternich strich das Cello. Er beugte sich tief herab über sein Instrument, so daß man etwas weniger merkte, um wieviel sein Kopf die anderen Mitspieler überragte.

Der Biedermeierstil macht alles klein und herzig, oder wie man in Wien sagt: lieb. Und alles wird ein niedlicher Witz, oder wie man in Wien sagt, ein „G'spaß", ein Späßchen. Man setzt sich beispielsweise auf ein lehnenloses Stühlchen, und sofort beginnt es „du, du liegst mir am Herzen" zu spielen, unter dem Druck der Persönlichkeit. Dem Biedermeier ist ein infantiler Zug zu eigen, wie er ja auch der „Papa"-Ideologie ungefähr entspricht. Im Maße, als es dann älter und kindischer wird, geht es leicht in Schwachsinn über, was denn auch tatsächlich geschah, als den guten Kaiser Franz eine Lungenentzündung dahinraffte, eine liebe kleine Lungenentzündung, werden die Biedermeier-Wiener gesagt haben. Der ihm nachfolgende Schwachsinn auf dem Throne war der Kaiser Ferdinand.

Aber auch der Biedermeier-Kaiser Franz, der immerhin noch ein wirklicher Kaiser war, hatte in den letzten Jahrzehnten fast nur noch audienzgebend regiert. Die Audienz ist eine spanisch-habsburgisch-österreichische Spezialerfindung. Jeder darf unter Bekanntgabe eines vernünftigen Grundes um eine Audienz ansuchen, und wer brav war, dem wird sie auch gewährt. Dann darf er zum Kaiser gehen und schön antworten, um was er gefragt wird. Das macht dem Audienzwerber eine Freude und den Kaiser, der sie gewährt hat, im Laufe der Jahre ungeheuer populär. Auch Kaiser Franz Josephs schließliche Volkstümlichkeit, die er erst in den letzten Jahren seiner achtundsechzigjährigen Regierungszeit genoß, beruhte in der Hauptsache auf einem solchen Korallenriff millionenfach erteilter Audienzen. Und bei Kaiser Franz war es ganz ähnlich, obwohl er alles in allem nur achtundsechzigjährig wurde. Dafür aber erteilte er täglich im Schweiße seines Angesichts Audienz, von sieben Uhr morgens angefangen; dies teils weil er ein Frühaufsteher und weil es eine habsburgische Tradition war, einer zu sein, teils auch, weil alte Leute erfahrungsgemäß früher aufwachen. Rechnet man dazu, daß die Audienzwerber schon eine Stunde vorher im Vorzimmer des Kaisers anzutreten und erst dort ihre Nummer zugeteilt erhielten, die, wie beim Zahnarzt, die Reihenfolge ihrer Vorsprache zwischen sieben Uhr früh und drei Uhr nachmittags regelte, so kann man sich die Aufregung ausmalen, die, zumal an Wintermorgen, in der Antichambre Seiner Majestät unter den sich hastig und unausgeschlafen Versammelnden entstand. Ein vormärzlicher österreichischer Schriftsteller – man nannte diese Zeit den „Vormärz", weil ihr erst der rauhe März des Revolutionsjahres 1848 eine Ende machte – weiß zu erzählen, wie bestürzt einer seiner Freunde war, der, zu spät aufgestanden, unrasiert zur Audienz erschien und noch dazu das Unglück hatte, als erster aufgerufen zu werden. Fassungslos sein Kinn streichend, tritt er vor den Kaiser hin, der ihn kritisch mustert, und entschuldigt mit ein paar gestammelten Worten seine Unrasiertheit. Worauf Kaiser Franz, mit einem Blick auf den sprossenden Bartwuchs, ganz freundlich sagt: „Na, da gehn S' halt gegenüber zum Hoffriseur und lassen S' sich rasieren! *Mich* treffen S' später auch noch!"

So ging es zu und so wäre es auch weiter zugegangen, wäre Kaiser Franz nicht durch sein plötzlich erfolgtes Ableben verhindert gewesen, weitere Audienzen zu erteilen. Wer sollte es nach ihm tun? Sein ältester Sohn Ferdinand war nach dem Hausgesetz zur Nachfolge berufen, doch schien sein gutmütiger Schwachsinn ihn davon auszuschließen. Als die Lungenentzündung eine ernste Wendung nahm, schüttelten die patriarchalisch regierten Wiener besorgt die Köpfe, da es ganz unklar schien, wer sie von übermorgen an patriarchalisch regieren würde. Die österreichische Rente ging dementsprechend bedenklich zurück, die Börse eskomptierte, wie gewöhnlich, die allgemeine Angst. Nur das Haus Rothschild machte eine Ausnahme und kaufte, während die anderen verkauften. Rothschild wettete mit dem Einsatz seines ganzen Vermögens auf den Weiterbestand des Habsburgerreiches. Und das war um so auffallender, als der Baron Rothschild, wie männiglich in Wien bekannt, ein naher Freund des Staatskanzlers Metternich war. Also –? Die Wiener waren zu aufgeregt, um die Schlußfolgerungen zu ziehen. Aber nach drei Tagen kam heraus, was hinter ihrem Rücken gespielt worden war.

Der Kaiser hinterließ ein Testament. das vom Fürsten Metternich beraten, wenn nicht verfaßt war. Zum Nachfolger rückte nun doch der Erstgeborene Ferdinand auf, trotz seiner stadtbekannten Geistesschwäche, die übrigens seine allgemeine Beliebtheit nicht beeinträchtigte, vielleicht sogar erhöhte. Seine wehrlose Herzensgüte hat etwas vom Scharm des Dostojewskijschen „Idioten". Einmal wäre er um ein Haar das Opfer eines Anschlags auf sein Leben geworden. Der Unglückliche, der die Pistole auf ihn gerichtet hatte, wurde entwaffnet, die Menge wollte ihn niederschlagen. Ferdinand trat vor und deckte den Attentäter mit seinem Leibe. Er bestand auf seiner völligen Straflosigkeit und ließ ihm schließlich sogar aus der Staatskasse für den Rest seines Lebens eine angemessene Pension auszahlen, um ihn in aller Hinkunft vor Not und Verzweiflung, die ihn zu der Tat getrieben hatte, zu bewahren. Es war dies einer jener Fälle, wo Schwachsinn und Heiligkeit einander nahe berühren. Man weiß nicht, ob man lachend knien oder kniend lachen soll.

Immerhin konnte man einer solchen Hand das Ruder des Staatsschiffs nicht allein anvertrauen. Also bestimmte das Testament des Kaisers Franz weise die Einsetzung eines von ihm vorgesehenen „Regentschaftsrates". Er bestand aus dem phlegmatischen und arbeitsscheuen Erzherzog Ludwig, einem jüngeren Bruder des Kaisers, und Metternich, dessen Urteil und Rat in jedem Fall heranzuziehen der Kaiser letztwillig ausdrücklich befahl. Später trat dann auch noch Graf Kolowrat in diesen Regentschaftsrat ein, der, ein Nebenbuhler und Neider Metternichs, nach Möglichkeit verhinderte, was Metternich wollte und was zu einer Entscheidung drängte, weil Erzherzog Ludwigs zähe Faulheit nicht hatte erzwingen können, daß es unerledigt liegen blieb. Die Drei lähmten sich solcherart wechselseitig. Aber wenigstens blieb alles beim alten und Metternich immerhin Regent, eine Art ungekrönter Kaiser von eignen Gnaden. Rothschild hatte, gestützt auf seine persönliche Information, richtig spekuliert. Das Bankhaus kam auf seine Kosten, und nur Österreich wurde, etwas später, fallit.

Was Metternich durch diesen schlau sich selbst neutralisierenden Regentschaftsrat geschaffen hatte, war ein, wenn man so sagen darf; perpetuum immobile seiner Politik. Hatte er es aus Ehrgeiz ausgesonnen? Kaum; er war nicht ehrgeizig. Eher tat er es aus Pflichtgefühl. Denn wer sollte ihn ersetzen und dem „Kutscher von Europa" die Zügel, wenn er sie sinken ließ, aus der Hand nehmen? Er sah niemand, und sah richtig. Wie in jeder Diktatur fehlte es bereits an Nachwuchs; wie jeder Diktator war er von Kreaturen umgeben. Freilich ist eins wie das andere, worauf sie sich gerne berufen, die Schuld der

Diktatur. Indem sie die Charaktere niederdrückt und verbiegt, verhindert sie die Entwicklung von Persönlichkeiten. Jedes Wachstum setzt Freiheit voraus; zum Glück. Denn wenn es anders wäre, wüchsen die Bäume der Diktatur in den Himmel.

\*

Zwei Ereignisse dürfen in diesem Bericht über die späteren Regierungsjahre des sich dem Patriarchenalter nähernden Diktators nicht fehlen. Das eine ist das Ende der napoleonischen Legende durch den frühen Tod des Herzogs von Reichsstadt, dessen rührenden Schatten zu beschwören wir uns vorbehalten. Das andere ist die diplomatische Schachpartie mit dem französischen Botschafter St. Aulaire, die uns den Meister der Politik im besten und im schlimmsten Sinne noch einmal im Vollbesitz seiner Gaben zeigt.

Der junge St. Aulaire hatte Metternich noch am Ausgang seiner glänzenden Pariser Zeit gekannt. Er war unter anderm derjenige, der ihn am Tage seiner Ankunft in Paris, nach der Besiegung Napoleons, am 11. April 1814, vor dem Spiegel im Frisiermantel überrascht hatte. Zwanzig Jahre später begegnen wir St. Aulaire am Wiener Hofe wieder, wo er als französischer Botschafter das Juli-Königtum vertritt. Keine angenehme Aufgabe, denn Louis Philippe, „der König mit dem Regenschirm", war in Wien aus zwei Gründen höchst unbeliebt. Einmal, weil er als illegitimer Nachfolger des legitimen Charles X. die Krone, wie die Fürstin Metternich es ausdrückte, gestohlen hatte, und zweitens, weil er liberal regierte und sich als „König der Franzosen" auf eine wechselnde parlamentarische Mehrheit stützte. Daß er bei alledem auch noch Erfolg hatte und der von Metternich wiederholt vorausgesagte Zusammenbruch dieses widernatürlichen Regimes augenscheinlich doch nicht erfolgte, machte ihn um nichts beliebter.

St. Aulaire war ein Diplomat mittleren Ranges und ein ausgezeichneter Schriftsteller. Als solcher hat er uns ein reizvolles Bild des Metternichschen Wien in französischen Farben überliefert, dessen Mittelpunkt die Brautwerbung des Herzogs von Orléans um die Hand der österreichischen Erzherzogin Therese bildet. Der Herzog von Orléans, ein bildhübscher junger Mann von sechsundzwanzig Jahren, war der französische Thronfolger und die neunzehnjährige Erzherzogin Therese die Tochter des Erzherzogs Karl, des Besiegers Napoleons, der am Wiener Hofe als Liberaler galt. Dieser Makel, auch in den Augen Metternichs, machte ihn und seine Tochter für das Vorhaben St. Aulaires nur um so tauglicher.

Der Botschafter hatte diese Heiratsintrige von langer Hand eingefädelt. Er hatte zunächst vorfühlend festgestellt, daß die junge Erzherzogin sich anläßlich eines Empfanges auf der französischen Botschaft ein Bild des Herzogs von Orléans von ihm neugierig hatte zeigen lassen, also offenbar nicht ganz abgeneigt schien, später einmal Königin von Frankreich zu werden, trotz der üblen Erfahrungen, die ihre beiden Tanten Marie Antoinette und Marie Louise auf diesem Wege gemacht hatten. Auch hatte St. Aulaire stundenlange Unterredungen mit dem französischen Königspaare aus diesem Anlaß bereits gehabt, deren Inhalt Metternich insoweit kannte, als man ihn in Paris geheimzuhalten wünschte. Das war die Regel; er war eingeweihter als die Eingeweihten. Was oft so weit ging, daß er die geheimen Instruktionen der Botschafter früher als diese selbst in Händen hielt. Um dies zu ermöglichen, waren fast alle europäischen Postverbindungen derart gelegt, daß sie über Österreich liefen, wo die Briefe sorgsam aufgemacht und wieder verschlossen wurden. Auch der „Code", in dem die diplomatischen Schriftstücke abgefaßt waren, bildete kein Hindernis;

der Abteilungsleiter Eichenfeld war stolz darauf, fünfundachtzig solcher Chiffrenschlüssel zu besitzen. Sogar den russischen Code, den rätselhaftesten von allen, wußte man in Wien schließlich aufzulösen, allerdings erst nachdem ein Fachmann, der dafür ein Jahresgehalt bezog, in einer auf vier Jahre verteilten Bemühung einen Schlüssel hergestellt hatte. Man ließ sich im damaligen Österreich ebenso wie im späteren Nazi-Deutschland die Geheimnisse der anderen etwas kosten; es lohnte sich. Und so schlecht die Staatsfinanzen zuzeiten auch sein mochten, dafür hatte man immer Geld. Auch dies ist ein Gattungsmerkmal der Diktatur.

Ende Mai kam der Herzog von Orléans in Begleitung seines jüngeren Bruders, des Grafen von Nemours, in Wien an. Mitte Juni reisten die beiden Prinzen unverrichteter Dinge wieder ab. Dazwischen hatte sich die diplomatische Schachpartie abgespielt, die Metternich gewann, obwohl er sie scheinbar zerstreut und sozusagen nur mit der linken Hand spielte, und obwohl man meinen sollte, daß es kein besonderes Kunststück war, einen dem Hause Österreich unbequemen Freier abzulehnen. Aber so einfach war die Sache nicht. Der Herzog von Orléans, der nach Wien gekommen war, um eine Habsburgerin heimzuführen, sollte nicht nur einen Korb bekommen, er sollte ihn in einer Weise bekommen und nach Paris zurücktragen, daß die ganze Welt es merken mußte, und dazu mußte man ihn nicht nur abweisen, sondern vorher ermutigen und sicher machen. Beides gelang Metternich dank der Unerfahrenheit der zunächst Beteiligten, zu denen auch Erzherzog Karl gehörte. Der französische Prinz gefiel dem alten Schlachtenlenker, wie er auch seiner Therese gefiel, und unter dem Eindruck eines Besuches, den die jungen Herren bei ihm auf der romantischen Badener Weilburg gemacht hatten, sagte er bereitwillig ja. Später mußte er dieses Ja verwirrt wieder zurücknehmen, weil die Entscheidung nicht er, sondern der Kaiser, also Metternich, zu fällen hatte. Aber niemand konnte diesem nachweisen, daß er Nein gesagt oder gedacht hatte; denn wozu hatte man den Regentschaftsrat, als um sich dahinter zu verschanzen? Tatsache war nur, daß der Herzog von Orléans nach zwei schönen Juniwochen in Wien und Umgebung seine Brautfahrt in südlicher Richtung fortsetzte, und daß sein Nachfolger auf der Weilburg alsbald der verwitwete König von Neapel war, der an seiner Statt die Braut heimführte. Die arme kleine Erzherzogin Therese, von der man annehmen darf, daß sie in den Herzog von Orléans ein bißchen verliebt war, wurde wenig glücklich im ungeliebten Neapel, wo sie in verhältnismäßig frühen Jahren verkümmert starb. Der französische Thronfolger aber heiratete bald darauf eine mecklenburgische Prinzessin, die klug und liebenswürdig und noch dazu liberal war. Was half es schließlich dem reaktionären Österreich, daß bald nach der verunglückten Brautwerbung ein Attentat auf den König Louis Philippe stattfand, das Metternichs Auffassung, man dürfe sich mit diesem „König, auf den man schießt", nicht einlassen, scheinbar bestätigte? Die Abwendung von dem liberalen Westen, die sich damals sichtbar vollzog, wurde ein Jahrhundert später, im Weltkrieg und nachher, als sie das österreichische Wrack an die Nazi-Küste trieb, das Verhängnis Österreichs, woran der Augenblickserfolg Metternichs wenig änderte. Der Korb, mit dem er den Herzog von Orléans nach Hause schickte, kam dem österreichischen Volke schließlich teuer zu stehen.

\*

Zusammenfassend läßt sich sagen, daß der glücklich verheiratete elegante Staatskanzler, der in diesen Jahren nach 1830 die Geschicke Österreichs lenkte und dadurch auch das Geschick des Erdteils wesentlich mitbestimmte, die nicht eben anziehendste Phase dieses reichen und weitverzweigten Lebens bezeichnet. Das Bild des Sechzigjährigen läßt bei aller Entschlußkraft, jung zu bleiben, naturgemäß den Glanz der Jugend vermissen. Was hat er dafür eingetauscht? Die verzichtende Güte des Alters ist noch nicht sein Teil, und was ihm an Wärme des Herzens immer fehlt, ersetzt noch nicht eine selbstlos gewordene Weisheit. So sehen wir ihn zwischen Erfolg und Mißerfolg immer nur seine alten Rollen weiterspielen, mit der Routine eines bejahrten Meisters, aber nicht immer mit der Erlebniskraft des Künstlers. Diese Kraft der Teilnahme ist es auch, die wir im Falle des Herzogs von Reichstadt vermissen. Nicht daß er den Sohn Napoleons in den Tod getrieben hätte; das hat er nicht. Aber daß er nicht mehr dabei empfand, als dieses junge Leben erlosch, zu dessen Hüter er bestellt war, ist Metternichs Schuld, von der ihn menschliches Empfinden kaum ganz wird freisprechen können. Es war nicht Grausamkeit, die ihn bewog, nur Fühllosigkeit. Nicht eine Tat vermissen wir, nur eine Träne. Politik, die alles ist, hätte in diesem Falle nicht alles sein dürfen.

# DAS WELTGESCHICHTLICHE KIND

Vor ein paar Jahren, als der Todestag des Herzogs von Reichstadt, des einzigen Sohnes Napoleons, zum hundertsten Male sich jährte, geisterte der romantische Schatten des unglücklichen Knaben, vom Stundenschlag der Geschichte beschworen, noch einmal im Scheinwerferglanz der Aktualität durch die Spalten der Weltpresse. „König von Rom" schon in der Wiege, war er, kaum einundzwanzigjährig, an der Auszehrung in Wien gestorben, mitten im saftigen Biedermeiertum. Man nennt diesen Zeitabschnitt in Frankreich die Musset-Zeit, in Wien minder poetisch, dafür aber um so schmackhafter, die Backhendel-Zeit, und der kleine Sohn des großen Napoleon ist auch hierin mehr Franzose als Österreicher, mehr Napoleonide als Habsburger, daß man bei ihm eher an die erste Bezeichnung denkt als an die zweite. Er hatte etwas von einem Mussetschen Mädchenhelden, und nicht umsonst hat ihn, als er um die Jahrhundertwende als „Aiglon" seine verheißungsvolle Bühnenlaufbahn antrat, eine Frau, Madame Sarah Bernhardt, auf zwei schlanke Beine gestellt. Auch war er, ganz im Geiste Mussets, ein richtiges enfant du siècle, jener Nachkriegsgeneration entsprossen, von der ihr Dichter in der Einleitung zu seinem weltberühmten Roman „La confession d'un entfant du siècle" sagt, sie sei „zwischen zwei Schlachten erzeugt, zum Unheil geboren". Das ist eine Verallgemeinerung, und eine poetische Verallgemeinerung war auch dieser junge Prinz. Sein persönliches Mißgeschick verschwisterte sich mit dem der Epoche, die eben die romantische war. Das Unglücklichsein galt damals als höchste Mode, wer in halbwegs günstigen Umständen lebte, leistete sich diesen Luxus, der „Weltschmerz" wurde zum Moschusduft der feinen Gesellschaft, der „beau ténébreux" zum Salonideal, von dem die jungen Mädchen träumten. Auch der zwanzigjährige Herzog von Reichstadt beklagte ein trauervoll dunkles Geschick in seinem schwanenweißen Waffenrock, in den ihn die Österreicher gesteckt hatten, und nachtschwarze Gedanken brüteten hinter den blauen Augen der von zahmen blonden Locken so hold umflorten Knabenstirn. Freilich es war kein eingebildetes Leiden in seinem Fall, der, obwohl vom Leben selbst gedichtet, alle Voraussetzungen einer künstlich ausgeklügelten Tragödie besitzt. Und wie in einer solchen gab es keine andere Lösung als den Tod.

Diese Tragödie ist oft erzählt und noch öfter beredet worden, zuletzt von Rostand, der sie in den zugespitzten schönen Versen seines l'Aiglon sentimentalisiert hat. Indessen verlief sie so einfach nicht, wie sie sich unter dem alles vereinfachenden nationalistischen Gesichtswinkel darstellt, und wenn man nichts anderes als den märchenhaften Glückswechsel in Betracht zöge, mit dem sie unter Tränen tändelt, so wäre sie höchstens ein Rührstück, aber keine Tragödie. Richtig ist, daß das Glück des einzigen Sohnes Napoleons einen märchenhaften Krebsgang ging. Man nennt den in den Pariser Tuilerien Geborenen schon in den Windeln „König von Rom", ein Hofstaat umgibt seine winzige Majestät, noch ehe sie gehen und stehen kann. Und dann, noch nicht vierjährig, wird er aus seinem schönen Land gejagt, und an die Stelle des zärtlichsten Vaters tritt ein unholder Großpapa, der irgendwo, weit weg, in einem großen gelben Schloß ein östliches Reich beherrscht. Mama weint immerfort, Papa ist verreist, und wenn der Kleine jetzt aus der Türe seines Kinderzimmers tritt, steht niemand draußen am Pfosten. Da entringt sich dem Vierjährigen der erste tragische Seufzer: „Ich sehe wohl, daß ich kein König mehr bin, da ich keine Pagen mehr habe." Aber diese Pagen waren nur das erste, was man ihm nahm. Bald wurde auch seine französische Kindsfrau weggeschickt, die herzhafte Madame de Montesquiou, an der er mehr als an seiner eigenen Mutter hing, die französische Dienerschaft verschwindet, sogar sein kleiner französischer Spielkamerad ist plötzlich nicht mehr da. Der König von Rom wird von unsichtbar bleibenden Gewalten planmäßig umgearbeitet zu einem österreichischen Prinzlein, einem Prinzen ohne Land. Nicht einmal nach Parma läßt man ihn reisen, wohin seine Mutter nach einiger Zeit mit einem einäugigen Ersatzpapa sich verloren hat, ja nicht einmal Prinz von Parma sich zu nennen wird ihm erlaubt, weil sich Erbansprüche daraus ableiten ließen, die man nach keiner Richtung hin zugestehen will. Schließlich muß man doch dem Kind einen Namen geben – dem Kind Napoleons! Man denkt hin und her. „Herzog von Mödling" schlägt Kaiser Franz vor, so nannten sich die Babenberger tausend Jahre früher in Österreich, aber eben darum kommt man wieder ab davon; denn die Babenberger waren die Vorgänger der Habsburger in Österreich, und wozu Vergleiche herausfordern? Auch „Herzog von Buschtiehrad", ein Einfall Metternichs, und weiß Gott kein Herzenseinfall, geht nicht, es klänge lächerlich, zumal in den Ohren der Wiener, die auf die kleine tschechische Provinzstadt dieses Namens wie auf alles „Böhmische" naserümpfend herabsehen. Schließlich einigen sich die Maßgebenden auf „Herzog von Reichstadt". Das klingt ganz gut und sagt am Ende gar nichts, das ist das Richtige. Wahrscheinlich war es wieder Metternich, der diesen nichtssagenden Namen erfunden hat. Er sagt gar nichts, aber er klingt „als ob".

Es gibt etwas, das man das österreichische „als ob" nennen könnte, die scheinhafte Vortäuschung einer Realität, der keine Realität entspricht, wir begegnen ihm auf Schritt und Tritt in der neueren Geschichte Österreichs, von Metternich abwärts.

Der Kaiser von Österreich war zwar nicht mehr Deutscher Kaiser, aber Österreich führte den Vorsitz im Deutschen Bunde, „als ob" er es noch wäre. Metternich regierte, „als ob" er Minister wäre, in Wirklichkeit war er der Regent. Die österreichische Währung war in Wahrheit nur den fünften Teil wert von dem, was sie auf den „Guldenzetteln" wert zu sein anzeigte, darum unterschied man zwischen wirklicher Währung „in Münz" und „Wiener Schein", eine verhängnisvoll sich selbst anklagende Bezeichnung: „als ob". Hieher gehören auch die übertreibenden Wiener Titulaturen, das „Euer Gnaden" des Wiener Fiakers, mit dem er den Fahrgast, das „Herr von" der Wiener Salondame, mit dem sie ihren Gast anspricht und vorstellt, „als ob" er von Adel wäre oder als ob es überhaupt nur Adelige auf der Welt gäbe und der Mensch wirklich, wie für Melanie Metternich, erst beim Baron anfinge. „Sogar Metternich selbst verschmähte es nicht, diesen „als-ob"-Adel an Bürgerliche zu verschwenden, er sprach sein Leben lang von einem „Monsieur de Fouché", obwohl Fouché nie im Leben „de" war. Das „Küss' die Hand", das in Wien das Danke, das „Ich lege mich zu Füßen", das den „guten Tag" unter Umständen ersetzt, steht auf dem gleichen Blatt wie auch die metaphorische Metternichsche Schreibweise, der Als-ob-Stil seiner Noten, der sich bis zuletzt im österreichischen Auswärtigen Amt weitervererbt hat. „Vergleiche haben etwas Beruhigendes", sagte Schnitzler, Österreichs liebevollster und schärfster Satiriker, und da sie etwas Beruhigendes haben, liebte sie der ruhebedürftige Österreicher. Noch im Weltkrieg, als es sich darum handelte, durch Abtretung des italienischen Trento den Eintritt Italiens in den Krieg zu vermeiden, gab mir, der ich dieses Opfer im Gespräch befürwortete, ein damals junger österreichischer Diplomat aus der Metternich-Schule die großartig klingende, aber eben nur klingende Antwort: „Man kann ein Land nicht wie eine Artischocke zerteilen!" Die Wendung hat etwas

Fiktives und das hatte zeitlebens auch Österreich. Es lebte in Fiktionen – die letzte dieser Fiktionen war der sogenannte „Ständestaat", das Abrakadabra der milden Schuschnigg-Diktatur – und war schließlich selbst nur eine Fiktion.

Eine solche Fiktion war auch der von Metternich schlau erfundene Herzog von Reichstadt, ein Titel ohne Mittel, wie man in Wien sagt. Aber dahinter stand ein lebendiger junger Mensch, der nicht nur „als ob" auf einer höheren, purpurbelegten Stufe den wienerischen „Herrn von" spielen, sondern seinen vom Vater ererbten Ehrgeiz früher oder später auch leibhaftig ausleben wollte. Er meinte es ernst inmitten einer spielerischen Scheinwelt, die ihn tändelnd umschwindelte; das war seine Tragödie oder doch die eine Hälfte dieser Tragödie, das Trauerspiel des unerlebten Ruhmes. Ein schönes Bild zu sein im stolzen Rahmen der Wiener Hofgesellschaft, jeder hätte es ihm von Herzen vergönnt, auch Metternich, der bei seinen Als-ob-Geschäften mit der menschlichen Eitelkeit nicht kleinlich verfuhr. Nur Ernst durfte sie nicht machen wollen; und gerade diesen unvernünftigen Ernst hatte der ruhmsüchtige Jüngling, der „dumme Bub", wie Marie Louise gesagt oder gedacht haben dürfte, leider Gottes aus Paris mitgebracht; eine väterliche Erbschaft, was soll man machen? Hätte sich der Zwanzigjährige damit beschieden, in seinem schmucken weißen Waffenrock eines „überzähligen" österreichischen Obersten auf dem ihm vom guten Großpapa geschenkten Arabergaul mädchenschlank und knabentoll durch die engen Gassen Wiens zu galoppieren, wie er es zuweilen tat, die Fuchsien und Pelargonienstöckchen vor den von Mädchenhänden sanft bewegten Mullgardinen in ein beinahe kriegerisches Wackeln bringend, er hätte im langlebigen Wien achtzig Jahre alt und ebenso lang jung bleiben können, ein von den Frauen angeschwärmter kleiner Als-ob-Napoleon en biscuit bis zuletzt. Doch der von einer ererbten plutarchischen Ruhmsucht besessene Jüngling behielt sich innerlich vor, die Probe aufs Exempel zu machen, den Helden nicht nur zu spielen, sondern einer zu werden, und an diesem Grundsatz zwischen Schein und Sein, zwischen als ob und Wirklichkeit, der so wienerisch ist, ging er schließlich in Wien zugrunde.

Man hat Anklagen erhoben; man hat Anklagen entkräftigt. Der Prinz wäre an Österreich verdorben, wurde behauptet und mannigfach unter Beweis gestellt. Das ist richtig, aber ebenso richtig ist, daß, wäre der Herzog von Reichstadt in Wien geboren gewesen und hätte er im Alter von vier Jahren in ein siegreiches Frankreich übersiedeln müssen, ein halber Fremdling und gefährlicher Prätendent, er an Frankreich gestorben wäre. Die Politik wird in keinem Lande von Mitleidsgefühlen bestimmt, und daß einer, der hoch steht, tief fällt, je höher desto tiefer, ist leider ein physikalisches Gesetz, an dem auch die menschliche Staatskunst nichts zu ändern vermag. Womit nicht gesagt sei, daß diejenige des Fürsten Metternich die allermenschlichste war. Auch das wird behauptet, und seine reaktionären Eideshelfer, deren er ja schon viele gefunden hat, stellen in weitläufigen Metternichschen Satzperioden gerne unter Beweis, daß der napoleonische Prinz die allerbeste Erziehung erhielt, was übrigens auch der gegnerische Bibl nicht bestreitet. Man habe ihn keineswegs zum österreichischen Erzherzog ummodeln wollen, sagen sie und berufen sich dabei auf den Inhalt der ersten neuesten zugänglich gewordenen Geheimarchive. Aber alle Noten, Berichte und Tagebuchstellen ändern nichts an der Tatsache, daß man beispielsweise dem Fünfzehnjährigen als Reifeprüfungsarbeit eine Schilderung der Schlacht bei Leipzig auferlegte, in der sein Vater aufs Haupt geschlagen worden war, und die mittelbar doch nur auf eine Verherrlichung des militärischen Genies des österreichischen Befehlshabers, des Fürsten Schwarzenberg, hinauslaufen konnte. Man versetze sich in die Seele des hochaufgeschossenen, frühreifen, reizbaren Kindes, das seinen Vater vergöttert und das sich solcherart schulmeisterlich gezwungen sieht, den Gott in der eigenen Brust ans Kreuz zu schlagen. Kein Wunder, daß es die arme Brust nicht aushielt.

Daß der Herzog von Reichstadt hochfliegende Pläne nährte, wußte Metternich, wie ganz Wien es wußte. Er war eben doch der Sohn seines Vaters, das „Adlerchen", der „Aiglon", wie ihn nicht erst Rostand, sondern schon die Wiener Gräfin Lulu Thürheim, eine hübsche und kokette Zeitgenossin, in ihren Tagebüchern zärtlich nennt. Einmal hatte sie ein Ballgespräch mit dem Zwanzigjährigen, das sie sich aufschreibt. „Glauben Sie wirklich", fragt er sie unter Walzerklängen, „daß ich zwischen Ruhm und Liebe werde wählen müssen? Und auf welche von beiden Gaben soll ich verzichten?" – „Selbstverständlich auf die Liebe", erwidert die erfahrene Kokette, die seine Mutter hätte sein können, mit zärtlichem Augenaufschlag. Ob es wirklich ihre Meinung war oder nur ein Wink, eine „Aufforderung zum Tanz", bleibe dahingestellt. Sicher ist, daß auch Metternich es nicht ungern gesehen hätte, wenn das „weltgeschichtliche Kind" in einem gewissen Alter die Liebe vorgezogen und in den runden Armen einer erfahrenen Frau seinen ungesunden Ehrgeiz weggeküßt hätte. Diese Möglichkeit bestand, wie bei jedem jungen Mann, und sie wurde im damaligen Wien wie auch späterhin gerne und ausgiebig erörtert. Die Bevorzugung der Liebesangelegenheiten lieber Mitmenschen im Gesellschaftsschwatz ist ein Nebenerfolg der Metternichschen Staatskunst, die dem Untertanen politisch den Mund verbot. Im gegebenen Falle nannte man vor allem zwei Namen – um nur zwei herauszugreifen –: die Erzherzogin Sophie und die Tänzerin Fanny Elßler. Eins so unsinnig wie das andere. Die große Tänzerin hat den Herzog von Reichstadt überhaupt nicht gekannt, und die Erzherzogin, um ein paar Jahre älter als der schöne Prinz, war ihm höchstens eine mütterliche Freundin, die ihm als solche den zugleich größten und schlimmsten Dienst erweisen sollte. Als der sich zu Tode Hustende im Sterben lag, erwartete die Hochschwangere eben ihr zweites Kind, den nachmaligen Kaiser Max von Mexiko. Sie machte dem Sterbenden einen Besuch und bat ihn, auf ihre schwere Stunde sich vorbereitend, mit ihr zusammen zu kommunizieren. Er tat es, und während er das Heilige Abendmahl aus der Hand des Beichtvaters der Erzherzogin empfing, wurden die Türen ins Nebenzimmer aufgerissen. Er sah den ganzen Hof auf den Knien liegen, wie es die Habsburger Etikette in solchen Fällen einer Hinüberreise ins Jenseits vorschreibt, und er erkannte, aus seinem Fiebertraum erwachend, jählings, daß er sterben müsse. Eine schrecklich schöne Szene, die Rostand in seinem Effektstück sich nicht hat entgehen lassen.

Mit alledem hat Metternich nichts zu schaffen, auch nicht mit den Weibergeschichten, die ihm so nahe lagen. Der Herzog von Reichstadt ist ohne sein Zutun an sich selbst gestorben. Er trug zwei gegensätzliche Schlachtfelder in seiner allzu schmalen Brust, Aspern, wo Österreich Napoleon, und das benachbarte Wagram, wo Napoleon Österreich geschlagen hatte. Wie diesen Widerstreit überwinden und den Ausgleich herstellen zwischen seinem ungewöhnlichen Vater und der gewöhnlichsten Mutter, die in den letzten sechs Jahren seines so kurz bemessenen Lebens nicht ein einziges Mal den Weg nach Wien fand und erst, als er erlosch, an das Sterbebett ihres Kindes „eilte"! Dennoch lebte auch sie, die Habsburgerin, in seinem Blute. Denn zwar wollte er Napoleon II., Kaiser der Franzosen werden, aber auf legitime Weise und beileibe nicht im Weg eines Staatsstreichs, den nach der Juli-Revolution herbeizuführen ein Leichtes gewesen wäre. An dieser ängstlichen Neigung zum Legitimen erkennt man den Habsburger-Sproß, auf den alles in allem die österreichische Kapuzinergruft eben doch mehr Anspruch hat als das Pariser Panthéon. In seinem Schicksal verschränken sich zwei Tragödien: das unerfüllte Prätendentenschicksal eines für den Thron Geborenen, der nie regieren wird, und das Schicksal des Geniesprößlings, der notgedrungen, weil das Genie eine Ausnahme ist, hinter seinem Vater zurückbleibt. Das Glück ist eine rechnerische Göttin, die, was sie an eine Generation verausgabt, der nächsten gern wieder in Abzug bringt. Davon wußte „das weltgeschichtliche Kind", wie Varnhagen den Herzog von Reichstadt nennt, ein traurig Lied zu singen, und er sang es, bis seine Stimme brach. Zwischen Wiege und Sarg, die beide bis zuletzt in Wien standen, liest sich sein Leben wie ein schwermütig-schönes Märchen; das Märchen vom Kaisersohn, von dem niemand etwas wissen wollte. Ein Stoff, fast zu zart für die Weltgeschichte, aber als Mythos eben recht. Musset hätte eine Ballade daraus machen müssen und Schubert die Musik dazu schreiben. Indessen gibt es nur ein mittelmäßiges Gedicht: Le Fils de l'Homme von Barthélemy, dessen pathetische Trommelwirbel siebzig Jahre später in Rostands „Histoire" effektsicher nachhallen. Eines ist klar, daß, die blasse Unsterblichkeit dieses hinfällig Unsterblichen zu betreuen, Sache des Dichters, nicht des Geschichtsschreibers ist. Nur müßte es ein wahrer Dichter sein, kein hitziger Nationalist von der einen oder anderen Seite.

In Metternichs Leben spielt der frühe Tod des Herzogs von Reichstadt ungefähr dieselbe Rolle wie die Erschießung des ritterlichen Herzogs von Enghien im Leben Napoleons. Auch diejenigen, die ihm alles vergeben, können ihm das nicht verzeihen. Mit Recht. Aber wenn man im Falle Metternich die Ankläger zur Rede stellt, wissen sie wenig zu sagen. Der junge Prinz war brustkrank, und man hätte ihn trotzdem einen Kondukt bei einer Temperatur „weit unter Null" kommandieren lassen. Nun, dieses „unter Null" ist für Russen oder Österreicher lang nicht so schreckhaft wie für Franzosen oder Amerikaner, die an ein milderes Klima gewöhnt sind. Auch war ja

Metternich nicht der Korpskommandant von Wien. Daß man dem Herzog nicht erlaubt hat, nach dem Süden, das heißt also nach Italien zu gehen, um sein Lungenübel auszuheilen, darf man Metternich ebenso wenig anrechnen. Er hat selbst drei erwachsene Kinder der „Wiener Krankheit" opfern müssen, und nur einer von ihnen, Viktor, ist in Italien gestorben. Bleibt der weiße österreichische Waffenrock, in den man den Sohn Napoleons gezwängt hat, zwängen mußte, weil er nun einmal in der österreichischen Armee diente. Daß man ihn von der Erbfolge in Parma ausschloß, ist richtig, aber begreiflich, man wollte, gerade auf dem heißen Boden Italiens, keine Prätendentschaft aufkeimen lassen. Grausam, mag sein; aber wie anders springt man heute mit unbequemen Prätendenten aus uralten Fürstenhäusern um! Man verfolgt sie steckbrieflich und bedroht sie mit Erschießen. Übrigens hat Metternich in einem gegebenen Augenblick die Anwartschaft des Herzogs von Reichstadt auf den französischen Kaiserthron sogar ermutigt oder doch zumindest mit dieser Möglichkeit diplomatisch gespielt, um Louis Philippe in Schach zu halten. Das einzige, was man Metternich in dieser ganzen traurigen Familienangelegenheit wirklich zum Vorwurf machen kann, ist dasjenige, womit seine Anhänger um jeden Preis alle Vorwürfe, die gegen ihn erhoben werden, entkräften zu können glauben. Wie hätte er den Herzog von Reichstadt hassen und verfolgen sollen, so sagen sie, fragen sie: er hat ihn ja kaum gekannt, alles in allem nur wohlgezählte fünf Male im Leben gesehen und höchstens einmal im letzten Lebensjahr des Bedauernswerten eine etwas längere Aussprache mit ihm gehabt, die ohne rechtes Ergebnis verlief. Das ist richtig, aber das eben ist Metternichs Verschulden. Daß er, der für so vieles Zeit hatte, für ein unglückliches Kind so wenig, so gar keine Zeit sich nahm, muß man dem Vielbeschäftigten dauernd übelnehmen. Er war ein besserer Diktator als Vormund.

# EIN FEINER ALTER HERR SITZT IM LEHNSTUHL

So könnte man die beiden letzten Bilder Metternichs überschreiben, die zeitlich ungefähr zehn Jahre auseinander liegen. Das eine zeigt uns den Achtundsechzigjährigen, auf dem anderen ist er um ein volles Jahrzehnt älter. Auf jenem trägt er noch das Galakleid des Ministers, das ihm wie eine Schlangenhaut schillernd und eng am Leibe sitzt, und sein Hals ist immer noch umstrickt von den Bändern der Ordenssterne und dem Kollier des Vlieses. Auf dem anderen ist er glanzlos, aber bequem in feines Schwarz gekleidet, schwarzer Rock, schwarze, schwere Seidenkrawatte. Alle Würden sind von dem sichtlich durch die Revolution Gezeichneten abgefallen, nur die Würde ist ihm geblieben. Geruhsam hält er ein Buch auf den übereinandergelegten Knien. Auf dem ältlichen Ministerbilde saß er noch zwischen Bittschriften, Zeitung und einem dämmerigen Frauenreigen, der auf einem schattenhaften Möbelstück im Hintergrund gräzisierend eine mythische Begebenheit in Tanz auflöst. Sind es Grazien, sind es Musen? Auf dem späteren Bilde sind sie jedenfalls entschwunden, bitter blickt der Greis ins Leere. Merkwürdig, wie er jetzt dem alten Grillparzer gleicht, mit dem seitlich geneigten Kopf und dem tragisch gefaßten, mürrischen Gesichtsausdruck: ihm, seinem alten Widersacher. Widersacher? Am Ende ihrer Tage waren sie doch beide zwei schmerzlich enttäuschte große Österreicher.

Zwischen diesen beiden Bildern liegt die Revolution von 1848, das größte Ereignis im Leben Metternichs, seit St. Helena. Dennoch darf man ihre Bedeutung für den Zusammenhang seines Charakters und Schicksals nicht überschätzen, genau wie im Falle seines Widersachers. Napoleon war derselbe auch auf St. Helena, Metternich kein anderer nach 1848. Nur daß er jetzt bloß redete, was er früher getan hatte. Und selbst das macht keinen allzu großen Unterschied; denn er hatte auch schon in den letzten zehn Jahren seiner Regentschaft hauptsächlich geredet. „He alone speaks", witzelte sein eifersüchtiger Rivale Graf Kolowrat, hieße das Stück, das täglich im Regentschaftsrat aufgeführt werde. So freilich könnte jeder Diktator heißen; es ist ein Gattungsmerkmal, daß sie allein reden. Diktatur ist Monolog und schon darum im Grunde undramatisch und unfruchtbar. Denn nur aus einem Dialog und dem Aufeinanderprall der Charaktere entwickelt sich eine folgerichtig fortschreitende Handlung.

Der Regentschaftsrat, das Perpetuum immobile, verhinderte fast jede derartige Möglichkeit. Dazu war er ja schließlich geschaffen, unter Metternichs eigener Mitwirkung geschaffen worden. Seinem im Grunde leidenschaftslos deliberierenden Wesen lag die Verteidigung besser als der Angriff. Leidenschaft tritt entgegen, Klugheit verhindert, und er war allzeit größer im Verhindern gewesen, sogar Napoleon hatte er schließlich verhindert. Das ging dann im Alter so weit, daß er, immer auf Verhindern bedacht, sich am Ende selbst verhinderte. In jenem anderen, seinem letzten Lehnsessel, sagte er einmal, elegisch zurückblickend: „Ich habe vielleicht Europa, aber niemals Österreich regiert." Und noch im Ministerfauteuil seufzte er: „Nicht einmal einen Hausmeister kann ich ernennen!" Dies wahrscheinlich aus dem Grunde nicht, weil die Hausmeister als eine innere Angelegenheit ins Ressort des Innenministers, des Grafen Kolowrat, gehörten.

Die von ihm künstlich erzeugte Ereignislosigkeit hatte aber zumindest einen Erfolg: es kam nicht zum Krieg, der im Sommer 1840 fast so nahe bevorstand wie im Sommer 1939 und aus einem ähnlich östlichen Grunde. Das Polen von 1840 hieß Ägypten, wo ein dynamischer Usurpator, Ibrahim Pascha, und sein nicht minder dynamischer Sohn, Mehemet Ali, aus den Bruchstücken des verfallenden Osmanenreiches sich ein eigenes Ostreich aufbauen wollten, das Syrien mit einbezog und Konstantinopel zu verschlingen drohte. Soweit war es eine orientalische Angelegenheit, aber plötzlich, nicht ohne diplomatisches Hinzutun Palmerstons, wurde eine westeuropäische daraus; mit einem Male hieß es, die Grenze Ägyptens läge am Rhein. Der im Jahre 1815 besiegte französische Nationalismus flammte hoch auf, genau wie fünfundzwanzig Jahre nach Versailles der deutsche; die öffentliche Meinung Frankreichs, ermutigt durch die kriegerische Haltung Thiers', verlangte gebieterisch das linke Rheinufer. Zur selben Zeit wurde die Asche Napoleons von Sankt Helena nach Paris gebracht und unter der Kuppel des Invalidendoms bestattet, die bonapartische Legende erhob ihr Haupt, aber Louis Philippe erkannte die Gefahr, die von dem im Hintergrunde schon lauernden Louis Napoleon, dem nachmaligen Napoleon III., ihn selbst und seine Dynastie bedrohte. Er schulterte seinen Regenschirm, entließ das kriegerische Ministerium Thiers und ernannte den friedlichen Guizot, mit dem Metternich sich ausgezeichnet verstand, war doch Guizot in der Zwischenzeit auch sein Nachfolger bei der Fürstin Lieven geworden. Noch einmal war es dem alternden Diktator gelungen, durch taktische Geschicklichkeiten und monatelanges „Finassieren" etwas zu verhindern, diesmal war es ein großer Krieg, und so darf man wohl von einem befriedigenden Ausgang seiner Verschleppungspolitik reden. Freilich war der gerettete Friede ein Friede, der, indem er den eifersüchtigen Anspruch aller Großmächte, Österreich inbegriffen, auf die Erbschaft des „Kranken Mannes" wach erhielt, den Keim künftiger Kriege in sich trug. Was aber schließlich von jedem Frieden gilt, den nächsten immer ausgenommen.

Auch innenpolitisch hatte der unermüdliche Mann im Lehnstuhl noch etwas zustande gebracht, was wie eine Tat aussah, obwohl es, genau genommen, keine war. Ut aliquid fieri videatur, damit es so aussehe, als ob etwas geschehen sei, nennen es die Ärzte, und ein Lieblingsvergleich des allzeit vergleichsfrohen Metternich war ja die naheliegende Parallele der ärztlichen und staatsmännischen Kunst. Im gegebenen Falle hatte er der kranken Freiheit Österreichs ein sanftes Beruhigungsmittel verschrieben und nannte es „Akademie der Wissenschaften". Zwölf Tropfen Baldrian auf ein Stückchen Zucker. Der Patient, nämlich Österreich, litt an wiederkehrenden Aufregungszuständen, verlangte, unruhig sich auf seinem Lager wälzend, mit zunehmender Heftigkeit nach Preßfreiheit und Aufhebung der lästigen Zensur. Nun, sagte Metternich bedächtig, beides wollen wir dir zugestehen, aber nur der Blüte des geistigen Österreich, der von uns ins Leben zu rufenden Akademie. Natürlich waren dann die für mündig befundenen Mitglieder dieser akademischen Vereinigung von der Regierung, also von Metternich, ernannt, nicht von der Körperschaft aus deren Mitte gewählt. Sogar seinen grämlichen Widersacher, Grillparzer, in diese Akademie durch eine Ernennung, die er als Staatsbeamter nicht ablehnen konnte, hineinzuzwingen, gelang dem Diktator. Der Dichter war, wie uns sein Tagebuch verrät, klug genug, um zu merken, daß er nur als liberaler Wandschirm für den reaktionären Präsidenten dienen sollte. Dennoch mußte er sich knirschend fügen und dazu hergeben, Metternichs Schöpfung durch seinen Namen zu verschönern.

Diese Methoden des feinen alten Herrn im Lehnstuhl gingen der „Bevölkerung" – Volk zu sagen konnte Metternich sich nie recht entschließen – schlimmer auf die Nerven, als selbst

Gewalttaten es vermocht hätten. Sie rührte sich, sie murrte, sie forderte und setzte da und dort ihre Forderungen sogar durch. In Deutschland gab der Preußenkönig durch Gewährung einer Art Konstitution ein böses Beispiel; in Italien mußte man eine Amnestie erlassen, um einen Besuch des Kaisers in Mailand zu ermöglichen; in Wien machte der Juridisch-Politische Leseverein sich durch Eingaben lästig. Einmal erdreistete er sich sogar, durch ein Komitee beim Staatskanzler vorstellig werden zu wollen. Metternich lehnte ab; es würde ihm ein Vergnügen sein, jeden der Herren einzeln zu empfangen, aber er wüßte nicht, was das heißen solle, ein Komitee in Österreich. Noch einmal entwand sich der alte Fuchs der Falle, und es blieb wieder einmal alles beim alten, die Preßfreiheit ein schöner Traum und die Zensur eine ebenso groteske wie peinliche Tatsache.

Über die Stückchen, die diese alte Dame, die Zensur – „Tante Anastasie" nennen sie die Franzosen – aufführte, haben die Wiener ein halbes Jahrhundert lang Tränen gelacht. Ein paar Beispiele. Im Burgtheater wurde ein Schiller-Stück, „Kabale und Liebe", aufgeführt. Der jugendliche Held, Ferdinand, sagt sich am Schlusse des zweiten Aktes nach einer heftig gesteigerten Szene mit den Worten vom Präsidenten los: Es gibt eine Stelle in meinem Herzen, wohin das Wort „Vater" nie gedrungen ist. Im Burgtheater mußte er sagen: „... wohin das Wort Onkel nie gedrungen ist."

In Mozarts „Don Juan" wird ein Chor gesungen: „Es lebe die Freiheit!" In Wien mußten die Choristen: „Es lebe der Frohsinn!" singen. Das Wort des immer wieder zensurwidrigen Schiller „Franz heißt die Kanaille" mußte, selbst nach dem Tode des Kaisers Franz, auf der Bühne unterdrückt werden, und der Ausruf „O Jesus", der in Trauerspielen schwer zu vermeiden ist, wurde jeweils durch „O Himmel" ersetzt. Als in einem zeitgemäßen Werke von Kosaken die Rede war, die „auf kleinen

Pferden" reiten, wurde das Eigenschaftswort klein gestrichen, um das verbündete Rußland nicht zu kränken.

Zu Metternichs Ehre muß man sagen, daß er in einem besonderen Fall ungleich liberaler verfuhr. Es handelte sich um ein neues Stück eines gewissen Bauernfeld, der für das Wien jener Tage ungefähr war, was Sacha Guitry für das Paris von gestern oder Behrman für das New York von heute. „In Bauernfeld", urteilt ein großer Wiener Theaterkritiker, „hat Wien sich einen Schnabel wachsen lassen." Diesen Schnabel selbst am System zu wetzen, erkühnte sich der Demokrat Bauernfeld, der unter eine Radierung von Kriehuber seinen Namenszug setzte mit dem Motto: „Lieber unvorsichtig als unwahr." Sein Stück hieß „Großjährig", was schon an sich eine Anspielung auf die unterdrückten Wünsche des minderjährigen Österreich war, und es handelte von einem jungen Baron, der sein vernachlässigtes Gut nicht selbst übernehmen und bewirtschaften darf, weil sein aufgeblasener Vormund – Blase heißt der Mann – ihm die Eigenberechtigung nicht zugestehen will. Diesem Blase fehlt es nicht an Selbstbewußtsein. Er hält sich für unentbehrlich und behauptet: „Wenn ich ginge, würde alles zusammenstürzen... Arbeite ich nicht mehr als jeder andere? Eben habe ich zwanzigmal meinen Namen unterschrieben." Das Dach eines Meierhofes ist seit langem schadhaft und man schlägt Blase seine längst fällig gewesene Erneuerung vor. „Nur keine Neuerung", ruft er abwehrend. „Das System, auf dem das Weltgebäude ruht, ist konservativ, Gott in Person ist konservativ. Das Firmament ist stets das gleiche, die Planeten ziehen ihre vorgeschriebene Bahn" – und so weiter... Man sieht auf den ersten Blick, wohin das zielt. Auch der feine alte Herr im Lehnstuhl sah es natürlich und blickte zur Seite. Er duldete die Aufführung der anzüglichen Komödie, die Kolowrat an der Nase der Zensur vorbei ins Burgtheater bugsiert hatte. Graf Kolowrat war Innenminister und hinter ihm stand die Erzherzogin Sophie, Mutter des nachmaligen Kaisers Franz Joseph, eine auch körperlich mächtige, schöne Frau, die man in Wien den einzigen Mann bei Hofe nannte. Der feine alte Herr wußte das alles, er kannte die Zusammenhänge. Er war nicht kleinlich; aber er gab nicht nach.

Noch am 13. März – der 13. März ist ein österreichischer Lostag, 1848 wie 1938 – widersetzte er sich im Ministerrat als der einzige jeglichem Zugeständnis. Er redete und redete und leugnete die Möglichkeit einer Revolution in Österreich, während vor den Fenstern schon geschossen wurde. Schließlich mußte man ihm ins Ohr schreien, daß das einzige, was die Revolution verhindern könnte, sein sofortiger Rücktritt wäre – das einzige Zugeständnis, auf dem die Bevölkerung, jetzt schon Volk, bestünde.

Er trat sofort zurück, und es stellte sich sofort heraus, daß dieses einzige Zugeständnis nur das erste war. In diesem Punkte hatte er, wieder einmal, recht behalten. Was half es ihm? Er war eben nachgerade der letzte, der noch eine persönliche Erinnerung an den Gang der Französischen Revolution hatte, die die anderen nur vom Hörensagen kannten. Er war fünfundsiebzig Jahre alt, und seine müden Kassandrarufe verhallten im Leeren.

\*

Wenn der feine alte Herr dann im Lehnstuhl auf seine achtundvierzig Dienstjahre zurückschaute, so konnte er nur schwer der Versuchung widerstehen, sich seinen eigenen Nachruf zu halten, was wir ihm nachfühlen können. Nachrufe bei Lebzeiten sind die einzigen, die einem Vergnügen machen. Auch haben sie etwas ungemein Beruhigendes. Das letzte Wort, das allerletzte, ist noch nicht gesprochen, aber es läßt sich voraussehen. Es ändert sich nicht mehr viel zwischen fünfundsiebzig und fünfundachtzig. Man ist eigentlich schon tot und hat auf ein bißchen Nachruhm Anspruch.

Um mit dem nächsten anzufangen: das war vor allem Österreich, das er ein halbes Jahrhundert lang mehr oder weniger und ungefähr vierzig Jahre lang ausschließlich regiert hatte, wenn auch, nach außenhin, unter Kaiser Franz, der Kaiser die erste Geige und er nur das Cello gespielt hatte. Wie hatte Österreich sich entwickelt unter seiner Herrschaft? Das war die Frage, auf die zunächst alles ankam: denn „an ihren Früchten sollt ihr sie erkennen", hieß es in der Bibel. Der alte Metternich war ein eifriger Bibelleser geworden, zumal in den Briefen des Apostels Paulus blätterte der alte Briefschreiber gern.

Politisch war Österreich seit den Franzosenkriegen mächtig erstarkt und erblüht. Es gab den Ton an in Deutschland und Italien; es schlug den Takt im europäischen Konzert. Keine Kleinigkeit fürwahr, zumal wenn man die vorangegangene Erniedrigung in Betracht zog und die Schwierigkeiten, mit denen man zu kämpfen hatte. Napoleon war nur eine dieser Schwierigkeiten gewesen, eine vorübergehende. Die andere, bleibende war, daß man es mit Österreichern zu tun hatte, einem Volk, das kein Volk, und einer Nation, die keine Nation ist. Trotzdem und vielleicht sogar eben darum – der Österreicher ist ein paradoxes Wesen – ein Volk, ein Land „wohl wert, daß sich ein Fürst sein unterwinde", wie es in Grillparzers „Ottokar" heißt. Ein schönes, südlich überhauchtes, warm belebtes Land, liederlich und begabt, fromm und undankbar, musisch und närrisch, kindisch und weise, einfältig und tiefsinnig, aus lauter Widersprüchen zusammengesetzt, wie aus Berg und Tal, aber welche Anmut auf den Bergen und in den Tälern! Welche Fülle von Möglichkeiten bei aller Unmöglichkeit, welche Sicherheit des Lebensgefühls zwischen Natur und Gott, welche holde Schwindelhaftigkeit über Abgründe bei tiefster Unbeirrbarkeit des richtigen Empfindens für Maß und Würde und Menschlichkeit. Österreich, das Griechenland Deutschlands, das Herzland Europas, Europa in Zentraleuropa: Metternich hat es nicht erfunden, so wenig, wie er, der Rheinländer, den Österreicher erfunden hat. Aber der Österreicher, als eine selbstherrliche Spielart in der europäischen Völkerfamilie, hat sich unter ihm, in einem trotz alledem milden Klima, erst entwickelt. Unter Metternich ist der österreichische Charakter mündig geworden und hat eine ausgesprochene Haltung angenommen.

Dieser Charakter spiegelt sich in der österreichischen Kunst, zumal in der Musik und in der Literatur. Der eine Spiegel wandert von Hand zu Hand durch die Länder und über die Erdteile. Wer, der Schuberts Wiegenlied oder Haydns Oxford-Symphonie, und wäre es wo immer, hörte; der Mozart und Beethoven, aber auch Dvořák und Gustav Mahler in seinem Gemüt aufnimmt, und säße er dabei auch in New York, oder in Paris, oder Buenos Aires, spürte nicht gleich, daß er in Österreich zu Gaste ist und daß dieses Völkergebilde, was ihm immer geschehen mag, zumindest in der Idee unzerstörbar bleibt? Der Spiegel der Literatur freilich ruht in einem verschlosseneren Schrein, wenigen zugänglich. Wem in der weiten Welt sagen die Namen Grillparzer, Raimund, Stifter, Lenau, Nestroy, Bauernfeld, Feuchtersleben etwas? Dem Österreicher sagen sie alles. Und alle haben sie, was immerhin bezeichnend ist, im Metternich-Zeitalter gelebt. Es war nämlich ein Zeitalter, obwohl es sich echt österreichisch damit begnügte, eine Zeit, nämlich die sogenannte Biedermeierzeit zu sein.

Da gibt es etwa das Raimundsche „Hobellied", diese andere österreichische Volkshymne, die Volkshymne des österreichischen Charakters:

*Da streiten sich die Leut' herum*
*Oft um den Wert des Glücks.*

> *Der eine heißt den andern dumm,*
> *Am End' weiß keiner nix.*
> *Da ist der allerärmste Mann*
> *Dem andern viel zu reich:*
> *Das Schicksal setzt den Hobel an*
> *Und hobelt s' beide gleich.*

Diese volkstümliche Weisheit ist österreichisch. Oder es gibt die Verse aus Grillparzers „Medea":

> *Was ist der Erde Glück? – Ein Schatten.*
> *Was ist der Erde Ruhm? – Ein Traum.*
> *Du Armer! der von Schatten du geträumt!*

Dieses Adagio des Verzichts ist österreichisch. Und wie österreichisch erst ist desselben Dichters praktisches Lebensbekenntnis, das antiheroische, im „Traum ein Leben":

> *Eines nur ist Glück hienieden:*
> *Eins: des Innern stiller Frieden*
> *Und die schuldbefreite Brust!*
> *Und die Größe ist gefährlich,*
> *Und der Ruhm ein leeres Spiel;*
> *Was er gibt, sind nicht'ge Schatten,*
> *Was er nimmt, es ist so viel!*

Auch hier wieder: Verzicht auf die Tat, die Guizot Metternich als staatsmännisches Gebrechen in späteren Jahren ankreidet, Flucht in die Betrachtung, Weisheit statt Handlung; auch hier der Versuch, den Menschen zu retten im Wirbel des Geschehens, den Menschen im Menschen zu erhalten und wiederherzustellen, worin Österreichs europäische Sendung bestehen mag. Auch hier schließlich das stolze Kulturbewußtsein, daß es nicht die lärmenden Taten sind, die den Gang der Welt bestimmen, sondern die leise Stimme, die sie übertönen wird und die am Ende doch das letzte Wort spricht:

> *Was – so rufen sie vermessen –*
> *Ist geschehen und getan?*
> *Und das Große reift indessen*
> *Still heran.*
>
> *Es erscheint; und niemand sieht es,*
> *Niemand hört es im Geschrei.*
> *Mit bescheidner Trauer zieht es*
> *Still vorbei.*

Das ist Feuchtersleben, der große Arzt der Metternichzeit, der achtzig Jahre vor Freud eine klassische „Diätetik der Seele" schrieb und nebenher ein paar unsterbliche Gedichte, darunter das weltbekannte: „Wenn dir geschenkt ein Blümlein was – so tu es in ein Wasserglas..." Auch österreichisch, diese Dankbarkeit für die kleinen Freuden des Lebens, überhaupt: Größe im Kleinen.

Das Aufspüren der Größe im Kleinen, der Kleinheit angemaßter Größe, mit einem Wort die Relativierung der Größe, ist zugleich eine der Grundbedingungen desjenigen, was wir Humor nennen, und auch diesen Zug, die Lachfalte, trägt die österreichische Literatur der Metternich-Zeit tief ins Gesicht geprägt. Bauernfeld, bei dem das Lachen mehr ein Lächeln blieb, war ein Lustspieldichter feinster Art, der einzige deutsche Lustspieldichter, wenn man das Wort Dichter betont und nur denjenigen so nennt, der nicht ausnahmsweise einmal ein Lustspiel, sondern immer wieder, ein Leben lang, Lustspiele schreibt. Ein solcher Mann war auch Nestroy, der genialere von beiden, ein Satiriker großen Stils, ein diabolischer Spötter, ein Aristophanes,

## Kurzgeschichten und Erzählungen weltberühmter Literaten bringt „Die ganze Woche" in jeder Ausgabe. So sind bereits erschienen Werke von:

 **Guy de Maupassant,** dem großen französischen Erzähler und Verfasser des Romans „Bel ami".

 **Peter Altenberg,** einem der großen österreichischen Kaffeehaus-Literaten der Jahrhundertwende.

 **Hugo von Hofmannsthal,** der schwermütige Figuren in stimmungsvolle Handlungen stellt.

 **John Galsworthy,** dem englischen Nobelpreisträger und Autor der weltbekannten „Forsyte-Saga."

 **Anton Wildgans,** der uns seine Jugenderinnerungen nahebringt, als wären es unsere eigenen.

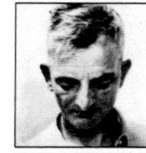 **Joachim Ringelnatz,** der koboldische Lust am Durcheinanderbringen von Sinn und Unsinn hat.

 **Graham Greene,** dem weltberühmten Autor, mit seinen abgründigen, grotesken Erzählungen.

 **Heinrich Böll,** dem jüngst verstorbenen Gewissen Deutschlands und engagierten Pazifisten.

# Die Botschaft der Wo...

Odoakerg. 34–36, 1160 Wien, Tel. 46 26 91-0

Unser ❤ ge...

## Diplomaten
## gesamte Auto...

der etwas von Aretin hatte. Er sagte als ein selbstbewußter Wiener von sich selbst: „Ich glaub von jedem Menschen das Schlechteste, auch von mir, und ich hab mich selten getäuscht." Hier haben wir, zum Epigramm verdichtet, das Satirspiel der österreichischen Tragödie, die nihilistische Verneinung des österreichischen Charakters, wie er unter Metternich zwischen Argwohn und Unterdrückung zweideutig erblüht ist.

Das Merkwürdige ist nur, daß diese Blüte der österreichischen Literatur – denn es war eine Blütezeit und, was sechzig Jahre später nachkam, das sogenannte Jung-Wien, nur die Nachblüte –, daß diese gepflegte Gartenpracht keine andere Rückäußerung hervorrief als die giftigsten Invektiven gegen Metternich, der ja am Ende doch der Gärtner war. Alle österreichischen Dichter der damaligen Zeit, mit einziger Ausnahme des frommen Stifter, der Metternichs Kinder unterrichten durfte, waren gegen ihn, und der größte unter ihnen, Grillparzer, sein schlimmster Feind. Alle verlangten sie stürmisch Pressefreiheit von ihm, Meinungsfreiheit, Abschaffung der Zensur. Gewiß mit Recht. Es lastete ein dumpfer Druck auf dem geistigen Leben der Universitäten wie des Schrifttums. Und trotzdem dieser Blütensegen? Trotzdem? Auch der überzeugteste Demokrat wird hier ein nachdenkliches Lächeln nicht ausschalten können. Goethe und Schiller lebten an einem autokratischen Fürstenhofe, die französische Literatur erlebte ihre große Zeit unter Ludwig dem Vierzehnten, mit dem Metternich als lebenslustige Regentenpersönlichkeit am meisten Ähnlichkeit haben mag, und keineswegs unter Marat und Robespierre... Indem Metternich den Dichtern den Zugang zur Politik verwehrte, zwang er sie um so mehr, Dichter zu sein. Was er an Gesinnung unterdrückte, kam der Gestaltung zustatten.

Was für die Literatur und Musik, das gilt auch für die Baukunst und die Malerei; es gilt in noch erhöhtem Maße für die Wissenschaft, die ja seinem rechnerischen Verstande im

Grunde zugänglicher war als das Bereich der schönen Künste. Die Behauptung, daß die Architektur der Metternich-Zeit einige der schönsten Repräsentationsbauten dem Stadtbilde Wiens hinzufügte, bedarf keines besonderen Beweises: „dictators are good for architects", sagt die geistreiche Dorothy Thompson. Auch dies ist eine Gattungseigenschaft, wenngleich der Bramante Metternichs den wienerischen Namen Kornhäusl führte. Persönlich neigte der alternde Staatskanzler immer mehr der Gotik zu, aber er ließ wenigstens keine künstlichen Ruinen auf seinen Besitzungen errichten wie sein Zeitgenosse, der Fürst Liechtenstein. Alles Historische war damals Trumpf, und so nahm auch die Geschichtsschreibung, die er besonders begünstigte, im damaligen Wien einen hohen Rang ein. Doch auch die anderen Fakultäten ließen sich nicht spotten, die Jurisprudenz und vorzüglich die Heilkunst machten der Wiener Hochschule überall in Deutschland und in Europa Ehre. Auch die Technik machte gewaltige Fortschritte. Er selbst, so rückschrittlich oder vielmehr stillbeharrend er immer sein mochte, hielt rüstig Schritt mit ihnen, auch im Alter. Er war der erste Österreicher, der die neue Erfindung des Herrn Daguerre, ihre Bedeutung erkennend, zustimmend zur Kenntnis nahm, wie er auch als erster die Gasbeleuchtung in seiner neuerbauten Villa einführen ließ. Die Donaudampfschiffahrts-Gesellschaft wurde unter ihm gegründet und unter Heranziehung des Rothschildkapitals die Nordbahn ins Leben gerufen, allen Abmahnungen ängstlicher Professoren zum Trotz, die vor den verhängnisvollen Folgen der neuen Erfindung warnten. Als der neugierige Weltreisende Fürst Pückler-Muskau sich mit einer aus dem Süden mitgebrachten schwarzen Sklavin in Wien aufhielt, lud er seine Standesgenossin, die Fürstin Metternich, ein, mit ihm zusammen den ersten Viehtransport im Wiener Nordbahnhof anlangen zu sehen. Dreihundert lebende Ochsen kamen, von einer dampfenden Maschine herbeigeschleppt, unter den bewundernden Blicken einiger bevorzugter Mitglieder der Wiener Gesellschaft an. Eine märchenhafte Begebenheit, die die gute Melanie sofort gewissenhaft in ihrem Tagebuch verzeichnete.

Der feine alte Herr im Lehnstuhl konnte, soweit der kulturelle Aufschwung des von ihm betreuten Landes in Frage kam, mit dem Geleisteten wohl zufrieden sein. Und wie sehr wäre er es erst hundert Jahre später gewesen. Denn was dem Metternichschen Wien zu einem perikleischen Zeitalter und ihm selbst zum Perikles allenfalls noch gefehlt haben mag, war kaum mehr als der Hintergrund eines Hitlerzeitalters.

*

Zwischen Politik und Kultur schaltet sich vermittelnd die Gesellschaft ein, und in dieser Mittlerschaft vor allem war der Mann der Mittel und Wege, wie er selbst sich gerne nannte, groß.

Seine drei Frauen waren Gesellschaftsfrauen. Die erste, Eleonore, eine Botschafterin alten Stils, in diesem Stil erwachsen und erzogen; die zweite und lieblichste, Antoinette, baut eine liederfrohe Häuslichkeit um ihn auf, in der die schönen Künste sich am wohlsten fühlten und glücklich waren und glücklich machten, wenn auch das Glück leider von kurzer Dauer war. Die dritte, eine Ungarin, konnte sich das Leben gar nicht anders vorstellen als in einem Menschenwirbel und übertrug diese Vorstellung auch auf ihren Mann. Metternich war an ihrer Seite eigentlich immer in Gesellschaft; wenn er nicht in seiner Staatskanzlei Besuche empfing, empfing er sie zu Hause, und wenn es nicht Besuche waren, so waren es Gäste. Das fing gleich nach der Hochzeit an, ein Ballgedränge umflutete die Neuvermählten, erst gegen Mitternacht verebbend, und so ging es dann weiter, sogar im Exil, bis zum Tode seiner unersättlich geselligen Melanie. Wenn je ein Witwer, blieb der achtzigjährige Metternich einsam zurück.

Wie war sein Verhältnis zu dieser trotz ihrer Fülle nie wahllosen Gesellschaft, wie wirkte er auf sie, wie dankte sie ihm die Wirkung? Drei Fragen, die drei Antworten erheischen.

Die Gesellschaft fing beim Kaiserhause an, von dem er mit Ausnahme der währenden Freundschaft des alten Kaisers Franz und einiger Liebenswürdigkeiten des jungen Kaisers Franz Joseph nur Undank erfahren hat. Die Erzherzogin Sophie führte März 1848 durch ein kunstvoll eingefädeltes Intrigenspiel seinen Sturz herbei, und Erzherzog Ludwig, sein langjähriger Mitarbeiter, war im letzten Regentschaftsrat der erste, der das Wort Rücktritt aussprach.

Ungefähr das gleiche wie vom Kaiserhaus gilt auch vom Hochadel. Er katzbuckelte vor ihm, solange er an der Macht war, und rächte sich später für empfangene Wohltaten; daß er treu zu Metternich gehalten hätte, läßt sich nicht behaupten, eher das Gegenteil; die Schwarzenbergs, Starhembergs, von den Kolowrats gar nicht zu reden, waren ihm nie recht gewogen. Was blieb, war die in Wien sogenannte zweite Gesellschaft, die aber wieder durch den Hochmut der Fürstin von einer zu weit gehenden Annäherung ausgeschlossen blieb. Das Bürgertum schließlich sah sich völlig abgewehrt und in die Ecke gedrängt: das galt auch von der bürgerlichen Literatur, soweit sie einheimischen Ursprungs war. Die ausländische, der Metternich weit entgegenkam, war ebenso wie die durchreisende Gesellschaft von ihm entzückt. Auch in diesem Punkte also war er mehr Europäer als Österreicher.

Metternichs lange nachwirkender Grundsatz war, im Ausland liberaler zu scheinen, als er im Inland war. So sahen sich auch die fremdländischen Literaten immer freundlichst von ihm empfangen, teils weil sie eben erst angekommen waren, und auch weil sie bald wieder abreisten; es konnte kein Dauerverkehr daraus entstehen. Auch wußte er wie jeder Diktator den Wert der Auslandspropaganda richtig einzuschätzen und stellte sie bereitwillig in Rechnung. Hier lohnte sich der Wert der Liebenswürdigkeit, und er war liebenswürdig. Mit Balzac, der sich mit Madame Hanska in Wien verabredet hatte und bei der „Goldenen Birn'" auf der „Landstraße" wohnte, hatte der sechzigjährige, vielbeschäftigte Staatskanzler stundenlange Gespräche, die ihn sogar zum Dichten anregten. Die Idee zu Balzacs „La paix du ménage" stammt von Metternich. Stendhal war ein glühender Verehrer von ihm; er himmelte ihn backfischmäßig an und hat sich, wie ein Backfisch, ein eigenes Bild von ihm zurecht gelegt, das nicht ganz mit der Wirklichkeit übereinstimmt. Als „Graf Mosca", der mit einer Herzogin schläft und das aus dem Haar seiner Geliebten geflochtene Armband Metternichs am Handgelenk trägt, hat er uns sein geschmeicheltes Bild überliefert. Mit dem steifleinenen Varnhagen, bei dem man sicher sein konnte, daß er alles, was man ihm sagte, schriftlich aufbewahrte, führte er sinnige Gespräche über Liebe und Ehe. Mit Goethe hatte er Begegnungen in den böhmischen Bädern; er schrieb ihm Briefe im Goethestil, die Goethe im Metternichstil beantwortete, da es ihm hauptsächlich um den Schutz seiner Schriften in Österreich zu tun war. Das beste, ähnlichste und am wenigsten retouchierte dieser Spiegelbilder, wie sie uns die lichtempfindliche Platte aufnahmefähiger Besuchergemüter überliefert hat, verdanken wir dem Amerikaner George Ticknor. Er zeigt uns zugleich am deutlichsten, wie man den Europäer Metternich außerhalb Europas bei Lebzeiten beurteilte. Nicht ungünstig, wie sich der Mann im Lehnstuhl nicht ohne Befriedigung eingestehen mochte.

Professor Ticknor aus Boston war die etwas nüchterne transatlantische Ausgabe des romantischen Reiseschriftstellers jener Tage. Er reiste in der weiten Welt umher und machte die Bekanntschaft berühmter Menschen, die er uns, mit Anekdoten ausgestopft, in der anziehendsten Weise vorstellt. Seine Schriften sind ein Museum; eine Vitrine ist Metternich gewidmet.

Nach Wien kam Ticknor im Sommer 1836, kurz nachdem der junge Herzog von Orléans, frisch bekorbt, von dort abgezogen war. In Schönbrunn sah er, als er zu Metternich hinausfuhr, den Gasttrakt des Schlosses hell beleuchtet; der König Ferdinand von Neapel wäre eben angekommen, wurde ihm bedeutet. Es war der klerikale Nachfolger des liberalen Herzogs von Orléans, der dann auch die Erzherzogin Therese als Braut heimführte. Aber von diesen Zusammenhängen hatte die Mitwelt und somit auch Mister Ticknor keine Ahnung. Er sah nur erleuchtete Fenster; ein König wohnte dahinter.

Bei Metternich hatte Ticknor zunächst eine Einführung von Humboldt abgegeben, und da eine gute Empfehlung in einem autoritär gelenkten Staat, wie es das damalige Österreich war, fast so großen Eindruck macht wie in einer demokratischen Republik, sah er sich alsbald von dem Vielbeschäftigten empfangen. Er ließ ihn alles in allem kaum zwanzig Minuten in der Antichambre seiner Staatskanzlei warten, während welcher Zeit der scharfäugige Reisende bereits seine Beobachtungen macht. Was ihm als Amerikaner zunächst auffällt, ist die große Anzahl überflüssiger Bedienter (er weiß nicht, daß es zum Teil verkleidete Detektive sind), aber auch manches andere ist anders als zu Hause. In einer Ecke des geräumigen Vorsaals sitzt eine Deputation der Stadt Mailand gefügig wartend und ängstlich flüsternd beisammen. Überhaupt wird, so scheint es, hier nur geflüstert. Zwei Minister werden vorgelassen und rasch wieder weggeschickt. Auch die Mailänder sind gleich wieder draußen. Mittlerweile durcheilen ein paar Kabinettssekretäre, Papiere in der Hand schwenkend, geschäftig den Raum; Türen klappen auf und schließen sich lautlos. Und plötzlich öffnet sich eine, die mittlere, und Fürst Metternich kommt seinem Besucher

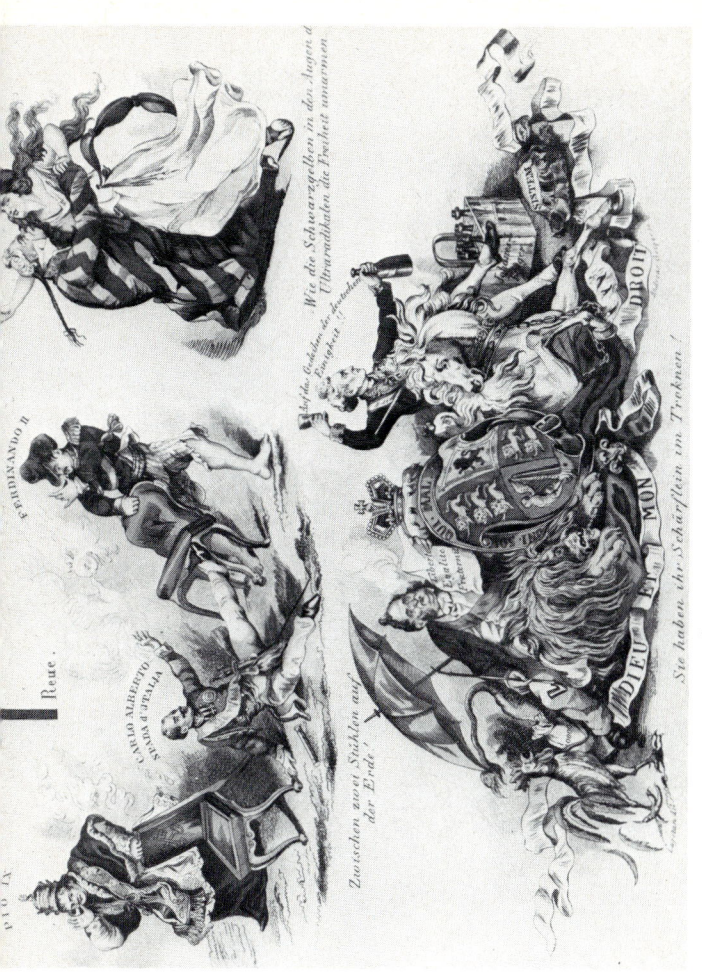

Satirisches Bild auf die europäische Situation um 1845
(links unten: Louis Philippe, rechts: Metternich).

*Die Abdankung des Fürsten von Metternich im Jahre 1848.*

bis an die Schwelle lächelnd entgegen, so freundlich, als hätte
er die ganze Zeit nur auf ihn gewartet. Er geleitet ihn durch
die angrenzende Bibliothek – fünfundzwanzigtausend Bände
schätzt der Amerikaner – bis zu seinem Schreibtisch. Dort angelangt, weist er ihm den besseren Stuhl an, setzt sich selbst auf
den schlechteren ihm gegenüber und läßt nun erst sein Auge auf
ihm ruhen, um es für die Dauer der Audienz nicht mehr von
ihm abzuwenden. Gespannteste Aufmerksamkeit und die Fähigkeit, sie spannen zu können, ist eine von Metternichs besten
Eigenschaften.

Das Gespräch, ein Scheingespräch nur, ist eigentlich eine von
Liebenswürdigkeit verschleierte Prüfung. Ticknor, der sich nach
wenigen Minuten taktvoll erhebt, hat sie augenscheinlich nach
jeder Richtung bestanden, denn er sieht sich alsbald zu einem
Abendempfang zugelassen, der in Metternichs Sommerresidenz,
am Rande des kaiserlichen Parks von Schönbrunn, stattfindet;
der bayrische Gesandte nimmt ihn in seinem Wagen mit hinaus. Ein ganzer Schwarm farbig livrierter Bedienter fällt ihm
auch diesmal wieder auf und auch, daß der Fürst, der jeden
Gast mit gemessener Artigkeit entgegenkommt, dazwischen
immer wieder mit einzelnen Persönlichkeiten sich in Fensternischen flüsternd zurückzieht und dort auch geflüsterte Meldungen entgegennimmt. Offenbar arbeitet er auch in Gesellschaft.
Zuweilen begibt er sich bis in die Mitte des Salons und zieht
den einen oder anderen ins Gespräch; er schlägt das Thema an
und führt es weiter. Mit dem amerikanischen Besucher spricht
er über das Wiener Polytechnische Institut; warum gerade über
dieses, wird der neugierige Reisende nie erfahren. Aber er
spricht gut, „mit der natürlichen Überlegenheit eines Mannes,
dem die Ausübung der Macht selbstverständlich ist". Sobald er
zu reden anhebt, schließt sich ein Kreis um ihn, die Herren und
Damen kommen auf Zehenspitzen näher und hören andächtig
zu.

Auch die Fürstin lernt Ticknor bei diesem Empfang kennen, der im kleinen Kreis stattfindet und schon gegen Mitternacht verebbt. Sie ist jung und schön, aber verstimmt und traurig, kommt dem aufmerksamen Beobachter vor. Er macht darüber auf der Rückfahrt eine Bemerkung zu seinem Freund, der kopfnickend seinen Eindruck bestätigt. Die Fürstin, weiß er zu erzählen, hat erst vor zwei Wochen ein Kind begraben, das zweite oder dritte, das sie dem Sechzigjährigen in rascher Aufeinanderfolge geboren hat. Aber der Gesellschaftsbetrieb geht ungehemmt weiter. Auch scheint der Gast aus Übersee trotzdem einen angenehmen Eindruck hinterlassen zu haben. Denn wenige Tage später, unmittelbar vor Antritt seiner Rückreise, wird ihm noch eine Einladung zu einem Diner in der Staatskanzlei am Ballhausplatz zuteil, und damit beginnt der bemerkenswerteste Teil der Schilderung unseres ebenso klar blickenden wie unbestochenen Augenzeugen.

Um drei Uhr nachmittags ist er diesmal gebeten, sich im Kaunitzpalais einzufinden, denn Metternich, der zu allem Zeit hat – eins der Geheimnisse der Liebenswürdigkeit –, will sich noch vor Tisch ein Stündchen mit ihm unterhalten. Wieder sitzt er ein paar Minuten lang in der fürstlich stilisierten Antichambre und kann einige ähnliche Beobachtungen machen wie das erstemal. Der Polizeipräsident ist der erste, der aus der lautlos sich auftuenden und lautlos den angemeldeten Besucher verschlingenden Tür des Kabinetts tritt. Hierauf ist ein sardinischer Finanzminister an der Reihe, den die weißgoldene Tür aber gleich wieder ausspuckt. Ein ungarischer Graf in der malerischen Paradeuniform eines Husarenoffiziers tritt als nächster auf. Er hält einen ungeheuren Brief mit schwarzen Ecken in beiden Händen, den er zum Fürsten stolz hineinträgt. Es ist das Dankschreiben des Königs von Sachsen für eine ihm zuteil gewordene Kondolenz. Kaum ist er abgefertigt, erscheint der Fürst und geleitet den neugierig Wartenden durch die herrliche Bücherei in sein Arbeitszimmer, wo er ihm wie das erstemal lächelnd den besseren Platz anweist. Und sogleich, als hätte er den ganzen Tag nichts anderes im Sinne gehabt, spinnt er mit ihm ein Gespräch über Demokratie an. Ein ungemein aufschlußreiches Gespräch.

Es wäre ihm wohlbekannt, hebt er freundlich an, daß man ihn draußen in der Welt für einen großen Autokraten halte: er wäre es nicht. Allerdings wäre er kein Freund der Demokratie, das müsse er zugeben. Diese Staatsform wäre etwas für die Neue, nicht aber für die Alte Welt; in Amerika gewiß, da ist sie eine Wahrheit, „une verité", wer zweifelt daran? Aber nicht bei uns, da ist sie eine Falschheit, „un mensonge", und darum müsse er, Metternich, als ein großer Wahrheitsfreund, der zu sein er behauptet, sich gegen sie aussprechen. Demokratie löse auf, sie teile, sie zersetze die Elemente des Staates; Monarchie hingegen vereinheitliche; sie nähere an und bringe die Menschen zusammen; sie verbinde und mache daher viel größere Kraftanstrengungen möglich. Übrigens gäbe er gerne zu, daß Demokratie dem einzelnen förderlicher sein möge; sie erzeuge auch mehr Individualität und fordere, indem sie die Initiative freigebe, die Einzelleistung heraus. Ihr größter Nachteil bestünde nur darin, daß sie nicht haltmachen könne; sie müsse immer weitergehen. Amerika, sagt er – 1836 –, werde immer demokratischer werden. „Ich sehe nicht, wie es enden kann und wo es enden soll. Aber sicherlich ist ihm auf diesem Wege kein abgeklärtes schönes Alter beschieden – a quiet ripe old age"... Da haben wir aus dem Munde Metternichs das Bekenntnis der Alten Welt. Sie will nichts anderes mehr, als in Schönheit altern. Nicht der Sonnenaufgang, der Sonnenuntergang ist der Sinn des Tages. Eine sentimentale und sehr österreichische Auffassung, die man auch viktorianisch nennen kann.

Im Grunde ist es ein Speisewagengespräch vor dem Essen; ein sophisticated dialogue, der naturgemäß da und dort an

Unsinn grenzt. Denn das Gegenteil ist wahr. Die Demokratie, die alles gleich macht, standardisiert auch den Menschen. Sie schafft viel weniger Individualitäten als die Monarchie, die alles ungleich macht. Auch ist es so eingerichtet von Natur und Geschichte, daß das Goldene Zeitalter hinter uns liegt, nicht vor uns. Das Leben ist keine Altersversorgung, die Geschichte keine Versicherungspolizze. Doch ändern diese Einwendungen die auch Mister Ticknor in schicklicher Form, aber mit großer Festigkeit macht, nichts an dem schönen Gedankenfluß der Metternichschen Rede, die immer die Äußerung eines Mannes bleibt, der sich auch geistig mit seiner Aufgabe auseinandersetzt, weil er sich dazu verpflichtet fühlt. Nur daß ihm seine Wohlredenheit manchmal gefährlich wird, was ihm zuweilen geschieht, zumal in späteren Jahren. Bei Metternich war immer schon der Sprecher mit dem Plauderer unterfüttert und der Plauderer mit dem Schwätzer.

Die Unterredung muß abgebrochen werden, da die Fürstin durch einen Livrierten in den Salon hinüberbitten läßt. Ticknor macht sich auf den Weg, augenscheinlich allein die ihm gewiesene Richtung verfolgend. Er durchquert wiederum die herrliche Bibliothek und, nach einer zweiten saalartigen Antichambre, eine längere Reihe von Prunkgemächern, so daß er, da er nirgends einen Menschen sieht, das ängstliche Gefühl hat, er habe sich verirrt, und umkehren will. Da springt von irgendwo ein Diener vor und führt ihn lächelnd auf dem angedeuteten Weg weiter, von Salon zu Salon, bis sie schließlich im Salon der Fürstin anlangen. Die Fürstin sitzt und um sie herum ein paar alte Damen und Herren, vier oder fünf im ganzen, die, wie er selbst, zu Tisch gebeten sind. Der Raum erscheint ihm überaus prächtig und so groß, daß ihn fünf „Ormoulu"-Kandelaber beleuchten müssen. Dann wird gemeldet, es sei aufgetragen, die schöne Hausfrau nimmt den Arm des Amerikaners, der offenbar als Ehrengast behandelt wird, und führt ihn die lange Reihe der

Gemächer, in denen er sich zuvor beinahe verirrt hätte, wieder zurück bis in die zweite Antichambre, wo jetzt plötzlich ein herrlich gedeckter Tisch steht. Acht Gedecke im ganzen; hohe Stühle, in denen man aufrecht sitzen muß, in geziemender Haltung, und hinter jedem steht ein Diener, der ihn dem Gaste unterschiebt, aber nur zwei von diesen Lakaien sind in Livree. Das Essen ist köstlich und nicht übermäßig, nach den Begriffen dieser wohlleberischen Zeit: zwölf bis vierzehn Gänge im ganzen; die Weine von erster Güte und weise gestuft, nach dem Johannisberger kommt der Tokaier. Der Johannisberger ist eigene Fechsung, worauf die Fürstin beim Anstoßen ausdrücklich hinweist. Dabei erwähnt sie, so von ungefähr, daß Herr Ticknor sich dieses Weinchen auch in New York verschaffen könne, sie hätten dort einen eigenen Agenten. Mister Ticknor merkt es sich – für sein Tagebuch.

Bei Tisch wurde sicherlich nur französisch gesprochen, was der Berichterstatter vermutlich unerwähnt läßt, weil es im damaligen Österreich selbstverständlich war. Einmal wird das Gespräch unterbrochen durch einen Kabinettssekretär, der Metternich eine Depesche und ein Bündel ausländischer Zeitungen überbringt. Metternich öffnet die Depesche und scheint unangenehm berührt, obwohl er keine Miene verzieht. In London ist ein Mitglied des liberalen Kabinetts, das er gerne gestürzt wüßte, vor Gericht gestellt, aber freigesprochen worden; es geht eben nicht immer alles, wie es sollte. Der Fürst reicht die betrübliche Nachricht samt den Zeitungen, die für gewöhnliche Sterbliche in Österreich wahrscheinlich verboten sind, der Fürstin hinüber, die auch nicht entzückt ist. Sie liest das Ende des Prozeßberichtes zuerst, legt das Blatt beiseite, sorgt aber in der Folge dafür, daß Clemens in einer Fensternische den Fall aufgeregt flüsternd besprechen kann, während sie dem Gast, auch um ihn abzulenken, ein kürzlich eingelangtes Geschenk des russischen Zaren zeigt: eine herrliche Standvase mit dem emaillierten langgezogenen Gesicht des unlängst verstorbenen Kaisers. So vergeht die Zeit, und es ist acht Uhr abends geworden, bevor der österreichische Staatskanzler seinen Gast, dem er nicht weniger als fünf Stunden gewidmet hat, zur Tür begleitet und ihn aufs anmutigste verabschiedet. Der Amerikaner weiß das zu schätzen, aber auch richtig einzuschätzen. Mit jener klassischen amerikanischen Nüchternheit, die einem nichts vormacht und sich nichts vormachen läßt, schließt er seinen Bericht, indem er feststellt, daß Metternich noch in der Türe ihn mit Freundlichkeiten überhäuft, um, wie Ticknor sich ausdrückt, „fünf Minuten später sicherlich ebenso wenig an ihn zurückzudenken wie an die Wolken vom vorigen Jahr". Zuvor aber nennt er, sein Urteil nach drei Besuchen zusammenfassend, Metternich „the most consumate statesman of his kind", und auch das ist wahr. Sie haben alle von ihm gelernt.

\*

All das ist Glanz und Macht und Eitelkeit und der alles vergoldende Rückstrahl des Erfolges – wo aber bleibt und worin besteht die säkulare Leistung des feinen alten Herrn im Lehnstuhl, die ihn berechtigte, von sich selbst zu sagen: I say to you that in a hundred years writers will judge me differently from those who deal with me today? Das Jahrhundert ist um, die Rechnung fällig.

Nun, wir sind um eine Antwort nicht verlegen. Metternichs größtes geschichtliches Verdienst ist gerade dasjenige, was ihm die deutsche Geschichtsschreibung eines Jahrhunderts als seinen unverzeihlichsten Fehler anrechnet: seine völlige Abkehr vom deutschen Nationalismus. Der Vorwurf drang auch schon bei Lebzeiten an sein Ohr, und einmal, auf der Höhe seiner Macht, antwortete er darauf. „Nichts beweist, daß der Nationalstaat wesentlich besser ist als der Rechtsstaat", schreibt er an Prokesch-Osten. Da haben wir sein politisches Konzept, das auch wieder seiner Verneinung der nach seinen Begriffen gestaltlosen Masse entspringt. Merkwürdig, wie er sich hiebei mit Goethe begegnet, der auch den Volkssturm der Freiheitskriege mit den Worten abtat, was da losbräche, wäre nichts anderes als die „noch unschuldige Vorform von etwas Schrecklichem, das sich eines Tages unter den Deutschen zu den grassesten Narrheiten manifestieren wird und wofür Sie selbst sich, wenn etwas davon zu Ihnen dränge, in Ihrem Grabe umdrehen würden". Thomas Mann zitiert den Satz in seiner „Lotte in Weimar". Die Ähnlichkeit des vorahnenden Mißvergnügens an der Entfesselung der Volksbewegung ist unverkennbar, was zumindest Metternichs angebliche Volksfremdheit entschuldigen würde. Der große Dichter bedarf keiner Entschuldigung. Er erwies sich schlechthin als Prophet.

Womit der vorblickende österreichische Staatsmann die völkische Verwüstung einzudämmen hoffte, war noch der Feudalstaat. Er träumte von einer europäischen Ordnung, die in abgegrenzten großen Herrschaftsverbänden das nationale Durcheinander kraft der „balance of power" niederzuhalten hätte. Das ist die autokratische Lösung. Aber ist das die nationalistische nicht erst recht? Indem sie den Nationalismus proklamiert, proklamiert sie ihn auch für die anderen Nationen; denn Nationen sind sie schließlich alle, und daß nur eine von den zwanzig, aus denen Europa sich zusammensetzt, die Herrenrasse ist, werden die anderen neunzehn nicht ohne weiteres einsehen wollen. Man muß sie also unterwerfen; aber sie unterwerfen heißt, die nationale Lösung verneinen, die man selbst als die einzig mögliche empfahl. So kommt, indem man den Irrgang des Nationalismus bis ans Ende verfolgt, der Irrsinn heraus, der er von allem Anfang an war. Die europäische Lösung kann nur eine übernationale sein. Man muß die Nationen, anstatt sie gegeneinander aufzubringen, daran erinnern, daß sie noch etwas anderes sind als Nationen, nämlich Menschen. Laßt uns das Menschliche voranstellen, und der Erdteil ist gerettet.

Das ist die Metternichsche Auffassung, die heute aktueller und begründeter ist denn je. Ein nationales Europa ist eine Weltgefahr, ein übernationales Europa ist eine Weltverheißung geworden. Solcher Verheißung bewußt zugestrebt zu haben, ist Metternichs europäisches Verdienst. Es war zugleich sein österreichisches, denn in Österreich, das Europa seine eigene Zukunft bis zum Zusammenbruch vorlebte, stellte sich das Problem des nationalgemischten Staates zuerst, wie ja Österreich auch das erste Opfer des entzündeten Nationalismus wurde. Sein nächstes war die Tschechoslowakei, gleichfalls ein Nationalitätenstaat, der in Brand geriet. Heute aber brennt oder raucht ganz Europa, was der Mann im Lehnstuhl voraussah. Für ihn war Nationalismus immer schon Jakobinismus gewesen, und das heißt, zeitgemäß geredet: Barbarei. Eine doktrinäre Marotte diese Gleichung, fand man bei seinen Lebzeiten. Bis sich ein Jahrhundert später für den schaudernden Beobachter herausstellte, daß er keineswegs übertrieben hatte. „Von der Humanität über die Nationalität zur Bestialität", beschrieb auch Grillparzer den Weg. Zurück zum Rechtsstaat also und zum Menschheitsstaat, wir haben keine andere Wahl, wenn wir „Europa retten wollen", wie Metternich durch die Schlacht bei Leipzig es tat. Damals war es der Halbgott Napoleon, heute sind es die Maschinengewehr-Götter des Totalstaates. Das Rezept bleibt das gleiche.

Ein zuschanden geschossenes Europa stöhnt heute in blutigen Qualen. Soll man es darum aufgeben und zu den Toten werfen mit den Worten des Kulturpessimisten Spengler, der noch vor wenigen Jahren feststellte, daß „die Tatsache Europa im Weltkrieg dumm und würdelos zugrunde ging?" Selbst Spengler, dessen Pessimismus sich später bedenklich der nationalen Auferstehung zuneigte, wird kaum leugnen können, daß diese Tatsache noch dümmer und noch würdeloser in dem darauffolgenden Kriege vor die Hunde ging, den ein fluchwürdiger Nationalismus unter dem Beifall gewisser Kulturpessimisten entzündet hat.

Vor dreihundert Jahren hat sich die europäische Menschheit zerkriegt und zerfleischt, weil die eine Hälfte der Ansicht huldigte, daß der Wein im Meßkelch das Blut des Heilands sei, und die andere, daß er das Blut Christi nur bedeute. Heute lächeln wir über die Unglaublichkeit, daß diese Meinungsverschiedenheit die Menschheit so blutig entzweien konnte. Am Ende des zwanzigsten Jahrhunderts wird man wahrscheinlich über den Kriegszustand der nationalen Verschiedenheit ganz ähnlich denken und sich genau so wundern. Denn was heißt am Ende national sein? Stolz sein darauf, daß man irgendwo geboren ist, was sich, wie wieder Grillparzer sagt, „freilich von selbst versteht". Metternich hat die Gefahr richtig erkannt, die gerade für den deutschen Charakter aus dieser Selbstverständlichkeit entsteht; denn mit Philosophie vermischt, wirkt sie wie Schießbaumwolle.

Der Deutsche ist zugleich jähzornig und besonnen. Wenn er besonnen ist, macht er seine großen Erfindungen, jähzornig seine größten Dummheiten, und seine allergrößte war der neudeutsche Nationalismus. Ein Jähzornausbruch der Geschichte, und Metternich, dieses Beruhigungsmittel der Geschichte, hat ihn immerhin um ein volles Jahrhundert hinausgezögert. Das wollen wir alle, die wir in diesem Jahrhundert glücklich waren und in einem umgeschmolzenen Europa wieder werden sollen, dem feinen alten Herrn im Lehnstuhl hoch anrechnen. Er war ein Pionier des Antinationalismus. Volksstaat oder Rechtsstaat – er war für den Rechtsstaat. Und er hatte recht.

# DER WEISE MIT DEN TAUSEND
ERINNERUNGEN

# WIEN ILLUMINIERT

Als Metternich am 13. März 1848 gestürzt und nach siebenundvierzigjähriger Dienstzeit von der öffentlichen Meinung und seinem Kaiserhaus wie ein diebischer Bedienter davongejagt wurde, illuminierte Wien. Das will nicht viel sagen. Die entzündliche Stadt hat im Verlauf ihrer Geschichte des öfteren illuminiert, zuletzt am 13. März 1938, und fast immer nach kurzer Zeit reuig herausgefunden, daß es schade war um die verbrannten schönen Kerzen.

Auch im Jahre 1848 war die Illuminierung von langer Hand vorbereitet gewesen und zum Schluß beinahe angesagt. Nach der Februarrevolution in Paris war man sozusagen stündlich auf den Umsturz auch in Wien gefaßt. Man kann dies am sichersten von einigen überlieferten Anekdoten ablesen, in welcher Form das Weltgeschehen in Wien von jeher am sichtbarsten kristallisiert. Wenige Tage vor dem ominösen 13. März besuchte der ungarische Graf Szechenyi seine Kompatriotin und Standesgenossin, die Fürstin Melanie Metternich. Er wurde von ihr im Tone einer Gesellschaft, in der nichts ernst zu nehmen zum guten Ton gehört, mit der aus dem Wortschatz der Französischen Revolution stammenden Wendung „Bonjour, citoyen" ironisch begrüßt; worauf er sofort mit der paprizierten Galanterie des Ungarn schlagfertig erwiderte: „Bonjour, délicieuse sansculotte." Schlimmer war, was die Gräfin Felicie Esterházy im Salon Metternich anstellte. Sie kam am Vortage der Revolution mit den an die Hausfrau gerichteten Worten zur Tür herein: „Ist es wahr, daß ihr von Wien weggeht? Man hat uns aufgefordert, Kerzen zu kaufen, weil ihr morgen abreist." Derjenige, der der bekannt törichten und ahnungslosen Gräfin Felicie diesen Wink gegeben hatte, war der Obersthofmeister der Erzherzogin Sophie gewesen, die eine Woche später in einem generös abgefaßten französischen Handschreiben Metternich ihr tiefes Bedauern über seinen Rücktritt verehrungsvoll ausdrückte. Aber vorher half sie, ihn stürzen...

Dieselbe Erzherzogin Sophie, als sie sich um die Mittagsstunde am Arm ihres Gatten über die Bastei zur Hofburg begab, wurde von der Bevölkerung mit Hochrufen stürmisch begrüßt, für die sie huldvoll, wenn auch stolz, dankte. Metternich, der etwas später vorbeiging, wurde angepfiffen. Es war der gleiche Platz, auf dem man ihn im Jahre 1813 nach der Schlacht bei Leipzig mit der Kantate „Heil dir, der du..." als „Le vainqueur du temps et le modèle des grands hommes" gefeiert hatte. Wie merkwürdig mußte es dem philosophisch geschulten Geist des alten Mannes erscheinen, daß sie auf einmal, wie auf Verabredung, alle gegen ihn waren: das Kaiserhaus, der Adel, das Volk, die Studenten und der Pöbel. Er konnte sich nicht darüber täuschen: die Wiener Revolution von 1848 war zunächst eine Revolution gegen Metternich.

Seine Schuld? Vielmehr war die von ihm allerdings mitverschuldete Regierungsmaschinerie schuld, das Perpetuum immobile des unglückseligen Regentschaftsrats. Er bestand aus zwei in verschiedene Richtungen ziehenden Kräften, Metternich und Kolowrat, und dem Erzherzog Ludwig, der wie ein Bleigewicht an dem Querbalken der Waage hing und jede Bewegung erschwerte. Statt dieses Gewicht fallen zu lassen, entledigte man sich Metternichs treibender Kraft, die plötzlich entbehrlicher schien als die hemmende des durch einen geistesschwachen Monarchen vertretenen Kaiserhauses. Dabei hatte dieser gutmütige Scheinkaiser, der, am Revolutionstage am Fenster stehend, die Stellwagen zählte, die durchs Burgtor hinausrollten, noch am längsten und treuesten zu seinem Staatskanzler gehalten. Er beauftragte sogar Kolowrat, Metternich von der ihm angeratenen Flucht abzubringen. Aber Kolowrat ließ sich so lang Zeit, daß er den gestürzten Nebenbuhler zu seiner Freude nicht mehr in seiner Wohnung fand, weder in der Staatskanzlei noch in dem schönen Hause am Rennweg mit der Überschrift „Parva domus magna quies", das der tobende Pöbel bereits zu plündern begann. Daß es nicht ganz zerstört wurde, ist das Verdienst der Wiener Studenten, die, obwohl für die Revolution begeistert, ihre Ausartung verhinderten. Es war noch nicht die Zeit gekommen, da die Bildungsträger mit dem bildungsfeindlichen Mob gemeinsame Sache machten; das sollte erst später, im Zeichen des nationalen Aufschwungs und jener tieferreichenden „Volksverbundenheit" der Dummheit und der Roheit geschehen: der Roheit einer vertierten Menge und der Dummheit jener Elite unseres Bürgertums, das, an sich selbst verzweifelnd, die Schutzwälle des Geistes freiwillig und beflissen abtragen half.

Überhaupt war es eine wienerische Revolution, was an ein paar Nebenzügen heiter sichtbar wird. Die vollbärtigen Professoren und der seinen Schlapphut unentwegt schwenkende akademische Nachwuchs – es galt damals als ein Zeichen besonderer politischer Verworfenheit, einen Vollbart und Schlapphüte, sogenannte Kalabreser, zu tragen – trachteten vor allem, sich bei ihrem Vorhaben der Protektion des Kaiserhauses untertänigst zu versichern. Ein gemeinnütziges Unternehmen ohne den Ehrenschutz mindestens eines Erzherzogs konnte sich der Wiener nicht gut vorstellen, und so wünschte er instinktmäßig, auch seine republikanischen Bestrebungen unter dem Protektorate Habsburg tunlichst zu verwirklichen. Das Haus Habsburg kam ihm dabei auf halbem Wege bereitwillig entgegen, die Herren Erzherzoge machten, bis zu einem gewissen Grade wenigstens, gemeinsame Sache mit der Revolution. Erzherzog Ludwig zumal, dessen Vorzimmer in der Burg am 13. März das Hauptquartier der Umwälzung wurde, empfing jeden und versprach jedem, sein möglichstes zu tun. Auch den Sturz Metternichs zu befürworten, erklärte er sich wohlwollend bereit, er werde gleich nachher mit seinem Bruder darüber reden, der nur augenblicklich beim Mittagessen wäre. „Wie kann man an einem Tage wie dem heutigen zu Mittag essen?" rief der Wiener Lustspieldichter Bauernfeld, der als Wortführer aufgetreten war, vorlaut aus. Man fand die kecke Bemerkung wahrscheinlich nur lachhaft, die so gut zu Bauernfelds Aussehen paßte. Er hielt einen Knotenstock und einen breitrandigen Kalabreser in der Hand, ein ungepflegtes Lippenbärtchen saß ihm im Gesicht und ein in theatersicheren Pointen erfahrenes bissiges Mundwerk darunter, das niemand ganz ernst nahm. Wenn er trotzdem mit seiner Forderung auf Abschaffung der Zensur und sofortige Beurlaubung des Staatskanzlers schließlich durchdrang, so geschah es vermutlich, weil auch die Wiener Weinhändler sich mit ihm verbunden hatten. Das waren unerschrockene, gleichfalls vollbärtige Männer, die wacker dafür sorgten, daß der Wein der Wiener Revolution entsprechend mit Wasser verdünnt wurde. Metternich muß weg! schrien sie; das war wohl das wenigste, was sie erwarten konnten. Und am Ende erreichten sie denn auch mit Unterstützung des Allerhöchsten Kaiserhauses ihr hochgestecktes Ziel. Das Wiener Lustspiel und der Wein hatten den Allgewaltigen zu Fall gebracht, den Besieger Napoleons besiegt. Eine Sache zum Lachen. Aber dessen enthielten sich die braven Wiener Bürger fürs erste noch, weil eine Revolution wenigstens sich selbst ernst nehmen muß.

Bevor er gestürzt wurde, schritt der alte Staatskanzler noch einmal, zum letztenmal, durch die vom Volke aufgeregte Antichambre, „von jedem gegrüßt, von keinem angeredet". Schon seine äußere Erscheinung widersprach der saloppen Umgebung. Er trug einen zeisiggrünen, eng anliegenden Leibrock, perlgraue, gestraffte Beinkleider und ein Rohr mit goldenem Knauf nebst dem hohen Seidenhut in der behandschuhten Hand. So schritt er hochmütig an den Vollbärten und Knotenstöcken vorüber, das verkörperte achtzehnte Jahrhundert, das am neunzehnten vorbeigeht, und verschwand in der Türe des Erzherzogs, ein pergamentenes Lächeln auf den glattrasierten Lippen seines altgewordenen Schauspielergesichts. Ein paar Stunden später stellten die Wiener ihre Kerzen ins Fenster.

*

Tags darauf reiste er mit seiner Frau von Wien ab. Es war eine armselige und schimpfliche Flucht, zu der er sich schließlich genötigt sah, weil das Kaiserhaus nach allem anderen sich weigerte, die Sicherheit seines Lebens zu verbürgen. Es blieb kaum Zeit, etwas einzupacken, auch fehlte es im letzten Augenblick an Geld. Die Staatskasse lehnte die Auszahlung seines Gehaltes ab, und wenn Freund Rothschild nicht tausend Dukaten herübergeschickt hätte, wären Melanie und „ce pauvre Clement" in große Verlegenheit geraten. Wie merkwürdig, daß das Wort „pauvre" jetzt plötzlich zu seinem Ursinn zurückkehrte; er war nicht mehr der Arme, er war arm.

In einem gewöhnlichen Mietwagen, eingeklemmt zwischen seiner tapferen Melanie, die den gefährlicheren Platz am Fenster einnahm, und dem treuen Baron Hügel, rumpelte der Fünfundsiebzigjährige kläglich durch den grauen Märzabend. Man hatte die Dämmerstunde abgewartet, teils um sicher nicht erkannt zu werden, teils weil es nicht ganz leicht gewesen war, sich über das Ziel der Fahrt zu einigen. Wo in Österreich war Metternich noch seines Lebens sicher? Am wenigsten auf seiner eigenen Besitzung in Böhmen, wohin sich zurückzuziehen ein naheliegender Gedanke war. Schließlich hatte Fürst Liechtenstein sein Schloß Feldsberg zur Verfügung gestellt: es lag eine Tagereise von Wien, in nördlicher Richtung an der mährischen Grenze. In der Praterstraße, damals noch Jägerzeile, schon außerhalb der

Stadt, huschte man möglichst unauffällig in den bereitgestellten Reisewagen, und dann ging es in einem mühseligen Trab über elende Landstraßen – warum waren die Straßen unter seiner Regierung nicht besser gehalten, mochte der gequälte Kanzler jetzt denken – die ganze Nacht ohne Aufenthalt weiter, bis man um fünf Uhr früh gerädert in Feldsberg ankam. Das unbewohnte Schloß war eiskalt, wie es nur ein altes Schloß am Ausgang des Winters sein kann, in einem einzigen Zimmer hatte man ein Feuerchen notdürftig angeheizt. Da bettete man den Gejagten auf ein Sofa, und die Kinder und die Frau deckten den vor Frost Klappernden mit ihren Schals und Mänteln zu. Ein rührendes Familienbild, auf das er aber augenblicklich wenig Wert legte.

Es war gegen sechs Uhr morgens, im März, also noch dunkel. Eine einzige Kerze erhellte notdürftig den Raum, in dem vier halbwüchsige Kinder, zwischen elf und neunzehn Jahren, und die schon matronenhafte Frau um den alten Mann beschäftigt waren. Ein zweites Licht anzustecken, wagte man nicht, bevor der Schloßverwalter die Vorhänge nicht sorglich über den Fenstern zusammengesteckt hatte. Es war kein Verlaß mehr auf die Robotbauern, die neuestens ihre Sensen und Dreschflegel mit ganz sonderbar wilden Blicken betrachteten, während sie von der „Herrschaft" redeten. Und jedenfalls schien es geraten, mit dem nächtlichen Besuch kein Aufsehen zu machen. „Kein Aufsehen" war immer ein Metternichscher Grundsatz gewesen ...

Welch ein Gegensatz: Dieses schwach beleuchtete Zimmer im winterkalten öden Schloß und das illuminierende Wien beim Anbruch des Völkerfrühlings. Das Leben sorgt für Antithesen, die kein Dramatiker geistreicher erfinden könnte, nicht einmal Hans Saßmann, der eine Metternich-Trilogie in den letzten Jahren Österreichs in Wien hat aufführen lassen.

\*

Das Schicksal hat seine Gezeiten, wie der Mond oder das Meer. Wie dieses flutet oder ebbt das Glück, nimmt zu, nimmt ab, und beides dauert eine Weile. Der Fliehende muß immer weiter fliehen, der Verstoßene wird von Ort zu Ort gestoßen, nirgends ist des Bleibens mehr für einen, der seine „Bleibe" erst verloren hat. Auch Metternich im Sturze machte diese unerbittliche Erfahrung, sosehr er sich dagegen wehrte, sie zu machen. In Wien, als man sich für Feldsberg entschied, hatte der brave Hügel sich mittels einer sogenannten „Eingabe" an den Erzherzog Ludwig gewandt, mit der Bitte, die Garnison unweit von Feldsberg mit dem Schutze des abgedankten Kanzlers zu betrauen. Er erhielt keine Antwort, und da man in Feldsberg unter aufsässigen Bauern auf die Länge nicht bleiben konnte, wandte man sich, die Entfernung von Wien noch vergrößernd, gegen Olmütz. Wieder machte man sich bei stockdunkler Nacht auf die Strümpfe, aber als das vormalige Haupt der österreichischen Staatsregierung und seine Begleiter um vier Uhr morgens an die ängstlich verschlossenen Tore der Festung Olmütz pochten, wurde ihnen nach einer Weile ebensowohl vom Festungskommandanten wie von dem die Stadt regierenden Erzbischof bedeutet, der Besuch wäre derzeit unerwünscht. Der unausgesprochene Grund war natürlich, daß der hohe Kirchenfürst und sein Kommandant Angst hatten, Angst vor der Menge, die, wie es scheint, unwiderstehlichste Form menschlicher Feigheit. Für einen vom Volk Verfolgten einzutreten, wagt ja erfahrungsgemäß niemand, auch die besten Freunde lassen ihn im Stich, um erst hinterher, wenn er sich zu bergen vermochte und keine Gefahr mehr damit verbunden ist, ihrer Freude über seine glückliche Rettung in Worten und Briefen beredten Ausdruck zu geben.

In Olmütz abgewiesen, setzte man die lebensgefährlich gewordene Reise in wiederum geänderter Richtung fort, um womöglich die bereits ausgebaute Strecke der Prager Eisenbahn zu erreichen. Wieder eine gehetzte Wagenfahrt über bodenlose Landstraßen, an drohenden Bauernhaufen und murrenden Postknechten vorbei, die einem giftig nachblickten, nur halb unterdrückte Flüche murmelnd. Dann auch noch die Bahnfahrt, die die ganze Nacht in Anspruch nahm. Schließlich kam die sechsgliedrige Familie in Prag an, wo für den nur noch mühsam die Wagentreppe Herabkletternden ein anderes trübseliges Kapitel begann: der Abschied von den Kindern, die in Begleitung nach Wien zurückzuschicken man unterwegs schweren Herzens beschlossen hatte. Der Fürst und die Fürstin ihrerseits wollten nach England gehen, was freilich auch wieder leichter geplant als durchgeführt war. Die unaufhaltsame Flucht wurde, je mehr sie sich der deutschen Grenze näherte, desto gewagter, denn in Deutschland war der Name Metternich womöglich noch verhaßter als in den sogenannten „Erblanden". Es bleibt nichts übrig, als diesen weltberühmten Namen zu verleugnen und sich unter einem schmählich angenommenen zu verbergen. Als Monsieur und Madame Matteux kommt das französisch parlierende Paar in Dresden an, wo man sie unbehelligt läßt, obwohl nicht alle davon überzeugt scheinen, daß sie Matteux heißen. An der österreichischen Grenze schaute der Posthalter dem klapprigen alten Herrn und seiner anspruchsvoll dasitzenden Ehehälfte lange mißtrauisch nach und sagte am Ende, in dem unbestimmten Gefühl, daß da etwas vielleicht nicht ganz richtig wäre: „Das ist wohl gar ein König auf der Flucht!" Aber der Schwerhörige im Silberhaar hätte sich nicht umgewandt, selbst wenn ihn die Bemerkung erreicht hätte. Er war froh, die österreichische Grenze hinter sich zu haben.

Doch auch die Flucht durch das sonst so knechtselige Deutschland war nicht ganz ungefährlich, wie aus einem verbrieften Geschichtchen hervorgeht. Metternich mußte sich ein paar Tage bei dem schwäbischen Dichter Justinus Kerner verbergen, der ihn im Gemäuer eines mittelalterlichen Turms versteckt hielt.

Wenn Leute vorbeigingen, so hörten sie die Töne der damals eben wieder zeitgemäßen Marseillaise aus dem Fenster dringen. Metternich selbst, so behauptet sein Gastgeber, entlockte sie in zittrigen Klängen seiner Geige. Auch soll er darauf gedrungen haben, daß Kerner eine rote Fahne ins Fenster hängte, und dem Dichter auch sonst mit seinem „Liberaltun" auf die Nerven gefallen sein. Welch ein Bild, der uralte Staatsmann im schattendunklen Turmgemach die Marseillaise geigend! Es war der Freiheitsgesang seiner Jugend, den er ein halbes Jahrhundert lang gefürchtet und niedergehalten hatte, und den er jetzt selbst anstimmen mußte, um das nackte Leben zu retten. Und was mag die hinter ihm stehende adelsstolze Frau dazu gesagt haben!

Nach der deutschen und holländischen war dann auch noch die englische Grenze zu überqueren, bevor am 20. April das Ehepaar Matteux sich wieder in die Metternichs zurückverwandeln konnte. Sobald dies geschehen, war der Träger dieses Namens geborgen. Der alte Herr, trotz allem, was Palmerston gegen ihn zu sagen wußte und sagte – denn dem Emigranten wird nichts geschenkt –, war der Besieger Napoleons; er und Wellington, der noch lebte, teilten sich in diese Ehre. Auch kam ihm zustatten, daß er schon einmal, vor fünfundfünfzig Jahren, in London sich umgetan und daß England, bewußt und unbewußt, einiges zu seiner Bildung beigetragen hatte. Sich ins Englische zu übersetzen, machte ihm daher keine besondere Mühe. Er war immer ein halber Engländer gewesen. Sein trockener Idealismus war englisch; seine Art sich zu kleiden, seine Tory-Mentalität, die Unberührtheit, mit der er im gleichen Ton von den Meliorationen seines Gutes wie von seinen Begegnungen mit Napoleon erzählte, sein Phlegma und seine auf der Grundlage klassischer Zitate unerschütterlich ruhende Philosophie waren englisch. Manchmal hätte er geradezu aus Oxford sein können.

Die englische große Gesellschaft bemächtigte sich sofort des interessanten Flüchtlings und übertrug ihm die immer dankbare Rolle des grand old man. Der unaufhörlich redende alte Märtyrer sah sich auf Schlössern und in drawing-rooms wie eh und je verwöhnt. Auch die Prinzeß hatte nicht zu klagen; sie wurde eingeladen und lud ein; es war schon fast wieder genau wie in Wien. Nur der Hof und die Regierung hielten sich vorerst noch etwas zurück. Auch gab es eine andere kleine, aber störende Schwierigkeit: das Geld. In einem wohlhabenden Lande wie England setzt man als selbstverständlich voraus, daß ein grand old man auch reich sein müsse. Das war Metternich leider nicht, und auch die Pension, auf die er als verabschiedeter Staatsminister Anspruch hatte, wurde ihm vorenthalten. Pensionen zu sparen ist ja der letzte und tiefere Sinn aller Revolutionen; sie brechen mit der Vergangenheit, um nicht zahlen zu müssen. Aber London war ein teures Pflaster. Also übersiedelten die Metternichs erst nach Richmond und dann im September geräuschlos nach Brighton. Es geschah aus einem durchaus prosaischen Grunde: weil es sich dort wohlfeiler leben ließ.

In London hatte der „Alte vom Berge", wie man ihn jetzt nannte, unter anderem eine Eroberung gemacht, die dem greisen Rattenfänger Freude bereitete. Es war der junge Disraëli, der sich in den Doyen der europäischen Staatskunst stürmisch verliebt hatte und ihm in seinem blumigen Stil glühende Liebesbriefe schrieb. Aber auch hinter seinem Rücken nannte er ihn den größten Staatsmann und gütigsten Menschen, nannte ihn seinen „teuren Lehrer" und sich seinen „dankbaren Schüler". Oder er entwirft mit beredter Feder dieses Augenblicksbildchen von einem Besuch bei seinem neuen Freund: „Er sprang gleich in Galopp ein und begann wie ein Gott zu reden. I never heard such divine talk." (Wie reizend viktorianisch diese beiden einander ausschließenden Bilder: das Rennpferd und ein himmlisches Geplauder; bester Leitartiklerstil.) „Er gab eine meisterhafte Übersicht des derzeitigen Zustandes in Europa und sagte mehr witzige und weise Dinge, als ich behalten konnte. Dabei glänzten seine Augen in Übereinstimmung mit den blendenden Gedanken, die er äußerte." Übrigens ermutigte der Altkanzler seinen Schüler nebenher auch ein bißchen im Kampfe gegen seinen alten Gegner Palmerston, und auch das gehörte zu den Genugtuungen seines englischen Exils: daß er, wenn er es auch nicht mehr hören, doch wenigstens tags darauf in der „Times" lesen konnte, was Disraëli gegen Palmerston im Unterhaus vorgebracht hatte. Schließlich gründeten die beiden, der Meister und der Schüler, zusammen sogar eine konservative Monatsschrift, den „Spectateur de Londres", der allerdings drei Monate später wieder einging – Geldmangels wegen.

Der Plan dieser Blattgründung geht auf die allerersten Tage nach der Illuminierung Wiens zurück. Auf Schloß Feldsberg, in einer Atempause seiner Flucht, brachte Metternich die Grundlinien dieses Zeitungsunternehmens zu Papier. Das erinnert an Napoleon, der im brennenden Moskau das Statut der Comédie Française entwarf. Die Ähnlichkeit liegt auf der Hand. Nicht daß die beiden Männer auch nur annähernd von gleicher Größe gewesen wären. Aber es war doch so etwas wie ein napoleonischer Funke in Metternich. Größe ist Größe, und sie ist vor allem die durch Selbstzucht erweiterte Gabe, von der eigenen Situation völlig absehen zu können.

Hier sei auch die Gelegenheit wahrgenommen, Metternichs Verhältnis zum geschriebenen Wort noch einmal ins Licht zu rücken. Er war ein großer Schreiber und ein großer Leser. Das zweite ist besonders bemerkenswert, denn ein Staatsmann, der Zeit zum Lesen findet, erscheint uns heute fast wie eine Märchenfigur. Auch las er keineswegs nur die „einschlägige Literatur", wie dies die Pedanten tun; er las überhaupt nicht nur der Belehrung wegen, sondern des Lesens wegen, als ein richtiger Leser, der den seelischen Drang in sich spürt, über den Alltag des Lebens nach allen Richtungen hin und auch auf der Brücke der Phantasie ins Freie zu gelangen. Er las sogar Romane und las sie sogar zu Ende. Einmal kam er von einer Reise zurück, ein Buch in der Hand, in dem er unterwegs gelesen hatte. Eine wichtige Meldung wurde ihm erstattet und die dringende Frage an ihn gerichtet, wie er sich entscheiden werde. Er antwortete: „Ich werde erst einmal meinen Roman zu Ende lesen, vielleicht fällt mir nachher die richtige Entscheidung ein." Keine schlechte Methode für einen „Meister des nächsten Schritts".

Bei alledem ist es vielleicht unangebracht, Metternich einen Schriftsteller zu nennen, obwohl er zumindest die Gabe des plutarchischen „Wortes", der treffenden Wendung und desjenigen, was die Franzosen „le mot heureux" nennen, in hohem Maße besaß. Jedenfalls aber war er, wenn schon kein schöpferischer Schriftsteller, so doch ein Journalist von Rang, der als solcher in Paris und Wien die beste Schulung genossen hatte; in Wien hieß sein Meister Gentz. Auch wirkte er hier als Vorbild durch viele Jahrzehnte weiter, im Leitartikel und vielleicht noch mehr im Feuilleton; der metaphorische, in mehr oder minder geistreichen Vergleichen schwelgende Wiener Zeitungsstil blieb dauernd von ihm beeinflußt, wie ja überhaupt Metternichs Schatten bis weit in die franzisko-josephinische Abenddämmerung hinein fällt. Es war daher auch kein Zufall, daß der schreibende Politiker in ihm sofort sich zum Worte meldete, kaum daß der tätige seine Tätigkeit hatte einstellen müssen. Als dann auch der Druck sich weigerte, seine Gedanken aufzunehmen, brachte er, was er publizistisch zu verbreiten wünschte, in seinen Briefen schön ausgefeilt zu Papier. Ohnehin war dies von jeher sein eigentlichstes Talent gewesen; der Brief war seine Domäne. Nur daß er früher mehr an Frauen geschrieben hatte und jetzt mehr an Könige schrieb. In London, Brighton und zuletzt in Brüssel stand er jahrelang mit fast allen gekrönten Häuptern und ihren Staatsministern in ununterbrochener schriftlicher Verbindung, um ihnen seine Gedanken einzuflößen und den Weg zu ihrer Verwirklichung zu weisen. Sogar mit Wien, wo es am schwersten war, begann er nach einiger Zeit wieder zu korrespondieren, mit dem Hof sowohl wie mit seiner ehemaligen Staatskanzlei, wo jetzt ein anderer regierte; so zwar, daß die boshafte Nachrede sein drittes Emigrantenheim in Brüssel bereits „the second chancellery" nannte. Allerdings war er auch so vorsichtig gewesen, seinem Nachfolger Fiquelmont zu seiner Ernennung noch von Feldsberg aufs herzlichste Glück zu wünschen. Gleichzeitig, wieder von Feldsberg, legte er seine Ehrenstellen, das Kuratorium der Akademie der Wissenschaften und die Kanzlerschaft des Maria-Theresien-Ordens, in schönverfaßten Abschiedsschreiben nieder. Wie ein König schied er aus seinem Amte.

\*

Paléologue, der über Metternich zu schreiben sich selber schuldig war, nennt seinen großen Kollegen im neunzehnten Jahrhundert einen „romantischen Staatsmann". Es liegt für einen Franzosen nahe, einen Mann romantisch zu nennen, weil er Liebesverhältnisse gehabt hat, wobei außer Betracht bleibt, daß Liebesverhältnisse nicht notgedrungen romantisch sein müssen. In dieser wie in mancher anderen Hinsicht war der Held unserer Erzählung durchaus kein Romantiker; eher könnte man ihn einen klassischen Staatsmann und Liebhaber nennen. Seine Auffassung vom Staate, wie sie sich in dem während seines Exils niedergelegten politischen Testament enthüllt, setzte eine „kosmische Ordnung" voraus. „Natur und Wahrheit" hießen ihm ihre Stützen. Man glaubt in einer Ästhetik der Goethe- und Schiller-Zeit zu lesen. Das, was dort das „ewig Menschliche" heißt, ist ihm die Gleichheit vor dem Gesetze, die einzige Gleichheit, die er zugesteht. All das ist klassisch; denn klassisch ist, was unabänderlich im Unabänderlichen ruht; klassisch ist die Ruhe.

Zur Zeit freilich, als er mit diesen Gedanken sub specie aeternitatis umging, ergaben sich in Brighton auch einige zwar wehmütige, aber irdischere Lustspielszenen. Eine seiner Tänzerinnen vom Frankfurter Krönungsball, damals vierunddreißig, jetzt zweiundneunzig, besucht ihn. Und bald besuchen ihn auch die anderen: die Sagan, die Bagration, die Fürstin Lieven; alle, soweit sie nicht bereits tot sind, kommen sie herangeschwebt, die ihm einstmals teuer waren, und seine fünfzehnjährige Enkelin, Prinzessin Pauline, die daneben sitzt, wenn Großpapa Besuch empfängt, beschreibt sie uns in ihrem Erinnerungsbuch: Madame Bagration, den Bel ange nu, die „vergessen hat, alt zu werden", und sich noch immer genau so kleidet, wie sie Lawrence vor vierzig Jahren auf die Leinwand warf: „in wolkenartige Schleier gehüllt und mit Rosen bekränzt"; die Herzogin von Sagan, fein gekleidet und reizend anzusehen und mit ihren sechsundsiebzig Jährchen immer noch, bei aller Treulosigkeit, rettungslos in ihren alten Freund verliebt. Und dann natürlich die Fürstin Lieven, eine feierlich daherwandelnde pompöse alte Dame jetzt, mit einem Riesenfächer, einem Riesenhut und einem riesigen grünen Augenschirm, weil sie vermutlich den Star hat. Alles ist groß an ihr, auch ihr Schicksal, das vor ihr hergeht. Als gestürzte Botschafterin nach Petersburg heimgeschickt, hat sie dort, im Verlauf weniger Tage, zwei heranblühende Söhne begraben müssen. Sie ist dann schaudernd nach Paris geflohen und hat dort, fünfzigjährig, eine Niobe und noch dazu verwitwet, ein neues Liebesleben angefangen, an der Seite Guizots. Er hat wie sie einen Sohn begraben, das bringt sie einander anfänglich nahe; geteiltes Leid, halbes Leid. Sie wird die Freundin des bedeutenden Mannes in einem schönen und dann sogar im schönsten Sinne. Er schreibt fast so gescheite Liebesbriefe wie sie. Einer davon, der erhalten blieb, fängt mit den legendären Worten an: Le Cardinal de Retz dit quelquepart... Doch zitiert er nicht immer den Kardinal von Retz. Einmal, so erzählt man sich in Paris, gab Dorothy Lieven eine größere Gesellschaft, an der auch Guizot, damals französischer Regierungschef, teilnahm, angetan mit dem Großkordon am blauen Band. Merimée, der berühmte Schriftsteller, steht am Rande und beobachtet alles; auch daß um Mitternacht, da die Gäste aufbrechen, Guizot allein zurückbleibt. Offenbar hat er mit der Hausfrau noch etwas Politisches zu besprechen. Dann, auf der Straße, bemerkt Merimée plötzlich, daß er ein mitgebrachtes Manuskript im Salon hat liegen lassen. Er eilt zurück und dringt unangemeldet in das verlassene Gemach. Nebenan, im Schlafzimmer, wird noch gesprochen. Und auf dem Sofa neben der von Merimée vergessenen Mappe liegt der Großkordon des Ministers Guizot, den dieser als ein ordnungsliebender Mann vorher abgelegt hat.

Schade, daß man dieses Geschichtchen, das in Paris die Runde macht, dem alten Metternich nicht mehr ins Ohr flüstern kann; er hört ja nicht einmal mehr, wenn man ihm ins Ohr schreit. Aber er macht als ein liebenswürdiger Hausherr seinen alten Damen immer noch anmutig die honneurs. Und die alten Damen ihrerseits vergelten es ihm mit einem vergilbten Lächeln. Nur die Fürstin Lieven, deren „kaltes und weltliches Herz" sich einzig noch am Klatsch, den sie gierig einsaugt, verjüngt, verbrieft in ihrer spitzen Art den Eindruck, den ihr der greise Herzensfreund hinterläßt, mit den dürren Worten „langweilig, wenn er von sich, reizend, wenn er von Napoleon erzählt". Man sieht: die griechisch-türkische Frage, die sie auseinander brachte, ist noch immer nicht ganz gelöst und bleibt ungelöst, als sie ein paar Jahre später, noch vor Metternich, stirbt. „Mich wundert, daß sie nicht schon früher gestorben ist", ist alles, was der Achtzigjährige dazu bemerkt.

In Brighton war es eine Art Abschiedsparade seines Liebeslebens. Welch ein Bild, im spätherbstlichen Zwielicht: der greise Paris und seine drei Göttinnen, die sich mittlerweile in drei Liebesparzen verwandelt haben. Ein Gespensterreigen, im Nebel auftauchend, im Nebel verschwindend, mochte er finden. Aber wie? Hatte er denn nicht immer für das Längstvergangene geschwärmt? Seine Vorliebe für das Alte rächte sich an dem Alten.

## „FREUT EUCH DES LEBENS"

Die sanfte und innige Biedermeiermelodie „Freut euch des Lebens", die dreißig Jahre nach der kriegerischen Marseillaise das friedliche Metternich-Zeitalter kennzeichnet, machte, so erzählt man sich, auf Rossini auf der Durchreise in Zürich großen Eindruck. Der gefeiertste Opernkomponist jener Zeit ließ sich den Schmachtlappen wiederholt vorspielen und summte den Text sinnend mit:

> *Freut euch des Lebens,*
> *Weil noch das Lämpchen glüht.*
> *Pflücket die Rose,*
> *Eh sie verblüht.*

Schließlich sagte der alte Melodienzuckerbäcker, damals schon mehr der Kochkunst als der Musik ergeben, „das merk' ich mir für meine neue Oper". – „Und in welcher Form, Maestro, wollen Sie die Melodie verwenden?" – „Selbstverständlich als Trauermarsch", war die schlagfertige Antwort des Tonkünstlers. Tatsächlich hat er dann auch in der Overtüre zu „Semiramis" davon Gebrauch gemacht.

Ein solcher Trauermarsch, auf das „Freut euch des Lebens" gesetzt, mag auch den letzten Teil der Lebensreise Metternichs, von achtzig abwärts bis zur Grube, musikalisch untermalen. Auch hätte es seinem Geschmack entsprochen. Rossini war sein Lieblingskomponist, und es unterliegt leider keinem Zweifel, daß er ihn Beethoven vorzog. Wie er ja auch, höchst bezeichnend, das Mittelgebirge den Alpen vorzog; für die Alpen hatte er gar nichts übrig. Die Oper „Semiramis" aber hatte er besonders gern und das schattenhaft an sein Ohr dringende „Freut euch des Lebens", soweit er es noch hören konnte, hat er mit einem elegischen Lächeln jedesmal dankbar eingesogen.

Als das Exil sich in die Länge zog, es zog sich bedenklich in die Länge, stellte sich auch bei ihm heraus, was fast in jedem Falle zutage tritt: daß eine fertige Persönlichkeit in der Verbannung ungefähr dieselbe bleibt und daß man ihr nach einiger Zeit auch wieder die Stellung einräumt, die ihr zukommt. Im Exil muß man die Prüfungen, die man schon einmal bestanden zu haben glaubte, noch einmal ablegen. Besteht man sie, so läßt das Schicksal in der Regel mit sich reden und gewährt gnädig ein zweitesmal, was es schon einmal bewilligt hat. Überhaupt ergibt sich in der Emigration unweigerlich, was einer wert ist, und dementsprechend auch, was er an Wertschätzung verdient. Schließlich änderte sich nur die Adresse, aber nicht der Platz im Leben, den sie bezeichnete. Jeder wohnt wieder dort, wo er gewohnt hat. Die Hochmütigen stellen sich abseits, die Werktätigen verbinden sich. Die Drohnen bleiben Drohnen und die Bienen Bienen.

Von Brighton übersiedelte der exilierte Diktator nach Brüssel, wo er das Haus des Virtuosen de Blériot mietete. Im Handumdrehen, vom Feuer seines Geistes angefacht, wurde es zum Brennpunkt des konservativen Europa, das ja damals, ein Jahr nach 1848, in allen Ländern gleichzeitig die Reaktion in Gang setzte. Und fast alle Regierungshäupter, denen diese Sorge am Herzen lag, wandten sich an den emeritierten Heilkünstler im Spital der Menschheit, wie er sich, schon wieder scherzend, neuestens gerne nannte, um Rat und Hilfe. Er stellte Diagnosen und verschrieb Rezepte wie eh und je. Allenfalls ordinierte er jetzt meistens schriftlich, das war der ganze Unterschied. Übrigens empfing er auch zahlreiche Besucher. Thiers, der an seiner berühmten „Geschichte des Konsulats und Empire" arbeitete, kam zu ihm, um sich seine unschätzbaren Erinnerungen anzueignen; Metternich stellte sie ihm bereitwillig zur Verfügung, erzählte ihm von Napoleon, was außer ihm niemand mehr konnte, und schrieb nach Wien, um ihm die Archive zu erschließen, wie er sie, Jahre zuvor, auch dem deutschen Historiker Ranke erschlossen hatte. Ein andermal besuchte ihn der Sozialist Louis Blanc, in dessen Schriften er sich soeben vertieft hatte. Er las noch immer viel, teils weil er seine Bildung auch mit Achtzig noch nicht als abgeschlossen ansah, teils aus Neugier und vielleicht sogar aus Hygiene, weil Lesen in einem gewissen Alter das beste Mittel gegen Verkalkung des Herzens wie der Seele ist. Die sozialistischen Theorien, so abgrundtief sie sich auch von seinen eigenen unterschieden, beschäftigten seinen Geist, und er ließ den Mann, der sie so geistreich zu entwickeln verstand, bereitwillig zu sich kommen. Melanie war wütend; sie beschimpfte den seltsamen Gast im Haus Metternich ausgiebig hinter seinem Rükken in ihrem Tagebuch. Metternich ließ sich durch ihren Zorn nicht anfechten. Er hatte Standesvorurteile, die ihm vollkommen selbstverständlich waren; aber er war nicht beschränkt.

Leider ergab sich trotz zunehmender Schwärze der österreichischen Politik noch immer keine Möglichkeit der Heimkehr für ihn. Daran war zunächst der Prozeß schuld, der gegen Metternich seitens des souverän gewordenen, wenn auch nicht gebliebenen Volkes angestrengt worden war. Er wurde des Amtsmißbrauchs beschuldigt. Die Badereisen und Kongresse rächten sich dreißig Jahre später, Aachen, Verona, Laibach und so fort, besonders aber Aachen, wo man ja wirklich etwas übermütig gewesen war und für das Quartier bei Mademoiselle Bramertz, die berühmte „Loge", in der man mit Dorothy glücklich wurde, einen unverhältnismäßig hohen Zins aus öffentlichen Mitteln bezahlt hatte. Das souveräne Volk fand, nicht ganz zu Unrecht, daß für derlei Auslagen der Steuerträger nicht unbedingt aufzukommen habe, und von da angefangen wurden längst verjährte Rechnungen nachgeprüft, was viele Monate in Anspruch nahm, und schließlich eine runde Summe von hundertzweitausend Gulden herausgerechnet, um die der kostspielige „Haus-, Hof- und Staatsminister" den Staat geschädigt, wenn nicht gar betrogen haben sollte. Der Fehlbetrag wurde später auf den fünften Teil herabgesetzt und am Ende auf Wunsch des jungen Kaisers Franz Joseph ganz gestrichen. Es erging der vom Fürsten Schwarzenberg, Metternichs Amtsnachfolger, formulierte Bescheid, daß es schmählich wäre, dem großen Mann, der sich unverjährbare Verdienste um Österreich erworben hatte, so kleinlich und armselig nachzurechnen. Das Verfahren wurde eingestellt, der Untersuchungsausschuß entlassen, die Sequestrierung des schönen Hauses am Wiener Rennweg aufgehoben. Freut euch des Lebens.

Das Schlimme war nur, daß all dies so lange dauerte und darüber die schöne, schöne Lebenszeit traurig verrann. Wie die meisten Emigranten mußte auch der alte Metternich die Erfahrung machen, daß ein Exil meistens viel länger dauert, als man vorher annahm. Drei Monate hatte er veranschlagt, als er Wien den Rücken kehrte, drei Jahre währte es am Ende, eh er wieder heimfand. Quand on est mort, c'est pour longtemps, sagen die Franzosen, die auch im Unglück Philosophen bleiben, und das gilt auch für die in der Fremde lebendig Begrabenen.

Im zweiten Jahre begann der Tote etwas ungeduldig zu werden. Das ist ja alles recht schön und gut, mochte er denken, ich bin ein großer Mann, ein großer Österreicher, besonders im Ausland, und hier in Brüssel bringt dies jeder, der sich vor mir verneigt, geziemend zum Ausdruck, vom belgischen König angefangen, der ja allerdings Ursache hat, denn er hat im Reden und Schreiben einiges von mir gelernt. Wo aber bleibt mein eigenes Land, wo bleibt Wien, das mich doch einmal, wenn ich nicht irre, zum Ehrenbürger gemacht hat?

Über solchen Gedankengängen wurde er vor Verdruß und Unlust ein bißchen krank. Er erinnerte sich plötzlich, daß er achtundsiebzig Jahre alt war, und legte sich mißmutig ins Bett. Sofort schrieb seine Tochter Leontine, ohne daß er darum wußte, nach Wien an die Erzherzogin Sophie, daß ihnen Papas Gesundheitszustand ernste Sorge mache, und gab zu verstehen, daß der alte Mann lieber in Wien sterben würde als in Brüssel. Man sieht: die Frauen, auch in der eigenen Familie, lassen ihn nicht untergehen.

Erzherzogin Sophie, von der man wußte, daß sie einigen Einfluß auf ihren Sohn, den Kaiser Franz Joseph, habe, gab einen heuchlerisch jesuitischen Rat: Fürst Metternich möge zurückkommen, aber nicht gleich nach Wien, zuerst nach Königswart auf sein Gut in Böhmen und von dort, etwas später, mit der Zeit, vielleicht... Sofort wurde der Alte wieder gesund. Er stand vom Bette auf, richtete sich noch einmal ungebrochen empor und ließ nach Wien wissen, er lehne es ab, sich wie ein Dieb durch die Hintertür ins Haus zu schleichen. Wenn man ihn haben wolle, müsse man ihn einladen, zurückzukehren. Man, das hieß natürlich der Kaiser.

Endlich, am 6. April 1851, erfloß das langverzögerte allerhöchste Handschreiben. Franz Joseph, in seinem unbeirrbaren Gefühl für Takt und Würde, schrieb nicht geradezu, der alte Herr möge nach Wien kommen, aber er brachte auf kaiserliche Weise zum Ausdruck, es wäre ihm erwünscht, Metternich persönlich danken zu können für alles, was er für Österreich getan habe. Das genügte. Der Verbannte erklärte sich bereit, heimzukehren. Doch ließ er sich, wahrscheinlich nicht ohne Absicht, noch ein halbes Jahr Zeit, es wirklich zu tun. Inzwischen empfing er im Schlosse Johannisberg, von dem er nun auch wieder Besitz ergriff, den Besuch Bismarcks, der sich zum Bundestag nach Frankfurt begab und im Vorbeigehen vorsprach. Der konservative Junker und der alte Legitimist verstanden sich vorzüglich. Der brudermörderische Gegensatz zwischen Österreich und Preußen, der im Kriege von 1866 gipfelte, trat erst später, von dilettantischen Nachfolgern sträflich zugespitzt, verhängnisvoll in die Erscheinung. Auf Johannisberg wäre Königgrätz zu vermeiden gewesen. Übrigens kam im gleichen Monat auch der König von Preußen, Friedrich Wilhelm IV., zum Mittagessen. Er war auf seine Art charmant und erst zum Schlusse grob, als er ein schwarz-rot-goldenes Tafeltuch entdeckte, dessen Farbenzusammenstellung er aus politischen Gründen „scheußlich" fand.

Dann, im Herbst des gleichen Jahres, trat der Vertriebene entschlossen die Heimreise in ein gottlob schon wieder reaktionäres Österreich an.

Es war eine triumphale Fahrt. An jeder Landesgrenze wurde er von einem anderen Minister erwartet, in jeder Landeshauptstadt von einem anderen König zu Tisch gebeten oder zum Übernachten genötigt. In Mannheim war er Gast der Großherzogin von Baden, in Stuttgart des Königs von Württemberg. In Ulm sah er sich vom österreichischen Gesandten und dem bayrischen Kabinettschef in Empfang genommen. Man ließ ihn ein geschmücktes Schiff besteigen, das ihn über Regensburg und Linz nach Wien brachte, an den in der milden Septembersonne traumhaft herüberglänzenden Burgen und Abteien der lieblichen Wachau vorüber, deren rötliche Weinhügel den Rheinländer Metternich an den Rhein erinnern mochten. So holte ihn Österreich feierlich wieder ein, wie seinen eigenen Leichnam. Freut euch des Lebens!

\*

Wenn Wien Metternich am Tage seiner Heimkunft nicht geradezu einen Fackelzug darbrachte, so unterließ man es sicherlich nur, um keine peinlichen Erinnerungen an ein verjährtes Kerzenflimmern hervorzurufen. Übrigens schien er zu gleichmütig, um Vergleiche anzustellen. Er war nicht rachsüchtig und um so weniger böse auf Wien, als er ihm niemals so recht gut gewesen war. Die Wiener konnten ihn beim besten Willen nicht enttäuschen. Und wieder konnte er vom Geist und Ungeist dieses Stadtwesens sagen, was er einst von Napoleon gesagt hatte: Ich habe ihn nie ganz ernst genommen.

Napoleon immer wieder, besonders jetzt, wo man nach dem Tode des Herzogs von Wellington der einzige überlebende Zeitgenosse jener heroischen Epoche geworden war. Der harthörig gewordene Greis, wie er jetzt nur noch nach innen horchte, sah sich auf Schritt und Tritt an seinen großen Gegner erinnert, nicht zuletzt auch durch sein eigenes Schicksal. Sein St. Helena war, daß er inmitten eines Europas, das durch dreißig Jahre Demokraten nur auf der Flucht gesehen hatte, eines Tages selbst vor den wildgewordenen Demokraten hatte fliehen müssen. Aber schließlich hatte ihn das Schicksal nach einer verhältnismäßig kurzen Prüfungszeit wieder laufen lassen, wahrscheinlich weil er doch kein Genie war. Die Höhe einer geschichtlichen Persönlichkeit ermißt sich an ihrem Sturz, und um wieviel tiefer und härter war Napoleon gefallen, der sich auf St. Helena nur noch an die Tage seines Glanzes erinnern konnte. Ihm aber, Metternich, war es gegeben, auch noch sein St. Helena zu überleben und in einem neuen Glanz darauf zurückzublicken. Sein verhältnismäßig sanfter Sturz endete bequem in einem Wiener Polsterstuhl. Keine Tragödie, nur ein rührseliges Melodram, mit mildem Abendsonnenschein am offenen Fenster.

Statt eines einbändigen „Memorial" schrieb er achtbändige Memoiren, die er auch im Gespräch endlos wiederkäute. Eine seiner immer wiederkehrenden Lieblingsnummern war dabei, von den Geburtstagen Napoleons zu erzählen, die mitzumachen er als Pariser Botschafter verpflichtet gewesen war. Das war nicht immer angenehm und eben darum unvergeßlich. Der schlechtgelaunte Schlachtengott fing an solchen Tagen besonders gerne Streit an, und dann hatten seine Minister und Botschafter, besonders aber Metternich, nichts zu lachen. Aber wie sehr sehnte sich dieser mit zunehmenden Jahren nach jenen kaiserlichen Wutausbrüchen zurück, wie gerne hätte er sich noch einmal und immer wieder von Napoleon auszanken lassen. Er versank in Schweigen, was selten bei ihm vorkam, und daran merkten die anderen, wie sehr er den Kaiser Napoleon geliebt hatte, und wie unbedingt er sein Genie anerkannte.

Das Uralter lebt nur noch in der Erinnerung. Vielleicht ist es darum zu beneiden, weil das Leben schöner ist in der Spiegelung, wie es ja auch die Dichter genießen. Sogar das Exil wurde jetzt ein solcher Abglanz von ferne, und wenn der Heimgekehrte an einem silberigen Herbstmorgen im Garten seiner Villa auf dem Rennweg spazierte, wurde ihm, der sinnend stehen blieb, unversehens auch klar, was ihn nach Wien zurück gezogen hatte. Es waren die Blütensterne in den Oktober-Rabatten, die ihren Kinderaugenblick zu ihm aufschlugen. Es war die Erde, auf der er stand.

Sonst gar nichts.

\*

Eines hatte er jedenfalls mit dem um so viel größeren Napoleon gemein: daß sie beide im Unglück noch gewachsen waren. Der nachrevolutionäre Metternich, der als ein Weiser mit tausend Erinnerungen auch in den hohen Wölbungen seiner Staatsphilosophie nur noch spazieren geht, ist eine in ihrer Güte und Liebenswürdigkeit fast verehrungswürdige und, gemessen an seinen Nachfolgern, geradezu sittliche Erscheinung. Er hätte niemals, wie Fürst Felix Schwarzenberg, das Volk mit einer Konstitution betrogen, die nachher wieder aufzuheben schon im voraus sein fester Wille war. Und er hätte auch niemals über die Lippen gebracht, was Schwarzenberg sagte, als man ihm nahelegte, die ungarischen aufrührerischen Generäle zu begnadigen: „Eine Amnestie? O ja, warum denn nicht? Aber vorher werden wir ein bisserl hängen lassen." Das war der Unterschied: Metternich war nie zynisch wie Schwarzenberg und im Verhältnis zu diesem beinahe liberal.

Das menschliche in seinem Wesensbilde tritt in diesen späten Jahren immer deutlicher hervor. So, wenn er in einem Briefe den Vergleich zwischen dem alternden Mann und dem alten nachdenklich zieht. Der Alternde, sagt er, sieht in einem Garten nur die welken Blätter und sieht sie mit Unlust. Der Alte betrachtet auch sie noch mit Lust, weil auch aus ihnen neues Leben sprießen wird. Oder wenn er vierundachtzigjährig neben seiner damals zweijährigen Enkelin, der nachmaligen Fürstin Öttingen, auf dem Boden des Kinderzimmers sitzt, mit dem Kinde spielt und zu der gerührt zuschauenden Mutter, die sie beim Spiele überrascht, heiter bemerkt: „Also eigentlich bin ich zur Kinderfrau geboren." Müssen nicht alle jetzt, was früher nur die Frauen durften: ihn lieb haben?

An äußeren Ehren fehlte es dem alten Herrn im Großvaterstuhle nicht. Melanie wurde gleich wieder nach allen Richtungen hin eingeladen, wie in London, Brighton, Brüssel und überall, und machte sogar, vergnügungssüchtig wie sie war, einen Ball in der Staatskanzlei, wo sie einst Hausfrau gewesen, gefügig mit. Metternich freilich ließ sich entschuldigen und betrat das ehrwürdige Haus auf dem Ballhausplatz erst etwas später wieder, als nach Schwarzenberg ein unbedeutender Nachfolger dort eingezogen und dementsprechend sein eigener

Einfluß wieder gewachsen war. Der junge Kaiser, der jetzt sein eigener Ministerpräsident ist, erweist seinem ehemaligen Lehrer wiederholt die Ehre, ihn um seine Meinung zu fragen. Er tut dann freilich selten, was der Alte rät, aber das hat auch wieder seine Vorteile. Denn so kann dieser von Fall zu Fall sagen: Ich hab' es ja gleich gesagt! – süßer Trost des hohen Alters.

Zu dem, was er gleich gesagt hat, gehört vor allem seine alte Lehre, daß Österreich unter keinen Umständen das Bündnis mit Rußland aus der Hand geben dürfe, was dann doch geschah und womit alles Unglück Österreichs beginnt. Ferner gehört hierher seine alte Rede, daß die „Prinzipien die Formeln der Wahrheit" seien. Diese Prinzipien aber sind für ihn das Ewige, das alle Regierungen bindet. Er glaubt nicht nur an eine geoffenbarte Religion, was jeder Fromme muß und tut, sondern auch an eine geoffenbarte Philosophie, womit dann allerdings sein Irrtum beginnt. Auch war es ganz vergeblich, dem völlig unphilosophisch veranlagten jungen Kaiser derlei begreiflich machen zu wollen. Hingegen gelang es dem weisen Alten am Ende doch noch, Napoleon dem Dritten seine im Anfang kriegerischen Gelüste durch Anerkennung seiner Kaiserwürde fürs erste abzukaufen. Wie den Onkel besiegte Metternich schließlich auch noch den Neffen und noch dazu auf dem unblutigen Schlachtfeld der Diplomatie, ganz ohne Leipzig. Ein doppelter Sieg also; denn nicht um Krieg zu entfesseln, um Kriege zu vermeiden, sind die Diplomaten da.

Kam der Krimkrieg, kam Cavour, der neue Stern, der zusammen mit Talleyrand, Bismarck, Disraëli und Metternich das Fünfgestirn der europäischen Staatskunst des neunzehnten Jahrhunderts ausmacht, und kam schließlich der immer unvermeidlicher gewordene Zweikampf mit dem aufstrebenden jungen Italien. „Um Gotteswillen, kein Ultimatum", sagte der sechsundachtzigjährige Metternich zum neunundzwanzigjährigen Kaiser Franz Joseph, worauf dieser trocken erwiderte: „Es ist gestern abgegangen." Noch dazu übernahm der unbelehrbare junge Monarch kurz darauf den militärischen Oberbefehl, um die Schlacht bei Solferino persönlich zu verlieren. Es geschah auf echt österreichische Weise. Die blutige Schlacht war eigentlich gewonnen, aber der Kaiser, im Kriegshandwerk völlig unerfahren, verlor beim Anblick der vielen Leichen und Verwundeten die Nerven und befahl einen überstürzten Rückzug, aus einer Stellung, die zu halten war. Die Italiener blieben verwundert stehen. Sie hatten gesiegt, ohne es zu merken.

Metternich trug dieser unglückliche italienische Feldzug noch eine letzte Ehre ein, wie sie keinem österreichischen Staatsmann vor oder nach ihm jemals zuteil geworden war. Franz Joseph, im Begriffe an die Front abzugehen, störte mit kaiserlicher Rücksichtslosigkeit den Morgenschlummer des Uralten, um ihn zu ersuchen, sein, des Kaisers, Testament abzufassen, Metternich, ein treuer Diener Habsburgs bis zuletzt, tat es; und so ist er, ein Lebenskünstler bis zuletzt, mit dem Testament eines anderen beschäftigt, unversehens selbst aus dem Leben geschieden.

Seine allerletzten Tage sind ein wundervolles Adagio, untermalt vom Donnergrollen des fernen Krieges, dessen schmerzliches Ende er nicht mehr zu erleben brauchte. Kein Feind kam ihm mehr nahe. Verklärende Schilderungen seiner treuesten Bewunderer, des Grafen Hübner und seiner Enkelin Pauline Metternich begleiteten seinen Heimgang in die Ewigkeit.

Hübner, als Botschafter in Paris bei Ausbruch des Krieges eben abberufen, besucht den greisen Staatskanzler. Sie gehen zusammen im Park der Villa spazieren und der alte Herr stützt sich im Gehen auf den jungen, wobei diesem schmerzlich auffällt, wie federleicht der Arm geworden ist, der ein halbes Jahrhundert lang Europa regiert hat. Sie reden von der Vergangenheit, dem Paradies der alten Leute, und zusammenfassend sagt Metternich, wahrscheinlich zum tausendstenmal: „Ich war ein Fels der Ordnung". Damit verabschiedete er für diesmal seinen Gast, der aber, in einer Art Vorgefühl, die Tür des Arbeitszimmers noch einmal leise aufklinkt, um einen letzten Blick des wächsern gewordenen Antlitzes zu erhaschen. Metternich muß darauf gefaßt gewesen sein, denn bereits am Schreibtisch sitzend, die Feder in der Hand, nickt er seinem jungen Freund noch einmal zu und wiederholt, wie ein Schauspieler bei der Generalprobe den Aktschluß: „Ein Fels der Ordnung." Ein Strahl der Maiensonne, behauptete Hübner, habe dabei sein Antlitz belebt und verschönt. Rührend. Damit aber auch die Ironie nicht fehle, die die Sentimentalität gern an der nächsten Ecke erwartet, mag man sich von ungefähr erinnern, daß der erst später gegrafte Hübner, wie wispernd behauptet wird, der außereheliche Sohn Metternichs gewesen sein soll. Die Versicherung, daß er ein Fels der Ordnung war, tritt dadurch in eine gleichfalls verklärende Maiensonnenbeleuchtung, die wir dem alten Knaben gönnen wollen.

Sachlicher und ebendarum ergreifender liest sich die Schilderung, die Pauline Metternich von der Stunde seines Abscheidens gibt. Sie war zugleich Enkelin und Schwiegertochter des Staatskanzlers, eine Frau von Rasse und Geist, die ebenso alt wurde wie er und, aus seiner Schule hervorgegangen, eine Art Diktatur über die Wiener Gesellschaft des franzisko-josephinischen Zeitalters herrschsüchtig ausübte. Damals eine blutjunge Frau noch, wurde sie um elf Uhr vormittags an Großpapas Sterbebett gerufen. Großpapa hatte sich, wie an jedem Tage, früh morgens erhoben, dann aber wieder vom Diener zu Bett bringen lassen, weil er sich nicht recht wohl fühlte. Der Diener verständigte den Arzt, der Arzt, es war sein treuer Doktor Jäger, der jeden Tag „nachschauen" kam, den Beichtvater. Es war ein Franziskaner, der auch sonst täglich um diese Zeit in der Hauskapelle die Messe las. Metternich, der bei vollem Bewußtsein war, erklärte sich mit seinem Besuch freudig einverstanden, vielleicht lag ihm nach den letzten Kriegsnachrichten, die er noch gewissenhaft gelesen hatte, etwas weniger daran, aus dieser Welt zu scheiden. Mittlerweile schloß sich der Familienkreis enger um das Bett; mit Ausnahme seiner guten, gesellschaftsfrohen Melanie, die ihm im Tode artig vorangegangen war wie alle seine Frauen, und seines älteren Sohnes Richard waren alle anwesend, auch ein paar Freunde waren bestürzt herangeeilt.

Großpapa lag mit weitoffenen blauen Augen wachsam da, und es entging ihm nichts, was rund um ihn vorging, auch nicht, daß sein jüngerer Sohn Lothar, der am Fußende des Bettes stand, das Gesicht schluchzend verzog. Mit einer liebevollen, nur noch gehauchten Handbewegung gab der Abscheidende zu verstehen, daß er sich beruhigen möge. Etwas später griff Doktor Jäger nach seinem Puls. Sie werden ihn vergeblich suchen, flackerten die Fingerspitzen des augenscheinlich noch immer zu kleinen Scherzen aufgelegten Greises. Dann schloß er rücksichtsvoll die Augen; und nach einer Weile hob sich die eingefallene Brust nicht mehr.

Man sagt, daß der Ertrinkende sein ganzes Leben noch einmal wie im Fluge überschaut. Aber ist nicht jeder Tod bei ungetrübtem Bewußtsein der Tod eines im Unendlichen Versinkenden? Und trifft nicht ein jeder in solcher Lage noch eine allerletzte zärtliche Auswahl?

Was bewährte sich ihm als unvergeßlich?

War es sein großes Gespräch mit Napoleon im Marcolini-Palast zu Dresden? War es Dorothy, die ihm aus unendlicher Ferne ins Ohr flüsterte: Willst du nicht der andre Baum sein? War es das ewige Sorgenkind Europa oder der nach Seifenblasen haschende kleine Richard, der jetzt, obwohl er doch sicher auf dem italienischen Kriegsschauplatz weilte, merkwürdig schattenhaft verschmolz mit dem am unteren Bettpfosten lautlos weinenden Lothar, dem viel zu jungen Sohn des sterbenden alten Mannes?

Ja, darauf kam es nun wohl an, am Ende: Was wichtiger war, Europa oder die Seifenblase? Aber die Frage blieb, wie gewöhnlich, unentschieden, weil derjenige, der sie so scharfsinnig stellte und so glücklich formulierte, soeben aufgehört hatte zu atmen.

# ZEITTAFEL

| | |
|---|---|
| 1773 | *15. Mai: Clemens Wenzel Lothar von Metternich-Winneburg als Sohn des Fürsten Franz Georg und seiner Frau Marie Beatrice, geb. Kageneck in Konstanz geboren.* |
| 1774 | 10. Mai: Ludwig XV. von Frankreich gestorben. Sein Enkel Ludwig XVI. tritt die Nachfolge an.<br>*14. November: Metternichs Bruder Joseph geboren.* |
| 1775—1783 | Freiheitskrieg der nordamerikanischen Kolonien. |
| 1775 | 1. Oktober: Eleonore Gräfin von Kaunitz-Rietberg geboren. |
| 1776 | 4. Juli: Unabhängigkeitserklärung der 13 nordamerikanischen Kolonien. |
| 1777 | *14. Januar: Metternichs Bruder Ludwig geboren.* |
| 1778 | *2. März: Metternichs Bruder Ludwig gestorben.*<br>Bündnis Frankreichs mit den Vereinigten Staaten. Frankreich tritt in den Krieg gegen England ein. |
| 1780 | 29. November: Kaiserin Maria Theresia gestorben. |
| 1783 | 5. Juni: Erster Aufstieg eines Heißluftballons der Brüder Montgolfier.<br>3. September: Friede von Versailles. England erkennt die Unabhängigkeit der Vereinigten Staaten an. |
| 1786 | 17. August: Friedrich der Große von Preußen gestorben. Sein Neffe Friedrich Wilhelm II. wird König.<br>Der Engländer Edmund Cartwright erfindet den mechanischen Webstuhl. |
| 1789 | 4. März: Proklamation der amerikanischen Verfassung.<br>5. Mai: Die französischen Generalstände treten in Versailles zusammen.<br>14. Juli: Sturm auf die Bastille. Beginn der Französischen Revolution. |
| 1790 | 20. Februar: Kaiser Joseph II. gestorben. Leopold II., Großherzog von Toskana, wird Nachfolger. |
| 1791 | 15. Januar: Franz Grillparzer geboren.<br>20.—25. Juni: Der Fluchtversuch der französischen Königsfamilie scheitert in Varennes. |

|  |  |
|---|---|
|  | 27. August: Pillnitzer Deklaration. König Friedrich Wilhelm II. von Preußen und Kaiser Leopold II. kommen überein, die Monarchie in Frankreich zu stützen. |
|  | 5. Dezember: Wolfgang Amadeus Mozart gestorben. |
| 1792—1797 | Erster Koalitionskrieg. |
| 1792 | Sturm auf das Straßburger Stadthaus. |
|  | *Clemens Metternich wird aus Straßburg nach Hause gerufen. Die Familie übersiedelt nach Mainz. Beginn der engen Freundschaft mit Constanze Caumont-La Force.* |
|  | *Bekanntschaft mit Professor Vogt.* |
|  | *Metternichs Vater wird Gouverneur der österreichischen Niederlande und begibt sich mit seinem ältesten Sohn nach Brüssel.* |
|  | 1. März: Leopold II. gestorben. Sein Sohn Franz I. wird Kaiser. |
|  | 20. April: Frankreich erklärt Österreich den Krieg. |
|  | 10. August: Paris: Erstürmung der Tuilerien. |
|  | 13. August: Ludwig XVI. und die königliche Familie werden in den Temple gebracht. |
|  | 2.—6. September: Massaker in den Pariser Gefängnissen (Septembermorde). |
|  | 20. September: Kanonade von Valmy. Rückzug Preußens. Die Revolutionsheere besetzen das linke Rheinufer und erobern Belgien. |
|  | 21. September: Der französische Nationalkonvent schafft das Königtum ab. |
| 1793 | *Familie Metternich kehrt nach Koblenz zurück.* |
|  | 21. Januar: Ludwig XVI. von Frankreich hingerichtet. Das Deutsche Reich, England, Holland, Spanien, Portugal, Sardinien und Neapel schließen sich daraufhin der Koalition gegen Frankreich an. |
|  | September: Beginn der Schreckensherrschaft in Frankreich. |
|  | 16. Oktober: Marie Antoinette hingerichtet. |
|  | Zweite Teilung Polens. |
| 1794 | *Metternich verbringt ein halbes Jahr in England.* |
|  | Juli: Ende der Schreckensherrschaft in Frankreich mit der Hinrichtung Robespierres. |
|  | *Ende November: Nach Verlust ihrer gesamten Besitzungen begibt sich die Familie Metternich nach Wien.* |
| 1795 | 5. April: Friede von Basel zwischen Frankreich und Preußen. |

|  |  |
|---|---|
|  | *27. September: Metternich heiratet in Austerlitz Eleonore von Kaunitz, die Enkelin des Staatskanzlers.*<br>*Studium der Botanik und Medizin.*<br>Dritte Teilung Polens. |
| 1796 | Feldzug Napoleons in Italien.<br>17. November: Katharina die Große von Rußland gestorben. Paul I. wird Zar. |
| 1797—1799 | Kongreß zu Rastatt. *Metternich und sein Vater nehmen teil.* |
| 1797 | *17. Januar: Metternichs Tochter Maria geboren.*<br>31. Januar: Franz Schubert geboren.<br>17. Oktober: Friede von Campoformio zwischen Frankreich und Österreich.<br>16. November: Friedrich Wilhelm II. gestorben. Sein Sohn Friedrich Wilhelm III. wird preußischer König. |
| 1798—1799 | Ägypten-Feldzug Napoleons. |
| 1798 | *21. Februar: Metternichs Sohn Franz Karl geboren.* |
| 1799—1802 | Zweiter Koalitionskrieg gegen Frankreich. |
| 1799 | *10. Juni: Metternichs Sohn Clemens Eduard geboren.*<br>*15. Juni: Clemens Eduard von Metternich gestorben.*<br>9. November: Staatsstreich Napoleons.<br>*3. Dezember: Metternichs Sohn Franz Karl gestorben.* |
| um 1801 | Verhältnis Metternichs mit „der schönen Bagration". |
| 1801 | 9. Februar: Friede von Lunéville zwischen Frankreich und Österreich.<br>23. März: Zar Paul I. ermordet. Alexander I. wird Oberhaupt des russischen Reiches. |
| 1802 | *Metternichs natürliche Tochter Clementine Bagration geboren.*<br>27. März: Friede von Amiens zwischen Frankreich und England.<br>August: Napoleon wird Konsul auf Lebenszeit. |
| 1803 | *15. Januar: Metternichs Sohn Viktor geboren.*<br>25. Februar: Reichsdeputationshauptschluß. Ende des alten deutschen Reiches.<br>*30. Juni: Metternichs Vater wird Reichsfürst.* |
| 1804 | 12. Februar: Immanuel Kant gestorben.<br>*30. August: Metternichs Tochter Clementine geboren.*<br>2. Dezember: Krönung Napoleons zum Kaiser. |

| | |
|---|---|
| 1805 | Dritter Koalitionskrieg gegen Frankreich.<br>28. Januar: Melanie Gräfin Zichy-Ferraris geboren.<br>9. Mai: Friedrich von Schiller gestorben.<br>Oktober: Die Franzosen besetzen Wien. Nelson besiegt bei Trafalgar die französisch-spanische Flotte.<br>23. Oktober: Adalbert Stifter geboren.<br>2. Dezember: Dreikaiserschlacht bei Austerlitz. Sieg Napoleons über Russen und Österreicher.<br>15. Dezember: Vertrag zu Schönbrunn. Schutzbündnis zwischen Frankreich und Preußen.<br>26. Dezember: Friede von Preßburg. |
| 1806—1807 | Krieg Frankreichs gegen Preußen und Rußland. |
| 1806 | *Sommer: Metternich wird österreichischer Botschafter in Paris.*<br>12. Juli: Gründung des Rheinbundes unter Führung Frankreichs.<br>6. August: Franz II. dankt als römisch-deutscher Kaiser ab (seit 1804 als Franz I. Kaiser von Österreich).<br>15. August: Maria Antonia (Antoinette) v. Leykam geboren.<br>*September: Erste Begegnung zwischen Napoleon und Metternich in St. Cloud.*<br>14. Oktober: Schlacht von Jena und Auerstedt. Sieg der französischen Truppen über die preußische Armee. |
| um 1807 | *Verhältnis mit Napoleons Schwester Caroline Murat und Laure Junot, der späteren Herzogin von Abrantès.* |
| 1807 | 7.—9. Juli: Friede von Tilsit zwischen Frankreich einerseits, Preußen und Rußland andererseits. |
| 1808—1814 | Krieg Napoleons gegen Spanien und Portugal. |
| 1808 | Murat erobert Madrid.<br>Joseph Bonaparte König von Spanien.<br>Oktober: Fürstentag zu Erfurt. |
| 1809 | Krieg zwischen Frankreich und Österreich.<br>*Metternich kehrt im Austausch gegen den französischen Botschafter nach Wien zurück.*<br>21./22. Mai: Niederlage Napoleons in der Schlacht von Aspern.<br>31. Mai: Joseph Haydn gestorben.<br>5./6. Juli: Schlacht bei Wagram. Napoleon besiegt die österreichischen Truppen. |

*Oktober: Metternich wird in Nachfolge Stadions Außenminister. Er führt die Friedensverhandlungen.*
14. Oktober: Friede von Schönbrunn zwischen Frankreich und Österreich.
27. November: Napoleon I. wirbt um die Hand der Großfürstin Anna von Rußland.
*Metternich vermittelt die Heirat zwischen Napoleon I. und Erzherzogin Marie Louise und erhält anläßlich der Hochzeit das Goldene Vlies.*
Unruhen in Tirol.

1810 7. Februar: Ausfertigung des Ehekontrakts zwischen Napoleon und Marie Louise.
20. Februar: Andreas Hofer in Mantua hingerichtet.
*Herbst: Metternich kehrt von Paris nach Wien zurück.*
*Gegnerschaft der Kaiserin und des Fürsten Schwarzenberg.*
*Gründung des „Österreichischen Beobachters".*

1811 20. Februar: Österreichischer Staatsbankrott.
20. März: Napoleon, Sohn Napoleons I. und Marie Louises, König von Rom (seit 1818 Herzog von Reichstadt) geboren.
*18. Juni: Metternichs Tochter Leontine geboren.*

1812 14. März: Französisch-österreichische Allianz.
Mai: Fürstentag zu Erfurt.
Rußland-Feldzug Napoleons.
September: Brand von Moskau.
Oktober/November: Rückzug der Großen Armee.
30. Dezember: Neutralitätsvertrag von Tauroggen.

1813 30. Januar: Österreichisch-russischer Waffenstillstand.
28. Februar: Russisch-preußisches Bündnis.
16. März: Preußen erklärt Frankreich den Krieg.
11. August: Österreich erklärt Frankreich den Krieg und schließt sich damit der Allianz Rußland—Preußen—England an.
8. Oktober: Vertrag zu Ried zwischen Österreich und Bayern.
16.—19. Oktober: Völkerschlacht bei Leipzig. Sieg der Alliierten.
31. Oktober: Auflösung des Rheinbundes.
*Metternich wird Fürst (österreichischer, unbeschränkter Fürstentitel).*

1814 31. März: Einzug der Verbündeten in Paris.
6. April: Napoleon dankt ab. Verbannung nach Elba.

10. April: Rückkehr der Bourbonen. Ludwig XVIII. König von Frankreich.
*April: Metternich fördert die Trennung zwischen Napoleon und Marie Louise. Er bietet der österreichischen Kaisertochter im Falle einer Rückkehr nach Österreich die Herrschaft über Parma, Piacenza und Guastalla an.*
30. Mai: Erster Friede von Paris.
Oktober: Beginn des Wiener Kongresses.
George Stephenson baut eine Dampflokomotive.

1815
1. März: Rückkehr Napoleons von Elba. Die Herrschaft der Hundert Tage beginnt.
1. April: Otto von Bismarck geboren.
9. Juni: Wiener Kongreßakte. Gleichgewicht der fünf europäischen Großmächte wiederhergestellt.
10. Juni: Bundesakte.
18. Juni: Schlacht von Waterloo: Blücher und Wellington besiegen Napoleon.
22. Juni: Napoleon dankt erneut ab.
7. Juli: Zweite Einnahme von Paris durch Truppen der Alliierten.
26. September: Heilige Allianz zwischen den europäischen Monarchen.
*1. November: Metternichs Tochter Hermine geboren.*
20. November: Zweiter Frieden von Paris zwischen den Alliierten und Frankreich. Quadrupelallianz der Mächte England, Rußland, Preußen und Österreich erneuert.

1816
*Metternich erhält Schloß Johannisberg im Rheingau als Staatsgeschenk.*
5. November: Eröffnung der Bundesversammlung in Frankfurt.

1817
*15. September: Metternichs Tochter Marie heiratet Joseph Graf Esterházy.*
18. Oktober: Wartburgfest der Burschenschaftler.
Der badische Forstmeister Karl Freiherr von Drais erfindet eine Laufmaschine, einen Vorläufer des Fahrrads.

1818
5. Mai: Karl Marx geboren.
*11. August: Metternichs Vater Franz Georg gestorben.*
Herbst: Kongreß von Aachen. Vorzeitiger Abzug der Besatzungstruppen aus Frankreich.
*Metternich lernt in Aachen Dorothy Lieven kennen.*
28. Oktober: Erster Besuch bei Gräfin Lieven.

| | |
|---|---|
| 1819 | 23. März: Der Student Karl Ludwig Sand ermordet August von Kotzebue.<br>19. Juli: Gottfried Keller geboren.<br>1. August: Teplitzer Punktation. Begründung des Restaurationssystems in Deutschland.<br>August: Karlsbader Beschlüsse: Zensur, Überwachung der Universitäten, Verbot der Burschenschaften. |
| 1820 | Ausbruch der Revolution in Spanien und Portugal.<br>29. Januar: Georg III. von England gestorben. Sein Sohn Georg IV. wird englischer König.<br>*Mai: Metternichs Tochter Clementine an Tuberkulose gestorben.*<br>15. Mai: Wiener Schlußakte.<br>*Juli: Metternichs Tochter Marie Gräfin Esterházy an Lungenschwindsucht gestorben.*<br>*Eleonore von Metternich übersiedelt mit ihren drei Kindern des milderen Klimas wegen nach Paris.*<br>Oktober: Europäischer Kongreß in Troppau. |
| 1821—1829 | Griechischer Unabhängigkeitskrieg. |
| 1821 | *Metternich wird Staatskanzler.*<br>*Nach 3jähriger Trennung Wiedersehen mit Dorothy Lieven.*<br>Januar: Europäischer Kongreß in Laibach.<br>5. Mai: Napoleon auf St. Helena gestorben.<br>Revolution in Piemont-Sardinien. |
| 1822 | 26. November: Karl August Freiherr von Hardenberg in Genua gestorben.<br>Oktober—Dezember: Europäischer Kongreß in Verona. |
| 1823 | Französische Intervention in Spanien. Hinrichtung der Revolutionsführer.<br>2. Dezember: Monroe-Doktrin. Prinzip der Nichteinmischung europäischer Mächte in Angelegenheiten der USA. |
| 1824 | 16. September: Ludwig XVIII. von Frankreich gestorben. Sein Bruder Karl X. wird König. |
| 1825 | *19. März: Metternichs Frau Eleonore an Tuberkulose gestorben. Metternich trifft kurz zuvor in Paris ein.*<br>1. Dezember: Zar Alexander I. gestorben. Sein Bruder Nikolaus I. wird Nachfolger. |
| 1826 | *Metternich Vorsitzender der Ministerkonferenzen für die inneren Angelegenheiten.* |

| | |
|---|---|
| 1827 | *Metternich nimmt in der russisch-türkischen Frage für die Türkei Stellung.*<br>*Bruch mit Dorothy Lieven.*<br>26. März: Ludwig van Beethoven gestorben.<br>5. November: *Metternich heiratet Maria Antonia (Antoinette) von Leykam, spätere Gräfin von Beylstein.* |
| 1828—1829 | Russisch-Türkischer Krieg. |
| 1828 | 19. November: Franz Schubert gestorben.<br>23. November: *Metternichs Mutter Marie Beatrice gestorben.* |
| 1829 | 7. Januar: *Metternichs Sohn Richard geboren.*<br>17. Januar: *Metternichs zweite Frau Antoinette gestorben.*<br>14. September: Friede von Adrianopel zwischen Rußland und der Türkei.<br>30. November: *Metternichs Sohn Viktor gestorben.*<br>Gründung der Donau-Dampfschiffahrts-Gesellschaft. |
| 1830—1831 | Polnische Revolution. |
| 1830 | 25. Juni: Georg IV. von England gestorben. Sein Bruder Wilhelm IV. wird Nachfolger.<br>26. Juli: Ausbruch der Julirevolution in Paris. Karl X. von Frankreich dankt ab und flieht nach England. Louis Philippe als „Bürgerkönig" gewählt.<br>9. Dezember: *Metternichs Bruder Joseph gestorben.* |
| 1831 | 30. Januar: *Metternich heiratet Melanie Gräfin Zichy-Ferraris.*<br>29. Juni: Reichsfreiherr Karl vom und zum Stein gestorben.<br>14. November: Georg Wilhelm Friedrich Hegel gestorben. |
| 1832 | 22. März: Johann Wolfgang von Goethe gestorben.<br>27. März: *Metternichs Tochter Melanie geboren.*<br>27. Mai: Hambacher Fest.<br>9. Juni: Friedrich von Gentz gestorben.<br>22. Juli: Herzog von Reichstadt an Tuberkulose gestorben. |
| 1833 | 21. April: *Metternichs Sohn Clemens geboren, am 10. Juni gestorben.*<br>Herbst: „Entente Cordiale" zwischen Frankreich und England.<br>Oktober: Beistandspakt Rußland—Österreich—Preußen.<br>Gründung des Deutschen Zollvereins. |
| 1834—1839 | Karlistenkriege in Spanien. |

| | |
|---|---|
| 1834 | April: Quadrupelallianz zwischen England, Frankreich, Spanien und Portugal.<br>*14. Oktober: Metternichs Sohn Paul geboren.* |
| 1835 | *Metternich wird Mitglied der Regentschaft.*<br>*8. Februar: Metternichs Tochter Leontine heiratet Moritz Graf Sándor.*<br>2. März: Kaiser Franz I. von Österreich gestorben. Ferdinand I. wird Nachfolger.<br>8. April: Wilhelm von Humboldt gestorben.<br>7. Dezember: Die erste deutsche Eisenbahn verkehrt zwischen Nürnberg und Fürth. |
| 1836 | *26. März: Metternichs Enkelin Pauline Sándor geboren.*<br>Putschversuch Louis Napoleons in Straßburg. |
| 1837 | 20. Juni: Wilhelm IV. von England gestorben. Königin Victoria besteigt den Thron.<br>*12. September: Metternichs Sohn Lothar geboren.*<br>Daguerre erfindet sein fotografisches Verfahren. |
| 1840 | 7. Juni: König Friedrich Wilhelm III. von Preußen gestorben. Sein Sohn Friedrich Wilhelm IV. folgt ihm auf den Thron.<br>Erneuter Putschversuch Louis Napoleons in Frankreich. |
| 1843 | Englisch-französische Allianz. |
| 1844 | 15. Oktober: Friedrich Nietzsche geboren.<br>Weberaufstand in Schlesien. |
| 1846 | Christian VIII. von Dänemark erhebt Ansprüche auf Schleswig. |
| 1847 | Schweizer Sonderbundskrieg. |
| 1848 | 22.—24. Februar: Februar-Revolution in Paris. Der „Bürgerkönig" dankt ab. Ausrufung der Republik.<br>27. Februar: Offenburger Programmpunkte. Erste Ansätze der Revolution.<br>*13.—15. März: Aufstand in Wien. Metternich erzwingt seine Entlassung. Die Familie flieht nach Schloß Feldsberg, dann Olmütz und Prag. Metternich und seine Frau gehen inkognito als M. und Mme Matteux über Deutschland und Holland nach England.*<br>18. März: Straßenkämpfe in Berlin.<br>20. März: Unruhen in München. König Ludwig I. dankt zugunsten seines Sohnes Maximilian II. ab. |

31. März: In Frankfurt tritt ein Vorparlament zusammen.
April: Aufstände in Baden werden niedergeschlagen.
*20. April: Ankunft der Metternichs in England. Wohnung in London.*
15. Mai: Zweiter Aufstand in Wien.
17. Mai: Kaiser Ferdinand I. geht nach Innsbruck.
18. Mai: Deutsche Nationalversammlung in der Frankfurter Paulskirche eröffnet.
23.—26. Juni: Pariser Juniaufstand der Arbeiter.
August/September: Der 1. Allgemeine Deutsche Arbeiterkongreß tagt in Berlin.
*September: Metternich und seine Frau übersiedeln von Richmond nach Brighton.*
*Metternich gründet zusammen mit Disraëli die Zeitschrift „Spectateur de Londres", die nach drei Monaten eingeht.*
*Übersiedlung nach Brüssel.*
6. Oktober: Dritter Aufstand in Wien.
31. Oktober: Einnahme Wiens durch die kaiserlichen Truppen.
2. Dezember: Kaiser Ferdinand I. verzichtet auf den Thron zugunsten seines Neffen. Franz Joseph I. österreichischer Kaiser.
5. Dezember: König Friedrich Wilhelm IV. löst die preußische Nationalversammlung auf und oktroyiert eine Verfassung.

1849 *Metternich wird des Amtsmißbrauchs beschuldigt. Fürst Schwarzenberg läßt den Prozeß einstellen.*
4. März: Franz Joseph I. diktiert eine Verfassung für Österreich.
28. März: Reichsverfassung in Frankfurt verkündet.
28. April: Friedrich Wilhelm IV. von Preußen lehnt die ihm angetragene Kaiserwürde ab und verwirft die Reichsverfassung.
Mai: Aufstand in Dresden. Unruhen in Pfalz und Baden.

1850 März/April: Erfurter Parlament.
Juli: Erstes Londoner Protokoll. Friede von Berlin zwischen Preußen und Dänemark. Lösung der Schleswig-Holsteinischen Frage.
1. September: Wiedereröffnung des Bundestages zu Frankfurt.
30. November: Vertrag von Olmütz zwischen Preußen und Österreich. Wiederherstellung des Deutschen Bundes.

| | |
|---|---|
| 1851 | 6. April: Kaiser Franz Joseph I. lädt Metternich nach Wien. Herbst: Rückkehr nach Wien. 2. Dezember: Staatsstreich Louis Napoleons in Paris. Erste Weltausstellung in London. |
| 1852 | 8. Mai: Zweites Londoner Protokoll zwischen den fünf europäischen Großmächten, Schweden und Dänemark. Endgültige Bereinigung der Schleswig-Holsteinischen Frage. 2. Dezember: Thronbesteigung Kaiser Napoleons III. |
| 1853—1856 | Russisch-Türkischer Krieg. |
| 1853 | *20. November: Metternichs Tochter Melanie heiratet Josef Graf Zichy.* |
| 1854 | Juni: Beginn des Krimkrieges. *3. März: Metternichs dritte Frau Melanie gestorben.* 20. April: Schutz- und Trutzbündnis der deutschen Mächte. Heinrich Goebel erfindet die elektrische Glühbirne. |
| 1855 | 2. März: Nikolaus I. von Rußland gestorben. Sein Sohn Alexander II. besteigt den Zarenthron. *23. Juni: Metternichs Schwester Pauline gestorben.* Weltausstellung in Paris. |
| 1856 | 17. Februar: Heinrich Heine gestorben. 30. März: Der Friede von Paris beendet den Krimkrieg. 6. Mai: Sigmund Freud geboren. *30. Juni: Richard v. Metternich heiratet Metternichs Enkelin Pauline Sándor.* |
| 1857 | *17. Mai: Metternichs Enkelin Sophie, Tochter von Richard und Pauline v. Metternich, geboren.* |
| 1859 | Beginn der italienischen Einigungsbewegung. Krieg Sardiniens und Frankreichs gegen Österreich. Januar/Herbst: Gründung des Deutschen Nationalvereins. 27. Januar: Friedrich Wilhelm Victor Albert von Preußen, der spätere Kaiser Wilhelm II., geboren. *11. Juni: Fürst Clemens von Metternich in Wien gestorben.* |

# Stammtafel
# Haus Metternich-Winneburg*)

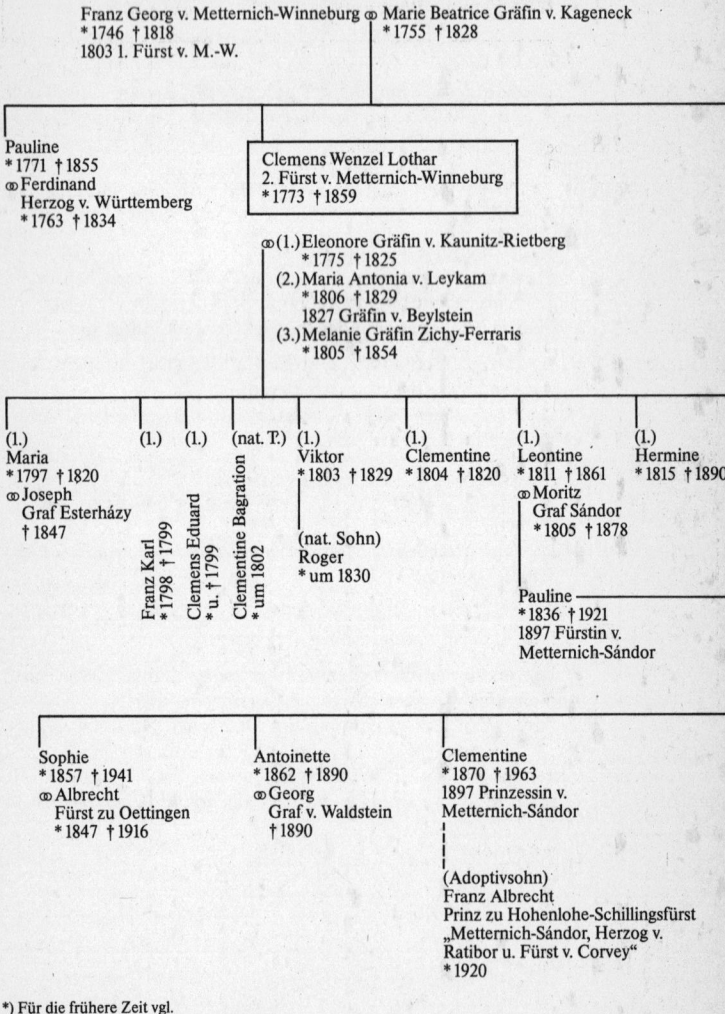

*) Für die frühere Zeit vgl.
Hopf, K., Historisch-genealogischer Atlas,
Gotha 1858, S. 331 ff.

1679 Dietrich Adolf Freiherr von Metternich, von Winneburg (Krs. Cochem) und Bei(y)lstein (Krs. Zell) wird Reichsgraf.
1803 Graf Franz Georg, der 1801 Ochsenhausen (Württemberg) erhielt, wird Reichsfürst.
1813 Die Familie Metternich wird in den erblichen (österreichischen) Fürstenstand erhoben und erhält das Vorrecht, das Wappen Österreichs im Familienwappen mitzuführen.

Joseph „Pepe"
*1774 †1830
∞ Juliane
Prinzessin Sulkowska
*1776 †1839

Ludwig
*1777 †1778

(2.)
Richard
3. Fürst v. Metternich-Winneburg
*1829 †1895
∞

(3.)
Melanie
*1832 †1919
∞ Josef
Graf Zichy
†1897

(3.)
Clemens
* u. †1833

(3.)
Paul
4. Fürst v. Metternich-Winneb.
*1834 †1906
∞ Melanie
Gräfin Zichy-Ferraris
*1843 †1925

(3.)
Lothar
*1837 †1904
∞ (1.) Caroline Reiter
verw. Huber
†1899
(2.) Franziska Gräfin
Mittrowsky
geb. Gräfin Wrbna
verw. Gräfin
Chorinsky
*1846 †1918

Clemens Wenzel
5. Fürst v. Metternich-Winneburg
*1869 †1930
∞ Isabel de Silva y Carvajal
*1880
(∞ (2.) Ladislaus Skzynski
†1937)

Emilie
*1873 †1884

Pauline
*1880 †1960
∞ Maximilian
Prinz v.
Thurn u. Taxis
*1876 †1939

Paul Alfons
6. Fürst v. Metternich-Winneburg
*1917
∞ Tatjana Ilarionovna
Fürstin Vasilčikova
*1915

# BIBLIOGRAPHIE*

## Quellen

*Bibl, V.*, Metternich in neuer Beleuchtung. Sein geheimer Briefwechsel mit dem bayerischen Staatsminister Wrede. Nach unveröffentlichten Dokumenten aus den Archiven in Wien und München. Wien 1928.

*Burckhardt, C. J. (Hg.)*, Briefe des Staatskanzlers Fürsten Metternich-Winneburg an den österreichischen Minister des Allerhöchsten Hauses und des Äußern, Grafen Buol-Schauenstein aus den Jahren 1852—1859. München/Berlin 1934.

*Lieven, D.*, The Private Letters of Princess Lieven to Prince Metternich 1820—1826. Ed. and with a biographical foreword by P. C. Quennell, assisted in translation by D. Powell. London 1937.

*Metternich, C. Fürst v.*, Briefe an die Gräfin Dorothea Lieven. Gernsbach 1973.

*Metternich, Prince C. L. W.*, Memoirs. Ed. by Prince R. Metternich and M. A. de Klinkowström. Transl. by A. Napler. 3 Bde. New York 1881.

Mémoires du Prince de Metternich. 4 Bde. Paris 1959.

*Metternich-Winneburg, R. Fürst v. (Hg.)*, Aus Metternichs nachgelassenen Papieren. 8 Bde. Wien 1880—1884.

*Ullrichová, M. (Hg.)*, Clemens Metternich, Wilhelmine von Sagan. Briefwechsel 1813—1815. Geleitwort v. A. C. de Breycha-Vauthier. ( = Veröffentlichungen der Kommission für Neuere Geschichte Österreichs. 52). Graz/Köln 1966.

## Literatur

*Andics, E.*, Metternich und die Frage Ungarns. Aus d. Ungar. übers. v. Z. Jókai. Budapest 1973.

*Báder, D.*, Metternich und das Junge Deutschland. Bruchstücke aus einem Ideenkonflikt. ( = Specimina dissertationum Facultatis Philosophicae Regiae Hungaricae Universitatis Elisabethinae Quinqueecclesiensis. 45). Pécsett 1935.

*Berglar, P.* ( = *Schröer, H.*), Metternich. Kutscher Europas, Arzt der Revolutionen. ( = Persönlichkeit und Geschichte. 79/80). Göttingen 1973.

*Bertier de Sauvigny, G. de*, Metternich et la France après le Congrès de Vienne. Bd. 1. ( = Bibliothèque des recherches historiques et littéraires). Paris 1968.

—, Metternich et Napoléon pendant les Cent-Jours. In: Revue d'histoire diplomatique 24 (1966).

---

* Ausführliche Bibliographien, die auch Quellen-Veröffentlichungen und Literatur zu allgemeinen Zeitfragen bringen, finden sich unter anderem in den genannten Werken von
*Billinger*, S. 289—312; *Jamison*, S. 256—266; *Palmer*, S. 376—382; *Sergi*, S. 125—128; besonders außerdem bei *Schroeder, P. W.*, Metternich Studies since 1925. In: Journal of Modern History 33 (1961), S. 237—260; oder auch in den Handbüchern
*Braubach, M.*, Von der Französischen Revolution bis zum Wiener Kongreß; und *Schieder, T.*, Vom Deutschen Bund zum Deutschen Reich ( = Gebhardt, Handbuch der deutschen Geschichte. 9., neu bearb. Aufl., hg. v. H. Grundmann. 14 u. 15. Deutscher Taschenbuch Verlag, Wissenschaftliche Reihe. 4214 u. 4215). München 1974/75.

Darüber hinaus sei verwiesen auf die historischen Fachbibliographien, z. B.
International Bibliography of Historical Sciences 1 (1926) ff.; oder
*Dahlmann, F. C./Waitz, G.*, Quellenkunde zur deutschen Geschichte. 9. Aufl. Hg. v. H. Haering. Leipzig 1931/32.

—, Metternich et son temps. Paris 1959 (engl. Ausg. London 1962).

—, Sainte Alliance et Alliance dans les conceptions de Metternich. In: Revue historique 223 (1960).

*Bibl, V.*, Metternich, der Dämon Österreichs. Leipzig/Wien 1936.

*Billinger, R. D. jr.*, Metternich's Policy toward the South-German States, 1830—1834. Ann Arbor, Mich. 1974.

*Binder, W.*, Fürst Clemens von Metternich und sein Zeitalter. Eine geschichtlich-biographische Darstellung. Ludwigsburg 1836.

*Bortolotti, S.*, Metternich e l'Italia nel 1846. Saggio di storia diplomatica. (= Publicazioni della facoltà di magistero dell'Università di Torino. N.S.Ser. II, 3). Torino 1945.

*Botzenhart, M.*, Metternichs Pariser Botschafterzeit. (= Neue Münstersche Beiträge zur Geschichtsforschung. 10). Münster 1967.

*Buckland, C. S. B.*, Metternich and the British Government 1809—1813. London 1932.

*Cartland, B. H.*, Metternich. The Passionate Diplomat. London 1964.

*Cecil, A.*, Metternich. 1773—1859. A Study of his Period and Personality. London 1933 (Neuaufl. 1947).

*Corti, E. C. C.*, Metternich und die Frauen. Nach meist bisher unveröffentlichten Dokumenten. 2 Bde. Wien/Zürich 1948/49.

*Derré, J.-R.*, Metternich et Lamenais d'après les documents conservés aux archives de Vienne. (= Collection de l'Institut français de Vienne). Paris 1963.

*DuCoudray, H.*, Metternich. London 1935.

*Emerson, D. E.*, Metternich and the Political Police. Security and Subversion in the Hapsburg Monarchy (1815—1830). The Hague 1968.

*Goldschmit-Jentner, R. K.*, Die Begegnung mit dem Genius. Darstellungen und Betrachtungen. Hamburg 1951.

*Grobauer, F. J.*, Metternich, der Kutscher Europas. Mit einem Geleitwort v. F. Hurdes. Wien 1959.

*Grunwald, C. de*, La vie de Metternich. Paris 1939 ($^2$1947).

*Haas, A. G.*, Metternich. Reorganization and Nationality, 1813—1818. A Story of Foresight and Frustration in the Rebuilding of the Austrian Empire. (= Veröffentlichungen des Instituts für Europäische Geschichte, Mainz. 28). Wiesbaden 1963.

*Hermann, A.*, Metternich. London 1932.

*Hirschfeld, R.*, Fürst Metternich und Herzog Ernst I. von Sachsen-Coburg und Gotha. Coburg 1929.

*Jamison, R. L.*, Friedrich Schlegel and Metternich, 1809—1819. A Study in Political Romanticism. Ann Arbor, Mich. 1974.

*Kann, R. A.*, Metternich. A Reappraisal of his Impact on International Relations. In: Journal of Modern History 32 (1960), S. 333—339.

*Kissinger, H. A.*, A World Restored. Metternich, Castlereagh and the Problems of Peace 1812—1822. London/Boston 1957 (dt. Ausg. u. d. T. Großmacht und Diplomatie. Von der Staatskunst Castlereaghs und Metternichs. Düsseldorf/Wien 1962).

*Kraehe, E. E.*, Metternich's German Policy. Bd. 1. The Contest with Napoleon 1799—1814. Princeton, N. J. 1963.

—, Raison d'état et idéologie dans la politique allemande de Metternich, 1809—1820. In: Histoire moderne et contemporaine 13 (1966), S. 181—194.

*Lang, H.*, Politische Geschichtsbilder zu Anfang des 19. Jahrhunderts. Metternich, Friedrich Gentz, Adam Müller. (= Berner Untersuchungen zur allgemeinen Geschichte. 14). Aarau 1944.

*Lapter, D.*, Die Wiener politische Journalistik unter Metternich. Diss. Wien 1950.
*Lauber, E.*, Metternich. Eine gesamtdeutsche Leistung. (= Reihe Süd-Ost. 1). Leipzig 1939.
*Mathy, H.*, Franz Georg von Metternich. Der Vater des Staatskanzlers. Studien zur österreichischen Westpolitik am Ende des 18. Jahrhunderts. (= Mainzer Abhandlungen zur mittleren und neueren Geschichte. 8). Meisenheim a. Glan 1969.
*Mayr, J. K.*, Geschichte der österreichischen Staatskanzlei im Zeitalter des Fürsten Metternich. Wien 1935.
*Mendelssohn-Bartholdy, K.*, Die orientalische Politik Metternichs. In: Historische Zeitschrift 18 (1867), S. 41—76.
*Milne, A.*, Metternich. London 1975.
*Missoffe, M.*, Metternich, 1773—1859. Paris 1959.
*Nada, F.*, Metternich e le riforme nello stato pontificio. La missione Sebregondi a Roma (1832—1836). (= Biblioteca di storia italiana recente. N. S. 3). Torino 1957.
*Paléologue, M.*, Drei Diplomaten. Talleyrand, Metternich, Chateaubriand. Dt. Übertr. v. M. Flersheim. Berlin 1930.
*Palmer, A. W.*, Metternich. London 1972.
*Radvany, E.*, Metternich's Projects for Reform in Austria. The Hague 1971.
*Reichenberg, F. de*, Prince Metternich in Love and War. London 1938.
*Reinerman, A.*, Metternich and Reform. The Case of the Papal States, 1814—1848. In: Journal of Modern History 42 (1970), S. 524—548.
*Rieben, H.*, Prinzipiengrundlage und Diplomatie in Metternichs Europapolitik 1815 bis 1848. (= Berner Untersuchungen zur allgemeinen Geschichte. 12). Aarau 1942.
*Rohr, W.*, Scharnhorsts Sendung nach Wien und Metternichs Politik. In: Forschungen zur brandenburgischen und preußischen Geschichte 43 (1930).
*Schaeffer, F. B.*, Metternich. Bielefeld/Leipzig 1933.
*Schroeder, P. W.*, Metternich's Diplomacy at its Zenith, 1820—1823. Austin 1962.
*Schumacher, A.*, Clemens Fürst von Metternich und seine Zeit. Aus den Beständen der Stadtbibliothek Koblenz. (= Veröffentlichungen der Stadtbibliothek Koblenz. 10). Koblenz 1973.
*Schwarz, H. F.*, Metternich, the „Coachman of Europe". Statesman or Evil Genius? (= Problems in European Civilization). Boston 1962.
*Sergi, D.*, Metternich e la diplomazia moderna. (= Uomini e problemi. 4). Roma 1973.
*Srbik, H. v.*, Metternich. Der Staatsmann und der Mensch. 3 Bde. München 1925/1954.
*Stearns, J. B.*, The Role of Metternich in Undermining Napoleon. (= University of Illinois Studies in the Social Sciences. 29, 4). Urbana 1948.
*Treitschke, H. v.*, Der Wiener Kongreß. Metternich. (= Hirt's Deutsche Sammlung. II. Sachkundliche Abt. 5, 1). Breslau 1931.
*Tritsch, W.*, Metternich. Glanz und Versagen. Berlin 1934.
—, Metternich und sein Monarch. Biographie eines seltsamen Doppelgestirns. Darmstadt 1952.
*Vallotton, H.*, Metternich. Napoleons großer Gegenspieler. München 1976 (Hamburg [1]1966; frz. Ausg. Paris 1965).
*Ward, D.*, 1848. The Fall of Metternich and the Year of Revolution. London 1970.
*Zöllner, E.*, Die angeblichen Memoiren Metternichs. (= Zeitfragen. Bibliophile Zeit- und Streitfragen. 4). Wien 1946.

# PERSONENREGISTER

Abrantès, Herzog von → Junot
Alexander I., Zar von Rußland 72, 74, 95 f., 106, 116, 119, 121, 124, 126, 137 ff., 144, 168, 180, 187, 189, 216, 220 f., 249 f.
Anna, Großfürstin von Rußland 72, 74, 79, 96
Artois, Graf von, später als Karl X. König von Frankreich 121, 221, 226, 239, 257

Bagration, Madame 40 f., 139, 144, 171, 178, 222, 314
Balzac, Honoré de 287
Bauernfeld, Eduard von 277, 280, 282, 304
Beauharnais, Josephine de, Kaiserin der Franzosen 51, 66, 68, 71 ff.
Beethoven, Ludwig van 46, 155, 280, 318
Berry, Herzog von 218
Bismarck, Otto von 322, 326
Blücher, Gebhard Leberecht von 106, 118, 121
Bonaparte, Caroline → Murat, Caroline
Bonaparte, Jerôme, König von Westfalen 95, 124
Bonaparte, Joseph, König von Spanien 53, 95, 124

Canning, George 225, 229, 251
Carlyle, Thomas 178
Castlereagh, Lord 121, 131
Caumont-La Force, Constance 15 f., 27, 45, 178, 237
Cavour, Camillo, Graf Benso di 326
Conyngham, Marquise 207 f.

Dänemark, König von 137, 144
Daguerre, Louis Jacques Mandé 284
De la Garde 135, 154
Disraëli, Benjamin, späterer Earl of Beaconsfield 310 f., 326
Dumouriez, Charles François 21

Elmpt, Graf 205 f.
Enghien, Louis-Antoine-Henri de Bourbon, Herzog von 270
Esterházy, Familie 148, 173, 200, 301

Ferdinand I., Kaiser von Österreich 248, 252 f., 255, 276, 302
Ferdinand IV., König beider Sizilien 220, 288
Ferdinand VII., König von Spanien 53
Feuchtersleben, Ernst Freiherr von 280, 282
Fouché, Joseph 52, 54, 73, 90
Franz I. Stephan, Kaiser 89
Franz II. (I.), Kaiser (von Österreich) 13, 20, 43, 46 ff., 54 f., 59 ff., 71, 88 ff., 99 ff., 106 ff., 113 f., 124 ff., 136 ff., 147, 151, 153 f., 157, 167 f., 180, 190, 208, 213 ff., 226, 231, 242, 252 ff., 263 ff., 276, 279, 286
Franz IV., Herzog von Modena 101, 142
Friedrich August II., König von Sachsen 290
Franz Joseph I., Kaiser von Österreich 242, 278, 286, 320 f., 326 f.
Friedrich Wilhelm III., König von Preußen 104 ff., 137, 144, 154, 175, 180, 215, 218 f., 276
Friedrich Wilhelm IV., König von Preußen 322

Gentz, Friedrich von 41, 61, 93, 113, 136, 158, 173, 176, 237, 312
Georg III., König von England 23
Georg IV., König von England 23, 199 f., 203, 207 f., 220
Gérard, François 45, 164, 166
Goethe, Johann Wolfgang von 15, 20 f., 91, 114, 163, 283, 287, 295
Gonfalonieri, Graf 247 f.
Grillparzer, Franz 239, 242, 272, 275, 279 f., 283, 296
Guizot, Guillaume 112, 202, 227, 274, 281, 314 f.

Hanska, Madame 287
Hardenberg, Karl August Fürst von 121, 131, 176, 218, 219
Heine, Heinrich 231, 234
Hofer, Andreas 100
Hormayr, Baron 100, 102, 127
Hügel, Baron 236, 238, 240, 305, 307
Humboldt, Wilhelm Freiherr von 131, 143, 288

Johann, Erzherzog von Österreich 88 f., 100 ff., 142
Joseph, Erzherzog von Österreich, Palatin von Ungarn 90 f., 142
Joseph II., Kaiser von Österreich 20, 37
Josephine, Kaiserin der Franzosen → Beauharnais, Josephine
Junot, Laure, spätere Herzogin von Abrantès 50 ff., 79 ff., 170, 178
Junot, späterer Herzog von Abrantès 50 f., 79 ff., 83

Karl, Erzherzog von Österreich, Sieger von Aspern 46, 88 f., 101, 142, 258 f.
Karl X., König von Frankreich → Artois, Graf von
Kaunitz, Eleonore von → Metternich, Eleonore von
Kaunitz, Ernst von 29 f., 33, 35
Kerner, Justinus 308 f.
Koch, Professor 13 f.
Kolowrat, Graf 256, 273, 277, 286, 302 f.
Kotzebue, August von 19, 36, 216
Krüdener, Juliane von 168 f.

Laborde 69 f., 73
Lawrence, Thomas 158, 164 f., 314
Leopold II., Kaiser 20, 30, 72
Leykam, Ambrosius Freiherr von 230
Leykam, Antonia, geb. Pedrella 231, 233
Liechtenstein, Eleonore von 34, 37 f., 43
Liechtenstein, Fürst 62, 88, 284, 305
Lieven, Dorothy Fürstin von, geb. Benkkendorf 15, 32, 163, 171, 177 ff., 182 ff., 193 ff., 212, 218, 220 f., 223 f., 227 ff., 233, 274, 314 f., 319, 329
Lieven, Christoph Fürst von 180, 183, 187, 191 f., 220

Ligne, Fürst von 34, 128, 136 f., 141 f., 166
Liszt, Franz von 238 f.
Louis Napoleon, als Napoleon III. Kaiser der Franzosen 274, 326
Louis Philippe → Orléans, Louis Philippe
Ludwig, Erzherzog von Österreich 252, 256, 286, 302 f., 307
Ludwig XIV., König von Frankreich 94, 283
Ludwig XVI., König von Frankreich 20, 73
Ludwig XVIII., König von Frankreich 113
Luise, Prinzessin von Mecklenburg, spätere Königin von Preußen 20, 40, 43, 174

Maria Feodorowna, Zarin von Rußland 187, 191, 204, 206
Maria Ludovika, Kaiserin von Österreich 88 ff., 101, 137, 142
Maria Theresia, Kaiserin 72, 221
Marie Antoinette, Königin von Frankreich 20, 22, 24, 73, 258
Marie Louise, Kaiserin von Frankreich, spätere Herzogin von Parma 66, 71, 74 ff., 82, 84, 96, 98, 113, 118, 120, 123 ff., 143, 147 ff., 155, 165, 258, 263 f., 266, 269
Marie Therese, Erzherzogin von Österreich, spätere Königin beider Sizilien 258 ff., 288
Maximilian, Kaiser von Mexiko 269
Maximilian I. Joseph, König von Bayern 137, 169
Merimée, Prosper 315
Metternich, Clementine von, Tochter von Clemens v. M. 222
Metternich, Eleonore von, geb. von Kaunitz, erste Frau von Clemens v. M. 30, 32 ff., 40, 44 f., 70 f., 73 f., 78, 80 f., 138, 143, 174, 178, 181 f., 185, 223 f., 232, 243, 285
Metternich, Franz Georg Fürst von, Vater von Clemens v. M. 9 ff., 19 ff., 27 ff., 36, 180 f.

Metternich, Joseph von, Bruder von Clemens v. M. 17, 23
Metternich, Leontine von, spätere Gräfin Sándor, Tochter von Clemens v. M. 321
Metternich, Lothar von, Sohn von Clemens v. M. 306, 308, 329 f.
Metternich, Maria von, spätere Gräfin Esterhazy, Tochter von Clemens v. M. 143, 222 f.
Metternich, Maria Antonia (Antoinette) von, geb. Leykam, Gräfin von Beylstein, zweite Frau von Clemens v. M. 178, 230 ff., 243, 285
Metternich, Marie Beatrice Fürstin von, geb. Kageneck, Mutter von Clemens v. M. 9 ff., 23 f., 26 ff., 231, 235
Metternich, Melanie von, spätere Gräfin Zichy, Tochter von Clemens v. M. 306, 308
Metternich, Melanie Fürstin von, geb. Gräfin Zichy-Ferraris, dritte Frau von Clemens v. M. 178, 231, 235 ff., 265, 284 ff., 290, 292, 301, 305 f., 308 ff., 325, 329
Metternich, Paul von, Sohn von Clemens v. M. 306, 308
Metternich-Sándor, Pauline Fürstin von, Enkelin von Clemens v. M. 314, 325, 327 f.
Metternich, Richard, Fürst von, Sohn von Clemens v. M. 235 ff., 306, 308, 329
Metternich, Sophie von, spätere Fürstin Oettingen, Enkelin von Clemens v. M. 325
Metternich, Viktor von, Sohn von Clemens v. M. 236, 251, 271
Murat, Caroline, geb. Bonaparte, spätere Königin von Neapel 50 ff., 64, 68, 76, 79 f., 95, 133 ff., 178
Murat, Joachim Marschall, späterer König von Neapel 53, 95, 133, 135

Napoleon I., Kaiser von Frankreich 11, 21, 32, 37, 43 ff., 48 ff., 64 f., 66 ff., 82, 84 f., 92, 94 ff., 100 f., 103 ff., 112 ff., 118 ff., 127, 133 f., 143, 147, 149 ff., 159, 167, 180, 186, 214 f., 219, 246, 257, 261 ff., 269 ff., 273 f., 279, 296, 304, 309, 311, 315, 319, 323 f., 329
Napoleon (II.), König von Rom, späterer Herzog von Reichsstadt 92, 97 f., 123 f., 148, 257, 261 ff., 266 ff.
Napoleon III. → Louis Napoleon
Neipperg, A. Albrecht Graf von, späterer Fürst Montenuovo 149 ff.
Nesselrode, Karl Robert Graf von 121, 183
Nestroy, Johann 174, 280, 282 f.
Nikolaus I., Zar von Rußland 130, 250

Orléans, Louis Philippe Herzog von 239, 257 ff., 271, 274, 288

Palmerston, Henry John Temple, Viscount 274, 309, 311
Paul I., Zar von Rußland 204
Pichler, Caroline 100 f.
Piemont, König von 220
Plochl, Anna Marie „Freiin von Brandhof" 101 f.
Pückler-Muskau, Hermann Fürst von 284

Ranke, Leopold von 319
Rossini, Gioacchino 317
Rothschild, Familie 221, 255 f., 305

Sagan, Herzogin von 40 f., 118, 139 ff., 147, 158, 170 ff., 175, 178, 314
St. Aulaire, Comte de 232, 239, 257 f.
Sand, Carl 217 f.
Schiller, Friedrich von 276, 283
Schwarzenberg, Felix Fürst 54, 71, 75, 77, 81, 88, 97, 114, 117, 119, 149, 267, 286, 320, 325
Simon, Professor 14
Sophie, Erzherzogin von Österreich 268 f., 278, 286, 302, 321
Stadion, Graf 59, 88
Stein, Karl Freiherr vom und zum 99, 214
Stendhal (Henri Beyle) 287
Stifter, Adalberg 280, 283
Sue, Eugène 52

Talleyrand, Charles Maurice de Herzog von 13, 50, 52, 54, 85, 95, 121, 124, 126, 128 ff., 140, 144, 224, 326
Ticknor, George 287 ff.
Thiers, Adolphe 274, 319
Thugut, Franz de Paula Freiherr von 22, 26, 30, 37 f., 109
Trauttmansdorf, Maximilian Graf von 26, 30, 38

Varnhagen, Rahel 43, 136, 270, 287
Vogt, Professor 16 f.

Walewska, Maria Gräfin 66, 106
Wellington, Herzog von 169, 179, 192, 200, 309, 323
Württemberg, König von 144

Yorck, Ludwig General, Graf Y. von Wartenburg 104 f.

Zichy, Julie Gräfin geb. Festetics 174 ff., 179, 193
Zichy-Ferraris, Melanie Gräfin → Metternich, Melanie Gräfin von
Zichy, Molly Gräfin 231

# ORTS- UND SACHREGISTER

Aachen (Aix-la-Chapelle), Kongreß von 169, 179 ff., 189, 191, 193, 196, 198, 205, 207, 212, 228, 233, 319
Aix-les-Bains 148 ff.
Amerika 291
Aspern, Schlacht bei 269
Austerlitz 32, 43, 46

Baden 115, 173
Bayern 115, 140, 158
Belgien 47, 94, 248
Berlin 40 f., 43, 48, 145, 172, 196, 219
Blois 123 f., 126
Böhmen 101 f., 106, 305, 321
Bourbon, Haus 112, 119, 121, 124, 134, 138, 155
Brienne, Sieg von 119
Brière 152
Brighton 204, 310, 314, 316, 318, 325
Brüssel 19, 22 ff., 187, 189, 191 f., 313, 318, 320 f., 325

Campoformio, Frieden von 37 f., 109
Cannes 154 ff.
Carbonari, Die 218, 247
Chaumont 128, 132
Compiègne 76

Deutscher Bund 167, 215, 219, 246, 265
Deutschland 47, 94 f., 99, 107, 156 f., 167, 213 ff., 218 f., 246, 276, 279 f., 284
Dresden 38, 43, 48, 103, 106 f., 113, 139, 186, 329
Düsseldorf 23 f., 26, 29

Elba 123, 125 f., 133, 148, 150 ff., 156
Elsaß-Lothringen 111, 122, 169
England 22 f., 27, 54, 72, 92, 94 f., 104, 118, 168, 199, 207, 228 f., 248, 251, 308 ff.
Erfurt, Kongreß von 95

Florenz 208, 229
Fontainebleau 101, 123 ff., 152, 246
Frankfurt a. M. 15, 20, 40, 119, 130, 220

Frankfurter Putsch 246
Frankreich 37, 44, 55, 68, 70, 85, 90, 92, 94, 96, 99, 104 f., 107, 111, 116 ff., 128, 132, 155, 167, 169 f., 173, 179, 218, 220, 228 f., 248, 251, 267, 274
Französische Revolution 14, 19, 21, 24, 214, 220, 278
Friedensverhandlungen 62, 85, 87, 105 f., 109, 122

Galizien 47, 144
Gießen 216 ff.
Griechenland 116, 228 f., 248

Habsburg, Haus 47, 60 f., 75, 85, 126, 213, 259, 269, 303, 327
Hambacher-Demonstration 246
Hannover 207 f., 220
Heilige Allianz 168, 208, 228, 245, 250
Holland 22, 26, 47, 94, 248

Illyrien 95, 101, 144
Italien 90, 94 f., 105, 119, 140, 167, 194, 208, 218, 220, 228 f., 236, 247, 271, 276, 279

Jemappes, Schlacht von 21
Johannisberg a. Rh. 17, 62, 180 f., 321 f.
Juli-Revolution 246, 248, 250, 269

Karlsbad 194, 212 f.
Koblenz 9, 20 f., 23 f.
Konstantinopel 251, 274
Krakau 249 f.

Laibach 212 f., 319
Leipzig, Schlacht bei 98, 111, 118 f., 126, 136, 138, 216, 267, 296, 326
Lombardei 144, 167
London 24, 27, 179, 191 f., 196, 224, 228, 293, 309 f., 325

Mailand 247 f., 276, 288
Mainz 14 ff., 19 ff., 24, 38, 79 f.
Mannheim 216, 322

351

Metternichsches System 16, 244 ff.
Moskau 97
München 53, 55

Nassau 218
Neapel 50, 95, 134, 149, 167, 200 f., 213, 220, 223, 228, 233 f., 247, 260
Niederlande → Holland

Orléans 124, 156
Österreich 22 f., 37, 44, 46 f., 49, 53 ff., 59, 62 ff., 69 ff., 73, 83 ff., 87, 92, 94 ff., 99, 104 ff., 111, 113, 119, 133 f., 139 f., 144 f., 152, 156 ff., 167 f., 180, 208, 215, 219, 226, 228 f., 246, 250 f., 256, 258, 260, 264 f., 269, 274 ff., 293, 296, 305, 322, 326
Olmütz 307

Palermo 95, 231
Paris 19, 27, 45, 48 ff., 52 f., 69 f., 75 ff., 82 f., 88, 90, 105, 111, 113, 119 ff., 124, 128, 133, 149, 151 f., 156 ff., 164, 170, 173, 218, 223 ff., 229, 236, 238, 241, 257 ff., 274, 312, 314
Pariser Frieden 121, 126, 170
Parma 125, 148 f., 152 ff., 167, 264, 271
Petersburg 54, 74, 220, 314
Piacenza 125, 154, 167
Polen 50, 54, 106, 133, 144, 248 f.
Portugal 54, 132, 228, 248
Prag 102, 308
Preußen 22, 37, 43, 92, 94, 98, 105 f., 111, 131, 133, 144 f., 180, 219, 228, 250, 322

Rambouillet 147
Rastatt 35 ff., 55, 233
Reichenberg 106, 114
Revolution → Französische Revolution
 → Revolution von 1848
 → Juli-Revolution
Revolution von 1848 102, 243, 254, 272 f., 278, 301 ff.
Richmond 310

Rheinbund 105, 115, 119
Rom 208, 229
Rußland 72 ff., 92, 94 ff., 104 ff., 111, 119, 130, 133, 139, 145, 168, 180, 228 f., 250, 326

Sachsen 38, 75, 98, 133
Saint Cloud 101, 122
Salzburg 140, 144, 148
St. Helena 66, 153, 155, 159, 180, 246, 273 f., 323
Schlesien 28, 105 f.
Schweiz 100, 116, 148, 247
Solferino, Schlacht bei 327
Spanien 22, 50 ff., 94, 131, 167, 213, 220, 228, 248 f.
„Spectateur de Londres" 311
Straßburg 11, 13 f., 17, 20, 152
Studenten 216, 218, 303

Teplitz 119, 218 f.
Tirol 100 ff., 115, 148
Tiroler Freiheitskämpfe 99 ff., 104
Türkei 167, 248 ff.
Troppau 212 f.

Ungarn 86, 241

Valmy, Schlacht von 21
Venedig 47, 86, 95, 101, 170, 236
Venetien 144, 167
Verona, Kongreß von 208, 212, 228, 319

Wagram, Schlacht von 55, 269
Waterloo 54, 156, 192
Wien 14, 23 f., 26 f., 46, 51, 54, 59, 61 f., 69, 77, 87, 89 ff., 118, 126, 128, 130 f., 136, 142, 144, 148, 151, 173 ff., 196, 199, 213, 228 ff., 238, 241, 255, 258 f., 262, 266 ff., 271, 276 f., 285, 288, 301, 305 ff., 310 ff., 319 ff.
Wiener Kongreß 126 ff., 147, 154 ff., 164, 167, 171, 173 f., 182, 249

Zürich 117, 317